PRÜFUNGSWISSEN

Politik

Dr. Gerhard Altmann
Henning Aubel
Michael Bach
Daniel Karch
Nikola Knies

STARK

© 1. Auflage 2020
www.stark-verlag.de

Inhalt

Autorinnen und Autoren

DR. GERHARD ALTMANN:
Globalisierung als Herausforderung für die Politik im 21. Jahrhundert?

HENNING AUBEL: Politische Systeme und Politische Theorie

MICHAEL BACH: Struktur der Gesellschaft und sozialer Wandel; Die Europäische Integration

DANIEL KARCH: Das politische System der Bundesrepublik Deutschland

NIKOLA KNIES: Internationale Politik und Friedenssicherung

Vorwort

Liebe Schülerin, lieber Schüler,

der Band **Prüfungswissen Politik** soll Sie während der letzten beiden Schuljahre im Politik-unterricht begleiten. Sie können das Buch zum Nachlesen für die im Unterricht bespro-chenen Inhalte oder für die gezielte Vorbereitung auf **Klausuren** sowie auf die **mündliche** oder **schriftliche Abiturprüfung** verwenden.

- Das Prüfungswissen Politik kann von Schülerinnen und Schülern der Fächer **Politik, So-zialkunde**, **Gemeinschaftskunde**, **Sozialwissenschaften** und allen verwandten Fach-bereichen genutzt werden.

- Die **Foto-Einstiegsseite** markiert den Beginn eines Hauptkapitels und deutet zentrale Aspekte des jeweiligen Kapitels in bildlicher Form an.

- Die anschließenden **Darstellungen** fassen alle wesentlichen Aspekte verständlich zusam-men. Besonders wichtige Inhalte und Fachbegriffe werden farbig hervorgehoben. **Schau-bilder** und **Grafiken** veranschaulichen Zusammenhänge, Prozesse und geografische Gegebenheiten. **Info-Kästen** liefern zusätzliche Hintergrundinformationen.

- Die **Querverweise** am Rand zeigen Textstellen an, die miteinander in einem inhaltlichen Zusammenhang stehen. Mit dem **Register** am Ende des Buches können Sie ebenfalls gezielt nach bestimmten Fachbegriffen und Themen suchen.

- **Definitionen** am Rand liefern Erklärungen wichtiger Fachbegriffe. Daneben sind am Rand **Abbildungen bedeutender Persönlichkeiten** und **Ereignisse** zu sehen.

- Die **Zitat-Kästen** (gekennzeichnet durch dieses Symbol ⓩ) geben Ausschnitte aus **Gesetzen**, **Reden** und Ähnlichem wörtlich wieder.

Eine erfolgreiche Prüfungsvorbereitung wünschen Ihnen das Autorenteam und der Verlag!

Struktur der Gesellschaft und sozialer Wandel

1 Die Gesellschaftsstruktur der Bundesrepublik Deutschland

Unter einer **Gesellschaft** versteht man alle Menschen, die permanent oder vorübergehend in einem gemeinsamen Raum leben und miteinander sprechen und agieren.

Die **Gesellschaftsstruktur** bezeichnet dabei die Gesamtheit der relativ dauerhaften Normen und Werte, der Rechtsgrundlagen, der wirtschaftlichen Grundlagen und der politischen Einrichtungen sowie der Handlungsmuster in einer Gesellschaft. Dabei agieren die unterschiedlichen gesellschaftlichen Gruppen nach wichtigen sozialen Regeln auf längere Dauer miteinander.

Die **Sozialstrukturanalyse** betrachtet eine Momentaufnahme, berücksichtigt dabei aber auch die Prozesse des sozialen Wandels. Die wichtigsten Bereiche dieser Analyse sind:

- Bevölkerungsstruktur (auch Migrationen)
- Familienstrukturen
- Politische Systeme und Rechtssysteme
- Wirtschaftssysteme
- Bereich der Bildung, Ausbildung und Kultur
- Siedlungsformen
- Informations- und Kommunikationssysteme
- Wandel der Klassen- und Schichtungssysteme, der Sozialmilieus und der sozialen Ungleichheit

Sozialstrukturen wandeln sich im Laufe der Zeit. In den vergangenen Jahrzehnten waren Auslöser für solche Veränderungen z. B. die **digitale Revolution**, die **Europäisierung** oder die **Globalisierung**. Mit diesem sozialen Wandel eng verknüpft sind **Änderungen im Wertesystem**, in den institutionellen Einrichtungen und Organisationen.

1.1 Bevölkerungsdynamik und generatives Verhalten

Der Begriff „**Bevölkerung**" bezeichnet alle Bewohner eines bestimmten Gebietes zu einem bestimmten Zeitpunkt. Die **Bevölkerungsstruktur** ergibt sich aus dem Geschlecht, Alter, den Geburten- und Sterberaten dieser Menschen sowie dem Verhältnis der Geschlechter.

Die Veränderungen der Bevölkerungsstruktur (generative Struktur einer Gesellschaft) wiederum resultieren aus dem **generativen Verhalten**. Darunter versteht man die sexuellen Verhaltensweisen von Mann und Frau, die Zeugung und Geburt oder deren Vermeidung bestimmen. Dieses generative Verhalten ist abhängig von bestimmten Faktoren:

- ethische und religiöse Überzeugungen

- soziale Gesichtspunkte

- ökonomische Grundlagen

Ein bewährtes Maß für die Bevölkerungsentwicklung ist die **Generationenrate**. Als solche bezeichnet man die **Nettoreproduktionsrate** für Frauen von 15 bis 50 Jahren. Sie betrug in Deutschland im Jahr 1965 1,17, im Jahr 2015 dagegen 0,69.

Nettoreproduktionsrate – Verhältnis der geborenen Mädchen zur Zahl der gebärfähigen Frauen

Der Begriff der **Alterspyramide** verweist somit auf die vorindustrielle Gesellschaft mit großer Kinderzahl. Die heutige Bevölkerungsstruktur entspricht nicht mehr diesem Idealbild.

Wichtige Strukturmerkmale der aktuellen Bevölkerung sind eine **niedrige Kinderzahl**, eine **hohe Lebenserwartung** sowie ein immer **größerer Anteil der älteren Generation**.

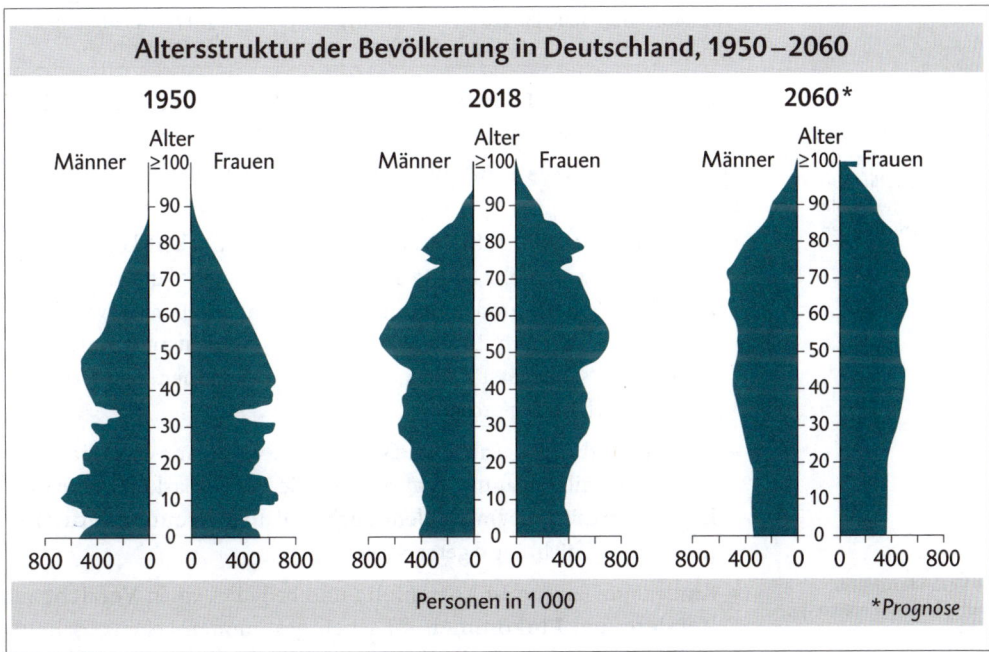

Altersstruktur der Bevölkerung in Deutschland, 1950–2060

1.2 Ursachen der demografischen Entwicklung

Die Veränderungen der Bevölkerungsstruktur seit der vorindustriellen Zeit haben mehrere Ursachen. Vor allem bestimmte Wandlungsprozesse sowie Migrationsbewegungen spielen dabei eine große Rolle.

Wandel der Lebensphasen

Industrielle Revolution – Tiefgreifende und dauerhafte Umgestaltung der wirtschaftlichen und sozialen Verhältnisse v. a. im 19. Jahrhundert

Urbanisierung – Ausbreitung städtischer Lebensformen

Die politischen und sozialen Veränderungen in der Folge der **Französischen Revolution** von 1789 sowie die ökonomischen Folgen der **industriellen Revolution** v. a. im 19. Jahrhundert führten zu einer **Urbanisierung** und andererseits zu einer **Emanzipation** aus vorgegebenen Strukturen. Allerdings wurden diese Befreiungserfolge in der bürgerlichen Gesellschaft von neuen Regeln für die Geschlechter abgelöst.

Es kam zu weitgehenden **Differenzierungen** der **einzelnen Lebensphasen:** Kindheitsphase, Jugendphase und Altersphase wurden strikt voneinander abgegrenzt. Besonders die Struktur der älteren Generation hat sich stark verändert.

Einige Zahlen des Statistischen Bundesamtes verdeutlichen dies:

Anteil der Generation 65+:	4,7 % (1871)	21,5 % (2018)
Anzahl der über 100-Jährigen	1970 (BRD) 298 Personen	2017 (Deutschland) 16 500 Personen

Lebenserwartung – Die Lebenserwartung für das Jahr 2020 gilt für Menschen, die im Jahr 2020 geboren werden.

Diesem Anstieg der **Lebenserwartung** (1950: 68,5 für Frauen, 64,6 für Männer; 2020: 84,1 für Frauen, 79,1 für Männer) steht ein starker **Geburtenrückgang** gegenüber, für den es verschiedene Erklärungen gibt:

- Der **Wertewandel** führt dazu, dass Kinder zu haben keine Selbstverständlichkeit mehr ist. So können sich Frauen dank der **Emanzipation** flexibler und individueller für einen Lebensentwurf entscheiden. Außerdem ist es aufgrund von **Verhütungsmethoden** nicht mehr selbstverständlich, Kinder zu bekommen, sondern eine aktive Entscheidung pro Kind.

- Die **Ausbildungs- und Berufskarrieren** von Mann und Frau machen die Familienplanung schwieriger. Die **Vereinbarkeit** von **Familie** und **Beruf** ist oft ein Problem, auch weil die **Betreuungssituation** nach wie vor nicht ideal geregelt ist.

→ **Veränderung im individuellen Bereich** vgl. S. 23

- Kinder aufzuziehen ist **kostspielig** und bedeutet einen **Verzicht** auf **Karriere** und **Einkommen** für einen bestimmten Lebensabschnitt, weshalb sich Paare teilweise bewusst dagegen entscheiden.

Migrationen

> „Unter *Migration* [...] werden Zu- und Abwanderungen von Menschen auf einem bestimmten Territorium verstanden. Statt von Migration oder *Wanderung* spricht man auch von *horizontaler* bzw. *räumlicher* oder *geographischer Mobilität*."
>
> (Bernhard Schäfers, Sozialstruktur und sozialer Wandel in Deutschland, Konstanz 2012, S. 86)

Wanderungsbewegungen sind häufig anzutreffen. Dabei kann man zunächst unterscheiden zwischen **Binnenwanderung** (innerhalb des Landes) und **transnationaler Wanderung** – auch als **internationale Migration** bezeichnet. Weiterhin kann man unterscheiden, ob die Wanderungen **freiwillig** oder **unfreiwillig** stattfinden. Wer politisch verfolgt wird oder aus einem Bürgerkriegsland flieht, dessen Wanderung findet nicht freiwillig statt. Wer allerdings zu seinem Lebenspartner zieht, einen gut bezahlten Job im Ausland annimmt oder zum Studium in ein anderes Land geht, der wandert freiwillig.

Den meisten Wanderungsbewegungen liegen **ökonomische, politische, demografische** oder **ökologische** Faktoren zugrunde:

- ökonomische Gründe: Menschen wandern und wechseln ihren Wohnort auf der Suche nach **besseren Lebensbedingungen**. Das trifft beispielsweise auf Migranten aus den Entwicklungsländern des globalen Südens zu, die nach Europa und Nordamerika wandern. Aber auch Binnenbewegungen im Zuge einer **Urbanisierungstendenz** innerhalb eines Landes fallen in diese Kategorie.

- politische Gründe: Werden Menschen an ihrem bisherigen Standort aus **politischen Gründen bedroht** oder herrscht dort ein **Bürgerkrieg**, dann flüchten sie und suchen in einem anderen Land Schutz.

→ **Gefährung von Frieden und Sicherheit** vgl. S. 216

- demografische Gründe: Sind in einem Land die **Geburtenraten hoch** und folglich Arbeitsplätze und Wohnraum knapp, besteht ein **Anreiz zur Migration**. Umgekehrt kann es für Länder mit **geringen Geburtenraten** sinnvoll sein, um **Zuwanderung** zu werben.

- ökologische Gründe: Als Folge von **Klimaveränderung** nehmen **Flut- und Sturmkatastrophen**, **Dürren**, **Desertifikation** und der **Rückgang von Süßwasserreserven** global zu. Dabei sind manche Regionen stärker betroffen als andere, weshalb es zu Wanderungsbewegungen zwischen diesen Regionen kommt.

→ **Grenzüberschreitende Migration** vgl. S. 274

Nur ein Teil der wandernden Bevölkerungsgruppen sind Migranten. Unter Migranten versteht man Menschen, die ihren **Lebensmittelpunkt** in ein **anderes Land** verlegen.

Zu dieser Bevölkerungsgruppe gehören in Deutschland vor allem:

- Gastarbeiter und Arbeitsmigranten
- Asylbewerber und Spätaussiedler
- Flüchtlinge, v. a. seit 2015 als Folge der Kriege und Notsituationen in Afrika und Asien

→ **Modelle der Sozial-struktur und soziale Milieus** vgl. S. 17

Der **Ausländeranteil** an der Bevölkerung in Deutschland ist **nicht gleichmäßig** im Bundesgebiet verteilt. Die folgende Tabelle zeigt eine Übersicht der ausländischen Bevölkerung in Deutschland zum 31. 12. 2018, aufgesplittet nach Bundesländern.

Bundesland	Bevölkerung insgesamt	Ausländische Bevölkerung	Anteil in %
Baden-Württemberg	11 069 533	1 720 975	15,5
Bayern	13 076 721	1 726 790	13,2
Berlin	3 644 826	675 210	18,5
Brandenburg	2 511 917	118 027	4,7
Bremen	682 986	123 896	18,1
Hamburg	1 841 179	302 265	16,4
Hessen	6 265 809	1 013 250	16,2
Mecklenburg-Vorpommern	1 609 675	72 687	4,5
Niedersachsen	7 982 448	749 694	9,4
Nordrhein-Westfalen	17 932 651	2 378 751	13,3
Rheinland-Pfalz	4 084 844	452 723	11,1
Saarland	990 509	109 751	11,1
Sachsen	4 077 937	198 558	4,9
Sachsen-Anhalt	2 208 321	108 131	4,9
Schleswig-Holstein	2 896 712	232 955	8,0
Thüringen	2 143 145	105 629	4,9
Deutschland	83 019 213	10 089 292	12,2

Quelle: Ergebnisse der Bevölkerungsfortschreibung, 14. 9. 2018

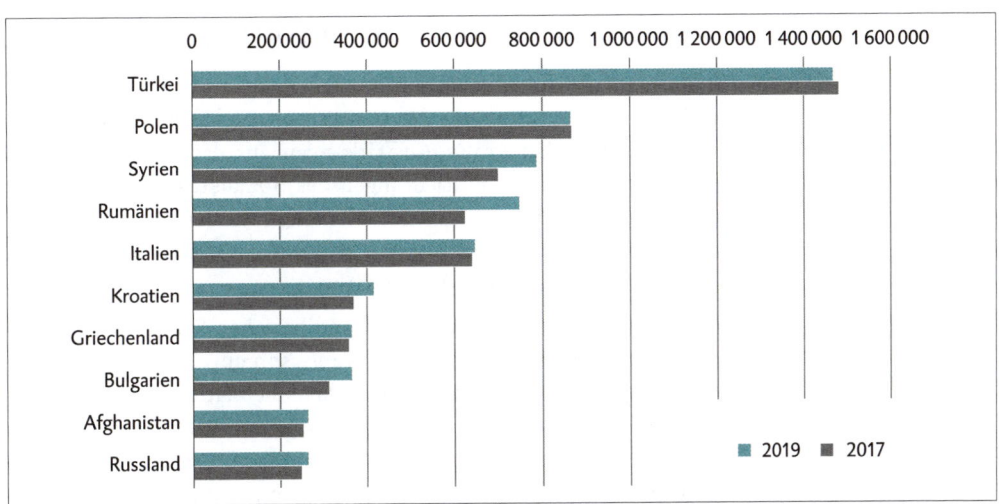

Herkunft der Einwohner Deutschlands mit ausländischem Pass – Top 10 der Herkunftsländer und Veränderung von 2017 zu 2019

Die Übersicht zeigt, dass der Anteil der **Arbeitsmigranten** aus dem **Mittelmeerraum** (Türkei, Italien, Griechenland) nahezu **stagniert**, der **Anteil** der **Flüchtlinge** (Syrien, Afghanistan) und der **Arbeitsmigranten** aus **Osteuropa** (Rumänien, Bulgarien, Kroatien) dagegen teilweise **stark gestiegen** ist.

Diese Zuwanderung verlangt von einer Gesellschaft große **Integrationsbemühungen**. Dabei werden **verschiedene erreichbare Stufen** des Integrationsprozesses unterschieden, wobei die erste Stufe idealerweise übersprungen wird:

→ **Flüchtlingskrise nach 2015** vgl. S. 187

- **Segmentierung/Gettoisierung:** Beide Seiten (Zugewanderte und Einheimische) sondern sich voneinander ab, bewahren ihre kulturelle Eigenständigkeit.

- **Assimilation:** Zugewanderte gleichen sich an die soziale und kulturelle Lebenswelt einer bisher fremden Gruppe/Kultur an, geben die eigenen Werte teilweise auf.

- **Akkulturation:** Zugewanderte übernehmen verschiedene Elemente einer ursprünglich fremden Kultur (Werte, Normen, Institutionen, Wissen).

- **Integration:** In einem längeren Prozess fühlen sich Menschen in einem fremden sozialen Umfeld zugehörig und gelten als Teil der Gruppe.

1.3 Folgen der demografischen Entwicklung

Die **demografische Entwicklung**, die vor allem geprägt ist durch die zunehmende **Überalterung** der Gesellschaft und den **Rückgang** der **Geburtenraten**, hat große Auswirkungen auf das **Sozialgefüge** in Deutschland. Wichtige Einrichtungen des **Sozialstaats** bauen darauf, dass immer genügend verdienende Menschen für den anderen Teil der Bevölkerung sorgen. Die wichtigsten **Stützen** des **Sozialstaates** werden im Folgenden aufgelistet und kurz erläutert.

→ **Grundrente** vgl. S. 43

- **Rentenversicherung:** In Deutschland beziehen **90 Prozent** der **älteren Menschen** im Ruhestand ihre Versorgung aus der Rentenversicherung. Im **Umlageverfahren** werden die Beiträge der Arbeitnehmer als Renten an die Ruheständler ausbezahlt. Die jüngere, mittlere und ältere Generation stehen in einem sogenannten **Drei-Generationen-Vertrag** (siehe Grafik, S. 9) miteinander in einer vertraglichen Beziehung. Der **demografische Wandel** hat daher eine grundlegende Bedeutung für die **Funktionsfähigkeit** des **sozialen Sicherungssystems**. Steigt die Zahl der Ruheständler gegenüber den **Beitragszahlern**, führt das zu einer Schieflage. Die mittlere Generation (und zukünftig noch mehr die aktuelle jüngere Generation) ist nur noch schwer in der Lage, die Renten zu finanzieren.

- **Gesetzliche Krankenversicherung:** Die gesetzliche Krankenversicherung ist – im Unterschied zur privaten Krankenversicherung – auch nach dem **Umlageverfahren** organisiert. Rücklagen für die durch das **zunehmende Altern** der Bevölkerung bedingten **zunehmenden Gesundheitsausgaben** können nicht gebildet werden.

- **Pflege:** In der Folge des demografischen Wandels muss der Beitragssatz für die Pflegeversicherung drastisch erhöht werden. Die Anzahl der Pflegeeinrichtungen muss – bedingt auch durch die Änderung der Familienstrukturen – steigen. Pflegepersonal wird im Ausland angeworben.

	2000	2005	2010	2015	2016	2017
Männer	59,8	60,7	60,7	61,9	61,8	61,9
Frauen	60,5	61	60,7	61,9	61,9	61,9
Durchschnitt	60,2	61,8	60,7	61,9	61,8	61,9

Entwicklung des Renteneintrittsalters von Männern, Frauen und im Durchschnitt in Deutschland zwischen 2000 und 2017

GENERATIONENVERTRAG

Als tätige Erwachsene geben wir...

... unseren Kindern

... den Rentnern

... Unterhalt, Erziehung, Ausbildung, Pflege

... durch Beiträte und Steuern die finanziellen Mittel für ihre Renten

Als **Kinder** und **Jugendliche** erhalten wir Unterhalt und Erziehung

Als **Rentner** erhalten wir Altersrente

Der Generationen-Vertrag: Stütze des deutschen Sozialsystems

info

Umlageverfahren

Das Umlageverfahren dient der Finanzierung von Sozialversicherungen, speziell der Altersvorsorge. Aber auch zur Finanzierung der Krankenversicherung und der Arbeitslosenversicherung wird es eingesetzt.
Die eingezahlten Beträge werden unmittelbar verwendet, um die Leistungsberechtigten zu finanzieren.

Der demografische Wandel hat aber nicht nur gravierende Auswirkungen auf das System des Sozialstaats. Auch darüber hinaus kann es zu Problemen und Konflikten kommen:

- Die **Steuereinnahmen sinken** und das Wachstum des Volkseinkommens wird gedämpft.

- Die **Geburtenrate** und die **Lebenserwartung** sind **regional unterschiedlich**. Dies führt zu Wanderungsbewegungen. Urbanisierungstendenzen und Landflucht sind eine Folge davon.

- **Verteilungskonflikte** zwischen den **Generationen** können genauso entstehen wie Konflikte zwischen Familien mit Kindern und kinderlos lebenden Menschen.

- Bedingt durch die Veränderungen der **Siedlungsstruktur** können Regionalkonflikte entstehen. Boomende Regionen stehen neben Gebieten mit wirtschaftlichem Niedergang. Das hat Auswirkungen auf die Lebensqualität und die Preise.

- Die **Zunahme der Zuwanderung** bewirkt, dass Menschen aus anderen Kulturkreisen integriert werden müssen. Dies hat soziale und politische Auswirkungen.

- Eine **alternde Gesellschaft** ist modernen technischen Entwicklung und dem Wandel in Lebens- und Arbeitswelt gegenüber weniger aufgeschlossen. Das kann zu einer gesellschaftlichen Lethargie in der Zukunftplanung führen.

2 Formen sozialer Differenzierung

2.1 Dimensionen und Determinanten sozialer Ungleichheit

> „Soziale Ungleichheit bezeichnet jenen Zustand der sozialen Differenzierung, in dem die ungleiche Verteilung von Ressourcen und sozialen Positionen ein gesellschaftliches Problem darstellt und eine Änderung angestrebt wird."
>
> (Bernhard Schäfers, Sozialstruktur und sozialer Wandel in Deutschland)

Bei der Betrachtung und Analyse der sozialen Ungleichheit unterscheidet man zwischen **Dimensionen** und **Determinanten** sozialer Ungleichheit.

Die **Dimensionen sozialer Ungleichheit** bezeichnen persönliche oder strukturelle Merkmale, die die ungleichen **Lebenslagen** der Menschen kennzeichnen.

Lebenslage – Handlungs- und Lebensbedingungen, die den Menschen mehr oder weniger erlauben, allgemein festgelegte Lebensziele zu erreichen

Es gibt drei große Bereiche, in die sich die Dimensionen sozialer Ungleichheit einsortieren lassen:

- **ökonomische:** z. B. die (Aus-)Bildung und der materielle Wohlstand

- **wohlfahrtsstaatliche:** z. B. die soziale Sicherung und der Bereich der Gesundheit

- **soziale:** z. B. soziale Beziehungen und die Sphäre von Macht und Einfluss

Als klassische **Dimensionen sozialer Ungleichheit** gelten **materieller Wohlstand**, **Bildung**, **Macht** und **Prestige**. Neben diesen traditionellen Dimensionen sozialer Ungleichheit wurden in den letzten Jahrzehnten aber auch **neuere Dimensionen** wichtig. Diese finden sich vor allem im wohlfahrtsstaatlichen Bereich (vgl. S. 13).

Basisdimensionen sozialer Ungleichheit			
Dimensionen materieller Wohlstand	Bildung und Wissen	Macht	Prestige
Indikatoren Gehalt/Einkommen, Vermögen	Soziale Herkunft, Schulabschlüsse, Ausbildungen	Einfluss und Entscheidungsbefugnisse, z. B. im politischen, wirtschaftlichen und kulturellen Bereich	Ansehen des Berufs, soziale Herkunft

Der **ökonomische Bereich** sozialer Ungleichheit umfasst also folgende Dimensionen:

Ausbildung, Bildung und Wissen

Die genannten Begriffe sind bedeutende Faktoren sozialer Ungleichheit. Erfahrungen im Bereich der Ausbildung sowie Bildung berühren ebenso die Lebenschancen wie die persönlichen Talente und Fähigkeiten. Wissen, das nicht nur dem wirtschaftlichen Erfolg dient, stärkt ebenfalls die Lebenschancen. Die **Schulbildung** ist zum Beispiel ein zentrales Merkmal der Klassifizierung.

Materieller Wohlstand

Er ist die wichtigste Grundlage der Befriedigung materieller und immaterieller Güter und lässt sich mit den Indikatoren **Einkommen** und **Vermögen** fassen.

Es gilt die folgenden **Einkommensarten** zu unterscheiden:

- Einkommen aus **unselbstständiger Arbeit** (Erwerbseinkommen)
- Einkommen aus **Unternehmertätigkeit**
- Einkommen aus **Vermögen** (Besitzeinkommen)
- Einkommen aus **öffentlichen** und **nicht-öffentlichen Einkommensübertragungen** (Transfereinkommen)

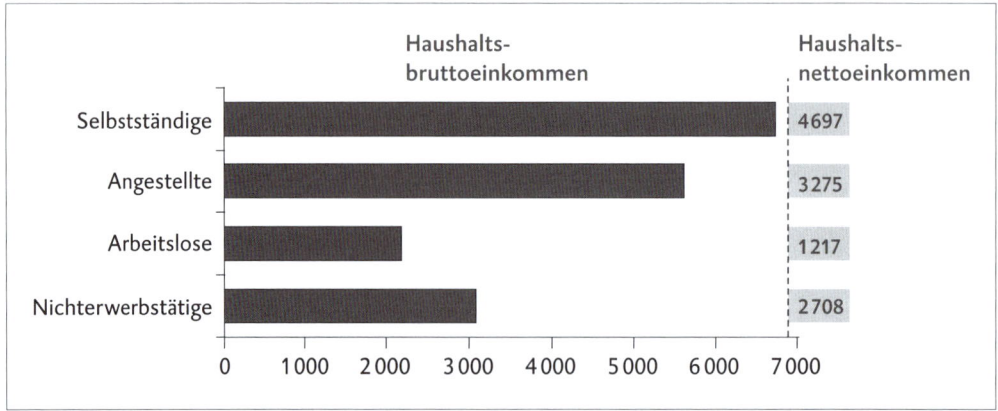

Haushaltsbrutto-/-nettoeinkommen nach sozialer Stellung des Haupteinkommensbeziehers (2017, je Haushalt u. Monat in €)

Die Einkommensungleichheit einer Gesellschaft wird v. a. mit dem **Gini-Koeffizient** berechnet. Er liegt zwischen 0 (keine Ungleichheit) und 1 (maximale Ungleichheit). Würde nur eine Person alles verdienen, wäre der Gini-Koeffizient 1, würden alle gleich verdienen, wäre er 0. Ende 2016 lag der Gini-Koeffizient in Deutschland bei 0,297 und damit um 19 Prozent höher als 20 Jahre zuvor.

Bei fehlendem bzw. zu geringem Einkommen/Vermögen besteht die Gefahr der **Armut**. Hierbei unterscheidet man:

Nettoäquivalenz-einkommen –
Einkommen, das jedem Familienmitglied, wenn es selbstständig leben würde, den gleichen Standard ermöglichen würde, wie es ihn innerhalb der Familie hat

- **Absolute Armut:** Man hat weniger zur Verfügung, als zum physischen Überleben notwendig ist
- **Bekämpfte Armut** (Soziokulturelles Existenzminimum): Diese Armutsstufe umfasst die Einkommen, die unterhalb einer bestimmten Bemessungsgrenze liegen (Deutschland: Sozialhilfe, ALG II)
- **Relative Armut:** abhängig vom durchschnittlichen **Nettoäquivalenzeinkommen** einer Gesellschaft (40 % des Durchschnitts: strenge Armut; 50 % des Durchschnitts: Armut; 60 % des Durchschnitts: Armutsrisikogrenze)

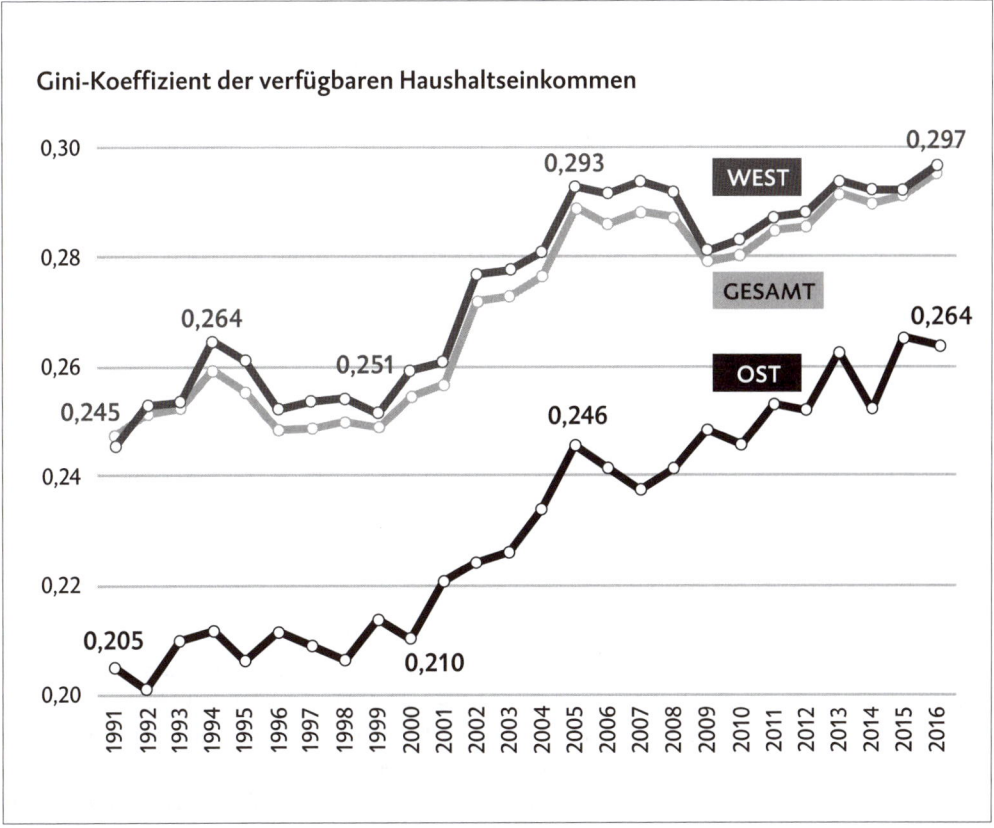

Die Entwicklung des Gini-Koeffizienten in Deutschland von 1991 bis 2016

Zum **wohlfahrtsstaatlichen Bereich** gesellschaftlicher Unterschiede zählen die folgenden Dimensionen:

- **Soziale Sicherung und Erwerbschancen:** Der Grad einer sozialen Absicherung ist gekennzeichnet durch die Erwerbschancen, die Sicherheit des Arbeitsplatzes, durch den Schutz gegen Armutsrisiko, die materielle Absicherung im Krankheitsfall und im Alter.

- **Gesundheitsrisiken:** Mit steigendem sozioökonomischem Status eines Menschen bessert sich auch sein Gesundheitszustand.

- **Arbeits-, Freizeit-, Wohn- und Umweltbedingungen** sind ein wesentlicher Faktor sozialer Ungleichheit. Arbeitsbelastungen, fehlende Kreativität bei der Arbeit, geringe Wohnungsgröße, starker Verkehr sowie fehlende Freizeitmöglichkeiten beeinträchtigen die Lebenschancen.

Der **soziale Bereich** berührt v. a. zwei Dimensionen:

- An erster Stelle stehen hier **soziale Beziehungen** (Verfügbarkeit und befriedigende Gestaltung von Beziehungen).

- Eine große Bedeutung hat in diesem Kontext die **soziale Herkunft** und die familiäre Unterstützung, die zu einem bestimmten Prestige führen.

Die **Determinanten sozialer Ungleichheit** umfassen – im Gegensatz zu den Dimensionen – persönliche Umstände und strukturelle Merkmale, die darüber bestimmen, ob bestimmte Statuspositionen in den Dimensionen sozialer Ungleichheit erreicht werden, die selbst aber keine Statusposition sind.

Dazu zählen im Wesentlichen Beruf, Geschlecht, Alter, Wohnregion, Lebensform, Staatsangehörigkeit und Migrationshintergrund.

2.2 Soziale Mobilität und Leistungsgesellschaft

Unter **sozialer Mobilität** versteht man die Bewegung von Personen zwischen verschiedenen sozioökonomischen Positionen. Das bedeutet, dass sich ungleichheitsrelevante Dimensionen verändern. Dies kann einzelne Dimensionen der sozialen Ungleichheit (Bildungs-, Berufs-, Einkommenssektor) oder auch mehrere Dimensionen betreffen. Steigt die soziale Mobilität in einer Gesellschaft, spricht man von **sozialer Durchlässigkeit**. Je höher die soziale Ungleichheit in einer Gesellschaft ist, desto niedriger ist die soziale Mobilität.

Die soziale Durchlässigkeit kann **zwei Richtungen** haben: Kommt es zu Anpassungen im sozioökonomischen Gefüge, dann kann das zu einem sozialen Aufstieg oder zu einem sozialen Abstieg führen (**vertikale Mobilität**).

→ **Modell der sozialen Schichten und Klassen** vgl. S. 17

Verändert sich eine der Dimensionen der Ungleichheit, z. B. der ausgeübte Beruf, ohne Auswirkungen auf die sozioökonomische Zugehörigkeit zu einer Schicht/Klasse, dann nennt man diesen Vorgang **horizontale Mobilität**.

Soziale Mobilität ist eng mit dem sozialen Wandel verknüpft. Man unterscheidet zwei Formen:

Intragenerationale Mobilität: Darunter versteht man die Veränderung innerhalb der Biografie eines Menschen. Das bekannteste Beispiel ist hier der berufliche Aufstieg.

Intergenerationale Mobilität: Sie bezeichnet Veränderungen zwischen den Generationen, zum Beispiel die Bildung der Kinder verglichen mit der ihrer Eltern.

Das Ausmaß der Karrieremobilität ist in Deutschland recht gering. Die wichtigste Ursache dafür ist die enge Koppelung von Ausbildung und Beruf. Grundsätzlich gibt es zur sozialen Mobilität zwei Thesen, die jedoch überspitzen und in ihrer Polarisierung nicht haltbar sind. Dennoch verdeutlichen sie die entgegengesetzten Standpunkte sehr anschaulich:

These 1: Früher gab es bedingt durch **klare Rollenverteilungen** häufiger **Normalbiografien:** einerseits Schule, Ausbildung, Beschäftigung in einem Betrieb sowie Rente als die typische Biografie der Männer, dagegen der typisch weibliche Lebenslauf: Schule, ungelernte Tätigkeit oder Hausfrau.

These 2: Normalbiografien sind heute **nicht** mehr der **Standard.** Ursache dafür sind die **Globalisierung**, die **Flexibilität** im Arbeitsprozess verlangt, **biografische Brüche**, das Gebot des **lebenslangen Lernens**, die fortschreitende **Gleichstellung** der Frauen und die **Pluralisierung** der Lebensformen.

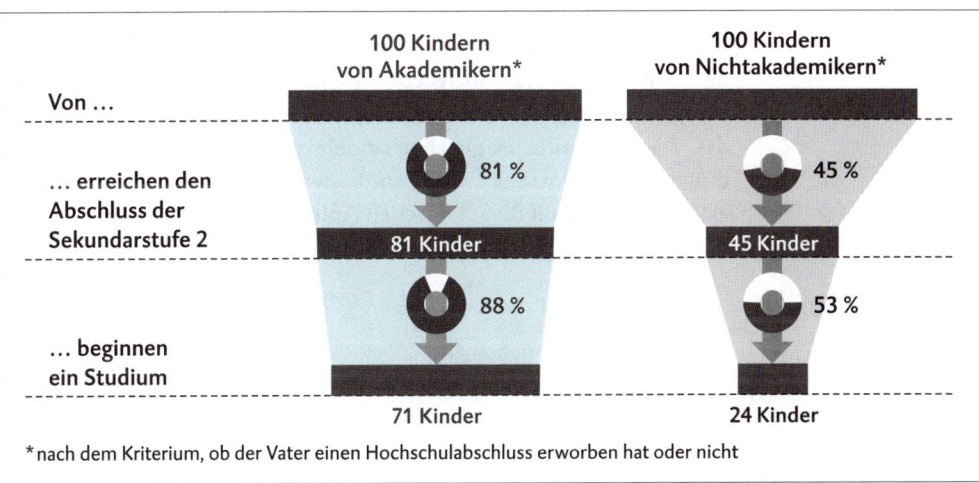

Der Bildungstrichter: Soziale Selektion beim Zugang zum Studium; die Wahrscheinlichkeit, dass Kinder von Akademikern selbst ein Studium beginnen ist viel höher als bei Kindern von Nichtakademikern

Bezüglich der sozialen Mobilität unterscheidet man zwei Gesellschaftsformen:

- In einer **geschlossenen Gesellschaft** erfolgen die Statuszuweisung und die gesellschaftliche/sozioökonomische Stellung überwiegend durch Geburt.
- Die **offene Gesellschaft** weist den gesellschaftlichen Status durch **Leistung** zu.

Reformation – Kirchliche Erneuerungsbewegung in der Zeit von 1517 bis 1648; in Deutschland von Martin Luther angeführt

Der Begriff der **Leistungsgesellschaft** geht einher mit dem Aufstieg des Bürgertums in der Zeit nach der Reformation. Der Besitz und die gesellschaftliche Position einer Person und ihre Chance auf soziale Mobilität sollten nicht mehr von ständischen oder rassischen Gesichtspunkten abhängig sein. Leistung ist bis heute ein Begriff, der liberale Gesellschaftsformen prägt.

Leistung gibt die Kriterien vor, die die Ungleichheit von Personen (sozial, wirtschaftlich) rechtfertigt. Dabei wird Leistung stark verknüpft mit Bildung, Arbeit und wirtschaftlichem Erwerb. Ausgenommen von diesem Leistungsprinzip sind die Politik (Prinzip der rechtlichen Gleichheit) und das im Grundgesetz verankerte **Sozialstaatsgebot** (Prinzip der Bedürftigkeit).

Besonders im Bildungssystem soll Leistung zum Garanten sozialer **Chancengerechtigkeit** werden. Allerdings zeigen Bildungsstudien, dass die **soziale Herkunft** von besonderer Bedeutung für den **Bildungserfolg** ist. Dass alle Schülerinnen und Schüler nach den Normen des Leistungsprinzips gleichbehandelt werden (gleiche Prüfungsbedingungen), bevorzugt die, die am besten von ihrer familiären und sozialen Herkunft auf die schulischen Anforderungen vorbereitet werden. Dies widerspricht aber der eigentlichen Intension von Leistung.

2.3 Modelle der Sozialstruktur und soziale Milieus

Um die Sozialstruktur einer Gesellschaft abzubilden, wurden in der Soziologie vier **unterschiedliche Typen** von **Modellen** entwickelt. Mit diesen Modellen lässt sich die durch **soziale Unterschiede** geprägte Struktur der Gesellschaft **übersichtlich** darstellen.

2.3.1 Das Modell der sozialen Schichten und Klassen:

Eine große Gruppe sind die **klassischen Schichtungsmodelle**. Die Idee dabei ist, die Menschen mit **ähnlichen Lebensverhältnissen** in einer **Schicht** zusammenzufassen. Dabei orientiert man sich vor allem an der **beruflichen Stellung**, da man davon ausgeht, dass davon auch gemeinsame Einstellungen und Werte abhängen.

Klassen – Gruppen mit gemeinsamen sozialen Merkmalen, vor allem ökonomischer Art
Schichten – Bevölkerungsgruppen einer Gesellschaft mit gleichem Ansehen

Ein Vorteil dieser Modelle ist, dass eine **klare** und **nachvollziehbare Schichtung** der Gesellschaft mit einem deutlichen „Oben" und „Unten" hervortritt. Zudem ist die Tatsache positiv, dass sich die Entwicklung Deutschlands hin zu einem **Einwanderungsland** darstellen lässt (vgl. Modernisiertes Hausmodell).

Allerdings gibt es auch kritische Einwände. Insgesamt werden die Modelle als relativ **grob** und **undifferenziert** bezeichnet. So wird kritisiert, dass nur vertikale und **keine horizontale Ungleichheit** dargestellt wird, wie sie beispielsweise zwischen den Geschlechtern oder den Generationen auch innerhalb einer Schicht vorkommt. Auch die Annahme, dass die **materielle Situation** die **Einstellungen** und **Mentalitäten bestimme**, kann hinterfragt werden.

Innerhalb dieser Schichtungsmodelle lassen sich verschiedene zum Teil widersprüchliche Modelle unterscheiden.

Zwiebelmodell

(Karl Martin Bolte)

Keine starren Schichtgrenzen;

Beruf als zentrales Merkmal, prägt auch Einkommen, Lebensstil, Sozialkontakte;

nur am oberen und unteren Rand klare Statusbestimmung möglich

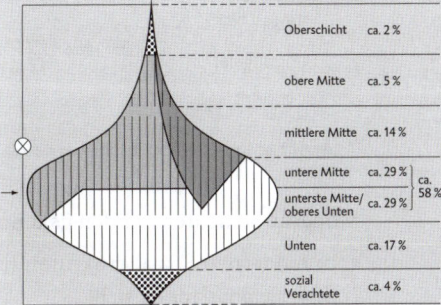

Bezeichnung der Statuszone	Anteil	
Oberschicht	ca. 2 %	
obere Mitte	ca. 5 %	
mittlere Mitte	ca. 14 %	
untere Mitte	ca. 29 %	ca. 58 %
unterste Mitte/ oberes Unten	ca. 29 %	
Unten	ca. 17 %	
sozial Verachtete	ca. 4 %	

Angehörige des sog. neuen Mittelstandes

Angehörige des sog. alten Mittelstandes

Angehörige der sog. Arbeiterschaft

 Mittlere Mitte nach den Vorstellungen der Bevölkerung

Hausmodell

(Ralf Dahrendorf)

Nicht nur Eigentum, sondern auch Herrschaftspositionen als zentrales Kriterium;

Bestehen von Mobilitäts-barrieren;

Es gibt sieben Klassen und Schichten

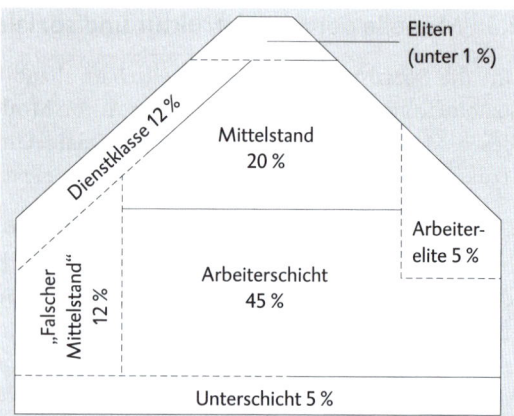

- Eliten (unter 1 %)
- Dienstklasse 12 %
- Mittelstand 20 %
- „Falscher Mittelstand" 12 %
- Arbeiterelite 5 %
- Arbeiterschicht 45 %
- Unterschicht 5 %

Modernisiertes Hausmodell

(Rainer Geißler)

Beruf und Bildung wichtige Determinanten für unterschiedliche Lebenschancen; dadurch werden Schichten unschärfer und dynamischer;

Einwanderung wird modelliert;

Umschichtungen, aber keine Auflösung der Schichten

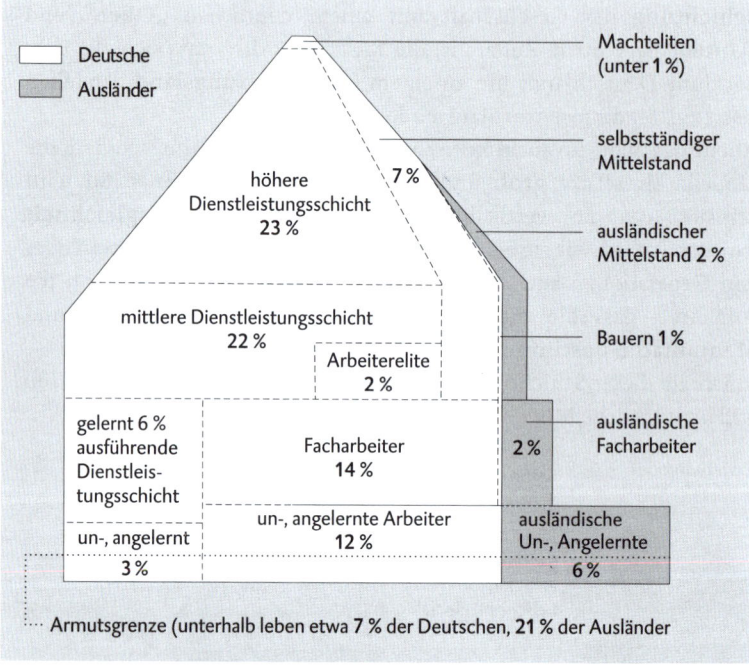

- Deutsche
- Ausländer
- Machteliten (unter 1 %)
- höhere Dienstleistungsschicht 23 %
- 7 %
- selbstständiger Mittelstand
- ausländischer Mittelstand 2 %
- mittlere Dienstleistungsschicht 22 %
- Arbeiterelite 2 %
- Bauern 1 %
- gelernt 6 % ausführende Dienstleistungsschicht
- Facharbeiter 14 %
- 2 %
- ausländische Facharbeiter
- un-, angelernt 3 %
- un-, angelernte Arbeiter 12 %
- ausländische Un-, Angelernte 6 %
- Armutsgrenze (unterhalb leben etwa **7 %** der Deutschen, **21 %** der Ausländer

Moderne Schichten werden gekennzeichnet durch vier Besonderheiten:

- In modernen Sozialstrukturen haben Schichten **keine klaren Grenzen**, sie überlappen sich.

- Es gibt eine langfristige Tendenz zu **Auflockerung** und **Differenzierung** der **Sozialstruktur**. Schichttypische und schichtunspezifische Verhaltensweisen existieren nebeneinander. Als Beispiel soll

hier die politische Teilhabe stehen: Die Teilnahme an Bundestagswahlen ist schichtunabhängig, dagegen ist die Mitarbeit in Parteien
schichtabhängig.

- Schichttypische **Unterschiede** sind **nicht** sofort **erkennbar**. So
  stehen z. B. Laptops in fast allen Haushalten, aber die Benutzung ist
  schichttypisch unterschiedlich.

- Durch soziale Mobilität entsteht eine **höhere Durchlässigkeit** der
  Schichten.

2.3.2 Modell der sozialen Lagen

Soziale Lagen berücksichtigen neben den **vertikalen** („oben" und „unten") auch **horizontale** (z. B. Alter) **Ungleichheiten**, ermöglichen also
im Vergleich zur Schicht- und Klassenanalyse eine **mehrdimensionale
Ungleichheitsforschung**. Die Lagen sind nicht so stark ökonomisch
ausgerichtet wie Klassen und Schichten. Anhand dieses Modells kann
sowohl subjektive als auch objektive Wohlfahrt untersucht werden.

Soziale Lagen –
Lebensqualität und
Lebenschancen von
Menschen

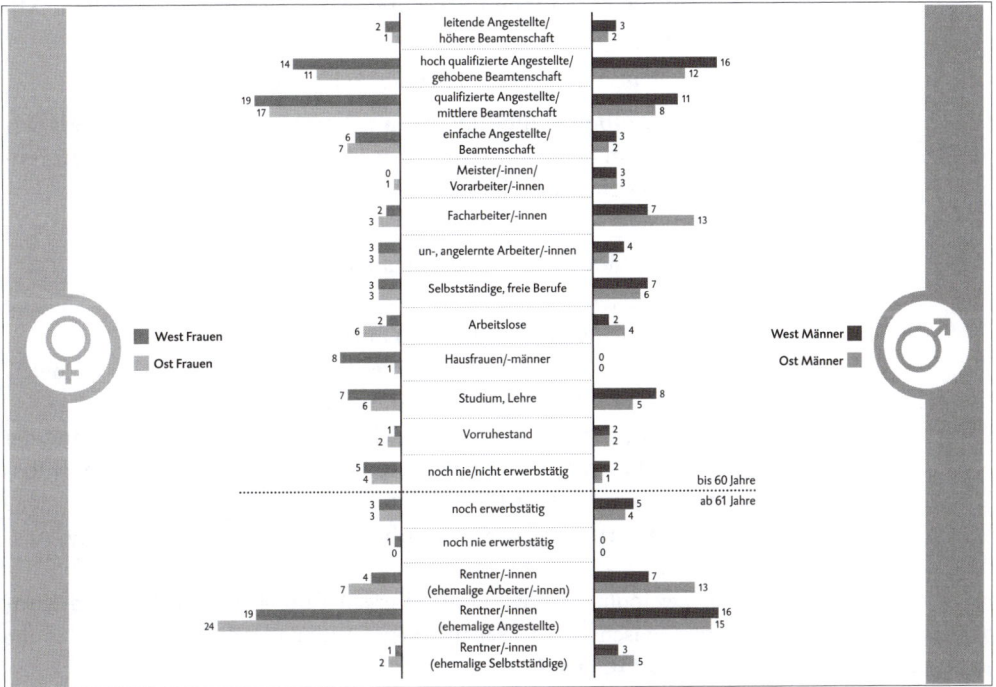

Soziale Lagen in Ost- und Westdeutschland 2016 – in Prozent

Die Grenzen des Lagenmodells bestehen darin, dass es schnell **unüber-sichtlich** wird. Obwohl das angeführte Beispiel schon 64 Soziallagen aufzeigt, fehlen zum Beispiel noch Unterschiede zwischen Regionen, nach Nationalität oder Familienstand.

2.3.3 Das Modell der sozialen Milieus

Soziale Milieus –
Gruppen mit ähnlichen Lebensentwürfen

Im Unterschied zu den Schichtenmodellen gruppiert das Modell der sozialen Milieus die Bevölkerung nicht nach Ähnlichkeiten, sondern nach **Unterschieden** in ihren **Wertorientierungen**.
Kriterien sind dabei: Arbeit, Freizeit und Konsum, Familie und Partnerschaft, Zukunftsperspektiven, politische Grundüberzeugungen, Lebensstil.
Milieus sind wie Schichten nicht hermetisch, sondern haben **fließende Übergänge**.

Drei Ergebnisse fallen auf:

- In **unterschiedlichen Schichten** haben sich **unterschiedliche Milieus** entwickelt.
- Die meisten Milieus sind **in zwei Schichten** verankert.
- In **denselben Schichten** haben sich **unterschiedliche Milieus** entwickelt; in der gesellschaftlichen Mitte gibt es die **größte Differenzierung** und **Pluralisierung**.

2.3.4 Das Modell der Exklusion und Inklusion

Dieses Modell unterscheidet sich vom Klasse-Schichten-Modell und dem Modell der sozialen Lagen in folgenden Punkten:
Es geht nicht um die vertikale Differenzierung der Gesellschaft („oben" und „unten"), sondern um die **Pole drinnen** und **draußen**.
Außerdem wird die soziale Ungleichheit als durch eine **Spaltung** der **Gesellschaft verursacht** gesehen: Es gibt **Zugehörige**, **Ausgeschlossene** und an den **Rand Gedrängte**. Exklusion wird durch verschiedene Faktoren verursacht wie z. B. Arbeitslosigkeit, Armut, räumliche Ausgrenzung.
Das zweipolige Modell wird oft ergänzt durch ein **Drei-Zonen-Konzept**. Zwischen gesellschaftlichem Drinnen und Draußen gibt es die Zone der **Prekarität**.

Prekarität –
schwierige soziale Lage

Ein Vorteil ist, dass die **Exklusionsprozesse** in allen Schichten, Soziallagen und Milieus zu erkennen sind. Es erfasst die **soziale Realität** am besten, wenn es mit dem Schichten-Modell kombiniert wird.

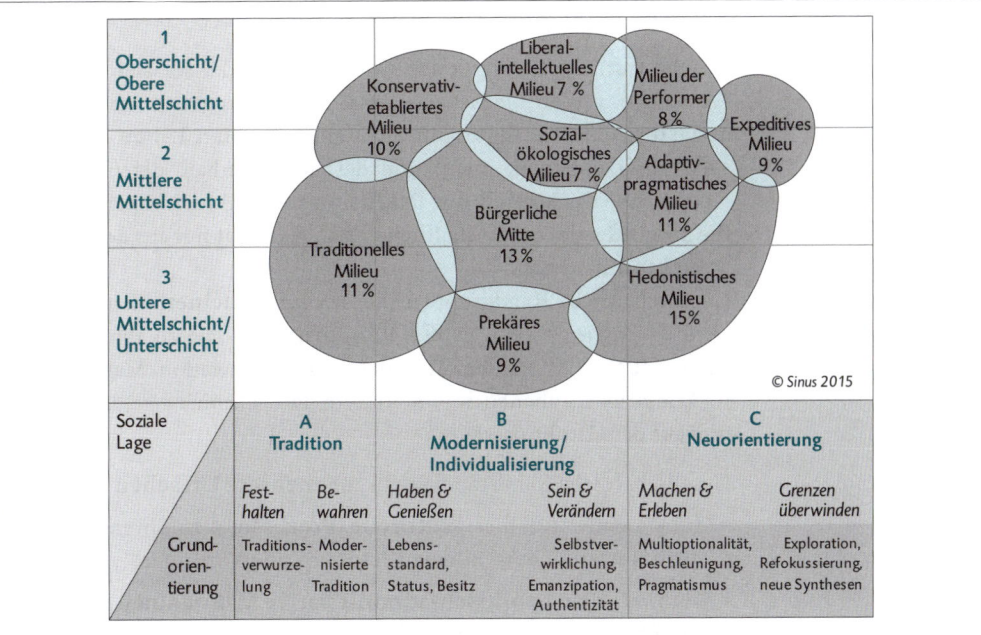

Sinus-Milieus in Deutschland 2020

In der Sozialstrukturforschung wird die Frage, ob sich die Schichten auflösen oder aufgelöst haben, unterschiedlich beantwortet (Auflösungstheoretiker vs. Schichtungstheoretiker).

Auflösungstheoretiker	Schichtungstheoretiker
Frühere Statussymbole haben ihre unterscheidende Bedeutung verloren, weil sie allen zugänglich sind.	Wichtige Lebenschancen (z. B. Bildung) und wichtige Lebensrisiken (z. B. Armut) sind nach wie vor „schichtspezifisch" verteilt.
Moderne Risiken (z. B. Arbeitslosigkeit, Klimawandel) bedrohen alle Schichten.	Wertorientierungen, Lebensstile, Verhaltensweisen sind nach wie vor schichtabhängig.
Schichten werden im alltäglichen Leben immer weniger wahrgenommen.	Im Alltagsbewusstsein sind Schichten weiterhin präsent.
Zunehmende soziale Mobilität löst Schichten auf.	Individualisierungs- und Pluralisierungsprozesse erfolgen in höheren Schichten intensiver.

Statussymbol – Objekt, das den gesellschaftlichen Stand oder sozialen Status zum Ausdruck bringt oder bringen soll, z. B. bestimmte Marken oder Autos

2.4 Die Ränder der Gesellschaft

Gesellschaftliche Randgruppen sind nicht Teil der sozialen Schichten. Als solche werden Menschen bezeichnet, die aufgrund **verschiedenartigster Benachteiligungen** nicht am **normalen Leben** der Gesellschaft teilnehmen (können) und deshalb außerhalb der Gesellschaft stehen. Wie das **Modell der Exklusion und Inklusion** zeigt, müssen die Mitglieder des gesellschaftlichen Randes **nicht** nur aus den **unteren Schichten** stammen.

Gesellschaftliche Randgruppen müssen keine **kleinen Minderheiten** sein, es existieren auch **große Randgruppen**. Hierzu zählen Behinderte, Teile der Migranten, Teile der älteren Generation, Menschen, die in Armut leben, aber auch Prostituierte, Drogenabhängige, Obdachlose und aus der Haft Entlassene.

Gesellschaftliche Randständigkeit kann **mehrere Ursachen** haben:

- Zum einen sind hier **kulturelle Prozesse** anzuführen. Darunter fallen Ressentiments, Stigmatisierungen und Vorurteile.
- Als zweites sind **politisch-administrative Maßnahmen** zu nennen, wie fehlende oder mangelhafte Inklusion.
- **Ökonomische Nachteile** sind eine dritte Ursache. Länger andauernde Armut oder Schwerbehinderung mit daraus folgender Arbeitslosigkeit können eine gesellschaftliche Teilhabe verhindern.

3 Soziokultureller Wandel

> „Ich weiß nicht, ob es besser wird, wenn es anders wird. Ich weiß nur, dass es anders werden muss, wenn es besser werden soll."
>
> (Georg Christoph Lichtenberg, deutscher Physiker und Schriftsteller zur Zeit der Aufklärung, über Wandel)

3.1 Pluralisierung der Lebenswelten und Einstellungen

Postmoderne – Zeit nach der Moderne mit Pluralismus als wichtigstem Element

Die **Vielfalt** der **Lebenswelten** und der **Werte** in der **Postmoderne** sowie die Veränderungen durch die **Digitalisierung** führen zu erheblichen Veränderungen im **privaten** und **öffentlichen Bereich**. Im folgenden Kapitel sollen exemplarisch einige dieser Veränderungen im **individuellen Bereich**, wie Ehe und Familie oder die Veränderung von

Geschlechterrollen, und im **öffentlichen Bereich**, vor allem bezüglich der neuen Arbeits- und Berufswelt, näher erläutert werden.

3.1.1 Veränderungen im individuellen Bereich

Vielfalt der Familienformen

„Zu den inzwischen weit geteilten Wissensbeständen gehört zum Beispiel die Erkenntnis, dass die mehrheitliche Realisierung des bürgerlichen Familienideals ‚Mutter, Vater, Kind' […] eine historische Ausnahmesituation in den 1950er und 1960er Jahren in westlichen Gesellschaften Europas und Nordamerikas war. In diesen zwei Jahrzehnten, die in der Familienforschung auch als ‚Golden Age of Marriage' bezeichnet werden, konnte sich für einen sehr kurzen historischen Zeitraum ein bestimmtes Familienmodell durchsetzen, das seitdem als Hintergrundfolie dient, um heutige Familienformen zu beurteilen. Vergessen wird dabei, dass es (fast) alle Familienformen, die es heute gibt, eigentlich schon immer gegeben hat."

(APuZ Mutter, Vater, Kind: Was heißt Familie heute?)

Die Familien, ihre Struktur und ihre Entwicklung haben sich in Deutschland seit den 60er-Jahren des 20. Jahrhunderts – dem „Golden Age of Marriage" – deutlich verändert. Dieser **Veränderungsprozess** führte aber nicht zur Auflösung der Familie. Sie hat in ihren Strukturen auf die veränderten gesellschaftlichen Bedingungen (Befreiung aus tradierten Wertebildern und Rollenmustern) reagiert und ist weiterhin von zentraler gesellschaftlicher Bedeutung.

Das unterstreicht auch die unten stehende Tabelle, die die Verteilung der Familien in Deutschland nach Lebensform und Kinderzahl darstellt.

Golden Age of Marriage – Begriff aus der Soziologie für Zeitraum der 1950er- und 1960er-Jahre in Deutschland, als die Ehe die unangefochtene Institution des privaten Lebens darstellte

Familien nach Lebensform und Kinderzahl im Jahr 2018 in Deutschland				
Familien nach Zahl der Kinder	Insgesamt	davon		
		Ehepaare	Lebensgemeinschaften	Alleinerziehende
		in 1000		
Insgesamt	11 436	7 816	1 040	2 580
1 Kind	5 903	3 494	650	1 760
2 Kinder	4 149	3 198	313	638
3 Kinder und mehr	1 383	1 124	77	182

Familien nach Zahl der Kinder	Insgesamt	davon		
		Ehepaare	Lebensgemeinschaften	Alleinerziehende
		in %		
Insgesamt	100,0	68,4	9,1	22,6
1 Kind	100,0	59,2	11,0	29,8
2 Kinder	100,0	77,1	7,5	15,4
3 Kinder und mehr	100,0	81,2	5,6	13,2

Ergebnisse des **Mikrozensus** – Bevölkerung in Familie/**Lebensform** am Hauptwohnsitz

Die **Entwicklung** der Familie verlief allerdings **nicht einheitlich** und **nicht ohne Brüche**, v. a. zwischen Westdeutschland und Ostdeutschland gab es erhebliche Unterschiede. Dennoch lassen sich einige **gemeinsame Entwicklungslinien** feststellen:

Es kam zu einer **Pluralisierung** von Familienformen.

Pluralisierung – innerhalb einer Gesellschaft vorkommende Vielfalt von Individuen, Ideen, Werten etc.

- Familienmitglieder sind nicht mehr an feste institutionelle oder normierte Regelungen gebunden.

- Familien werden später gegründet.

- Familien sind oft nicht mehr auf Dauer angelegt, sondern zeitlich befristet.

Patchworkfamilie – Familie, in die mindestens ein Elternteil ein Kind aus einer früheren Beziehung mitgebracht hat

- Es gibt eine größere Vielfalt an Familienformen (z. B. Patchwork, Alleinerziehende).

- Die Familie hat in der modernen Gesellschaft ihre ursprüngliche Selbstverständlichkeit verloren. Kinderlosigkeit ist heute eine Option, v. a. auch aufgrund langer Ausbildungszeiten und komplizierterer Beschäftigungsbiografien.

- Die Beziehungen zwischen den Eheleuten sind partnerschaftlicher geworden, Gleichstellung ersetzt vermehrt Unterordnung.

- Die autonome Stellung der Familienmitglieder hat sich erhöht.

Weiterhin wird die Familie jedoch durch ihre drei wesentlichen **Kernelemente** bestimmt:

- Die Familie erfüllt eine biologische und soziale **Reproduktions- und Sozialisationsfunktion**: Erziehung der Kinder, Schutz und Fürsorge für die Familienmitglieder, Gewährung emotionaler Bedürfnisse.

- Zur Familie gehören **mehrere Generationen**: Die Kernfamilie besteht aus Eltern-Kind-Einheiten, die Mehrgenerationen-Familie umfasst weitere Generationen (Großeltern, Urgroßeltern).

- Die Familie ist durch ein besonderes **Kooperations- und Solidari-tätsverhältnis** gekennzeichnet: Bestimmte Rollenbilder (z. B. Vater, Mutter, Sohn, Tochter, Enkel, Enkelin), die mit verschiedenen (zu bestimmten Zeiten und in bestimmten Kulturen unterschiedlichen) gesellschaftlichen Erwartungen (Zusammenhalt, Solidarität) verbunden sind, prägen die Beziehungen zwischen den Familienmitgliedern. Die Mutter- und Vaterrollen sind weitgehend unverändert erhalten geblieben, v. a. in Westdeutschland: Erziehung durch die Mutter, Sicherung der materiellen Grundlagen durch den Vater.

Diese Kernelemente bestimmen alle Formen der Familie. Dazu gehören neben der **Kernfamilie** mit verheirateten oder unverheirateten Eltern (ca. 65 %) auch **Einelternfamilien** (Alleinerziehende) (ca. 22,5 %), **Stief- oder Patchworkfamilien** (ca. 14 %), **gleichgeschlechtliche Familien** (Regenbogenfamilien) (ca. 0,05 %), **Adoptivfamilien** und **Pflegefamilien** (ca. 0,4 %).

Diese unterschiedlichen Familienformen gibt es schon seit Jahrhunderten. Im Gegensatz zu früher entsteht die Vielfalt der Familienformen heute oft auf freiwilliger Basis. Neu hinzugekommene Familienformen sind nur: Regenbogenfamilien (Familien mit gleichgeschlechtlichen Eltern) und Inseminationsfamilien (Familien mit Kindern, deren Zeugung durch künstliche Befruchtung erfolgte).

Eine gleichgeschlechtliche Familie (Regenbogenfamilie)

Ehe für alle

> „Die Ehe wird von zwei Personen verschiedenen oder gleichen Geschlechts auf Lebenszeit geschlossen."
>
> (§1353 BGB)

Eingetragene Lebenspartnerschaften – Eine der Ehe angeglichene Lebensform nur für gleichgeschlechtliche Paare, um rechtlichen Charakter der Beziehung zu garantieren

Am 1. Oktober 2017 trat die **Ehe für alle** in Kraft. Seit diesem Zeitpunkt können gleichgeschlechtliche Paare heiraten und Kinder adoptieren. Seit 2001 war es bereits möglich, gleichgeschlechtliche Beziehungen als **Lebenspartnerschaften** eintragen zu lassen, im Laufe der Jahre wurden die Unterschiede zur Ehe (z. B. Steuer-, Miet- und Erbrecht) weitgehend aufgehoben. Die letzten bestehenden Unterschiede wie v. a. das Recht, Kinder zu adoptieren, wurden am 1. Oktober 2017 endgültig beseitigt.

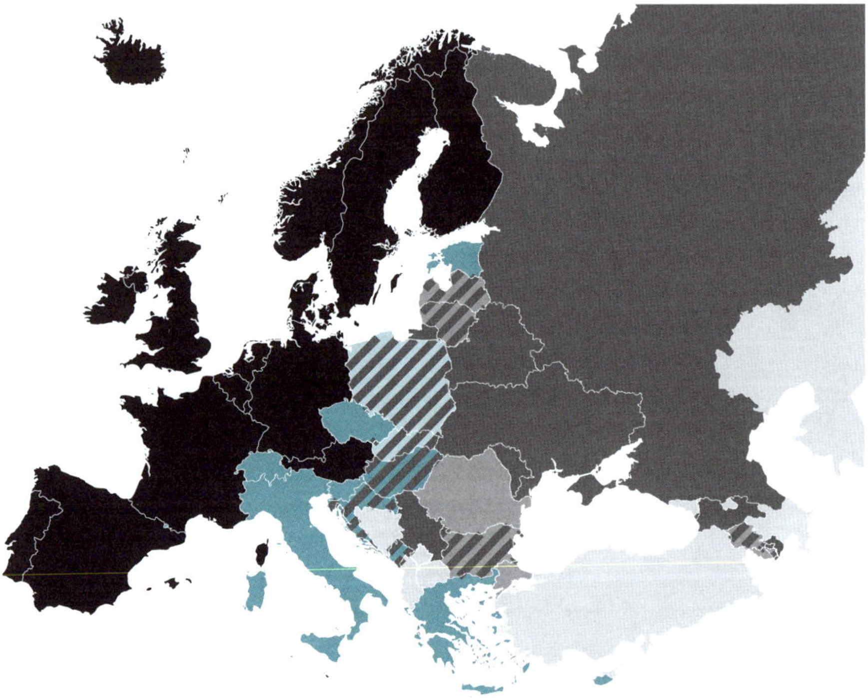

■ Gleichgeschlechtliche Ehe	■ Eingetragene Partnerschaft	■ Anerkennung im Ausland geschlossener Ehen für den Wohnsitz
■ Verfassungsverbot der gleichgeschlechtlichen Ehe	■ Unregistrierte Partnerschaft	■ Keine Anerkennung

Rechtliche Stellung gleichgeschlechtliche Ehen in Europa:
auch in den gestrichelten Staaten existiert ein Verfassungsverbot für die gleichgeschlechtlich Ehe, (eingetragene oder unregistrierte) Partnerschaften sind aber möglich

Damit folgte Deutschland nach **jahrelangen Debatten** anderen europäischen Ländern, die schon zum Teil ab 2001 die Eheschließung für gleichgeschlechtliche Partner erlaubten: Niederlande, Belgien, Spanien, Norwegen, Schweden, Portugal, Island, Dänemark, Frankreich, Großbritannien (mit Ausnahme Nordirlands), Luxemburg, Irland, Finnland)
Die **Umwandlung** der **eingetragenen Lebenspartnerschaften** in eine **Ehe** erfolgt nicht automatisch, sondern **auf Wunsch**. Neue Lebenspartnerschaften können nach § 1353 BGB nicht mehr begründet werden, bisherige nicht in eine Ehe umgewandelte Partnerschaften bleiben jedoch bestehen.

Nach statistischen Angaben aus dem Jahr 2015 lebten ca. 94 000 gleichgeschlechtliche Paare in Deutschland, davon etwas über die Hälfte (43 000) als eingetragene Lebensgemeinschaft.

Gender

> „Gender' bezeichnet also das Geschlecht als ein Zusammenspiel aus biologischen Faktoren, wie z. B. einem Chromosomensatz, aus körperlichen Faktoren, wie Größe, Erscheinung, Stimmlage, aus sozialen Faktoren, wie z. B. der Namensgebung [...], der Erziehung oder der Arbeitsteilung mit Blick auf bestimmte Geschlechterrollen oder der Erfahrung, aufgrund bestimmter Kleidung, Körpergröße oder Haarschnitte als Mann oder als Frau angesprochen und zugeordnet zu werden."
>
> (Gender Kompetenzzentrum)

Nach Auffassung der aktuellen Forschung wird **Geschlecht** nicht nur als biologische, sondern auch als **soziale**, **politische** und **kulturelle Kategorie** definiert. Damit werden die kulturspezifischen und historisch wandelbaren Erwartungen, Rollenzuweisungen, Werte und Ordnungen, die an das bei der Geburt jeweils zugeteilte biologische Geschlecht geknüpft sind, in den Mittelpunkt gerückt. Deshalb wurde für diese komplexere Definition von Geschlecht der Begriff **Gender** eingeführt, da der deutsche Begriff v. a. die biologische Komponente assoziiert. Das **biologische Geschlecht** ist **nicht Grundlage** von Gender, sondern **ein Teil** davon.

Geschlechtliche Zuschreibungen sind **ständig wandelbar** und **kulturell bedingt**. Unser Blick auf den menschlichen Körper ist nicht objektiv, sondern von **gesellschaftlichen Vorstellungen** geprägt. Der westliche Dualismus (gegensätzliche sich ergänzende Zweigeschlechtlichkeit) wird seit Längerem hinterfragt. Die Schriftstellerin und Philosophin Simone de Beauvoir drückte dieses neue Denken konsequent und zugespitzt aus: „Man kommt nicht als Frau zur Welt, man wird es."

Simone de Beauvoir – französische Schriftstellerin und Philosophin

Androzentrismus – vom griechischen Wort aner (Genitiv: andrós) abgeleitete, den Mann ins Zentrum stellende Anschauung

Die **Europäische Kommission** nennt mit Verweis auf die OECD vier Bereiche, auf die sich Gender im politischen Bereich auswirkt:

- **Repräsentation in Politik und Gesellschaft:** Wer ist an Entscheidungen beteiligt? Wie ist die Arbeitsteilung im öffentlichen und privaten Bereich zwischen den Gendern geregelt?

- **Lebensbedingungen:** In welchem unterschiedlichen Ausmaß sind die Gender von Wohlstand und Armut, von Gewalt und Ausgrenzung betroffen?

- **Ressourcen:** Wie unterschiedlich stark verfügen die Gender über Zeit, Mobilität, Geld und Information?

- **Normen und Werte:** Wie stark unterstützen Klischees und Traditionen, Sprache und Rollenbilder die Geschlechtsunterschiede?

info

Androzentrismus

Die Gesellschaft wird als männlich geprägt verstanden. Kultur ist männlich und lässt die Lebenslagen der Frauen unberücksichtigt. ‚Mankind' (engl.) und ‚man' (dt.) drücken dieses Verständnis sprachlich aus. Normen und Werte des Denkens und Handelns werden geschlechtsspezifisch zugesprochen. Im Folgenden sind einige typische Zuordnungen angeführt:

Männlich	Weiblich
Politik	Familie
Denken	Fühlen
Aggression	Fürsorge

Politische Maßnahmen und Gesetze müssen die Vielfalt der Lebensformen berücksichtigen, um zielgruppenadäquat zu sein. Dazu gibt es verschiedene Maßnahmen:
- Maßnahmen und Gesetze zum Abbau von bestehenden Diskriminierungen, z. B. Frauenförderungsmaßnahmen,
- Anreize zur Überwindung von Rollenbildern, z. B. Elternzeit-Modelle,
- Analyse der gegenwärtigen Geschlechterverhältnisse, z. B. Ursachen und Wirkungen.

Der Begriff „Gender" ermöglicht es, die **Vielfalt der Lebenslagen von Frauen und Männern** zu beachten, die nicht nur geschlechtsspezifisch sind, sondern auch andere Bereiche berühren: z. B. Nationalität, ethnische Zugehörigkeit, Alter, Herkunft, Klasse, Religion und Weltanschauung, Behinderung und sexuelle Orientierung.

Ein kritischer Einwand gegen die Erweiterung der Geschlechterperspektive lautet jedoch, Gender relativiere die Kategorie „Frauen". Die Differenz zwischen Frauen und Männern werde zu wenig beachtet, Weiblichkeit verdiene in der Gesellschaft mehr Anerkennung und Wertschätzung.

3.1.2 Veränderungen in der Berufs- und Arbeitswelt – Digitalisierung und Industrie 4.0

> „Die industrielle Produktion ist seit Jahrhunderten geprägt durch Revolutionen. Nach der Mechanisierung (Industrie 1.0), der Massenproduktion (Industrie 2.0) und der Automatisierung (Industrie 3.0) führt der Einzug des Internets der Dinge und Dienste in der Fertigung zur vierten industriellen Revolution: der Industrie 4.0.
>
> (Christian Kruppa (BDI), Was ist Industrie 4.0?)

Die Digitalisierung der Produktion bezeichnet man als Industrie 4.0. Unter Digitalisierung versteht man den verstärkten Einsatz digitaler vernetzter Informations- und Kommunikationstechnologien wie dem Internet. Industrie 4.0 gründet sich vor allem auf zwei Entwicklungen: **Vernetzung und Selbststeuerung:**

- Vernetzte Systeme ermöglichen den Austausch von Daten und Informationen und damit eine intelligente Interaktion.
- Selbststeuerung bedeutet die Kommunikation der Maschinen mit anderen Systemen wie z. B.: Produktion, Entwicklung, Vertrieb – auch Lieferanten und Kunden können in den Kommunikationsprozess eingebunden sein.

Dieses „**Internet der Dinge**" (= Ausstattung der Maschinen mit Sensoren und Informationswegen), diese Kommunikation über Grenzen hinweg baut auf der Digitalisierung auf. Internet und leistungsfähige Mobilfunkstandards (5G) sind Voraussetzung dafür.

Mit dem Internet der Dinge sind viele Bereich miteinander verknüpft

Vernetzung und Selbststeuerung lassen sich in vielen Bereichen einsetzen:

- Eine **flexible Produktion** führt zu besserer Abstimmung der Produktionsschritte und höherer Auslastung der Maschinen bei der Entstehung von Produkten.
- In einer **wandelbaren Fabrik** können aufgabenbezogene modulare Produktionsstraßen dem Produkt angepasst werden. Dies führt zur Verbesserung der Wirtschaftlichkeit und Produktivität.
- **Kundenzentrierte Lösungen** können Kunden an der Entwicklung beteiligen, indem sie ihre individuellen Wünsche einbringen. Milliarden smarter Produkte können riesige Datenmengen (Big Data) an den Produzenten schicken. Das kann eine Verbesserung der Produkte ermöglichen und dem Kunden neue Services bieten.

- Eine **optimierte Logistik** ermöglicht durch die digitale Vernetzung über Grenzen hinweg einen optimalen Warenfluss.

- Der **Einsatz von Daten** führt durch die Auswertung der Daten zum Produktionsablauf und zum Produktzustand zu effizienterer Produktion. Darüber hinaus können neue Geschäftsmodelle wie „vorausschauende Wartungen" ermöglicht werden.

- Eine **ressourcenschonende Kreislaufwirtschaft** legt auf der Grundlage von Daten Produkte schon beim Design auf mögliche Wiederverwertungen fest.

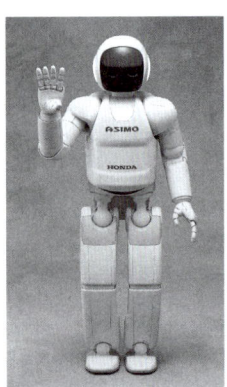

Ein humanoider Roboter von Honda

Eine Folge dieser Optimierung ist die Automatisierung von Fabriken – den **Smart Factories**. Automaten und Roboter entscheiden dort je nach Fall „selbstständig", auf welche Weise welches Produkt hergestellt wird. **Digitale Zwillinge** beispielsweise vereinfachen zudem die Produktionsprozesse. Die Abläufe in einer Fabrik können digital nachgebildet werden. Diese virtuellen Kopien verbessern die Herstellung deutlich. Kompakt können alle Produktionsabläufe überblickt werden. Dadurch können Veränderungen in der Produktion oder in der Transportkette virtuell simuliert werden. Dies ermöglicht Optimierungen, die Senkung der Fehlerquote sowie die Ersparnis von Geld und Zeit.

Allerdings stehen die Unternehmen noch vor einigen **Herausforderungen in der Zukunft**, um Industrie 4.0 flächendeckend umzusetzen:

- **Standardisierung der Schnittstellen:** Es muss gewährleistet sein, dass alle Systeme miteinander kommunizieren können.

- **IT-Sicherheit:** Sinnvolles Internet der Dinge braucht Datensicherheit.

- **Mensch-Roboter-Kommunikation:** Noch ist das große Potenzial der Roboter nicht ausgeschöpft.

- **Individuelle Produktion:** Sie erfordert eine Individualisierung aller anderen Unternehmensbereiche (Marketing, Vertrieb, usw.).

- **Big Data und KI-Optimierung:** Sammeln der Daten reicht nicht, die Auswertung und Analyse der Daten erfordert Spezialisten.

- **Arbeit und Ausbildung:** Die gesellschaftlichen Auswirkungen der Digitalisierung müssen bedacht werden. Die Vernetzung und Automatisierung der digitalisierten Arbeitswelt führen zu Veränderungen auf dem Arbeitsmarkt: Arbeitsplätze werden durch Roboter, künstliche Intelligenzen und neue Maschinen ersetzt, hoch qualifiziertes Personal wird gesucht, neue Arbeitsplätze entstehen durch Digitalisierung und Industrie 4.0. Der Mensch steuert und überwacht, plant und organisiert. Maschinen übernehmen die Routineaufgaben.

3.2 Gründe und Folgen des soziokulturellen Wandels

3.2.1 Wandel von Werten und Einstellungen – Postmoderne

Das **Denken der Postmoderne** will nichts Neues entwickeln und vorantreiben, vielmehr **stützt** es sich auf bereits **Vorhandenes** und **kombiniert** die verschiedenen Versatzstücke. Im Unterschied zur Moderne ist die Postmoderne **nicht zielorientiert**, sondern betont das **Zufällige**, **Vielfältige** und **Chaotische** des Daseins. Die menschliche Identität ist brüchig und instabil und dabei durch viele zum Teil in sich widersprüchliche Facetten gekennzeichnet. Als Träger kultureller Inhalte nehmen die Technik und die Massenmedien eine entscheidende Rolle ein.

Einige wichtige postmoderne Werte und Einstellungen sind u. a. die **Abkehr vom Vernunftbegriff der Aufklärung** als entscheidende Instanz, die Ablehnung eines freien Willens als vernünftig handelnde Einheit, eine verstärkte Bedeutung von Emotionen und Affekten, das Negieren eines absoluten Wahrheits- und Universalitätsanspruchs in philosophischen, religiösen und wissenschaftlichen Fragen sowie der Verlust von traditionellen Gefügen und das Fehlen von Solidarität und Verlust von Gemeinschaft.

Außerdem kommt es zu einer **Pluralisierung** von Lebens- und Denkformen sowie einer **Sektoralisierung** der Gesellschaft. Dadurch entsteht eine radikale Vielfalt, die Toleranz und Freiheit in gesellschaftlichen, Kunst- und Kulturfragen zur Folge hat. Als letzter Punkt ist eine zunehmende Abkehr von Androzentrismus (vgl. S. 28) und Ethnozentrismus zu nennen.

Ethnozentrismus – eine Form des Nationalismus, bei der das eigene Volk im Mittelpunkt (Zentrum) steht und als den anderen Völkern überlegen angesehen wird

3.2.2 Der Modernisierungsprozess und seine Folgen

Der Begriff der Modernisierung beschreibt und erklärt den soziokulturellen Wandel von einer Gesellschaftsform in eine andere. **Modernisierungstheorien** kennzeichnen den Modernisierungsprozess durch mehrere Merkmale, die eng miteinander verbunden sind. Sie sind bei jedem Modernisierungsprozess ersichtlich, werden jedoch in unterschiedlichen Modernisierungstheorien verschieden gewichtet.

Merkmale von Modernisierungsprozessen	
Differenzierung	Eine homogene Gesellschaft zerfällt in einzelne Teilbereiche. Diese Teilbereiche – wie Recht, Politik, Wirtschaft oder Religion – verselbstständigen sich und werden zunehmend eigenständig. Manche Teilgebiete werden eigenmächtig und entwickeln sich zu neuen Einrichtungen, die sich mehr und mehr spezialisieren.

Mobilisierung	Die Mobilisierung von sozialen Gruppen (soziale Aufstiegs-möglichkeit), aber auch von Ressourcen (Kapital, Kaufkraft, Natur-schätze, Technik) hat technische, organisatorische oder kulturelle Neuerungen zur Folge. Diese fördern den Wohlstand und zivilisatorische Prozesse (Bildung, Medizin, Sozialstrukturen), die zunehmend zu einer Urbanisierung führen.
Rationalisierung	Menschen verstehen zunehmend die Realität und akzeptieren diese. Sie stellen sich individuell auf ihre Umgebung ein und gewinnen somit Macht darüber. Mit rationalem Denken und Handeln suchen sie Methoden, die Wirklichkeit zu beherrschen.
Individualisie-rung	Unterschiedliche Sozialisationsformen stärken die Bedeutung des Individuums. Der einzelne Mensch gewinnt an Bedeutung, grenzt sich von der Gruppe ab.
Domestizierung	Das Individuum durchbricht die biologischen und natürlichen Grenzen und gewinnt Macht über sie. Dies erhöht die Lebens-qualität, führt aber auch zu einer Abhängigkeit von den Mitteln, die diese Beherrschung erst gewährleistet. Der Mensch macht sich von der Technik abhängig.

info

Zwei Beispiele führender Modernisierungstheorien sollen die unterschiedliche Schwerpunktsetzung verdeutlichen:

Beispiel 1: Habermas' Theorie des kommunikativen Handelns

Der Sozialphilosoph **Jürgen Habermas** (geb. 1929) definiert Modernisierung als Ausei-nanderfallen von System und Lebenswelt. In früheren Gesellschaftsformen habe die Lebenswelt, also die direkte zwischenmensch-liche Kommunikation, das Handeln bestimmt. Mit der zunehmenden Rationalisierung der Gesellschaft werde das System, die Bürokratie, wichtiger. Entscheidungen werden nach bewährten schematischen Mustern ohne Blick auf individuelle Bedürfnisse gefällt.

Beispiel 2: Luhmanns Systemtheorie

Niklas Luhmann (1927–1998) betont in seiner Theorie vor allem die zunehmende **Differenzierung** der Gesellschaft. Moderni-sierung ist für ihn eine Ausdifferenzierung von Teilsystemen. Moderne Gesellschaften bildeten immer mehr gesellschaftliche Teil-systeme aus, die selbstständig seien und nach eigenen Maßstäben arbeiteten.

Der Modernisierungsprozess – der Übergang zur postmodernen Gesellschaft – hat einige **grundlegende Auswirkungen** auf das **Sozialgefüge** und die **wirtschaftliche Lage:**
Der **Lebensstandard steigt** und daraus folgt eine große **soziale Sicherheit** der Mehrheit der Bevölkerung. Allerdings bestehen **soziale Ungleichheiten** weiter, z. B. aufgrund geschlechtlicher oder finanzieller Unterschiede. Es entwickelt sich eine **Leistungs- und Wohlstandsgesellschaft**. Der bürgerliche Mittelstand **verliert** seine **homogene Struktur**, die **Pluralität** wird **größer**. Bildung spielt eine zunehmend große Rolle. Es entsteht eine **Bildungs- und Wissensgesellschaft** und daraus folgt eine höhere Bildungs- und Ausbildungsqualifizierung der Bevölkerungsmehrheit. Der Wohlstandsanstieg, Frauenemanzipation, Individualisierung und Bildungsexpansion führen zu **Geburtenrückgang** und **Alterung** der Bevölkerung. Ältere Menschen und sozial Benachteiligte haben jedoch Probleme mit der immer schneller werdenden Halbwertzeit des Wissens.

Wissensgesellschaft – Gesellschaftsform in hoch entwickelten Ländern, in der individuelles und kollektives Wissen vermehrt und organisiert wird und so zur Grundlage des sozialen und ökonomischen Lebens wird

3.2.3 Die Individualisierungstheorie von Ulrich Beck

Ulrich Beck versuchte im Jahr 1986 zu erklären, inwiefern die **wachsende Wohlstandsgesellschaft** mit ihren Merkmalen (steigender Wohlstand, höhere Stellung der Freizeit, verstärkte Konkurrenzsituationen im Bildungssektor und im Beruf, höhere Mobilität, höheres Bildungsniveau) die **individuelle Lebensgestaltung** beeinflusst.

Wohlstandsgesellschaft – Gesellschaft, in der große Teile der Bevölkerung in Wohlstand leben; wird oft abwertend mit den Begriffen Wegwerfgesellschaft, Konsumgesellschaft und Überflussgesellschaft gleichgestellt

These	Folgen	Auswege
Jeder Einzelne entscheidet seit den 1960er-Jahren weitgehend selbst, wie er sein Leben gestaltet. Der Einfluss von Herkunft, Umwelt und Wertegemeinschaft (Familie, Gemeinde, Religion, soziale Klasse) geht stark zurück. Der einzelne Mensch kann sich immer weniger auf vorgegebene Lebensentwürfe stützen.	Freiheit und Autonomie für den Einzelnen, aber auch Orientierungslosigkeit	• Die Menschen suchen Halt. Neue Gemeinschaften entstehen mit neuen Lebensstilen und Lebensweisen. Dies führt zu einer Pluralisierung von sozialen Milieus. Neue soziale Identitäten entstehen. • Viele verunsicherte Menschen halten sich – beeinflusst durch Medien und Werbung – an tradierte konservative Muster der Lebensgestaltung.

Beck spricht von drei Dimensionen der **Individualisierung:**

Freisetzungsdimension	Entzauberungsdimension	Kontroll- bzw. Reintegrationsdimension
Herauslösung aus tradierten Bindungen und Herrschaftsformen	Verlust traditioneller Sicherheiten, v. a. Handlungswissen betreffend	Neue Art der sozialen Einbindung

Habitus-Theorie – Die Habitus-Theorie wurde von Bourdieu erstmals 1979 in seinem Hauptwerk „Die feinen Unterschiede" dargelegt

Becks Individualisierungstheorie kann als Gegenentwurf zur **Habitus-Theorie** von Pierre Bourdieu verstanden werden. Diese Theorie besagt, dass gesellschaftliche Akteure **nicht völlig freie Subjekte** sind, sondern dass ihr Verhalten durch ihre **Position** in der **Sozialstruktur bedingt** ist. Der Habitus ist dabei die **Verinnerlichung** der äußeren **gesellschaftlichen, materiellen** und **kulturellen Bedingungen** des Lebens, die durch die Stellung des Akteurs und seiner Klasse in der Gesellschaft gegeben sind.

Individualisierungstheorie von Ulrich Beck	Habitus-Theorie von Pierre Bourdieu

• Individuelle bewusste Gestaltung des Lebens • klassenspezifische Lebensweisen sind in Auflösung begriffen • postmodernes Bild struktureller Pluralität	• Unbewusstes hat große Wirksamkeit • Mensch orientiert sich unwillkürlich an den Gemeinsamkeiten seiner sozialen Klasse und passt sich denen an

Gegen Becks Theorie wurden von verschiedenen Seiten einige Einwände und Kritikpunkte vorgebracht:

- Es sei nicht klar, ob Becks **Individualisierungsvorgang** ein **subjektiver** oder ein **objektiver** Vorgang sei.

- Die Sozialstruktur moderner Gesellschaften ist **nicht so diffus** wie von Beck dargestellt.

- Beck zieht seine Schlüsse v. a. aus der Gruppe der **jüngeren städtischen Mittelschichten**.

- Becks Theorie der Auflösung klassenspezifischer Lebensweisen verkennt, dass Klassen **früher auch nicht homogen** waren.

- Auch heute sind noch **klassenspezifische Unterschiede** erkennbar und wirksam.

4 Die Sozialordnung in Deutschland

„Soziale Gerechtigkeit, die zentrale Zielsetzung des Sozialstaates, lässt sich nicht ein für alle Mal verbindlich definieren. Ihre Ausgestaltung hängt ab von der wirtschaftlichen und sozialen Entwicklung sowie dem gesellschaftlichen Bewusstsein. Das Sozialstaatsprinzip ist somit ein dynamisches Prinzip, das den Gesetzgeber verpflichtet, die sozialen Verhältnisse immer wieder neu zu regeln."

(Horst Pötsch, Sozialstaat. In: www.bpb.de)

4.1 Der Sozialstaatsgrundsatz

Der Sozialstaatsgedanke ist im Grundgesetz verankert. Er findet sich in den beiden GG-Artikeln 20,1 und 28,1:

- **Art. 20,1:** Die Bundesrepublik Deutschland ist ein demokratischer und *sozialer* Bundesstaat.

→ **Die Verfassungsprinzipien** vgl. S. 52

- **Art. 28,1:** Die verfassungsmäßige Ordnung in den Ländern muss den Grundsätzen des republikanischen, demokratischen und *sozialen* Rechtsstaates im Sinne dieses Grundgesetzes entsprechen.

Das Grundgesetz kennt nur wenige soziale Grundrechte (z. B. Art. 6,4: Schutz der Mutter), aber einige Grundgesetzartikel bedingen soziales Handeln.

GG-Art.	Inhalt des GG-Artikels	Staatliches soziales Handeln
1	Staatlicher Schutz der Menschenwürde	Sicherung des materiellen Existenzminimums
3,2	Gleichberechtigung der Geschlechter	Beseitigung sozialer Ungleichheiten
3,3	Diskriminierungsverbot	Gleichbehandlung, z. B. am Arbeitsplatz

6	Schutz von Ehe und Familie	Erleichterung der finanziellen Belastungen (z. B. durch Kindergeld, Steuervergünstigungen, Mutterschaftsgeld)
9,3	Koalitionsfreiheit	Ermöglichung der Bildung von Gewerkschaften
14,2	Sozialbindung des Eigentums	Teil des Sozialstaatsgebots

Der Sozialstaatsgrundsatz wird durch **Sozialpolitik** umgesetzt. Deren Ziele sind die **Angleichung** der **Lebenschancen** und die **Verbesserung** der **Lebensgrundlagen**.

Dazu gehören im Einzelnen:

→ **Folgen der demografischen Entwicklung** vgl. S. 8

- Soziale Absicherung gegen **Risiken** des **Lebens** (z. B. Alter, Krankheit, Unfall, Pflegebedürftigkeit, Arbeitslosigkeit),

- Maßnahmen des **sozialen Ausgleichs** (z. B. Kindergeld, Kinderfreibeträge, Erziehungsgeld, Mutterschutz, Wohngeld),

- Hilfe in **Notsituationen** (z. B. Sozialhilfe, Mietzuschuss).

Sozialer Wohnungsbau – staatlich geförderter Wohnungsbau v. a. für Gruppen, die am regulären Wohnungsmarkt alleine nicht bestehen könnten

Darüber hinaus hat Sozialpolitik direkte Auswirkungen auf die **Bildungspolitik** (z. B. Ausbildungsförderung), die **Wohnungsbaupolitik** (z. B. sozialer Wohnungsbau), die **Arbeitsmarktpolitik** (z. B. Arbeitsbeschaffungsmaßnahmen, Umschulungen, Arbeitszeitregelungen, Mitbestimmung, gesetzlicher Mindestlohn) sowie die **Steuerpolitik** (z. B. Steuerermäßigungen).

4.2 Das System der sozialen Sicherung

Die soziale Sicherung besteht aus drei Teilen, die auch als Mischformen auftreten:

- **Versicherungsprinzip:** Ein kalkulierbares Risiko, das jeden treffen kann, wird von der Gesellschaft gemeinsam getragen. Alle Mitglieder einer Gesellschaft zahlen einen Beitrag. Ohne Beitrag gibt es keine Leistung.
  Beispiel: Reise-Unfallversicherung

- **Versorgungsprinzip:** Ein Anspruch auf soziale Leistungen ohne Beitragszahlungen entsteht durch spezielle Tätigkeiten.
  Beispiel: Beamte

- **Fürsorgeprinzip:** Es gibt eine Absicherung im Notfall. Betragszahlungen entfallen, es gibt keine festgelegte Leistung, sondern sie wird nach vorhergehender Prüfung individuell berechnet.
  Beispiel: Wohngeld

Den Grundstein der sozialen Sicherung bilden die **fünf Absicherungen**
Krankenversicherung, Rentenversicherung, Arbeitslosenversicherung,
Pflegeversicherung sowie Schutz der Familie / Wohnung.

In der folgenden Tabelle sind die wichtigsten aktuellen Leistungen der
sozialen Sicherung aufgelistet (Quelle: Sozialpolitik Ausgabe 2017/18):

Sozialrechtsbereich (entsprechender Gesetzestext)	Träger	Leistungen
gesetzliche Rentenversicherung (SGB VI)	Deutsche Rentenversicherung Bund	Altersrente, Rente wegen verminderter Erwerbsfähigkeit, Hinterbliebenenrente, medizinische und berufliche Rehabilitation
gesetzliche Krankenversicherung	gesetzliche Krankenkassen (Ortskrankenkassen, Betriebskrankenkassen, Innungskrankenkassen, Ersatzkassen)	Krankengeld, Krankenbehandlung, Arzneimittel, Heilmittel, Hilfsmittel, Mutterschaftsgeld, Rehabilitationsmaßnahmen
gesetzliche Pflegeversicherung (SGB XI, Bundessozialhilfegesetz, Heimgesetz)	gesetzliche Pflegekassen (als Teil der gesetzlichen Krankenkassen), Sozialamt	häusliche und stationäre Pflegeleistungen bei Pflegebedürftigkeit
gesetzliche Unfallversicherung (SGB VII)	Deutsche Gesetzliche Unfallversicherung	Verletztengeld, Verletztenrente, Übergangsgeld, Unfallrente, Hinterbliebenenrente
Arbeitsförderung (SGB III)	Bundesagentur für Arbeit	• Arbeitslosengeld, Insolvenzgeld, Kurzarbeitergeld • Berufsberatung, Ausbildungsvermittlung, Arbeitsvermittlung • Förderung der beruflichen Aus- und Weiterbildung • Eingliederung behinderter Menschen • Existenzgründerzuschuss
Grundsicherung für Arbeitssuchende (SGB II)	Bundesagentur für Arbeit, Kreise und Kommunen	• Arbeitslosengeld II • Sozialgeld • Eingliederung

Sozialrechtsbereich (entsprechender Gesetzestext)	Träger	Leistungen
Grundsicherung/ Sozialhilfe (SGB XII)	Sozialamt der Gemeindeverwaltung, Stadtverwaltung oder Kreisverwaltung	Grundsicherung an voll Erwerbs-geminderte, Hilfe zum Lebens-unterhalt, Krankenhilfe, Mutterschaftshilfe, Altenhilfe, Pflegehilfe
Wohngeld (Wohngeldgesetz)	Gemeindeverwaltung, Stadtverwaltung oder Kreisverwaltung	Zuschuss zur Miete
Kindergeld (Einkommensteuer-gesetz, Bundeskinder-geldgesetz)	Familienkasse bei der örtlichen Arbeitsagentur	Kindergeld
Bildungspaket (für Be-zieher von Arbeitslosen-geld II, SGB II, SGB XII, Wohngeld, Kinderzu-schlag oder Leistungen nach dem Asylbewerber-leistungsgesetz	• örtliches Jobcenter beziehungsweise • Gemeindeverwaltung, Stadtverwaltung oder • Kreisverwaltung	Eltern können für ihre Kinder Zuschüsse beantragen, u. a. für • Lernmaterialien, Nachhilfe • Fahrkosten, Mittagessen, Ausflüge • Vereinsmitgliedschaft
Ausbildungsförderung (Bundesausbildungs-förderungsgesetz)	Amt für Ausbildungs-förderung	Förderung von Schulbildung und Hochschulausbildung

Wie der Übersicht zu entnehmen ist, teilen sich in Deutschland kommunale und zentralstaatliche Stellen die sozialpolitischen Aufgaben:

- **Zentralstaatliche Aufgaben:** Absicherung der standardisierbaren Risiken (Sozialversicherungen, Arbeiterpolitik)

- **Kommunale Aufgaben:** nicht standardisierbare Risiken, bedarfsge-prüfte Einzelfallhilfe (Fürsorge, Armenpolitik).

Die Sozialpolitik hat drei Eingriffsmöglichkeiten:

regulativ – regulierend

- **Regulative Politik:** Gesetze und Regelungen steuern das Verhalten von Menschen und Institutionen,

distributiv – eine sich wiederholende Verteilung vornehmend

- **Distributive Politik:** Steuern und sozialpolitische Leistungen korri-gieren die primäre Einkommensverteilung (Löhne und Gewinne),

- **Infrastruktur- und Dienstleistungspolitik:** Sozial-, Gesundheits-und Bildungswesen bieten soziale Dienstleistungen an.

→ **Folgen der demo-grafischen Entwicklung** vgl. S. 8

Das deutsche Sozialsystem basiert auf einer Balance zwischen Eigen-verantwortung und Solidarität. Diese wird v. a. vor dem Hintergrund des demografischen Wandels immer entscheidender.

4.3 Demografische Entwicklung als Herausforderung für den Sozialstaat

„Demografie ist ein programmierter Prozess, der sich zwar gestalten, aber nicht einfach durch gesetzliche Maßnahmen umdrehen lässt. Programmiert ist damit auch ein wachsender Bedarf an Leistungen in den Sozialversicherungssystemen mit alterungsabhängig steigenden Leistungsausgaben wie in der Kranken-, Pflege- und Rentenversicherung. Und programmiert ist auch, dass die heute maßgebliche Finanzierungsbasis – die Beiträge und Steuern der Erwerbstätigen – dramatisch zurückgehen wird. Dies wird insgesamt zu erheblichen Finanzierungsproblemen insbesondere im Bereich der sozialen Sicherungssysteme führen."

(Verband der Privaten Krankenversicherung, Finanzierungsprobleme in der Sozialversicherung. In www.pkv.de)

4.3.1 Finanzierungs- und Strukturprobleme

Die Abbildung (S. 40) gibt einen Überblick über die durch den demografischen Wandel verursachten Finanzierungs- und Strukturprobleme:

4.3.2 Der demografische Faktor

Die gestiegene Lebenserwartung bei gleichzeitiger Minderung der Gruppe der Beitragszahler führt zu Auswirkungen auf die Renten und die Rentenberechnung.

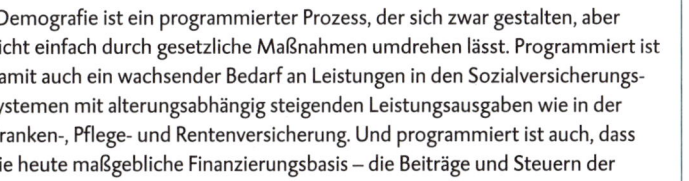

Die gesetzliche Rente errechnet sich aus der sogenannten Rentenformel:

Rente (monatlich) =
Entgeltpunkte · Zugangsfaktor · aktueller Rentenwert · Rentenartfaktor

- **Entgeltpunkte:** Entspricht der monatliche Lohn dem **Durchschnittsentgelt** aller Arbeitnehmer, dann erhält man 1 Entgeltpunkt; entspricht er der Hälfte, erhält man 0,5 Entgeltpunkte. Die Punkte für alle Arbeitsjahre werden addiert.

- **Zugangsfaktor:** Er bezieht das **Alter** des **Renteneintritts** mit ein. Der Faktor für die Regelaltersgrenze beträgt 1, für ein früheres Renteneintrittsalter sinkt der Faktor, bei längerer Lebensarbeitszeit steigt er.

- **Aktueller Rentenwert:** Dieser Wert wird **jedes Jahr neu** ermittelt über die Rentenanpassungsformel (= Angleichung an die aktuelle Lohn- und Gehaltsentwicklung).

- **Rentenartfaktor:** Je nach **Art der Rente** wird ein anderer Faktor verwendet (z. B. Altersrente = 1, teilweise Erwerbsminderung = 0,5; Halbwaisenrente = 0,1).

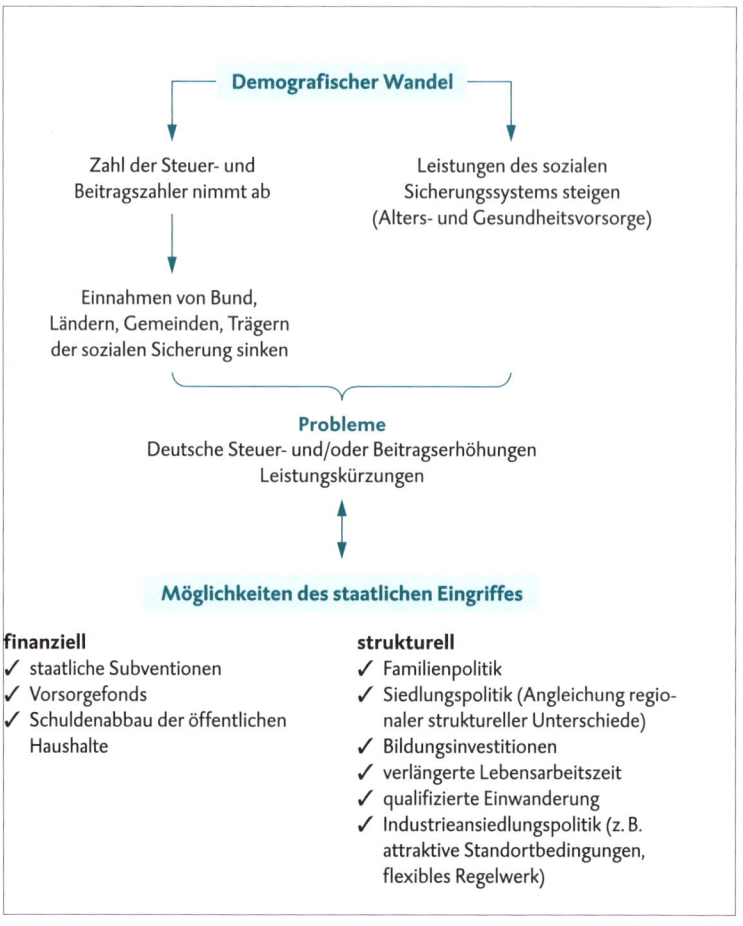

→ Ursachen der demo-
grafischen Entwicklung
vgl. S. 4

Der **demografische Faktor** wurde im Jahr 1998 von der Bundesregierung beschlossen, um auf die demografische Entwicklung zu reagieren. Er sollte zu einem deutlich langsameren Anstieg der Renten führen. Faktisch hätte das eine Rentenkürzung bedeutet. Deshalb wurde er vor seiner Einführung am Anfang des 21. Jahrhunderts wieder abgeschafft. Seine Funktion übernahm der später eingeführte **Nachhaltigkeitsfaktor:** Kommt es z. B. durch demografische Veränderungen oder steigender Arbeitslosigkeit zu einer geringeren Anzahl von Beitragszahlern, führt der Nachhaltigkeitsfaktor zu Kürzungen bei der Rentenanpassung. Dies erfolgt auch in umgekehrter Richtung, z. B. bei sinkender Arbeitslosigkeit. In der Realität führt der Nachhaltigkeitsfaktor häufiger zu Rentenkürzungen, weshalb ständige Kritik an diesem Faktor zu hören ist.

4.4 Der Sozialstaat in der Diskussion

4.4.1 Veränderungen im individuellen Bereich

> „Wirklicher Friede bedeutet auch wirtschaftliche Entwicklung und soziale Gerechtigkeit, bedeutet Schutz der Umwelt, bedeutet Demokratie, Vielfalt und Würde und vieles, vieles mehr.
>
> (Kofi Annan (1938–2018), ehemaliger Generalsekretär (1997–2006) der Vereinten Nationen)

In modernen bürgerlichen Gesellschaften führt die formelle Gleichheit aller Bürgerinnen und Bürger zu einer Gleichheit als Privateigentümer. Nicht mehr die Standeszugehörigkeit in einer hierarchischen Ordnung ist die Fragestellung, sondern der legitime Ursprung von Privatbesitz und die Grenzen dieser Aneignung.

Aufgabe des Sozialstaates kann es nicht sein, die soziale Gleichheit aller Staatsbürgerinnen und -bürger zu erzielen. Vielmehr bedeutet „**soziale Gerechtigkeit**" als **Leitprinzip** der **staatlichen Sozialpolitik** die **Garantie** von **Chancengleichheit** in den **gesellschaftlichen Auf- und Abstiegsprozessen**.

Das **demokratische Gleichheitsprinzip** (Gleichheit aller vor dem Gesetz), das im Grundgesetz festgeschrieben ist, bildet die Voraussetzung für soziale Gerechtigkeit. Die Forderung nach sozialer Gerechtigkeit ist folglich nicht zu trennen vom Gleichheitsideal moderner Demokratien. Nach welchen Verteilungsprinzipien vorgegangen wird, kann dagegen unterschiedlich sein: Man unterscheidet das **Bedürftigkeitsprinzip**, das **Gleichheitsprinzip** und das **Leistungsprinzip**.

Wichtige die Gesellschaft stabilisierende Kriterien sind dabei eine **gerechte Verteilungsordnung**, eine positive Bewertung des eigenen Einkommens sowie eine **nachvollziehbare** gesellschaftliche **Einkommensverteilung**.

Soziale Gerechtigkeit kann nur erreicht werden, wenn der Staat und die Gesellschaft Leistungsgerechtigkeit, Familiengerechtigkeit, Chancengerechtigkeit, Generationengerechtigkeit sowie Verteilungsgerechtigkeit erzielen.

4.4.2 Aktuelle Konfliktfelder

Grundeinkommen

Das Grundeinkommen gilt als eine Möglichkeit, auf die Entwicklungen der sich **wandelnden Arbeitswelt** mit ihren **sozialen Auswirkungen** zu **reagieren**. Als Grundeinkommen wird eine **Zahlung des Staates** an alle Bürger bezeichnet, **unabhängig** davon, ob sie einer Erwerbsarbeit nachgehen oder nicht. Es ist also an **keinerlei Bedingung** geknüpft. Man geht dabei davon aus, dass die Menschen **weiterhin** ganz normal **ihrer Arbeit nachgehen** und zusätzlich ihr normales Gehalt verdienen.

Deutsches Institut für Wirtschaftsforschung – größtes deutsches Wirtschaftsforschungsinstitut in Deutschland mit Sitz in Berlin, in dem sowohl nachfrage- als auch angebotstheoretisch geforscht wird

Eine Studie des Deutschen Instituts für Wirtschaftsforschung (die sich auf repräsentative Umfragen von 2016 bis 2018 beruft) kommt zu folgendem Ergebnis:

- 45–52 Prozent der Bevölkerung **befürworten** die Einführung des bedingungslosen Grundeinkommens.

- Eher **junge Menschen** bis 25 Jahre unterstützen das bedingungslose Grundeinkommen.

- Menschen mit **höherer Bildung** sowie mit **niedrigem Einkommen** unterstützen das Modell des bedingungslosen Grundeinkommens.

- Im Osten Deutschlands liegt die Zustimmung bei 61 %, im Westen bei 50 %.

- Im **europäischen Vergleich** (z. B. Litauen, Ungarn, Slowenien) ist die Zustimmung in Deutschland zu einem Grundeinkommen **nicht** besonders **hoch**.

- Der wichtigste Vorbehalt gegen das bedingungslose Grundeinkommen ist das **Unterlaufen des Leistungsprinzips**.

Befürworterinnen und Befürworter des bedingungslosen Grundeinkommens sind eher …

… jung. … höher gebildet. … in einer niedrigen Einkommensgruppe. … politisch links verortet.

16 % sehr dafür 4 % k. A. 16 % sehr dagegen 35 % dafür 29 % dagegen

Zustimmung zum bedingungslosen Grundeinkommen in Deutschland

Man unterscheidet drei Formen des Grundeinkommens:

	Bedingungsloses Grundeinkommen	Bürgergeld	Solidarisches Grundeinkommen
Inhalte	Jeder Bürger bekommt unabhängig von seiner Finanzkraft eine gesetzlich festgelegte Summe vom Staat ausbezahlt. Eine Rückzahlung ist nicht erforderlich. Das Grundeinkommen ist nicht an Bedingungen geknüpft.	Zusammenfassung der steuerfinanzierten Sozialleistungen (z. B. Regelleistung und Erstattung der Unterkunftskosten beim ALG II, Kinderzuschlag, Wohngeld). Verrechnung bei höheren Einkommen als negative Einkommenssteuer	Grundeinkommen, das an Bedingungen geknüpft ist: Aufnahme einer Beschäftigung.
Ziele	Absicherung des Existenzminimums	Entlastung der Sozialsysteme	Teilhabe von Arbeitslosen- und Sozialhilfeempfängern am gesellschaftlichen Leben
Kritik	✓ nicht finanzierbar ✓ Unterlaufen des Leistungsprinzips	✓ Steuerbelastung für Solidargemeinschaft steigt, da Lohnnebenkosten für Unternehmen entfallen. ✓ Reduzierung der staatlichen Leistungen führt zu steigender Armut.	✓ Verfestigung von Beschäftigungsverhältnissen im Niedriglohnsektor. ✓ Erster Arbeitsmarkt bleibt weiterhin versperrt. ✓ Verpflichtender Charakter der Arbeit wird als Zwangsmaßnahme gesehen.

Solidargemeinschaft – auf gemeinsamer Hilfe aufbauende Gesellschaft

Grundrente

Im Februar 2019 legte die Bundesregierung das Modell einer **Grundrente ohne Bedürftigkeitsprüfung** vor: **Versicherte**, die mindestens **35 Jahre gearbeitet** haben bzw. Kinder erzogen oder **Angehörige gepflegt** haben, sollen ein **Alterseinkommen** oberhalb der Grundsicherung erhalten. Versicherte mit niedrigem Einkommen sollen nicht mehr trotz jahrelanger Beitragszahlungen ergänzend zu ihrer Rente eine Grundsicherung beantragen müssen. Das Grundrenten-Modell soll auch mit dem Wohngeld gekoppelt werden, da viele Bezieher von Wohngeld im Rentenalter sind.

Die **Bedürftigkeitsprüfung ist umstritten**, CDU/CSU, FDP und AfD fordern sie, SPD, Linke und Grüne lehnen sie ab. Mit Bedürftigkeitsprüfung könnten knapp 200 000 Menschen die Grundrente in Anspruch nehmen, ohne Bedürftigkeitsprüfung drei bis vier Millionen Rentnerinnen und Rentner.

Kritiker der Bedürftigkeitsprüfung heben hervor, dass vor allem die **Lebensleistung** von **Frauen abgewertet** werden würde, da dann das Einkommen des Partners mit berücksichtigt werden würde.

Kinderarmut

Fünf Prozent der Kinder unter 18 Jahren in Deutschland besitzen nach Angaben des Deutschen Bundestags (Drucksache 18/11980) einen **beschränkten Zugang zu einem durchschnittlichen Lebensstandard**. **21 Prozent** der Kinder und Jugendlichen leben mit einem **Armutsrisiko**.

Die Gründe der Kinderarmut liegen v. a. in der eingeschränkten Erwerbstätigkeit der Eltern:

- 64 % Armutsrisiko von Kindern, wenn **beide Elternteile nicht erwerbstätig** sind,
- 15 % Armutsrisiko von Kindern, wenn **ein Elternteil arbeitet**,
- 5 % Armutsrisiko von Kindern, wenn **beide Elternteile arbeiten** und ein Elternteil in **Vollzeit**.

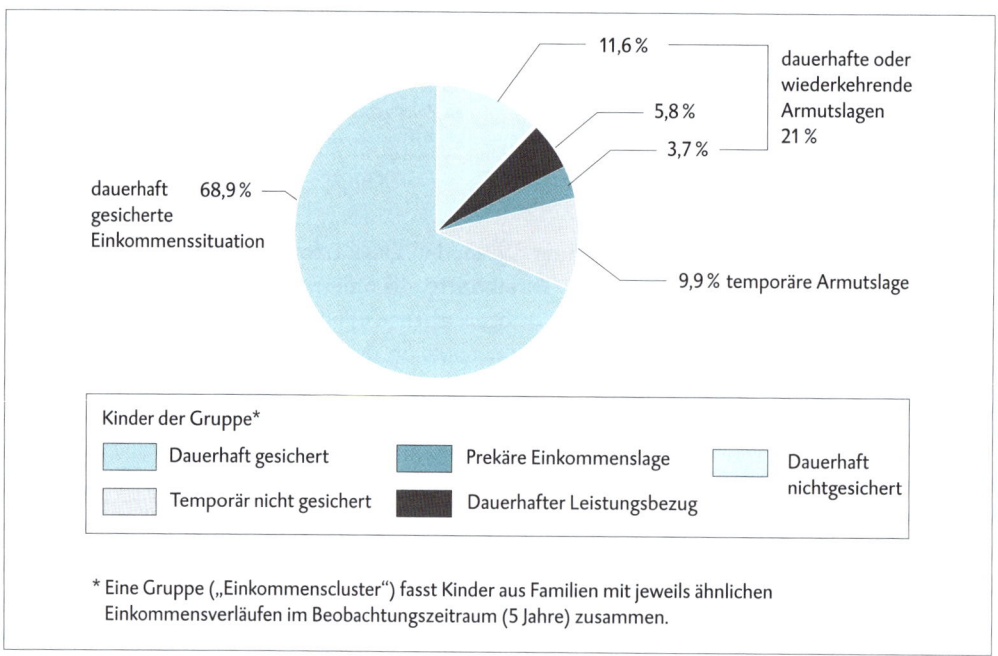

Kinderarmut in Deutschland 2017 (weniger als 60 % des durchschnittlichen Haushaltsnettoeinkommens)

Weitere Armutsgründe sind die **Familienform** und ein **Migrations-hintergrund**. Ein höheres Armutsrisiko von Kindern entsteht in Familien mit mindestens **drei Kindern** oder **Ein-Eltern-Familien**. Einem höheren Armutsrisiko sind auch Kinder mit eigener **Migrationserfahrung** ausgesetzt.

4.4.3 Aufgaben für eine Politik zur Stärkung von sozialem Zusammenhalt und Leistungsgerechtigkeit

Ein **intakter Sozialstaat** und eine auf die **Zukunft ausgerichtete Sozialpolitik** müssen viele Gesellschaftsbereiche beachten, die hier nur aufgezählt und angedeutet werden können:

- Stärkung des **Erwerbseinkommens** und **Sicherung** von **Wohlstand** auf breiter Basis
- Ermöglichung von **Teilhabe** in Gesellschaft und Arbeitswelt
- **materielle Sicherstellung** von **Teilhabechancen** für Kinder
- **chancenorientierte** Gestaltung von Bildung
- Sicherung des Zugangs zu **gesellschaftlich notwendigen** Gütern und Dienstleistungen (z. B. Grundsicherungssysteme)
- Sicherung des **Lebensstandards** im Alter
- Verbesserung der **Teilhabechancen** von Menschen mit Behinderung
- Gewährung des Zugangs zu einem **leistungsfähigen Gesundheits-** und **Pflegesystems**
- Sicherstellung von bezahlbarem, integrativem und barrierearmem **Wohnraum**
- Gewährung von Schutz und Schaffung von **Erwerbsmöglichkeiten** für **Geflüchtete**
- Stärkung der Tragfähigkeit der **öffentlichen Finanzen** und der Leistungsgerechtigkeit
- Stärkung der **demokratischen Teilhabe** und der Akzeptanz demokratischer Werte

Die politische Ordnung der Bundesrepublik Deutschland

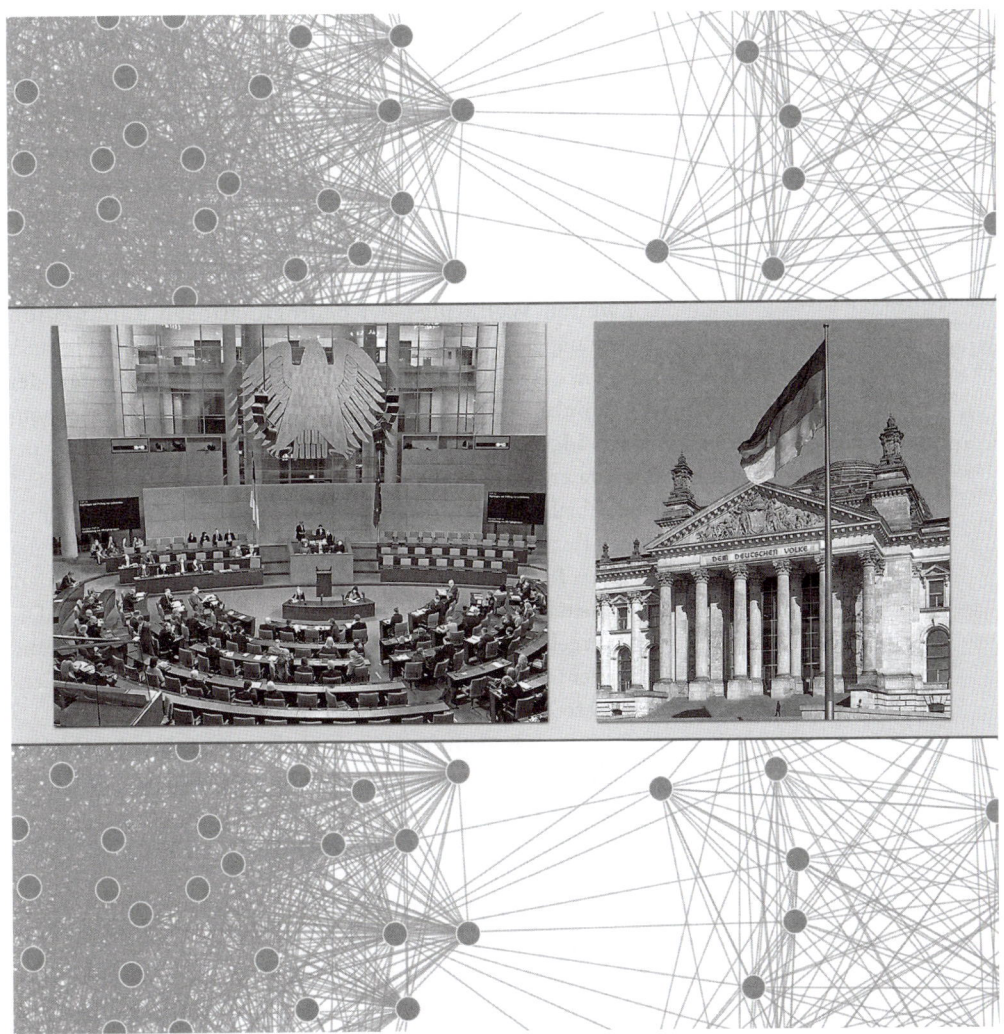

1 Das Grundgesetz

> „Eine Verfassung ist nichts anderes als die in Rechtsform gebrachte Selbstverwirklichung der Freiheit eines Volkes."
>
> (Carlo Schmid, 2. Plenarsitzung des Parlamentarischen Rates 8. September 1948)

Eine Verfassung bildet das normative Regelwerk für die realen Bedingungen, in denen demokratisch legitimierte Politik stattfinden kann – also für die **Verfassungswirklichkeit**. Da sie in konkreten politischen und historischen Konstellationen entsteht, begründet sie als **Grundnorm** eines Staates nicht nur die Strukturen des politischen Systems, sondern drückt auch die **Wertordnung** einer Gesellschaft und deren **Selbstverständnis** aus

So war die Entstehung des **Grundgesetzes** nur rund drei Jahre nach Ende des **Zweiten Weltkriegs**, der **bedingungslosen Kapitulation** und der Besetzung Deutschlands durch die alliierten Siegermächte stark geprägt von den „Lehren", die man aus den **Strukturproblemen der Weimarer Republik** zog. Außerdem war sie von den sich abzeichnenden **politisch-ideologischen Systemgegensätzen** des immer deutlicher zutage tretenden **Ost-West-Konflikts** beeinflusst.

Bereits im Frühjahr und Frühsommer 1948 hatte man sich auf einer Sechs-Mächte-Konferenz in London darauf verständigt, die Länder der drei **westlichen Besatzungszonen** zu einem Bundesstaat zu vereinen. Dieser sollte weiterhin der alliierten Kontrolle unterworfen bleiben. Die Verhandlungsergebnisse wurden in den „Londoner Empfehlungen" und den „Frankfurter Dokumenten" festgehalten, die den Ministerpräsidenten der drei West-Zonen am 1. Juli 1948 überreicht wurden.

Die darin geforderte Einberufung einer **verfassunggebenden Nationalversammlung** wurde von deutscher Seite abgelehnt. Man fürchtete vor allem den Einfluss der „Siegermächte" und um die Einheit Deutschlands. Die 65 Abgeordneten des **Parlamentarischen Rats**, der von den Landesparlamenten der Westzonen Deutschlands gewählt wurde und ab September 1948 in Bonn die „Gründungsurkunde" einer neuen politischen Ordnung für den westlichen Teil Deutschlands erarbeiten sollten, wählten für die künftige **Verfassung** den weniger unumstößlich klingenden Begriff **Grundgesetz**. Damit wollten sie vermeiden, dass der neue Staat einen endgültigen Charakter hat bzw. so wahrgenommen würde. Das Grundgesetz wurde schließlich nach langen und intensiven Beratungen am **8. Mai 1949** (also auf den Tag genau vier Jahre nach der

Bedingungslose Kapitulation – wichtigstes Kriegsziel der Alliierten sowie Erklärung der deutschen Wehrmacht vom 8. Mai 1945, die die Kampfhandlungen zwischen Deutschland und den Alliierten beendete

bedingungslosen Kapitulation) in dritter Lesung beschlossen und am 23. Mai 1949 verkündet. Mit seinem Inkrafttreten wurde die **Bundesrepublik Deutschland (BRD)** konstituiert.

Dieser Versuch, auf (west-)deutschem Boden erneut eine freiheitliche politische Ordnung nach dem Vorbild **westlicher Repräsentativdemokratien** zu errichten, knüpfte erkennbar an **Traditionen des liberalen Verfassungs- und Grundrechtsdenkens** an. Ziel war die Etablierung einer **funktionsfähigen** und zugleich **wehrhaften Demokratie**. Das „Gespenst von Weimar" sollte gebannt werden, also die institutionellen Schwächen und Fehler der einstigen Weimarer Reichsverfassung (WRV) vermieden werden. Gleichzeitig sollte eine **antitotalitäre Gegenverfassung** zum NS-Staat sowie zu den kommunistischen Regimes im Osten Deutschlands und Osteuropas geschaffen werden.

Die Deutsche Demokratische Republik (DDR) im Osten Deutschlands wurde wenige Monate nach der BRD gegründet. Deren Verfassung trat am 7. Oktober 1949 in Kraft. Mit dem Einigungsvertrag des Jahres 1990 wurden die Länder der DDR Teil der Bundesrepublik. Zugleich trat für diese auch das Grundgesetz in Kraft.

Verfassung – staatsrechtlicher Begriff für die rechtliche Grundordnung eines Staates
Grundgesetz – (ursprünglich gewählter) Begriff für die Verfassung der BRD, um deren Provisoriumscharakter zu betonen

1.1 Die Grundrechte als zentraler Kern des Grundgesetzes

Im Hinblick auf die Grundrechte steht das Grundgesetz zwar in der Tradition der WRV, geht aber einen entscheidenden Schritt weiter. **Politische Mitwirkungsrechte**, die auch schon in der Paulskirchenverfassung von 1849 verankert waren, wurden zum Herzstück des neuen Verfassungsstaats.

Die Grundrechte – als **individuelle Abwehrrechte** gegenüber dem Staat entstanden – stehen programmatisch am Anfang des Grundgesetzes (Art. 1–19). Der klassische Katalog der Freiheits- und Gleichheitsrechte wurde dabei um spezifische **neue Rechte** (Asylrecht, Recht zur Kriegsdienstverweigerung, Schutz vor Ausbürgerung oder Verbot rassischer Diskriminierung) erweitert. Darüber hinaus stellt das Grundgesetz die Grundrechte auf eine neue Basis, denn es gesteht ihnen die Qualität **unmittelbar geltenden Rechts** zu und schützt sie somit weitgehend vor Eingriffen eines künftigen Gesetzgebers. Zum Schutz der Grundrechte wurde sogar ein eigenes Gericht, das **Bundesverfassungsgericht**, geschaffen und zur „Hüterin der Verfassung" gemacht.

→ **Menschenrechte** vgl. S. 117

Unmittelbar geltendes Recht – in Bezug auf die Grundrechte bedeutet dies, dass diese sofort gültig sind, also nicht erst in einem Gesetz umgesetzt werden müssen.

→ **Das Bundesverfassungsgericht** vgl. S. 66

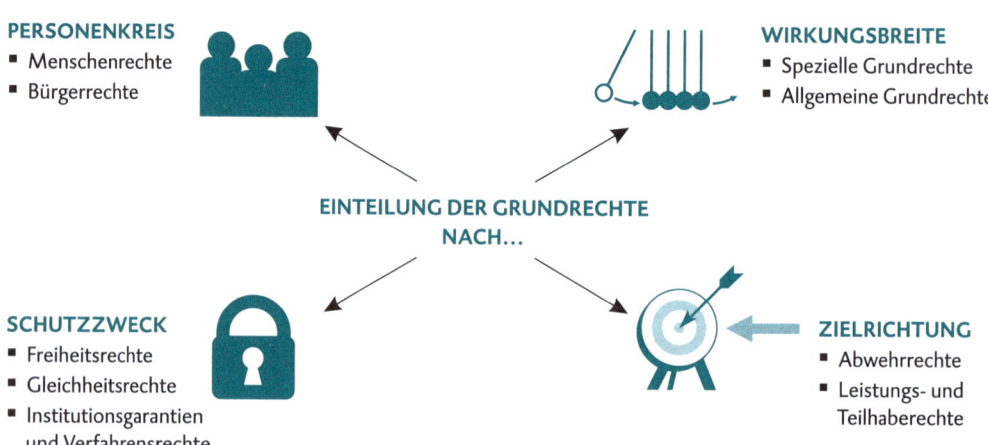

PERSONENKREIS
- Menschenrechte
- Bürgerrechte

WIRKUNGSBREITE
- Spezielle Grundrechte
- Allgemeine Grundrechte

EINTEILUNG DER GRUNDRECHTE NACH...

SCHUTZZWECK
- Freiheitsrechte
- Gleichheitsrechte
- Institutionsgarantien und Verfahrensrechte

ZIELRICHTUNG
- Abwehrrechte
- Leistungs- und Teilhaberechte

Eine mögliche Einteilung der Grundrechte nach verschiedenen Kategorien

Staat und Recht sollten in der Bundesrepublik eng miteinander verbunden und der **Rechtsstaat** zum Angelpunkt der Verfassung gemacht werden. Damit folgt das Grundgesetz der Auffassung, dass es **überstaatliche Rechte des Einzelnen** gibt, die sich aus der Natur und dem Wesen des Menschen ergeben. Der Staat ist demnach nicht „Quelle allen Rechts", sondern selbst dem Recht unterworfen. Alle staatliche Gewalt ist zum Schutz der **Menschenrechte** verpflichtet. Folglich wird mit Artikel 1 der Gedanke der „unantastbaren Würde des Menschen" in den Mittelpunkt der Verfassungsordnung gerückt. Gesetzgeber, Verwaltung und Rechtsordnung sind angewiesen, dies stets zu beachten.

> **Art. 1 GG**
>
> (1) Die Würde des Menschen ist unantastbar. Sie zu achten und zu schützen ist Verpflichtung aller staatlichen Gewalt.
>
> (2) Das Deutsche Volk bekennt sich darum zu unverletzlichen und unveräußerlichen Menschenrechten als Grundlage jeder menschlichen Gemeinschaft, des Friedens und der Gerechtigkeit in der Welt.
>
> (3) Die nachfolgenden Grundrechte binden Gesetzgebung, vollziehende Gewalt und Rechtsprechung als unmittelbar geltendes Recht.

Die fundamentalen Menschen- und Bürgerrechte (vgl. S. 4) werden im Grundgesetz nicht ausschließlich durch den Grundrechtskatalog (Art. 1–19 GG) geschützt, sondern auch durch **„grundrechtsgleiche Rechte"** (z. B. Garantie des gesetzlichen Richters, Art. 101 GG; Garantie

des rechtlichen Gehörs, Art. 103 GG; Verbot mehrmaliger oder rückwirkender Bestrafung sowie Rechtsgarantien bei Freiheitsentzug,
Art. 104 GG).

Diese grundrechtlich normierten Freiheiten und Rechtsgüter sind in
erster Linie **Abwehrrechte** des Bürgers. Durch sie sollen staatliche
Willkür oder Übergriffe der öffentlichen Gewalt verhindert und **individuelle Freiheiten** geschützt werden. Weiterhin handelt es sich auch
um **Leistungs- und Teilhaberechte**, die die Chance auf gesellschaftspolitische Teilhabe und Mitwirkung in freier Entscheidung und eigener
Verantwortung garantieren. Zugleich sind diese Grund- und Menschenrechte Grundlage der Wertordnung der Bundesrepublik Deutschland
und gehören zum Kern der **freiheitlichen demokratischen Grundordnung (FDGO)**.

Kategorisierung der Grundrechte

Subjektive Menschen- und Bürgerrechte im engeren Sinne		
Menschrechte	gelten für alle Menschen, also deutsche Staatsbürger und hier Lebende anderer Nationalitäten häufig einleitend „Jeder hat das Recht [...]"	z. B. • Art. 1 (Menschenwürde) • Art. 2 (allgemeine Persönlichkeitsrechte) • Art. 3 (Gleichheit vor dem Gesetz) • Art. 4 (Glaubens- und Gewissensfreiheit) • Art. 5 (Meinungsfreiheit) • Art. 17 (Petitionsrecht)
Bürgerrechte	gelten nur für deutsche Staatsbürger häufig einleitend „Alle Deutschen haben das Recht [...]"	z. B. • Art. 8 Abs. 1 (Versammlungsfreiheit) • Art. 9 (Gründung von Vereinigungen) • Art. 11 (Recht auf Freizügigkeit) • Art. 12 (Freiheit der Berufswahl)

Rechte zur Sicherung bestimmter Lebensformen
z. B. • Art. 5 Abs. 3 (Freiheit von Kunst und Wissenschaft) • Art. 6 Abs. 1 (Schutz von Ehe und Familie) • Art. 14 Abs. 1 (Gewährleistung von Eigentum und Erbrecht) • Art. 16 und Art. 16 a (Staatsangehörigkeits- und Asylrecht)

Das deutsche Grundgesetz

1.2 Die Verfassungsprinzipien

Das Grundgesetz beinhaltet wesentliche Richtlinien für die Organisation und Ausrichtung staatlichen Handelns und bezeichnet die Verfassungsordnung der Bundesrepublik als **freiheitlich demokratische Grundordnung**. Diese Grundordnung basiert auf **Gewaltenteilung**, **Grundrechten**, **Rechtsstaatlichkeit**, **Konstitutionalismus**, **Mehrheitsprinzip (Volkssouveränität)** und **Pluralismus**.

Die „Architekten" des Grundgesetzes formulierten folgende grundlegende Leit- bzw. **Verfassungsprinzipien:**

> **Konstitutionalismus** – steht für eine Staatsform, in der eine Verfassung (lat. constitutio) eine bedeutende Rollte spielt

> **Pluralismus** – bedeutet, dass Macht ausgewogen auf verschiedene Gruppen der Gesellschaft verteilt sein soll und Entscheidungen als Kompromiss ausgehandelt werden: Legitimer Wettstreit verschiedener Interessen

- Das **Demokratieprinzip** garantiert die Volkssouveränität.

- Das **Rechtsstaatsprinzip** bindet alle staatliche Gewalt an Recht und Gesetz und verteilt sie auf die Organe der Legislative, Exekutive und Judikative (Gewaltenteilung).

- Das **Sozialstaatsprinzip** verpflichtet den Staat, für die soziale Sicherung seiner Bürger zu sorgen und Maßnahmen zum sozialen Ausgleich zu treffen.

> **Vertikale Gewaltenteilung** – bedeutet die Verteilung der politischen Macht auf verschiedene Ebenen, z. B. Bund, Länder und Gemeinden. Wird auch als föderalistisches System bezeichnet.

> **„Offener" Staat** – Staat, der in größerem Umfang Souveränitätsrechte auf inter- und supranationale Organisationen deliegieren kann

- Das **Bundesstaatsprinzip** garantiert den Bundesländern eigene Kompetenzen im Bereich der Gesetzgebung und der Verwaltung (Föderalismus). Es ist damit ein Element der **vertikalen Gewaltenteilung**.

Die Staatsverfassung der Bundesrepublik Deutschland sieht zudem den „**offenen Staat**" vor. Die Konzeption der BRD als „offener Staat" stellte die „Eintrittskarte" für die Wiederaufnahme in den Kreis der westlichen Demokratien nach 1949, einschließlich der Mitgliedschaft in der militärischen Allianz der westlichen Nationen (die NATO) und in die europäische Staatengemeinschaft, dar.

1.3 Das Prinzip der „Wehrhaften Demokratie"

> **Ermächtigungsgesetz** – Gesetz, mit dem das Parlament einer Regierung außergewöhnliche Vollmachten erteilt. Das bekannteste ist das *Gesetz zur Behebung der Not von Volk und Reich*, mit dem 1933 die Republik abgeschafft und somit die nationalsozialistische Diktatur ermöglicht wurde.

Mit dem **Ermächtigungsgesetz** gelang es den Nationalsozialisten 1933, die bestehende demokratische und rechtsstaatliche Ordnung auf „legalem Weg" zu beseitigen. Formal betrachtet war dieses Gesetz demokratisch korrekt mit der laut WRV notwendigen Mehrheit zustande gekommen. Da die WRV keine absoluten und unabänderlichen Prinzipien enthielt, konnte der Gesetzgeber (mit der entsprechenden Mehrheit) nahezu alles verändern, einführen oder abschaffen – auch den Rechtsstaat, die Demokratie oder die Verfassung selbst.

Die vier Verfassungsprinzipien der Bundesrepublik und ihre realen politische Auswirkungen

Einer solchen, vom **Rechtspositivismus** geleiteten Rechtsauffassung wollte der Parlamentarische Rat 1948/49 nicht mehr folgen. Deshalb muss sich der Gesetzgeber heute an den **verfahrensrechtlichen** und **materiellrechtlichen Vorgaben des Grundgesetzes** ausrichten. Grundlage dafür ist ein höheres, **materielles Recht**, das den formalen Rechtsstaat inhaltlich auffüllen und ihm Orientierung geben soll. Wesentliche Verfassungsnorm ist hier der Art. 1 GG, mit dem die **Würde des Menschen** in den Mittelpunkt allen politischen und gesellschaftlichen Handelns gestellt und die Menschenrechte sowie die hohe Bindungskraft und Rechtsverbindlichkeit aller Grundrechte hervorgehoben werden. Diese **Verklammerung von formalem und materiellem Rechtsstaat** ist prägend für das Grundgesetz.

Rechtspositivismus – Rechtsauffassung der zufolge kein höheres Recht existiert als das vom Gesetzgeber formal korrekt gesetzte (positive) Recht

Formaler Rechtsstaat – reine Bindung der Staatsgewalt an das Gesetz

Materieller Rechtsstaat – Bindung der Staatsgewalt an materielle, inhaltliche Prinzipien wie z. B. das Naturrecht

Zudem ließen die Erfahrungen aus der Zeit des Nationalsozialismus, der eklatante Missbrauch des Rechts in politischer Absicht und die schnelle Ablösung der Demokratie durch ein totalitäres System mit formal demokratischen Mitteln, das Konzept einer **streitbaren** und **wehrhaften** bzw. **abwehrbereiten Demokratie** entstehen. So formulierte der Grundgesetzgeber nicht nur einen umfassenden Grundrechtskatalog, sondern verankerte diesen auch als Teil einer **objektiven Wertordnung**, die als verfassungsrechtliche Grundentscheidung für alle Bereiche des Rechts gilt. Damit sollte sichergestellt werden, dass auch die alltäglich geltenden Gesetze stets vor dem Hintergrund der verfassungsrechtlichen Grundentscheidungen zu gestalten und auszulegen sind. (BVerfGE 7, 198).

Die in Art. 1 GG normierte Menschenwürde und die **Grundlagen der politischen und gesellschaftlichen Ordnung** in Art. 20 GG werden durch die **Ewigkeitsklausel** vor jeglicher Änderung geschützt, die den Wesensgehalt dieser beiden Artikel infrage stellt: die **Garantie der Menschenwürde**, das **Demokratieprinzip**, die **republikanische** und **föderale Ordnung**, das **Rechts- und Sozialstaatsprinzip** sowie der **Grundsatz der Gewaltenteilung**. Da dem Art. 1 GG in seiner Funktion und Stellung insgesamt Grundsätzlichkeit zukommt, ist der Menschenwürdegehalt *aller* Grundrechte von der **Ewigkeitsklausel** erfasst. Darüber hinaus wurde die Möglichkeit geschaffen, Angriffen gegen die demokratische Ordnung durch Einschränkungen von Grundrechten bzw. durch ihre Verwirkung aktiv zu begegnen.

Ewigkeitsklausel – siehe unten Art. 79 GG

Der Rechtswissenschaftler Hans Kelsen bezeichnete die Demokratie 1932 noch sehr treffend als „diejenige Staatsform, die sich am wenigsten gegen ihre Gegner wehrt". So beanspruchten die Nationalsozialisten, aber auch die Kommunisten, die Freiheitsrechte der Demokratie, um gegen sie kämpfen zu können. Doch dieses **„demokratische Dilemma"** scheint heute weithin gebannt. Die Beseitigung der **freiheitlichen demokratischen Grundordnung** auf legalem Wege ist nicht mehr möglich, denn die wehrhafte Demokratie stellt den **Verfassungskern** unter einen besonderen Schutz. Dieser Schutz wird durch folgende Grundgesetzartikel gewährleistet:

- **Art. 79 (3) GG:** Grundgesetzartikel, in denen der **Verfassungskern** festgelegt wird (Art. 1 und 20 GG), dürfen ihrem Wesen nach nicht verändert werden (Garantie des Verfassungskerns, **Ewigkeitsgebot**).

- **Art. 18 GG:** Möglichkeit des **Entzugs der Grundrechte** für Personen, die diese zur Beseitigung des Verfassungskerns missbrauchen.

- **Art. 20 (4) GG:** Das **Widerstandsrecht** jedes Bürgers gegen den Versuch, die Grundordnung zu stürzen. Widerstand ist erlaubt, wenn andere Abhilfe nicht möglich ist.

- **Art. 21 (2) GG:** Möglichkeit des Bundesverfassungsgerichts, **Parteien** zu **verbieten**, die den Sturz der bestehenden Grundordnung betreiben, sowie Beobachtung und Verhinderung verfassungsfeindlicher Tätigkeiten durch den **Verfassungsschutz.**

Während Art. 18 GG (Grundrechtsverwirkung) bisher zwar viermal beantragt, aber noch nie verhängt wurde, verbot das Bundesverfassungsgericht bereits zwei Parteien.

→ **Parteienverbotsverfahren** vgl. S. 67

2 Die Verfassungsorgane und ihre Stellung im politischen Prozess

Zu den wichtigsten Zielen der demokratischen Ordnung gehört es, die Freiheit und Menschenwürde jedes einzelnen Menschen zu gewährleisten und Machtmissbrauch zu verhindern. Das Grundgesetz hat daher die Ausübung staatlicher Gewalt (z. B. die Beschlussfassung von Gesetzen, die Wahrnehmung von Regierungsgeschäften oder die Rechtsprechung) besonderen Organen anvertraut. Die sogenannten **Verfassungsorganen** verkörpern die rechtsstaatliche, demokratische und bundesstaatliche Ordnung der Bundesrepublik Deutschland. Die obersten Bundesorgane und Institutionen, deren Aufgaben und Befugnisse im Grundgesetz festgelegt sind, lassen sich im System der **Gewaltenteilung** grob in gesetzgebende Gewalt (**Legislative**), ausführende Gewalt (**Exekutive**) und rechtsprechende Gewalt (**Judikative**) unterteilen.

→ **Gewalteneilung** vgl. S. 138

Zu den fünf **ständigen Verfassungsorganen** der Bundesrepublik Deutschland zählen:
- der Deutsche **Bundestag** (Art. 38 bis Art. 48 GG)
- der **Bundesrat** (Art. 50 bis Art. 53 GG)
- der **Bundespräsident** (Art. 54 bis Art. 61 GG)
- die **Bundesregierung** (Art. 62 bis Art. 69 GG)
- das **Bundesverfassungsgericht** (Art. 93, Art. 94, Art. 99 und Art. 100 GG)

Der **Gemeinsame Ausschuss** (Art. 53 a GG) und die **Bundesversammlung** (Art. 54 GG) sind sogenannte **nichtständige Verfassungsorgane.**

Unter allen Organen herrscht eine Vielzahl von Verbindungen und Verflechtungen. Diese **Gewaltenverschränkung** ist dadurch geprägt, dass die Organe durch ein System von *checks and balances* aufeinander angewiesen sind und sich auf diese Weise gegenseitig ausbalancieren. Kein Organ kann im Alleingang Entscheidungen treffen, ohne dass auch die anderen daran beteiligt sind. So wird eine gewisse **Kontrolle** gegen einen Machtmissbrauch von Befugnissen gewährleistet.

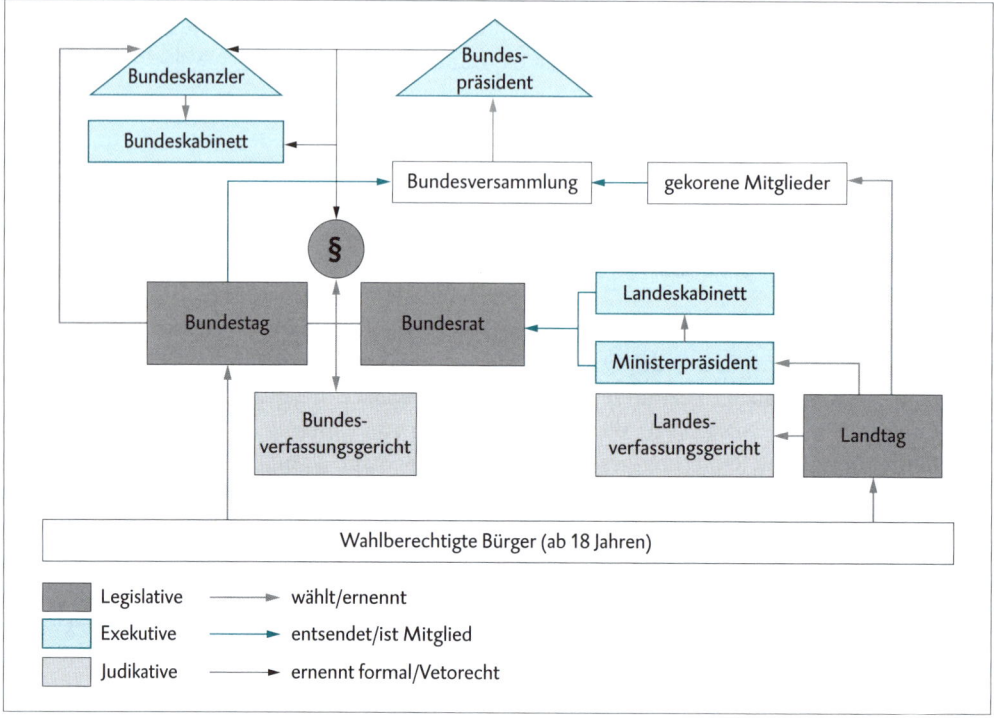

Das politische System der Bundesrepublik Deutschland und die verschiedenen Verfassungsorgane

2.1 Der Deutsche Bundestag

In einer **repräsentativen** Demokratie wie der Bundesrepublik Deutschland trifft das Volk politische Entscheidungen nicht unmittelbar. Dies übernimmt der **Deutsche Bundestag**, das **Parlament**. „Hier [...] schlägt das Herz der Demokratie – oder es schlägt nicht." So hat es Bundestagspräsident Norbert Lammert in seiner Abschiedsrede vor dem Parlament am 5. September 2017 formuliert. Der Bundestag ist insbesondere zuständig für die **Gesetzgebung** und verantwortlich für die **Kontrolle der Bundesregierung**. Zugleich ist es seine Aufgabe, die Regierung zu legitimieren und sie zu tragen.

Norbert Lammert (CDU), Bundestagspräsident von 2005 – 2017

Bundestagspräsident

Der **Präsident** des Deutschen Bundestages **(Bundestagspräsident)** bekleidet gemäß Inlandsprotokoll der Bundesregierung das **zweithöchste** Amt im Staat – nach dem Bundespräsidenten und vor dem Bundeskanzler. Gleichzeitig leitet er als Präsident die **Bundesversammlung** zur Wahl des Bundespräsidenten der Bundesrepublik Deutschland.

Wolfgang Schäuble (CDU), Bundestagspräsident seit 2018

Abgeordnete

Der Bundestag ist das einzige Verfassungsorgan auf Bundesebene, dessen Mitglieder – die **Abgeordneten** – direkt vom Volk gewählt werden. Deren Aufgabe ist es dann für die Dauer von jeweils vier Jahren (eine **Wahlperiode**), gesamtgesellschaftlich verbindliche Entscheidungen zu treffen und diese der Exekutive zur Durchsetzung zu übertragen.

Als gewählte Vertreter des ganzen Volkes haben sie den Auftrag, die Interessen der Menschen nach bestem Wissen und Gewissen zu vertreten, wobei sie aber auch die Rückkopplung an ihre Wähler („Responsivität") suchen sollen. Gleichwohl sind Abgeordnete nach **Artikel 38 GG** nicht an Aufträge und Weisungen gebunden und nur ihrem Gewissen unterworfen.

Responsivität – (Antwortverhalten, Antwortbereitschaft) bezeichnet in der Demokratietheorie ein Maß an Bereitschaft, auf Präferenzen der Bürger einzugehen, indem politische Wünsche in politische Entscheidungen umgesetzt werden

> Art. 38 Abs. 1 GG:
> Die Abgeordneten des Deutschen Bundestages [...] sind Vertreter des ganzen Volkes, an Aufträge und Weisungen nicht gebunden und nur ihrem Gewissen unterworfen.

Sie dürfen – eine Lehre aus den Abstürzen der deutschen Geschichte – zu keiner bestimmten Meinung gezwungen werden. Deshalb spricht man auch vom „freien Mandat". Darüber hinaus genießen Abgeordnete zwei bedeutende **Privilegien**: die **Immunität** und die **Indemnität**.

---

info

- **Immunität:** Abgeordnete können nur mit Genehmigung des Deutschen Bundestages wegen einer strafbaren Handlung zur Verantwortung gezogen und verhaftet werden.
- **Indemnität:** Abgeordnete dürfen wegen Abstimmungen oder Äußerungen im Bundestag, in der Fraktion oder in einem Ausschuss zu keiner Zeit gerichtlich oder dienstlich verfolgt oder außerhalb des Parlaments zur Verantwortung gezogen werden. Davon ausgenommen sind verleumderische Beleidigungen.
Die Indemnität kann im Gegensatz zur Immunität nicht vom Bundestag aufgehoben werden.

Fraktion – fest organisierte Verbindung von Abgeordneten der gleichen Partei in Parlamenten. Die Mindestgröße einer Fraktion liegt bei 5 % der Parlamentsabgeordneten. Die Fraktion bestimmt bis hin zum **Fraktionszwang** die politische Stellungnahme ihrer Mitglieder.

Allerdings handeln Abgeordnete auch als Mitglieder einer **Partei** und einer **Fraktion**. Sie stehen bei Entscheidungen also im Spannungsfeld zwischen dem eigenen Gewissen und der Mehrheitsmeinung ihrer Fraktion. Diese Fraktionen sind als Zusammenschlüsse von Abgeordneten für die gesamte Parlamentsarbeit wesentlich und bereiten Entscheidungen des Bundestages vor. Einer Fraktion müssen mindestens **fünf Prozent** aller Abgeordneten angehören. In ihrer Größe und Zusammensetzung bilden sie das Ergebnis der Bundestagswahl ab.

Aufgaben und Funktionen des Bundestages

- **Wahlfunktion:** Nach **Art. 63 GG** wählt der Bundestag in geheimer Wahl mit den Stimmen der Mehrheit seiner Mitglieder den **Bundeskanzler**. Dieser bestimmt dann die Richtlinien der Politik und schlägt dem Bundespräsidenten die Regierung zur Ernennung vor.

Zitierungsrecht – Recht des Parlaments oder der Ausschüsse, das Erscheinen des Kanzlers oder eines Ministers verlangen zu können
Interpellationsrecht – Recht jedes Abgeordneten, einen oder mehrere Minister aufzufordern, sich zu politischen Handlungen, einer bestimmten Situation oder der Regierungspolitik zu äußern

- **Kontrolle der Bundesregierung:** Nur der Bundestag hat die Möglichkeit, dem Bundeskanzler **das Misstrauen auszusprechen** oder ihn durch das **konstruktive Misstrauensvotum zu stürzen (Art. 67 und 68 GG)**. Möglich ist das aber nur, wenn der Bundestag gleichzeitig mit absoluter Mehrheit einen neuen Regierungschef wählt. Instrumente der Kontrolle, die vor allem von der parlamentarischen Opposition eingesetzt werden, sind **Anfragen** und **Untersuchungsausschüsse**. Der Bundestag kontrolliert die Bundesregierung auch durch das **Zitierungsrecht** (Art. 43 Abs. 1 GG) oder das **Inter-**

pellationsrecht. Zudem wirkt er zusammen mit Vertretern der Länderparlamente bei der **Bestellung anderer Bundesorgane** – insbesondere des Bundespräsidenten – mit (Art. 54 und 94 Abs. 1 GG), kontrolliert über das Haushaltsgesetz die Finanzen des Bundes **(Budgetrecht)** und hat in den Angelegenheiten der Europäischen Union (EU) ein Mitwirkungsrecht (Art. 23 GG).

- **Gesetzgebung:** Der Bundestag spielt die zentrale Rolle bei der **Gesetzgebung des Bundes** (z. B. Art. 77 GG). Er ist der oberste Gesetzgeber, denn nur er kann Gesetze verabschieden, die für alle Menschen in Deutschland verbindlich sind. Bei auswärtigen Angelegenheiten und bei der Verteidigung steht dem Bundestag zudem das Recht der ausschließlichen Gesetzgebung zu (Art. 73 GG).

Darüber hinaus übernimmt der Bundestag durch öffentliche Debatten, in denen die Regierung, die Regierungsfraktionen und die Opposition ihre Positionen darlegen, eine **Willensbildungsfunktion**. Indem Abgeordnete als Repräsentanten der Wähler deren Wünschen und Forderungen im Parlament Gehör verschaffen, kommt dem Bundestag auch eine **Artikulationsfunktion** zu.

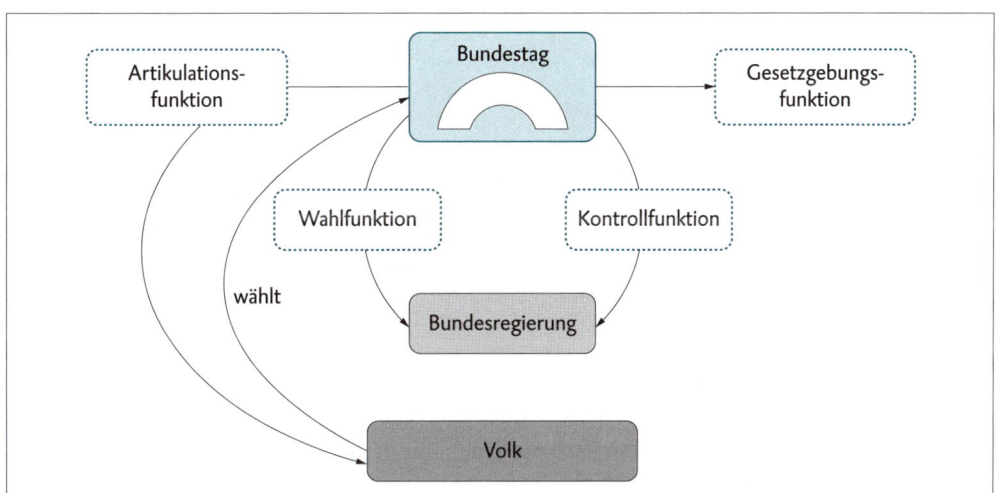

Funktionen des Bundestages

Rede- und Arbeitsparlament

In einem **Redeparlament** dominiert stets die Parlamentsrede. Vor allem die politische Debatte zwischen Regierungschef und Oppositionsführer wird hier als die wichtigste Form, als eine „Bühne" der öffentlichen Meinung, betrachtet. Dabei geht es nicht – zumindest nicht in erster Linie – darum, sich gegenseitig zu überzeugen. Ziel einer Rede sind vielmehr die Medienvertreter sowie die eigenen Wähler.

Dahingegen lässt sich das **Arbeitsparlament** als arbeitsteilig organisiertes, mit kenntnisreichen Detailexperten besetztes Parlament bezeichnen (Max Weber). Macht und Arbeit werden hier vom **Plenum** auf die einzelnen Fachpolitiker in den jeweiligen **Ausschüssen** übertragen, wo detaillierte Gesetzesberatungen stattfinden. Wie einflussreich dabei der einzelne Abgeordnete ist, hängt weitaus weniger von seinem rhetorischen Geschick als von seiner Position im parlamentarischen Ausschusssystem ab. Diese Form der Arbeit macht das Arbeitsparlament überaus effektiv und begünstigt seinen gesetzgeberischen Einfluss.

Der Deutsche Bundestag ist heute in erster Linie ein **Arbeitsparlament**, enthält aber auch Elemente eines **Redeparlaments**. Der überwiegende Teil der parlamentarischen Arbeit findet „hinter den Kulissen" in Ausschüssen statt. Im Plenum werden lediglich die politischen Debatten ausgetragen.

2.2 Die Bundesregierung

Die Bundesregierung ist die Spitze der **Exekutive** und besteht aus dem **Bundeskanzler** und den **Bundesministern** – zusammen bilden sie das **Bundeskabinett**. Neben dem Bundestag und dem Bundesrat hat auch sie das Recht, Gesetzentwürfe in den Bundestag einzubringen.

Aufgaben der Bundesregierung

Die wichtigsten Aufgaben der Bundesregierung sind die

- **politische Führung** der Bundesrepublik Deutschland nach innen und außen

- **Ausarbeitung von Gesetzesvorlagen** und deren Einbringung in den Bundestag

- **Ausführung** von Gesetzen, Verordnungen und Vorschriften sowie deren Einhaltung

→ **Die europäische Union** vgl. S. 159
→ **NATO** vgl. S. 228

- **Vertretung** und Durchsetzung deutscher Interessen innerhalb bestehender Bündnisse (EU, NATO) und der internationalen Politik

Der **Bundeskanzler** hat eine hervorgehobene Stellung in der Regierung. Er wird „vom Bundestag ohne Aussprache gewählt" (Art. 63 Abs. 1) und seine wichtigsten Aufgaben sind die

- **Bestimmung**, wer Mitglied der Regierung werden soll (alleiniges Recht zur Kabinettsbildung)

- Erstellung des verbindlichen Vorschlags zur **Ernennung und Erlassung der Minister**

- **Entscheidung** über **Zahl** und **Festlegung** der **Geschäftsbereiche** der Minister

> Art. 65 GG
> Der Bundeskanzler bestimmt die Richtlinien der Politik und trägt dafür die Verantwortung. Innerhalb dieser Richtlinien leitet jeder Bundesminister seinen Geschäftsbereich selbstständig und unter eigener Verantwortung.

Für die Zusammenarbeit in der Bundesregierung sieht das Grundgesetz drei wichtige Arbeitsprinzipien vor: das **Kanzler-**, das **Kollegial-** und das **Ressortprinzip**. Sie regeln den Umgang und die Arbeitsteilung im Kabinett.

Der Bundeskanzler bestimmt nach dem **Kanzlerprinzip** die Eckpfeiler der Regierungspolitik und trägt dafür auch die Verantwortung. Diese Befugnis weist dem Kanzler die Führungsrolle im Kabinett zu. Er kann von einer Mehrheit im Kabinett nicht überstimmt werden. Die herausragende Stellung des Kanzlers innerhalb der Bundesregierung zeigt sich außerdem darin, dass er

- als einziges Mitglied der Bundesregierung vom Bundestag gewählt ist und damit über eine besondere demokratische Legitimation verfügt;

- allein den Antrag stellen kann, der Bundestag möge ihm das Vertrauen aussprechen; bei Ablehnung der Vertrauensfrage Neuwahlen herbeiführen kann;

- allein durch ein Misstrauensvotum zu stürzen ist, wobei auch alle seine Minister ihr Amt verlieren;

- das Recht hat, die Bundesminister zur Ernennung und Entlassung vorzuschlagen (Art. 64 GG), während der Bundestag keinen Minister zum Rücktritt zwingen kann.

Über Angelegenheiten von allgemeiner politischer Bedeutung entscheiden gemäß **Kollegialprinzip** der Bundeskanzler und die Minister gemeinsam. Bei Meinungsverschiedenheiten ist der Kanzler allerdings Erster unter Gleichen.

Nach dem sogenannten **Ressortprinzip** leitet jeder Minister seinen Aufgabenbereich eigenverantwortlich. Der Bundeskanzler darf sich deshalb nicht ohne Weiteres in die Befugnisse der Minister einmischen. Zugleich darf jeder Minister Entscheidungen nur innerhalb des ihm vom Kanzler vorgegebenen politischen Rahmens treffen.

Opposition – politische Kräfte, die gegen die Machthaber agieren. Im deutschen System die Fraktionen im Bundestag, die nicht die Regierung stützen.

Aufgabenverteilung innerhalb der Bundesregierung

Der Bundeskanzler …	Die Bundesregierung …	Die Opposition …
• bestimmt die grundsätzlichen Richtlinien der Regierungspolitik, • schlägt die Bundesminister dem Bundespräsidenten zur Ernennung bzw. Entlassung vor, • übernimmt im Verteidigungsfall die Befehlsgewalt über die Bundeswehr, • kann vom Bundestagspräsidenten verlangen, dass er den Bundestag zusammentreten lässt.	• arbeitet Gesetzesvorlagen aus und bringt diese in den Bundestag zur Abstimmung ein, • nimmt Stellung zu Gesetzesvorlagen des Bundesrats, • erlässt Rechtsverordnungen und Verwaltungsvorschriften zur Umsetzung von Bundesgesetzen, • kontrolliert die Ausführung der Bundesgesetze durch die Bundesländer.	• gestaltet in Teilbereichen die Politik konstruktiv mit, • kritisiert und kontrolliert die Regierungstätigkeit, • versucht eigene politische Ziele bei der Gesetzgebung durchzusetzen, • hält sich für die Übernahme der Regierungsverantwortung bereit.

Parlament und Regierung sind im parlamentarischen Regierungssystem der Bundesrepublik eng miteinander verwoben. Ganz im Gegensatz zum präsidentiellen Regierungssystem existieren Exekutive und Legislative nicht unabhängig voneinander.

Stattdessen kommt es zu einer **Gewaltenverschränkung:** Der Bundestag (Legislative) wählt die Regierung (Exekutive), wobei die Mitglieder der Bundesregierung auch Abgeordnete des Bundestages sein und bleiben können. Parlamentsmehrheit und Regierung bilden somit eine **Funktionseinheit** und stehen der parlamentarischen Opposition gegenüber. Die Regierung ist „Blut vom Blute und Fleisch vom Fleische" des Parlaments (Hugo Preuß).

Bundeskanzler/-in

Konrad Adenauer
(CDU)
1949–1963

Ludwig Erhard
(CDU)
1963–1966

Kurt G. Kiesinger
(CDU)
1966–1969

Willy Brandt
(SPD)
1969–1974

Helmut Schmidt
(SPD)
1974–1982

Helmut Kohl
(CDU)
1982–1998

Gerhard Schröder
(SPD)
1998–2005

Angela Merkel
(CDU)
seit 2005

2.3 Der Bundesrat

> **Art. 50 GG**
> Durch den Bundesrat wirken die Länder bei der Gesetzgebung und Verwaltung des Bundes und in Angelegenheiten der Europäischen Union mit.

Der Bundesrat, die sogenannte **zweite Kammer** bzw. das zweite Haus neben dem Bundestag im deutschen parlamentarischen System, wird nicht direkt vom Volk gewählt, sondern von den Regierungen der Länder gebildet. Er ist das **gemeinsame Organ der Länder** auf Bundesebene und soll deren Interessen in der Bundesrepublik wahrnehmen.
Je nach Bevölkerungszahl entsenden die **16 Bundesländer** zwischen drei und sechs Vertreter ihrer Landesregierungen in den Bundesrat.

> **Art. 51 Abs. 2 GG**
> Jedes Land hat mindestens drei Stimmen, Länder mit mehr als zwei Millionen Einwohnern haben vier, Länder mit mehr als sechs Millionen Einwohnern fünf, Länder mit mehr als sieben Millionen Einwohnern sechs Stimmen.

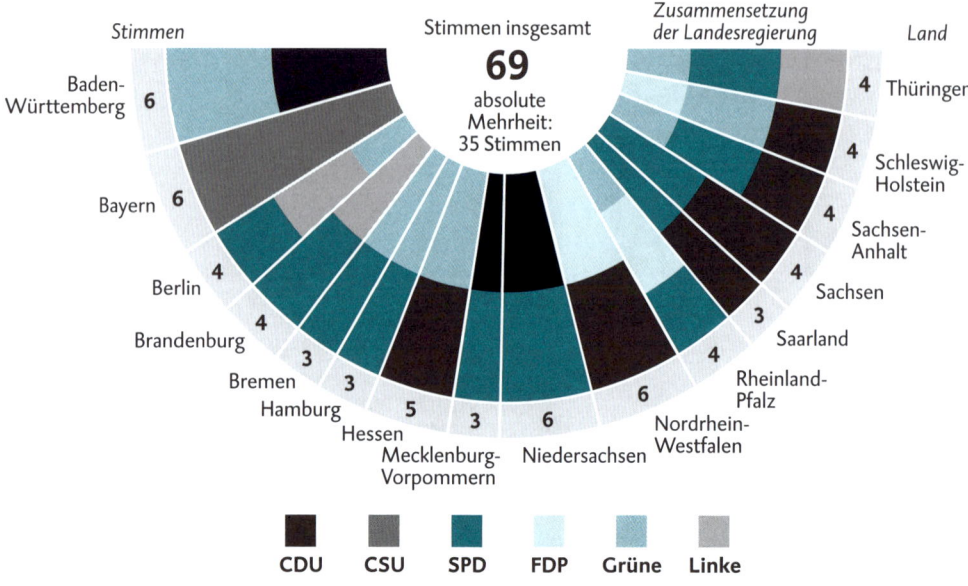

Die Zusammensetzung des Bundesrates im Juli 2020; deutlich zu sehen die große Anzahl unterschiedlicher Koalitionen

Im Ganzen kommen 69 Vertreter zusammen. Dabei kann jedes Land nur so viele Mitglieder entsenden, wie es Stimmen hat – wobei diese jeweils geschlossen und nur durch anwesende Mitglieder oder deren Vertreter abgegeben werden können. Das heißt, jede Landesregierung legt ihr Stimmverhalten vorab fest (Art. 51 Abs. 3 GG). Bundesratsmitglieder sind jeweils die Ministerpräsidenten, die Minister für Bundesangelegenheiten und weitere Fachminister der Bundesländer.

Zum **Präsidenten** des Bundesrates **(Bundesratspräsident)** wird stets für ein Jahr reihum der Regierungschef eines Bundeslandes gewählt. Der Bundesratspräsident kann gegebenenfalls die Aufgaben des Bundespräsidenten wahrnehmen.

> Art. 57 GG
> Die Befugnisse des Bundespräsidenten werden im Falle seiner Verhinderung
> […] durch den Präsidenten des Bundesrates wahrgenommen.

Wie im Bundestag, so wird auch im Bundesrat die eigentliche Arbeit in den **Ausschüssen** geleistet. Jedes Land entsendet ein Mitglied (in der Regel die jeweils zuständigen Fachminister oder sie vertretende Ministerialbeamte) in die insgesamt **16 Fachausschüsse**. Hier hat jedes Land eine Stimme, Beschlüsse werden mit einfacher Mehrheit gefasst.

Aufgaben und Funktionen des Bundesrats

- **Gesetzgebung:** Die wichtigste Aufgabe des Bundesrats ist die Mitwirkung an der Gesetzgebung des Bundes. Er wirkt zudem bei der Verwaltung des Bundes mit. Die Art. 80 und 83 GG regeln diese Mitwirkung bei Rechtsverordnungen und Verwaltungsvorschriften.

- **Kontrolle:** Der Bundesrat hat eine Kontrollfunktion gegenüber Bundestag und Bundesregierung. Er wacht darüber, dass Gesetze nicht die Kompetenzen der Länder aushöhlen. Fast alle wichtigen Gesetze oder Gesetzesänderungen sind daher von seiner Zustimmung abhängig. Auch kann das Grundgesetz nur mithilfe des Bundesrats geändert werden, denn zulässige Änderungen benötigen jeweils eine Zweidrittelmehrheit von Bundestag und Bundesrat (Art. 79 Abs. 3 GG). Selbst in Angelegenheiten der Europäischen Union wirken die Länder durch den Bundesrat mit, soweit dieser an einer entsprechenden innerstaatlichen Maßnahme Mitsprache hat, was in Art. 23 GG geregelt ist.

- **Beratungsfunktion:** Die Länder liefern über den Bundesrat wichtige Impulse, nicht nur, um ihre eigenen Interessen zu wahren, sondern auch, um die Durchführbarkeit der Bundesgesetze zu sichern. Als ausführende Organe der Gesetzgebung des Bundes bringen sie ihren Sachverstand und ihre Verwaltungserfahrung ein und prüfen eventuelle Verwaltungsprobleme sowie die Durchführbarkeit von Gesetzen und Verordnungen.

- **Interessenausgleich und Alternativfunktion:** Wenn im Bundesrat andere Mehrheitsverhältnisse als im Bundestag herrschen, finden oft Auseinandersetzungen um parteipolitisch kontroverse Gesetzesvorhaben statt. Die Oppositionsmehrheit im Bundesrat kann Gesetze aufhalten, umfangreiche Änderungswünsche anbringen oder Alternativen, also Gegenvorschläge, unterbreiten. Aber auch gleichartige Länderinteressen über Parteigrenzen hinweg (zum Beispiel bezüglich der Verteilung der Steuern zwischen Bund und Ländern) können die Bundesregierung in Schwierigkeiten bringen, indem sich die Länder gegen Gesetze stellen, die die Regierung durch ihre Mehrheit im Bundestag verabschiedet hatte.
  Insgesamt kommt dem Bundesrat die Aufgabe zu, Interessengegensätze auszugleichen, beratend auf den Gesetzgebungsprozess einzuwirken und Fehler zu korrigieren. Zumeist wird nach längeren Auseinandersetzungen im **Vermittlungsausschuss** ein Kompromiss gefunden, der die unterschiedlichen Interessen ausbalanciert. Hier sind der Bundestag und der Bundesrat **paritätisch**, das heißt gleich stark, mit je 16 Mitgliedern vertreten.

2.4 Das Bundesverfassungsgericht

Bundesverfassungs-gericht – Doppelfunktion als höchstes Verfassungs-organ der Justiz und als oberster Gerichtshof auf Bundesebene; Sitz in Karlsruhe

Das Bundesverfassungsgericht (BVerfG) **wacht** über die Einhaltung des Grundgesetzes für die Bundesrepublik und den Schutz der darin garantierten Rechte jedes Einzelnen.

Als **Kontrollinstanz für die Verfassungsmäßigkeit** entscheidet es mit letzter **verfassungsrechtlicher Verbindlichkeit** darüber, wie das Grundgesetz ausgelegt wird, indem es Regelungen interpretiert und diese Interpretation dem gesellschaftlichen Wandel anpasst. Deutlich wird dies z. B. anhand der Allgemeinen Wehrpflicht (Art. 12a), welche im Jahr 1956 für alle Männer vom 18. bis zum 45. Lebensjahr eingeführt wurde. Frauen war der „Dienst an der Waffe" bis zur Änderung des Grundgesetzes im Jahr 2000 untersagt. Erst seit 2001 können sie in allen Einheiten der Streitkräfte Dienst tun.

Nach Aussetzung der Allgemeinen Wehrpflicht im Jahr 2011 wird aktuell diskutiert, ob Art. 12a dem Gesetzgeber die Möglichkeit bietet, ein für alle verpflichtendes „Gesellschaftsjahr" einzuführen.

Als **Gericht** ist das BVerfG ein Teil der Judikative. Zugleich ist es jedoch „ein allen übrigen Verfassungsorganen gegenüber selbstständiger und unabhängiger Gerichtshof des Bundes" (§1 Abs.1 BVerfGG). Demnach ist es einerseits ein Gericht, andererseits ein Verfassungsorgan. Es gehört – im Gegensatz zu den anderen Obersten Gerichtshöfen – nicht zum Geschäftsbereich des Bundesjustizministeriums und kommuniziert direkt (ohne Einhaltung eines Dienstweges) mit den anderen Verfassungsorganen. Seine Richter unterstehen keiner Dienstaufsicht.

Als höchstes Gericht des Bundes kann es die **Entscheidungen aller anderen Gerichte aufheben**, wenn sie der Prüfung auf die Verfassungsmäßigkeit nicht standhalten. Seine Entscheidungen sind für alle verbindlich. Soweit sie die Rechtswirksamkeit von Bundes- und Landesgesetzen betreffen, haben sie sogar Gesetzeskraft und werden im Bundesgesetzblatt verkündet.

Aufgaben des Bundesverfassungsgerichts

Zentrale Aufgabe des Gerichts ist es, die Politik in das Recht einzubinden und ihm unterzuordnen, also das „uralte Spannungsverhältnis zwischen Macht und Recht zugunsten des Rechts zu entscheiden", wie Helmut Simon, ehemaliger Richter am Bundesverfassungsgericht, ausführt. Dabei kann das Gericht nicht von Amts wegen, sondern **nur auf Antrag** (z. B. per Verfassungsklage) tätig werden. Es ist dann zuständig, wenn die

Streitigkeit sich einer der in Art. 93 Abs. 1 GG oder sonst im Grundgesetz genannten Verfahrensarten zuordnen lässt (**Enumerativsystem**). Zu den vier häufigsten und wichtigsten Verfahrensarten zählen dabei:

- **Verfassungsbeschwerde:** Die Verfassungsbeschwerde ermöglicht den Bürgern, ihre grundrechtlich garantierten Freiheiten gegenüber dem Staat durchzusetzen. Sie kann von jedem (jeder natürlichen oder juristischen Person) mit der Behauptung erhoben werden, durch die deutsche öffentliche Gewalt (Rechtsprechung, Verwaltung und Gesetzgebung) in seinen Grundrechten oder bestimmten grundrechtsgleichen Rechten verletzt zu sein. Allerdings unterliegt sie strengen inhaltlichen und formalen Anforderungen an die Begründung.

- **Organstreit:** Das BVerfG kann angerufen werden, wenn Streit zwischen Bundesorganen über ihre Rechte und Pflichten aus dem Grundgesetz besteht. Neben den obersten Bundesorganen (Bundespräsident, Bundestag, Bundesrat und Bundesregierung) sind auch die Bundesversammlung, der Bundeskanzler, die Bundesminister und einzelne Bundestagsabgeordnete antragsberechtigt. Gegenstand des Verfahrens kann eine Maßnahme oder Unterlassung des Antragsgegners sein.

- **Normenkontrolle:** Bei der Normenkontrolle wird die Vereinbarkeit eines Gesetzes (Norm) mit der Verfassung geprüft. Nur das BVerfG darf feststellen, dass ein Gesetz mit dem Grundgesetz nicht vereinbar ist. Dabei wird es entweder auf Antrag eines anderen Gerichtes tätig (**konkrete Normenkontrolle**, Art. 100 GG) oder – unabhängig von einem laufenden Gerichtsverfahren – auf Antrag der Bundesregierung, einer Landesregierung oder eines Viertels der Mitglieder des Bundestages (**abstrakte Normenkontrolle**, Art. 93 Abs. 1 Nr. 2 GG).

- **Parteiverbotsverfahren:** Zum Schutz der freiheitlich demokratischen Grundordnung vor verfassungsfeindlichen Parteien, die nach ihren Zielen oder nach dem Verhalten ihrer Anhänger die Absicht haben, diese Grundordnung zu beeinträchtigen oder zu beseitigen oder den Bestand der Bundesrepublik Deutschland zu gefährden (vgl. Art. 21 GG), hat das Grundgesetz dem BVerfG die Möglichkeit zugewiesen, solche Parteien zu verbieten. Erweist sich ein Antrag, der nur durch den Bundestag, den Bundesrat oder die Bundesregierung eingebracht werden kann, im Hauptverfahren als begründet, stellt das Gericht fest, dass die politische Partei verfassungswidrig ist. Außerdem erklärt es die Auflösung der Partei und das Verbot, eine Ersatzorganisation zu schaffen.

Bislang gab es erst zwei Parteiverbote durch das BVerfG: 1952 wurde die neonazistische Sozialistische Reichspartei (SRP) verboten und

Enumeration – Aufzählung. Das BVerfG ist nicht schon bei einer Streitigkeit zuständig, die Verfassungsrecht betrifft, sondern nur dann, wenn diese sich einer der in Art. 93 Abs. 1 oder sonst im GG genannten Verfahrensarten zuordnen lässt.

1956 die Kommunistischen Partei Deutschlands (KPD). Ein 2001 gegen die Nationaldemokratische Partei Deutschlands (NPD) eingeleitetes Verbotsverfahren wurde 2003 aus verfahrensrechtlichen Gründen eingestellt. Am 17. Januar 2017 entschied das BVerfG erneut über ein Verbot der NPD, wegen fehlender Anhaltspunkte für eine erfolgreiche Durchsetzung ihrer politischen Ziele wurde die Partei jedoch trotz nachgewiesener Verfassungsfeindlichkeit nicht verboten.

2.5 Der Bundespräsident

Der Bundespräsident ist das **Staatsoberhaupt** der Bundesrepublik und Teil der Exekutive. Er **repräsentiert** den Staat völkerrechtlich auf internationaler Ebene, zudem werden Gesetze von ihm **ausgefertigt** und **verkündet**, das heißt unterzeichnet und im **Bundesgesetzblatt** veröffentlicht. Als unabhängige, über dem parteipolitischen Streit stehende Persönlichkeit soll er Vertrauen vermitteln, moralische Maßstäbe setzen, Ratschläge erteilen und in Kontroversen ausgleichend wirken (**Integrationsfunktion**).

In parlamentarischen Krisensituationen kann er zwar eine wichtige Rolle spielen, besitzt aber **keine politischen Entscheidungsbefugnisse**, denn nach den **Erfahrungen der Weimarer Republik** wurden die Befugnisse des einstigen **Präsidenten**, welcher Grundrechte außer Kraft setzen und mittels Notverordnungen (Art. 48 WRV) regieren konnte, bewusst beschränkt.

Wahl

Der Bundespräsident wird seit 1949 durch die **Bundesversammlung** mit **absoluter Mehrheit** (bei notwendigem dritten Wahlgang mit **relativer** Mehrheit) für **fünf Jahre** gewählt. Die Bundesversammlung wird aus den Mitgliedern des Bundestages und einer gleichen Anzahl von Delegierten, die von den Landesparlamenten entsprechend der jeweiligen Fraktionsstärke entsandt werden, gebildet. Die Wahl erfolgt ohne Aussprache. Wählbar ist hierbei jeder Deutsche, der das 40. Lebensjahr vollendet hat. Eine Wiederwahl ist einmal möglich (Art. 54 GG).

Die Wahl des Präsidenten ist die einzige Aufgabe der **Bundesversammlung** – einem **nichtständigen Verfassungsorgan**, dessen Konstruktion auch zwei grundlegende Prinzipien unserer Verfassungsordnung verdeutlicht: das **repräsentative**, da die Wahl durch Volksvertreter erfolgt und das **föderalistischen Prinzip**, da Bundestag und Landesparlamente gleichermaßen beteiligt sind.

Bundespräsidenten

| Theodor Heuss (FDP) 1949–1959 | Heinrich Lübke (CDU) 1959–1969 | Gustav Heine-mann (SPD) 1969–1974 | Walter Scheel (FDP) 1974–1979 |

| Karl Carstens (CDU) 1979–1984 | Richard von Weiz-säcker (CDU) 1984–1994 | Roman Herzog (CDU) 1994–1999 | Johannes Rau (SPD) 1999–2004 |

| Horst Köhler (CDU) 2004–2010 | Christian Wulff (CDU) 2010–2012 | Joachim Gauck (parteilos) 2012–2017 | Frank-Walter Steinmeier (SPD) seit 2017 |

Aufgaben und Funktionen des Bundespräsidenten

- **Repräsentation:** Als Staatsoberhaupt hat der Bundespräsident in erster Linie die Aufgabe, die Bundesrepublik Deutschland durch sein öffentliches Auftreten, durch Reden und Besuche bzw. Empfänge nach innen und außen zu repräsentieren.

- **Völkerrechtliche Vertretung:** Der Bundespräsident vertritt die Bundesrepublik völkerrechtlich, etwa durch die Unterzeichnung der Verträge mit anderen Staaten.

Darüber hinaus hat der Präsident noch weitere Rechte und Aufgaben – bezeichnenderweise kann er dabei aber nur im **Zusammenwirken mit anderen Verfassungsorganen** handeln. Seine Anordnungen und Verfügungen „bedürfen zu ihrer Gültigkeit der Gegenzeichnung durch den Bundeskanzler oder durch den zuständigen Bundesminister" (Art. 58 GG). Das gilt für folgende Aufgaben:

- **Ernennung von Bundesrichtern, Bundesbeamten, Offizieren und Unteroffizieren** (Art. 60 Abs. 1 GG): Der Präsident ernennt (auf Vorschlag der Regierung/anderer Verfassungsorgane) wichtige Bundesbeamte.

- **Begnadigungsrecht (Art. 60 Abs. 2 GG):** Er übt für den Bund das Begnadigungsrecht aus.

- **Ernennung des Bundeskanzlers und der Bundesminister** (Art. 63, 64 GG): Der Bundespräsident schlägt dem Deutschen Bundestag einen Bundeskanzler zur Wahl vor und ernennt bzw. entlässt ihn. Der Präsident ernennt und entlässt auch die vom Bundeskanzler vorgeschlagenen Bundesminister, wobei er keinen Kandidaten ablehnen, sondern nur Bedenken geltend machen kann.

- **Auflösung des Bundestages** (Art. 63, 68 GG): Erhält bei der Kanzlerwahl ein Kandidat auch im dritten Wahlgang nicht die absolute, sondern nur die einfache Mehrheit, kann der Präsident ihn zum Kanzler einer **Minderheitsregierung** ernennen oder den Bundestag auflösen und Neuwahlen herbeiführen (Art. 63 Abs. 4 GG). Findet der Bundeskanzler bei einer **Vertrauensabstimmung** im Bundestag (Art. 68 GG) keine Mehrheit, kann der Bundespräsident **auf Antrag** des Bundeskanzlers den Bundestag auflösen. Hierzu kam es, als Brandt 1972, Kohl 1982 und Schröder 2005 einen entsprechenden Antrag stellten.

- **Unterzeichnung (Ausfertigung) von Gesetzen** (Art. 82 GG): Gesetze werden vom Bundespräsidenten ausgefertigt und verkündet. Dabei prüft er, ob das Gesetz in verfassungsgemäßer Form zustande gekommen ist und inhaltlich dem Grundgesetz entspricht.

- **Gesetzgebungsnotstand** (Art. 81 GG): Der Bundespräsident kann auf **Antrag** der Bundesregierung mit **Zustimmung** des Bundesrates den Gesetzgebungsnotstand feststellen. Damit kann er einem Gesetz zur Gültigkeit verhelfen, das durch Konflikte zwischen Parlament und Regierung sonst nicht zustande kommen würde. Allerdings ist diese Möglichkeit bislang noch nie angewendet worden.

Minderheitsregierung – Regierung, deren tragende Faktionen keine Mehrheit im Parlament haben

info

Gesetzgebungsnotstand

Mittels Gesetzgebungsnotstand (Art. 81 GG) kann die Regierung – unter Mitwirkung von Bundespräsident und Bundesrat – Gesetze gegen den Willen der Legislative durchsetzen. Voraussetzung hierfür ist eine gescheiterte Vertrauensfrage des Bundeskanzlers, wobei dieser jedoch im Amt bleibt (Art. 81 Abs. 1). Auch löst der Bundespräsident den Bundestag nicht auf, sondern kann nun, auf Antrag der Bundesregierung, den Gesetzgebungsnotstand für eine bestimmte, vom Bundestag abgelehnte, Gesetzgebungsvorlage erklären. Selbst wenn der Bundestag dieses Gesetz erneut ablehnen sollte, gilt es dennoch als zustande gekommen, wenn der Bundesrat zustimmt. Innerhalb der nächsten sechs Monate kann dann ohne die Voraussetzung einer Vertrauensfrage der Gesetzgebungsnotstand für weitere Gesetzesvorlagen erklärt werden (Art. 81 Abs. 3). Innerhalb der Amtszeit eines Bundeskanzlers kann nur einmal der Gesetzgebungsnotstand erklärt werden (Art 81 Abs. 3 S. 2).

2.6 Das Zusammenwirken der Organe bei der Gesetzgebung

Gesetze (**Rechtsnormen**) sind in der Demokratie für alle verbindlich gewordene Politik. Zugleich sind sie das wesentliche Instrument der Politik, um gestaltend in die Lebensverhältnisse der Menschen einzugreifen. Sie sollen einen Rahmen setzen, der ein geordnetes und sicheres Zusammenleben und eine chancengleiche Entfaltung der Persönlichkeit ermöglicht.

Die Gesetzgebung obliegt in der parlamentarischen Demokratie dem Parlament als der Legislative. Die Befugnis zum Erlass von **Bundesgesetzen** hat daher nach dem Grundgesetz ausschließlich der **Deutsche Bundestag**. Allerdings besteht ein Wesensmerkmal der **bundesstaatlichen Ordnung** (**Föderalismus**) darin, dass sowohl der Bund als auch die Länder eigene Staatsgewalt besitzen und damit Gesetze erlassen können (Bundes- bzw. Landesrecht).

Tatsächlich liegen zwar (mittlerweile) die meisten Gesetzgebungszuständigkeiten beim Bund, doch **grundsätzlich** besitzen in der Bundesrepublik Deutschland vor allem die Länder das Recht der Gesetzgebung (Art. 70 GG). Der Bund darf nur dann gesetzgeberisch tätig werden, Befugnisse übernehmen oder Aufgaben erfüllen, wenn er für den zu regelnden Sachverhalt auch eine **Gesetzgebungskompetenz** besitzt. Diese muss sich entweder aus der Natur der Sache ergeben bzw. aus dem Sachzusammenhang herleiten lassen oder dem Bund laut GG ausdrücklich zugewiesen sein (Art. 72 bis 74 GG). Zudem müssen zwei

Föderalismus – Organisationsprinzip, bei dem einzelne Glieder (Bundesstaaten) über begrenzte Eigenständigkeit und Staatlichkeit verfügen, aber zu einer Gesamtheit (Bund) zusammengefasst sind

Grundformen der Bundeskompetenz unterschieden werden: die **ausschließliche Gesetzgebung** des Bundes (Art. 71 GG) und die **konkurrierende Gesetzgebung** (Art. 72 GG).

---

info

Ausschließliche und konkurrierende Gesetzgebung

Für Bereiche, die unter die ausschließliche Gesetzgebung fallen, ist in Deutschland ausschließlich der Bund berechtigt, Gesetze zu erlassen. Nur wenn ein Bundesgesetz es erlaubt, dürfen auch die Länder diese Bereiche regeln.
Bei der konkurrierenden Gesetzgebung sind sowohl die Länder als auch der Bund gesetzgebungsbefugt. Macht allerdings der Bund von seiner Gesetzgebungszuständigkeit Gebrauch, ist das eventuell schon existierende Gesetz des Landes außer Kraft bzw. kann das Land, sollte noch kein Gesetz erlassen worden sein, keine Gesetze für diese Bereiche mehr erlassen.

Gesetzgebungsverfahren

Nur der Deutsche Bundestag kann Bundesgesetze erlassen, doch das **Gesetzgebungsverfahren** (GGV) erfordert dabei immer auch die Mitwirkung anderer Verfassungsorgane, was schon beim **Initiativrecht** zur Einbringung eines Bundesgesetzes deutlich wird. Dieses besitzen gemäß Art. 76 Abs. 1 GG:

Initiativrecht – Recht von Organen eines Staates, einer Institution der Legislative einen Gesetzesvorschlag zur Abstimmung vorzulegen

- die **Bundesregierung** (von den verschiedenen Ministerien werden die meisten Gesetzentwürfe erarbeitet)

- der Bundesrat

- und die Mitglieder des **Bundestages** (eine Fraktion oder fünf Prozent der Abgeordneten müssen dazu den Gesetzesvorschlag unterstützen).

Dabei unterscheidet sich der weitere Verfahrensgang je nach Initiator des Gesetzentwurfes:

- Einen **Entwurf der Bundesregierung** erhält zunächst der **Bundesrat**. Mit dessen Stellungnahme geht der Entwurf daraufhin zurück zur Bundesregierung, die eine Gegenäußerung verfassen kann. Schließlich bringt die Bundesregierung den Entwurf in den Bundestag ein.

- Ein **Entwurf des Bundesrates** ist dem **Bundestag** durch die Bundesregierung zuzuleiten, die dabei ihre Auffassung darlegen soll.

- Ein **Entwurf** aus der Mitte **des Bundestages** wird direkt im **Parlament** behandelt. Deshalb bringt die Regierung besonders eilige Gesetzentwürfe meist über ihre Bundestagsfraktionen ein.

Bevor ein Gesetzentwurf im Bundestag beraten werden kann, muss er zunächst dem Bundestagspräsidenten zugeleitet sowie von der Verwaltung **registriert** und **gedruckt** werden. Als sogenannte **Bundestagsdrucksache** wird er dann an alle Mitglieder des Bundestages, des Bundesrates und an die Bundesministerien verteilt. In der Regel durchlaufen die so eingebrachten Gesetzesvorlagen **drei öffentlichen Beratungen (Lesungen)** im Plenum des Bundestags. Zwischen der ersten Lesung (Aussprache) und der zweiten bzw. dritten Lesung (Abstimmung) werden die Vorlagen in einem oder mehreren **nichtöffentlichen Ausschüssen** beraten. Dort setzt man sich fachlich und detailliert mit einem Entwurf auseinander. Am Ende der dritten Lesung erfolgt die Schlussabstimmung. Hat der Gesetzentwurf die notwendige Mehrheit erhalten, wird er nach Art. 77 Abs. 1 GG dem Bundesrat zugeleitet. Dieser verfügt nun über weitreichende Befugnisse, mit denen er auf die Gesetzgebung des Bundes Einfluss nehmen und unter Umständen auch das Zustandekommen eines Gesetzes verhindern kann.

Die Stellung des Bundesrates im GGV und seine Möglichkeiten richten sich stets danach, ob es sich bei dem fraglichen Gesetzesentwurf gemäß Art. 77 Abs. 2, 3 und 4 GG um ein **Einspruchsgesetz** handelt oder um ein Gesetz, das der Zustimmung des Bundesrates bedarf, ein sogenanntes **Zustimmungsgesetz**; letztgenannte Fälle werden in der Verfassung ausdrücklich benannt, d. h., **enumerativ** geregelt.

Bei einem **Zustimmungsgesetz** kann der Bundesrat zwar keine Änderungen an dem vom Bundestag beschlossenen Gesetz vornehmen, aber durch Versagung seiner Zustimmung das Zustandekommen **verhindern**. Das gilt insbesondere für verfassungsändernde Gesetze im Sinne des Art. 79 Abs. 2 GG oder bei Gesetzen, die die Finanzen und Verwaltungszuständigkeit der Länder betreffen.

Einspruchsgesetz – Gesetze, die ohne Zustimmung des Bundesrats in Kraft treten können

Zustimmungsgesetz – Gesetze, die nur mit Zustimmung des Bundesrats in Kraft treten können

---

Art. 79 Abs. 1 und 2 GG

(1) Das Grundgesetz kann nur durch ein Gesetz geändert werden, das den Wortlaut des Grundgesetzes ausdrücklich ändert oder ergänzt. (...)

(2) Ein solches Gesetz bedarf der Zustimmung von zwei Dritteln der Mitglieder des Bundestages und zwei Dritteln der Stimmen des Bundesrates.

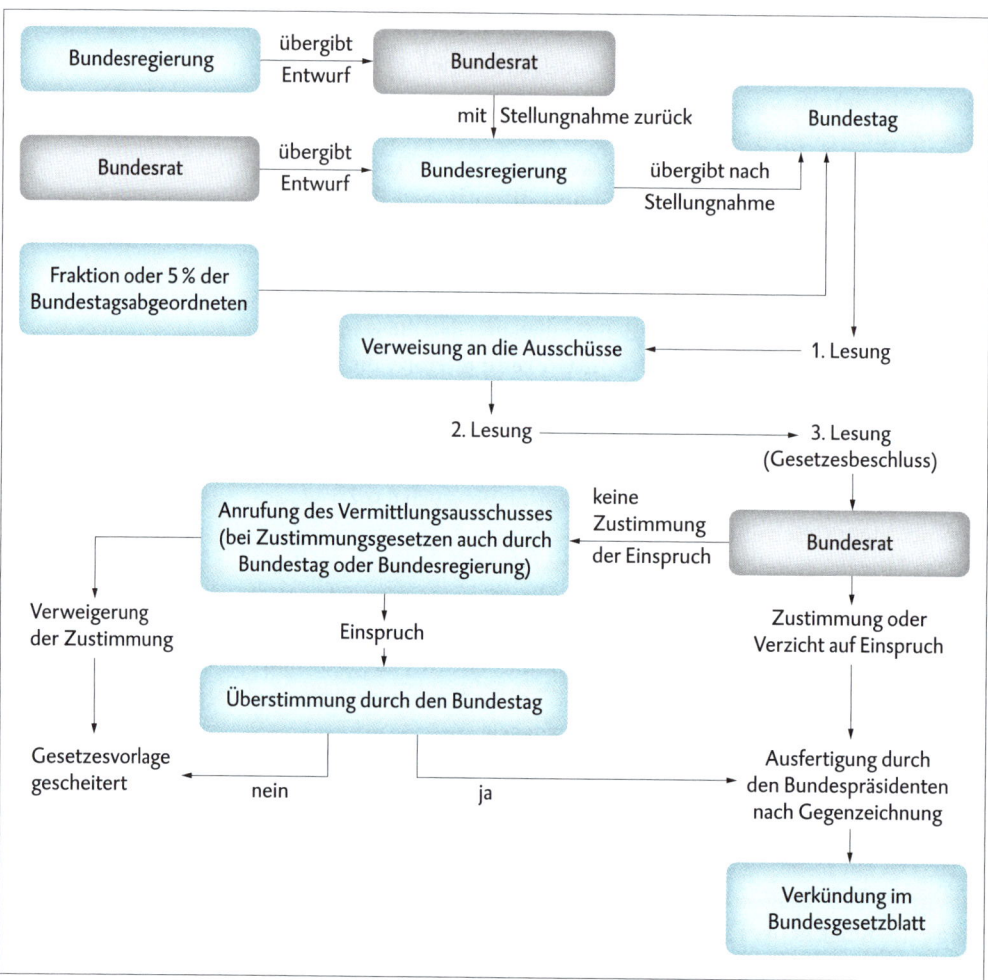

Das Gesetzgebungsverfahren für Zustimmungs- und Einspruchsgesetze in Deutschland

Verweigert der Bundesrat bei zustimmungspflichtigen Gesetzen seine Zustimmung, so kann entweder durch ihn, den Bundestag oder die Bundesregierung verlangt werden, dass der aus jeweils 16 Vertretern des Bundestages und des Bundesrates bestehende **Vermittlungsausschuss** einberufen wird. Dieser hat die Aufgabe, einen **Kompromiss** auszuarbeiten, der sowohl vom Bundestag als auch vom Bundesrat mitgetragen werden kann. Stimmen letztlich beide Kammern den Vorschlägen des Vermittlungsausschusses zu, so gilt das Gesetz in dieser Fassung als verabschiedet.

Auch bei **Einspruchsgesetzen** muss der Bundesrat vor einem eventuellen Einspruch das Vermittlungsverfahren beschreiten. Allerdings kann der Bundestag ein solches **Einspruchsgesetz** auch dann noch in Kraft treten lassen, wenn es im Vermittlungsausschuss zu keiner Einigung gekommen ist. Dafür ist bei einer erneuten Abstimmung im Bundestag die **absolute Mehrheit** erforderlich (Art. 77 Abs. 3 und 4 GG). Ein gemäß Art. 78 GG zustande gekommenes Bundesgesetz, das Bundestag und Bundesrat passiert hat, wird nach **Gegenzeichnung** durch die **Bundesregierung** (Kanzler und zuständiger Fachminister) vom **Bundespräsidenten ausgefertigt**, **unterschrieben** und anschließend im **Bundesgesetzblatt** veröffentlicht (**verkündet**). Dabei hat der Bundespräsident das Recht, zu **prüfen**, ob das ihm vorgelegte Gesetz **verfassungsgemäß** zustande gekommen ist und auch im Übrigen mit der Verfassung in Einklang steht. Ist kein besonderes Datum des Inkrafttretens im Gesetz genannt, gilt es automatisch ab dem 14. Tag nach Veröffentlichung des Bundesgesetzblattes.

Absolute Mehrheit –
mehr als 50 Prozent

3   Das Wahlsystem

„Alle Staatsgewalt geht vom Volke aus." So lautet der Kernsatz bundesdeutscher Demokratie in **Artikel 20** des Grundgesetzes. Ausgangspunkt der Staatsgewalt ist demnach das Volk. Also nicht etwa die freiheitliche demokratische Grundordnung ist der Staatsgewalt vorgeordnet, sondern der Wille des Volkes, der insbesondere „in Wahlen und Abstimmungen [...] ausgeübt" wird (Art. 20 Abs. 2 GG).

Als am 7. September 1949 in Bonn der erste Deutsche Bundestag zu seiner konstituierenden Sitzung zusammentrat, hatten 78,5 Prozent der wahlberechtigten (west-)deutschen Bürger drei Wochen zuvor erstmals seit 1933 (wieder) von der Möglichkeit einer freien Wahl Gebrauch gemacht, die ihnen das erst vor wenigen Monaten in Kraft getretene Grundgesetz garantierte. Seither sind die Bundesbürger alle **vier Jahre** (frühestens 46, spätestens 48 Monate nach Beginn der letzten **Legislaturperiode**) aufgefordert, ihre Repräsentanten, die Abgeordneten des Deutschen Bundestages, zu wählen. Diese Regelung in Art. 39 Abs. 1 GG zählt zu den wenigen auf Wahlen bezogenen Grundgesetzbestimmungen, die – trotz zunehmender Diskussionen angesichts längerer Wahlperioden auf allen anderen politischen Ebenen – bisher unverändert geblieben sind.

3.1 Wahlrechtsgrundsätze

Das genaue Wahlverfahren der Bundestagswahl wird nicht im Grundgesetz, sondern im **Bundeswahlgesetz** (BWG) geregelt. Doch das Grundgesetz legt die demokratischen **Rahmenbedingungen** des Wahlaktes fest. Gemäß **Artikel 38** werden

> „[d]ie Abgeordneten des Deutschen Bundestages […] in allgemeiner, unmittelbarer, freier, gleicher und geheimer Wahl gewählt."

Diese sogenannten **Wahlrechtsgrundsätze**, die auch auf Landes- und Kommunalebene gelten, dürfen durch keine Bestimmungen des Bundeswahlgesetzes ausgehebelt werden.

- Die Wahl ist **allgemein**, weil alle Staatsbürgerinnen und -bürger ab 18 Jahren, unabhängig von Geschlecht, Einkommen, Konfession, Beruf oder politischer Überzeugung, das Recht haben, zu wählen und gewählt zu werden. Ausnahmen gibt es aus sachlichen Gründen, zum Beispiel haben Entmündigte kein Wahlrecht.

- **Unmittelbar** ist die Wahl hierzulande insofern, als die Wähler die Abgeordneten direkt (unmittelbar) wählen, also ohne eine Zwischeninstanz wie zum Beispiel Wahlmänner.

- **Frei** ist die Wahl, wenn die Wähler weder von privater noch von öffentlicher Seite zu einer bestimmten Wahlentscheidung gedrängt werden. Man hat also auch durchaus das Recht, nicht zu wählen.

- **Gleich** ist die Wahl, weil alle Stimmen gleich viel zählen. Es macht demnach keinerlei Unterschied, ob die Wähler jung oder alt, Mann oder Frau sind, ob sie mehr oder weniger Steuern bezahlen. Eingeschränkt wird dieser Grundsatz durch die **Fünfprozentklausel**, denn die Stimmen derjenigen Wähler, die eine Kleinstpartei gewählt haben, die wegen dieser Klausel nicht in den Bundestag einziehen darf, führen zu keinen Mandaten.

> **Fünfprozentklausel** – Teil des deutschen Wahlrechts, das besagt, dass nur Parteien mit mehr als fünf Prozent der Stimmen (oder drei Direktmandaten) ins Parlament einziehen können; auch als Sperrklausel bezeichnet

- **Geheim** ist die Wahl dadurch, dass die einzelne Stimme keinem einzelnen Wähler zuzuordnen sein darf. Es muss also sichergestellt sein, dass niemand sehen oder nachträglich erfahren kann, welche Wahlentscheidung andere getroffen haben – außer die Wähler geben es freiwillig bekannt.

Ein **aktives Wahlrecht** besitzt jeder Deutsche, der am Wahltag das **18. Lebensjahr vollendet** hat, irgendwann nach Erreichen des 14. Lebensjahrs und innerhalb der letzten 25 Jahre mindestens drei Monate lang ununterbrochen **in der Bundesrepublik Deutschland** (bzw. der

Deutschen Demokratischen Republik) oder in einem der Mitgliedsstaaten des Europarats gelebt hat . Bei der Bundestagswahl 2017 waren etwa 61,5 Millionen Bürger wahlberechtigt – 31,7 Millionen Frauen und 29,8 Millionen Männer.

Wählbar ist, wer das Alter erreicht hat, mit dem die **Volljährigkeit** eintritt – unabhängig vom Wohnort. Man verfügt also als volljähriger Deutscher normalerweise auch über das **passive Wahlrecht**.

Vom aktiven und passiven Wahlrecht **ausgeschlossen** sind Personen, für die zur Besorgung aller ihrer Angelegenheiten ein Betreuer bestellt ist oder die nach einer Straftat wegen Gemeingefährlichkeit in einem psychiatrischen Krankenhaus untergebracht sind. Wer wegen eines Verbrechens zu einer Freiheitsstrafe von mindestens einem Jahr verurteilt wird, verliert automatisch sein passives Wahlrecht für fünf Jahre. Darüber hinaus kann ein Gericht unter bestimmten Voraussetzungen das aktive und passive Wahlrecht für zwei bis fünf Jahre bei politischen Straftaten entziehen.

Aktives Wahlrecht – Person darf wählen
Passives Wahlrecht – Person darf gewählt werden

3.2 Das Wahlsystem für den Deutschen Bundestag

Entstehung des Wahlsystems der Bundesrepublik Deutschland

Im **Parlamentarischen Rat**, dem Hauptbeteiligten an der Erstellung des ersten Wahlgesetzes für die Wahlen zu einem künftigen Bundesparlament, hatte man sich 1949 erneut für eine **Verhältniswahl** ausgesprochen. Also für eine Methode, die von vielen als eine wesentliche Ursache für die Parteienzersplitterung innerhalb des Deutschen Reichstages sowie für die zunehmende Instabilität und Radikalisierung seit Ende der 1920er-Jahre betrachtet wurde. Doch letztlich einigte man sich für die Wahl zum Deutschen Bundestag auf einen Kompromiss, nämlich ein **Verhältniswahlrecht**, das mit dem Prinzip der **relativen Mehrheitswahl** verknüpft werden sollte. 242 der 400 Abgeordneten (ohne **Überhangmandate**) wurden als Direktkandidaten in den 242 Wahlkreisen der elf Länder in den drei Westzonen nach **relativer Mehrheitswahl** gewählt. Der gesamte Mandatsanteil, der den Parteien zustand, wurde jedoch ausschließlich nach einer Methode der **Verhältniswahl** ermittelt. Daher bezeichnet man das deutsche Wahlsystem auch als **personalisierte Verhältniswahl**.

Ein Zugeständnis an die Skeptiker, welche das Parteiensystem der jungen Bundesrepublik bereits auf der „Fahrt in Richtung Weimar" sahen, wie es der Politologe Ferdinand A. Hermens formulierte, war sicherlich die Einführung einer **Sperrklausel**. Damit sollte das Eindringen von

Überhangmandate – Mandate, die auftreten, wenn eine Partei mehr Direktmandate gewinnt, als ihr nach der Verhältniswahl Sitze zustehen

Splitterparteien in den Bundestag verhindert und so die Gefahren eines reinen Verhältniswahlrechts vermindern werden. Der **Parlamentarische Rat** legte daher eine **Fünfprozenthürde** fest – die allerdings nur in einem Bundesland übersprungen zu werden brauchte.

Erst mit der **Wahlrechtsreform** von **1953** wurde die Klausel auf das ganze Bundesgebiet bezogen. Damit waren für das Überspringen dieser Hürde bedeutend mehr Stimmen notwendig. Mit dem **Bundeswahlgesetz** von 1956 schließlich wurde die Hürde nochmals angehoben, indem man die zur **Umgehung** der Fünfprozentklausel nötige **Anzahl der Direktmandate** von einem auf **drei** erhöhte. Dieses Gesetz gilt in seinen Grundzügen unverändert bis zum heutigen Tag.

Direktmandat – Mandat des Bewerbers, der in einem Wahlkreis die meisten Stimmen erhält

---

info

Anfänge des Wahlsystems nach 1949

Im Gegensatz zu allen späteren Bundestagswahlen hatten die Wähler 1949 nur eine Stimme, mit der sie gleichzeitig den Direktkandidaten und die Landesliste seiner Partei wählen konnten. Bis 1956 wurden die bei der Mandatsvergabe ausschlaggebenden Zweitstimmen der Parteien nicht bundesweit, sondern nur innerhalb der einzelnen Länder summiert, bevor man die Stimmenanteile der Parteien in Mandate umrechnete.

Das aktuelle Wahlsystem der Bundesrepublik Deutschland

Auch nach der Einführung von Ausgleichsmandaten zur Bundestagswahl 2013 handelt es sich bei der Wahl zum Bundestag um eine **personalisierte Verhältniswahl**, die aber immer stärker in Richtung einer reinen Verhältniswahl tendiert. Das Bundeswahlgesetz (BWG) spricht in § 1 von einer „mit der Personenwahl verbundenen Verhältniswahl". Die Fünfprozenthürde ist dabei weiterhin Teil des Wahlsystems. Jeder Wähler hat **zwei Stimmen**, kann also zwei Kreuze auf den Stimmzettel setzen. Mit der **Erststimme** wählt er einen Kandidaten seines Wahlkreises (Mehrheitswahl). Über diese **Direktmandate** wird die Hälfte der Sitze im Bundestag vergeben. Mit der **Zweitstimme** wählt er die Landesliste einer Partei (Verhältniswahl). Die Zweitstimme hat ein weit größeres Gewicht, da sie über die Anzahl der Sitze für die Parteien, also die Mehrheitsverhältnisse im Parlament entscheidet. Mit der Erststimme kann nur die personelle Zusammensetzung beeinflusst werden.

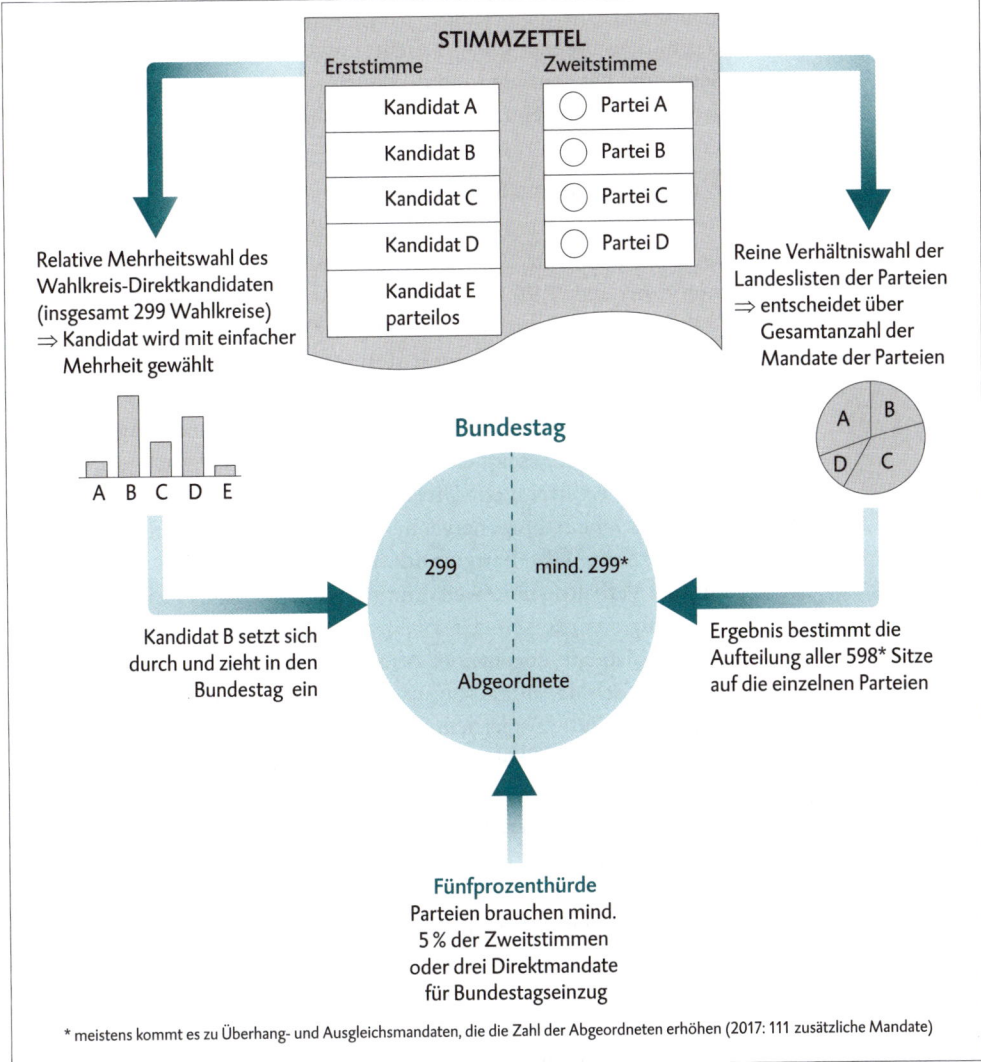

Das personalisierte Verhältniswahlsystem mit Erst- und Zweitstimme der Bundesrepublik Deutschland

Wer sich um einen Sitz im Deutschen Bundestag bewerben will, kann sich entweder von einer Partei im Wahlkreis und auf einer **Landesliste** aufstellen lassen oder als unabhängiger Kandidat mit der Unterstützung von 200 Bürgerinnen und Bürgern im Wahlkreis antreten. Diese Wahl nach Landes- statt Bundeslisten haben die Besatzungsmächte, die den Zentralstaat aufgrund der Erfahrungen mit dem „Dritten Reich" schwächen wollten, gegen den Parlamentarischen Rat durchgesetzt. Herren

Landesliste – Liste der Kandidaten einer Partei für die Wahl zum Bundestag, die mit der Zweitstimme gewählt wird über das „politische Personal" im Bundestag sind die **Landesparteien**. Die Bundesparteien haben keinen direkten Einfluss auf die personelle Besetzung des zentralen Bundesorgans, da die Aufstellung der Landeslisten den jeweiligen Landesverbänden der Parteien vorenthalten ist.

Wahlergebnisse und Sitzverteilung

Der Deutsche Bundestag setzt sich gemäß Bundeswahlgesetz (BWG) seit der Bundestagswahl 2002 aus mindestens **598 Abgeordneten** zusammen, von denen **299** in den **Wahlkreisen** und mindestes weitere **299** über die **Landeslisten** der Parteien gewählt werden. Die Zweitstimmen werden in **zwei Verteilungsstufen** mit je **zwei Rechenschritten** zunächst auf Landes- und dann auf Bundesebene in Mandate umgerechnet. Allen vier Rechenschritten liegt das **Verfahren Sainte-Laguë/ Schepers** zugrunde, das seit der Bundestagswahl 2009 angewendet wird.
Erreicht eine Partei mehr Direktmandate in einem Bundesland, als ihr nach dem Zweitstimmenergebnis Sitze zustehen würden, darf sie diese als sogenannte **Überhangmandate** behalten. Damit bei der Sitzverteilung das Verhältnis der Zweitstimmen jedoch gewahrt bleibt, werden die Überhangmandate seit der Wahlrechtsänderung im Jahr 2013 durch wietere Mandate, sogenannte **Ausgleichsmandate**, vollständig ausgeglichen. Nach der Bundestagswahl 2017 gab es insgesamt 111 solcher Überhang- und Ausgleichsmandate, wodurch die Zahl der Abgeordneten im 19. Deutschen Bundestag auf 709 angewachsen ist.
Diese neue Regelung wurde nötig, da das Bundesverfassungsgericht die bisherigen Regelungen des Sitzzuteilungsverfahrens im BWG mehrmals für nichtig erklärt hatte. Ein Hauptanliegen dieser Wahlrechtsreform war die Änderung des Sitzzuteilungsverfahrens mit dem Ziel, das sogenannte **negative Stimmgewicht** zu beseitigen. Dabei handelt es sich um eine Paradoxie des Wahlrechts, denn ein Mehr an Zweitstimmen konnte für eine Partei in bestimmten Konstellationen weniger Sitze im Deutschen Bundestag bedeuten und umgekehrt ein Weniger an Zweitstimmen mehr Sitze. So war es bei einer Nachwahl in Dresden zur Bundestagwahl 2005 möglich, dass die CDU ein Überhangmandat verloren hätte, wenn sie mehr als eine bestimmte Anzahl an Zweitstimmen in diesem Wahlkreis bekommen hätte, und das Mandat behalten hätte, wenn sie unter diese Anzahl gekommen wäre. Somit war es für CDU-Wähler sinnvoll, mit der Zweitstimme nicht die CDU zu wählen, und Sympathisanten anderer Parteien hätten die CDU wählen können, um dieser damit zu schaden.

4 Parteien und Verbände

4.1 Politische Parteien in der Bundesrepublik Deutschland

Ohne Parteien ist das politische System der Bundesrepublik schlichtweg nicht vorstellbar. Für das politische und gesellschaftliche Gefüge sind sie zentrale Akteure. Sie übernehmen im **demokratischen Prozess** zahlreiche Funktionen und tragen entscheidend zum Funktionieren des Staates sowie der **Legitimation des politischen Systems** bei.

Warum gerade Demokratien westlicher Prägung Parteien brauchen, erklärt die sogenannte **Cleavage-Theorie** mit den Konflikten innerhalb einer pluralistischen Gesellschaft, anhand derer sich die politische Willensbildung vollzieht. Parteien vertreten dabei die unterschiedlichen Interessen gesellschaftlicher Gruppen und übernehmen die Vermittlung zwischen Staat und Gesellschaft, indem sie (in repräsentativen Demokratien) als **politische Handlungsbevollmächtigte** auftreten. Das heißt, sie bieten den **institutionellen Rahmen**, in dem sich Menschen mit gemeinsamen Vorstellungen und Interessen organisieren können, um ihre politischen Ziele durchzusetzen. Dabei treten sie in Konkurrenz zu anderen Parteien.

Dieser **Parteienwettbewerb** wiederum zählt zu den wichtigsten **Steuerungsmechanismen** demokratischer Politik.

---

info

Cleavage-Theorie von Lipset/Rokkan

In einer Gesellschaft existieren bestimmte Konfliktlinien, also Interessen- oder Wertgegensätze (engl. cleavage: Kluft) zwischen gesellschaftlichen Gruppen. Diese führen dazu, dass sich Parteien bilden, die diese verschiedenen Interessen bedienen. Bevölkerungsgruppen, die von einem Konflikt betroffen sind, wählen dann in der Folge in aller Regel „ihre" Bündnispartei.

Stellung der Parteien im politischen System

Deutlich wird diese besondere Stellung von Parteien innerhalb des politischen Systems mit Blick auf ihre rechtliche Stellung. Sie genießen **Verfassungsrang**, sind also ein durch das Grundgesetz geschützter sowie durch ein eigenes Gesetz geregelter Bestandteil der politischen Ordnung. Nach dem Scheitern der Weimarer Republik, das auch auf der verbreiteten **Parteienskepsis** der Zeit beruhte, ging es den Mitgliedern des Parlamentarischen Rates insbesondere darum, die **Stellung und Bedeutung der Parteien im Grundgesetz** rechtlich abzusichern. Die beiden Artikel lauten:

Art. 9 GG

(1) Alle Deutschen haben das Recht, Vereine und Gesellschaften zu bilden.

(2) Vereinigungen, deren Zwecke oder deren Tätigkeit den Strafgesetzen zuwiderlaufen oder die sich gegen die verfassungsmäßige Ordnung oder gegen den Gedanken der Völkerverständigung richten, sind verboten.

Art. 21 GG

(1) Die Parteien wirken bei der politischen Willensbildung des Volkes mit. Ihre Gründung ist frei. Ihre innere Ordnung muss demokratischen Grundsätzen entsprechen. Sie müssen über die Herkunft und Verwendung ihrer Mittel sowie über ihr Vermögen öffentlich Rechenschaft geben.

(2) Parteien, die nach ihren Zielen oder nach dem Verhalten ihrer Anhänger darauf ausgehen, die freiheitliche demokratische Grundordnung zu beeinträchtigen oder zu beseitigen oder den Bestand der Bundesrepublik Deutschland zu gefährden, sind verfassungswidrig. […]

(4) Über die Frage der Verfassungswidrigkeit nach Absatz 2 […] entscheidet das Bundesverfassungsgericht.

(5) Das Nähere regeln Bundesgesetze.

Ziele und Aufgaben der Parteien

Kernbereich der Parteien ist es, politische Ziele in **politische Programme** zu übersetzen, **Kandidaten** für **Wahlen** aufzustellen und an diesen **Wahlen teilzunehmen**. Hauptziel ist es, erfolgreich an Wahlen teilzunehmen, also möglichst viele Stimmen zu erhalten, und dann als Regierungspartei oder einflussreiche Oppositionspartei an der Umsetzung des eigenen Programms zu arbeiten.

Außerdem sollen die Parteien durch verschieden Angebote die **politische Bildung** der Bevölkerung fördern und die Menschen dazu anregen, sich am politischen Leben zu **beteiligen**. Damit sollen sie auch Einfluss auf die **öffentliche Meinung** nehmen, indem sie ihre Forderungen und Programme öffentlich artikulieren.

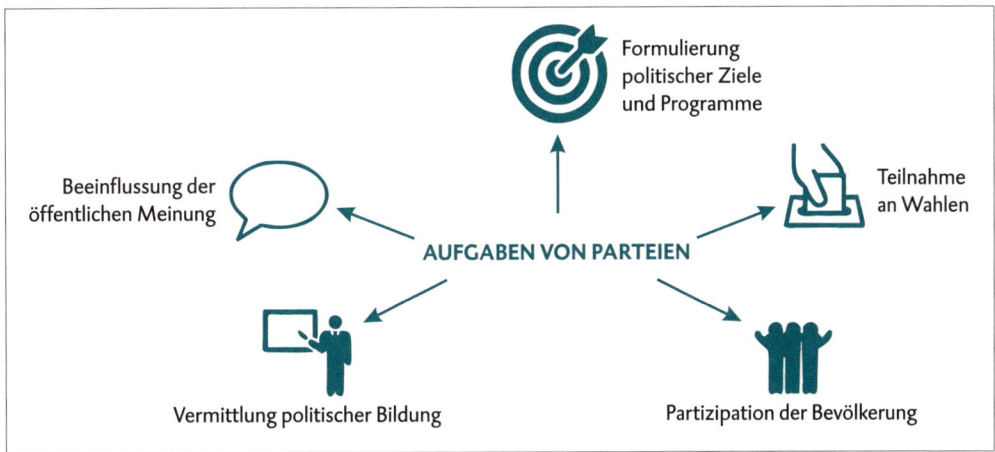

Aufgaben von Parteien in einer Demokratie

Ähnliche Ziele verfolgen (zumindest teil- oder zeitweise) auch andere Zusammenschlüsse, wie etwa **Bürgerinitiativen** oder **Vereine**, um gemeinsam Einfluss auf politische Entscheidungen zu nehmen. Da man jedoch im Parlamentarischen Rat auf eine genaue Definition dessen, was unter einer Partei zu verstehen ist, verzichtet hatte, ist für eine klare Abgrenzung politischer Parteien von anderen Zusammenschlüssen ein Rückgriff auf das **Parteiengesetz** (PartG) erforderlich. Dieses enthält die näheren bundesgesetzlichen Regelungen des Parteienrechts, insbesondere über die verfassungsrechtliche Stellung und Aufgaben der Parteien sowie den Begriff der Partei. Darüber hinaus enthält es Vorschriften über einzelne Bereiche des Parteiwesens wie die Namensgebung und innere Ordnung der Parteien, die Gleichbehandlung, Grundsätze und Umfang der staatlichen Finanzierung, die Rechenschaftslegung und den Vollzug des Verbots verfassungswidriger Parteien.

Nach § 2 Abs. 1 PartG sind

Bürgerinitiativen – aus der Bevölkerung heraus gebildete Interessensvereinigung; Form der politischen Partizipation

„Parteien [...] Vereinigungen von Bürgern, die dauernd oder für längere Zeit für den Bereich des Bundes oder eines Landes auf die politische Willensbildung Einfluss nehmen und an der Vertretung des Volkes im Deutschen Bundestag oder einem Landtag mitwirken wollen, wenn sie nach dem Gesamtbild der tatsächlichen Verhältnisse, insbesondere nach Umfang und Festigkeit ihrer Organisation, nach der Zahl ihrer Mitglieder und nach ihrem Hervortreten in der Öffentlichkeit eine ausreichende Gewähr für die Ernsthaftigkeit dieser Zielsetzung bieten.“

Diese Begriffsbestimmung hat sich in der Praxis durchsetzen können; selbst das Bundesverfassungsgericht greift auf sie zurück.

Für die **Organisation** der Parteien als Verein finden die Regelungen des Bürgerlichen Gesetzbuchs (BGB) über Vereine in §§ 21–79 BGB Anwendung. Parteien sind in Deutschland in der Regel **als nicht rechtsfähige**, also **nicht eingetragene Vereine** organisiert.

→ **Parteienverbots-verfahren** vgl. S. 67

Vor allem mit Blick auf die **Parteienverbote** während der NS-Herrschaft hat das Grundgesetz ein Verbot von Parteien sehr schwer gemacht. Im Gegensatz zu anderen politischen Gruppierungen kann eine Partei daher nicht einfach von Bundesinnen- oder Landesinnenministern verboten werden, sondern nur durch das Bundesverfassungsgericht **(Parteienprivileg)**.

Die wichtigsten Funktionen politischer Parteien

- **Selektionsfunktion:** Durch Parteien findet die Rekrutierung und Auswahl der politischen Elite aus der Gesellschaft statt.

- **Mediatisierungsfunktion:** Parteien und ihre Vertreter in Parlament und Regierung sind Vertreter von Partikularinteressen, die in der Gesellschaft angelegt sind.

- **Aggregationsfunktion:** Parteien bemühen sich (auch innerparteilich) darum, gegenläufige Interessen verschiedener gesellschaftlicher Gruppen auszugleichen, zwischen ihnen einen Kompromiss zu finden und zugleich eine eigene Position zu entwickeln. Sie integrieren somit den breitgestreuten Gruppenwillen.

- **Friedensstiftung:** Indem Parteien die Mediatisierungs- und die Aggregationsfunktion wahrnehmen, tragen sie zur Friedensstiftung innerhalb einer Gesellschaft bei.

Parteienfinanzierung

Da sich Parteimitglieder an einer öffentlichen Aufgabe beteiligen **(Partizipation)**, werden die Parieifinanzen vom Staat bezuschusst. Allerdings muss die Eigenfinanzierung überwiegen. **Zuschüsse** gibt es zu **Wahlkampfkosten** (je Wählerstimme) sowie zu **Beiträgen** und **Spenden**. Art. 21 GG verpflichtet die Parteien, „über Herkunft und Verwendung ihrer Mittel sowie über ihr Vermögen öffentlich Rechenschaft abzulegen". Spenden, die über 10 000 Euro liegen, müssen in den Rechenschaftsberichten unter Nennung des Spenders öffentlich gemacht werden.

4.2 Parteiendemokratie und innerparteiliche Demokratie

Parteiendemokratie

Parteien wirken an der politischen Willensbildung auf verschiedene und äußerst einflussreiche Art und Weise mit. Durch sie kann die Bevölkerung jenseits des Wahlaktes auf staatliche Politik Einfluss nehmen; durch sie wird der Volkswille in staatliche Gestaltung gewandelt und durch sie bzw. ihre jeweiligen Parlamentsabgeordneten gestalten Parteien zudem als **Fraktionen** die Parlamentsarbeit sowie die Bildung und Arbeit der Regierung mit **(Staatswillensbildung)**.

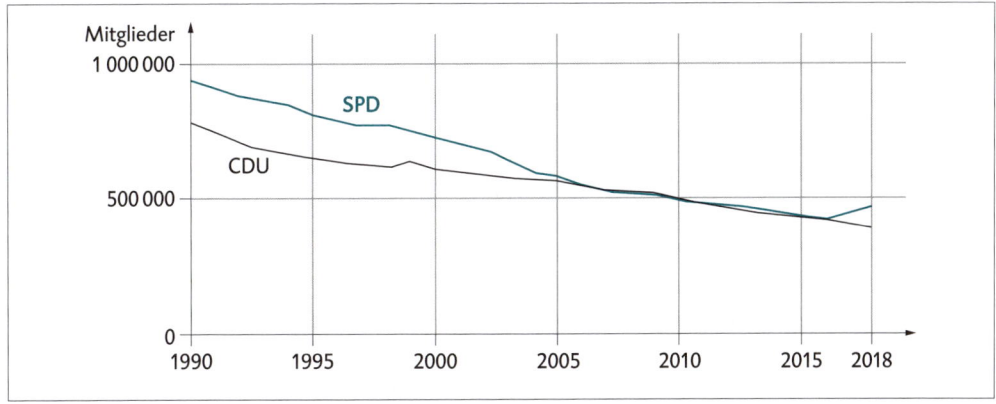

Deutlicher Rückgang der Mitgliederzahlen der Volksparteien SPD und CDU seit 1990

Parteien sind also legitimierte Institutionen, deren Mitglieder die Regierungsgeschäfte führen, sodass es durchaus naheliegend ist, von einer **Parteiendemokratie** oder einem **Parteienstaat** zu sprechen.

Angesichts dieser besonderen Stellung fragen Politikwissenschaftler allerdings schon länger, ob Parteien in der **repräsentativen Demokratie** tatsächlich eine notwendige und unersetzliche Funktion ausüben – oder ob sie die ihnen in der Verfassung zugedachte Stellung mittlerweile so ausgedehnt haben, dass Zweifel an der Legitimation und Legitimität ihrer Arbeit angebracht sind. Vor allem die **rückläufige Bereitschaft der Bevölkerung** zu **parteipolitischem Engagement** und die zuletzt immer deutlicher hervortretende **Diskrepanz zwischen staatstheoretischer Rolle** und der **tatsächlicher Wertschätzung innerhalb der Bevölkerung** haben hierzu geführt. Diese Entwicklung ist wohl auch auf das Machtstreben sowie den Versuch der Parteien zurückzuführen, als „Auswahlzentrum für die politischen Eliten" staatliche Einrichtungen der Entscheidungsbildung unter ihre Kontrolle zu bringen, wie es der Historiker Dieter Langewiesche ausdrückt.

Der Begriff „**Parteienstaat**" stammt ursprünglich aus der Weimarer Republik und war als politisches Schlagwort gegen die neu entstandene Parteiendemokratie gerichtet. Mittweile wird der Begriff nicht mehr negativ wertdend benutzt.

Repräsentative Demokratie – Herrschaftsform, in der Entscheidungen nicht direkt vom Volk, sondern durch Abgeordnete getroffen werden. Wird oft auch als parlamentarische Demokratie bezeichnet. Werden Entscheidnungen direkt vom Volk getroffen, spricht man hingegen von direkter Demokratie.

Innerparteiliche Demokratie

Während sich der Begriff der Parteiendemokratie auf das politsche System des Landes bezieht, sprich man innerhalb der Parteien von innerparteilicher Demokratie. Schon 1929 erkannte Gerhard Leibholz die Notwendigkeit einer **innerparteilicher Demokratie** – was in der Bundesrepublik mit den Bestimmungen im **Parteiengesetz** auch umgesetzt wurde. Das heißt, Parteien in Deutschland müssen **nach demokratischen Prinzipien aufgebaut** sein und Parteiämter **regelmäßig** durch **Wahlen** von unten nach oben besetzt werden. Dabei müssen alle Mitglieder die Möglichkeit haben, innerhalb der Partei ihre Meinung zu sagen und so den Kurs der Partei mitzubestimmen.

4.3 Parteienspektrum der Bundesrepublik Deutschland

Nach Gründung der Bundesrepublik im Jahr 1949 haben die Parteien schnell eine bestimmende Rolle im Prozess der politischen Willens- und der Regierungsbildung übernommen.

Entstanden aus den sozialmoralischen Milieus verschwanden die einst so klaren weltanschaulichen Unterschiede zwischen den Parteien in den letzten Jahren. Gründe hierfür sind insbesondere die Säkularisierung und Individualisierung der Gesellschaft. Einstige Klassengegensätze werden durch den Sozialstaat überbrückt, soziale Milieus lösen sich auf, sodass die Menschen sich nicht mehr so stark an eine bestimmte Partei gebunden fühlen. In der Folge können sich auch die großen Volksparteien immer weniger auf ihre sogenannten Stammwähler verlassen. Das hat u. a. zu lebhaften Debatten über Koalitionsoptionen und die Stabilität des politischen Systems geführt.

Volkspartei – Partei, die für Wähler und Mitglieder aller gesellschaftlicher Schichten, Generationen und unterschiedlicher Weltanschauungen im Prinzip offen ist

Über viele Jahrzehnte hinweg war es den **Volksparteien** gelungen, zahlreiche gesellschaftliche Gruppen und ihre verschiedenen Interessen zu integrieren. Doch in der jüngsten Vergangenheit streben neue politische Gruppierungen in die Parlamente, während etablierte Kräfte aus ihnen zu verschwinden drohen. Zunehmend setzen den politischen Parteien auch kleinere Klientelgruppierungen zu, deren Anspruch weit über die Realität ihres politischen Wirkens hinausgeht.

Heute gibt es in der Bundesrepublik mit der **Sozialdemokratischen Partei Deutschland** (SPD) sowie der **Christlich Demokratischen Union Deutschland** (CDU) – zusammen mit der **Christlich Sozialen Union** (CSU), ihrer bayerischen „Schwesterpartei" – noch zwei sogenannte **Volksparteien**. Mit dem **Bündnis90/Die Grünen**, der **FDP**

Parteien und Verbände ▮ 87

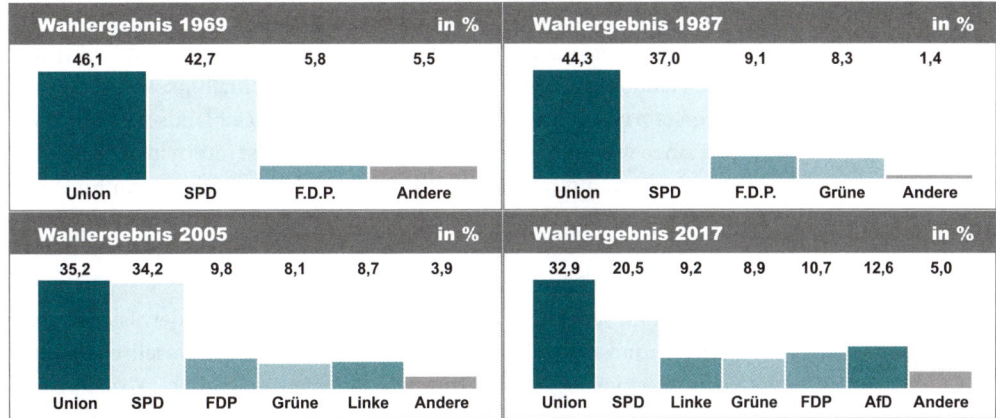

Entwicklung der deutschen Parteienlandschaft von einem Drei-Parteiensystem in den ersten Jahrzehnten der Bundesrepublik über ein Vier- und Fünfparteiensystem hin zum aktuellen Sechs-Parteiensystem.

und **DIE LINKE** gab es bislang drei kleinere Parteien. Neu hinzugekommen sind die **AfD**, die nach der Bundestagswahl 2017 zur drittstärksten Partei wurde, sowie die **Piratenpartei**, die aber nach kurzem Hoch um 2012 schon wieder weitestgehend verschwunden ist. Aktuell spricht man in Deutschland von einem **Sechs-Parteiensystem** mit der Union (CDU und CSU) als größter Fraktion. Darüber hinaus existieren zahlreiche kleine **Splitterparteien**, denen aber normalerweise der Einzug in den Bundestag nicht gelingt.

Christlich Demokratische Union Deutschlands (CDU)

Die Politik der CDU beruht auf dem christlichen Verständnis vom Menschen und seiner Verantwortung vor Gott. Im Juni 1945 in Berlin und im Rheinland entstanden, will die CDU programmatisch ein „Sammelbecken für nationale, liberale, konservative und sozial orientierte Wähler" sein, die Katholiken und Protestanten, Mittelstand und Großindustrie sowie Arbeiter und Bauern integriert.

Christlich Soziale Union (CSU)

Die CSU versteht sich als bayerische Partei mit bundespolitischem Anspruch und europäischer Verantwortung, die allen Schichten der Bevölkerung eine politische Heimat bieten möchte. Die 1945 in Bayern gegründete Partei ist zwar bis heute selbstständig, verband sich aber 1949 im Bundestag mit der CDU zu einer Fraktionsgemeinschaft, der Union. Sie bekennt sich zu einem Staatsaufbau nach christlichen und sozialen Prinzipien und spricht Angehörige beider christlicher Konfessionen an.

Sozialdemokratische Partei Deutschlands (SPD)

Als Grundwerte nennt die SPD Freiheit, Gerechtigkeit und Solidarität. Eine Handlungsmaxime ist das Prinzip der Nachhaltigkeit. Die SPD ist die erste parlamentarisch vertretene Partei Deutschlands und blickt auf eine lange wechselhafte Geschichte zurück. Sie ist intern in verschiedene Strömungen untergliedert. Nach zahlreichen eher schlechten Ergebnissen in letzter Zeit droht die SPD ihre Rolle als Volkspartei zu verlieren.

Bündnis 90/ Die Grünen

Die Grünen sehen sich als Partei der ökologischen Modernisierung, der sozialen und wirtschaftlichen Erneuerung und der gesellschaftlichen Demokratisierung. Ihre Grundwerte sind ökologisch, sozial, basisdemokratisch und gewaltfrei. Vorrangiges Ziel ist ein ökonomischer Humanismus. Die Partei ging aus verschiedenen regionalen Gruppen hervor; während der friedlichen Revolution (1989) entstand auch in der DDR eine Grüne Partei, die nach der Volkskammerwahl 1990 mit den Bürgerbewegungen das Bündnis 90/Grüne bildete. Nach einer Assoziierung erfolgte 1993 der Zusammenschluss von Bündnis 90 und den Grünen zu einer neuen politischen Partei (Bündnis 90/Die Grünen).

Freie Demokratische Partei (FDP)

Die FDP ist eine Partei des Liberalismus. Gegründet wurde die Partei 1948 aus dem Zusammenschluss nationalliberaler und linksliberaler Gruppen in den westlichen Besatzungszonen. Während der deutschen Vereinigung traten 1990 die liberalen Gruppierungen der DDR der FDP bei. Aktuell vertritt die FDP eine eher wirtschaftsliberale Positionen.

Die Linke

Als sozialistische Partei in Deutschland möchte die Linke gegen die Beherrschung von Mensch und Gesellschaft durch das Geld angehen. Die einstige PDS war die Nachfolgepartei der SED (1949–1989 die Staatspartei der DDR). 2005 erfolgte die Umbenennung in Linkspartei, wodurch eine Zusammenarbeit mit der WASG (Wahlalternative Arbeit und soziale Gerechtigkeit) ermöglicht wurde. Die WASG hatte sich 2004 aus regierungskritischen SPD-Mitgliedern und Gewerkschaftern gebildet. Am 16. Juni 2007 fusionierte die PDS mit der WASG zur Partei Die Linke.

Alternative für Deutschland (AfD)

Die AfD wurde 2013 als Reaktion auf die Eurokrise gegründet. Sie vertritt liberal- bis national-konservative Inhalte, zum Teil aber auch rechtspopulistische und rechtsradikale Meinungen. Seit 2014 gelang ihr der

Einzug in die meisten Landesparlamente sowie in das Europäische Parlament. Seit 2017 ist die AfD auch als drittgrößte Fraktion im Deutschen Bundestag vertreten.

Splitterparteien

Unter diesem Begriff versteht man eine Partei, die eine relativ kleine Anhänger-bzw. Wählerschaft hat und deren politischer Einfluss auf parlamentarischer Ebene entsprechend gering ist. In der bundesdeutschen Geschichte gab und gibt es auch heute noch verschiedene Splitterparteien, welche insbesondere am linken oder rechten Rand der Gesellschaft aktiv sind. Häufig widmen sie sich einzelnen Bereichen. Beispiele hierfür sind: ÖDP – Ökologisch-Demokratische Partei; BP – Bayernpartei; Die Violetten – für spirituelle Politik; Die Tierschutzpartei – Mensch Umwelt Tierschutz; PBC – Partei Bibeltreuer Christen; Piratenpartei Deutschland.

Am rechtsextremistischen bis rechtspopulistischen Rand finden sich Parteien wie die NPD (Nationaldemokratische Partei Deutschlands), die Republikaner oder die inzwischen mit der NPD fusionierte Deutsche Volksunion (DVU). Einige von ihnen gelang es von Zeit zu Zeit in manchen Bundesländern die 5 %-Hürde zu überschreiten.

Partei	Logo	Programmatik	Regierungs-beteiligung auf Bundesebene	Ergebnis BTW 2017
CDU	**CDU**	konservativ, liberal, christlich-sozial	1949–1969; 1982–1998; 2005–	26,8 %
CSU	**CSU ♦**	konservativ, liberal, christlich-sozial, traditionell	1949–1969; 1982–1998; 2005–	6,2 %
SPD	**SPD**	sozialdemokratisch, solidarisch	1966–1982; 1998–2009; 2013–	20,5 %
Bündnis90/ Die Grünen	BÜNDNIS 90 DIE GRÜNEN	ökologisch, pazifistisch	1998–2005	8,9 %
FDP	Freie Demokraten FDP	wirtschaftsliberal	1949–1998; 2009–2013	10,7 %
Die Linke	*DIE LINKE.*	antikapitalistisch, links-sozialistisch, ökologisch	–	9,2 %
AfD	AfD	nationalkonservativ, rechtspopulistisch, teilweise rechtsextrem	–	12,6 %

Überblick über die aktuell im deutschen Bundestag vertretenen Parteien

4.4 Verbände als organisierte Interessenvertretung

Politik findet keineswegs nur in politischen Parteien oder am Wahltag statt, wenn sie der Bürger mit dem Stimmzettel legitimiert, sondern überall dort, wo sich soziale **Interessen artikulieren** und **organisieren**.

Dabei entstehen soziale Bewegungen oder **Interessengruppen**, die als Vereine bzw. **Verbände** bezeichnet werden und (neben den Parteien) für die Funktionsfähigkeit politischer Systeme unverzichtbar sind, denn sie **repräsentieren** die gesellschaftliche Vielfalt.

Aufgabe von Verbänden ist es, gesellschaftliche Erwartungen, Forderungen und Wünsche gegenüber der Regierung, dem Parlament oder der Verwaltung zu **bündeln**, zu **steuern** und zu **artikulieren**. Durch diese **Interessenaggregation**, **-selektion**, **-artikulation** und **-integration** wird sichergestellt, dass sich Partizipation auch zwischen den Wahlterminen realisieren lässt. Zudem sind Entscheidungen der politischen Entscheidungsträger somit auch an die gesellschaftliche Realität rückgekoppelt.

Darüber hinaus erfüllen Interessengruppen noch weitere Funktionen, wie **Partizipation**, **Legitimation und sozioökonomische Selbstregulierung**, die nicht in erster Linie Aufgaben eines Verbandes gegenüber seiner Klientel darstellen, sondern freie Leistungen oder Leistungen im Auftrag des gesamten politischen Systems.

Interessenverbände können als eine Vermittlungsinstanz zwischen der Bevölkerung und dem Staat zur Akzeptanz und Durchsetzung allgemeinverbindlicher Entscheidungen beitragen. Sie sind somit für den Bestand und die Funktionsfähigkeit von liberal-demokratischen Systemen unerlässlich.

Organisierter Interessenvertretung werden in Deutschland oftmals negative Wirkungen zugeschrieben, da durch „stilles", undurchsichtiges Zusammenwirken mit der Politik **(Lobbying)** häufig Absprachen der Öffentlichkeit und damit der Nachprüfbarkeit entzogen werden.

Lobbyismus – Versuch der Einflussnahme organisierter Interessengruppen (z. B. Verbände, Vereine) auf Exekutive und Legislative, durch Gespräche, Anschreiben, Dienstleistungen, Studien usw.

Nach einer Schätzung des Verbändeforums gibt es in Deutschland rund 15 500 Verbände und rund 580 000 eingetragene Vereine, doch die wenigsten von ihnen verfolgen politische Interessen. Der Versuch, laufend auf das politische Geschehen Einfluss zu nehmen, ist nur für bestimmte **Großverbände** typisch; die allerdings verfügen über erhebliche Ressourcen und Macht. Sie entfalten ihre Wirkung, indem sie auf den Gesetzgebungsprozess – sei es über Abgeordnete, Ministerialbeamte oder Parteiführer –, Einfluss zu nehmen suchen. Die Anhörungen der parlamentarischen Ausschüsse und der Bundesministerien zu den ersten

Rohentwürfen eines Gesetzes gelten dabei als wichtigster Kontaktrahmen zwischen Verbandsvertretern und Politikern. Nicht wenige fordern daher eine gesetzliche Grundlage, um diese Einflussnahme von Verbänden zu beschränken und deren binnenorganisatorische Strukturen zu **demokratisieren**. Letztlich sollten sie (wie Parteien) **konstitutionalisiert** werden.

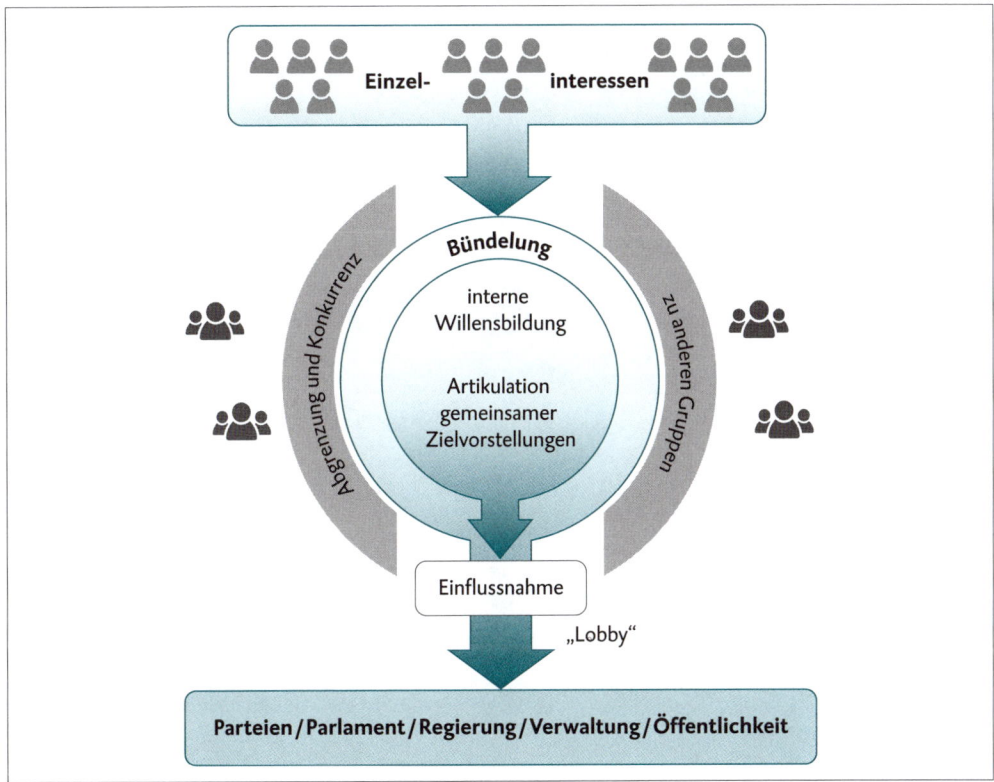

Modellhafte Darstellung der Funktionsweise des Lobbyismus

Politische Systeme und Politische Theorie

1 Grundzüge diktatorischer Systeme

Demokratie und Diktatur sind **gegensätzliche politische Systeme:** In der Demokratie herrschen alle, in der Diktatur herrscht nur einer. In jedem politischen System vollzieht sich die **Kommunikation** zwischen Bürgern, „Zwischengewalten" wie Parteien, Interessengruppen und Massenmedien, sowie einer zentralen Ebene, zu der Regierung und Parlament gehören. Dort werden verbindliche Entscheidungen getroffen, z. B. Gesetze und Verordnungen, die „von unten" vorbereitet wurden. Weitere Elemente eines politischen Systems sind die **staatlichen Gewalten** Exekutive (ausführende Gewalt), Legislative (gesetzgebende Gewalt) und Judikative (richterliche Gewalt). In einer Demokratie kontrollieren sich die Gewalten gegenseitig (Gewaltenteilung), in einer Diktatur nicht. Dort geschieht Herrschaft „von oben nach unten", in einer Demokratie ist es umgekehrt.

→ **Gewaltenteilung** vgl. S. 138

In einer **Führerdiktatur** ist das politische System ganz auf einen Diktator ausgerichtet. Alle ordnen sich ihm unter – es gilt das Führerprinzip, etwa im nationalsozialistischen Deutschland (1933–1945).

Charismatische Herrschaft ist nach dem deutschen Kulturwissenschaftler Max Weber (1864–1920) die auf Befehl und Gehorsam gründende Herrschaft eines Propheten, Kriegshelden oder Demagogen (Volksverführer), dem sich seine Gefolgschaft bedingungslos unterordnet, solange sich dessen Charisma (griech. Gnadengabe) bewährt. Bleiben Erfolge aus, schwindet auch die Autorität des Herrschers.

info

Führerprinzip und Führerkult

Das Führerprinzip war ein Kernelement der nationalsozialistischen Ideologie. Danach ordnete sich die deutsche „Volksgemeinschaft" dem „Führerwillen" unter. Er war oberstes Gesetz, alle Institutionen waren auf ihn ausgerichtet. Auf Hitler als charismatischen „Führer" konzentrierte sich eine gleichsam religiöse Heilserwartung („Vorsehung"), wie sie staatliche Propaganda und Massenmedien vermittelten, etwa in Rundfunkansprachen und inszenierten Massenveranstaltungen wie den „Reichsparteitagen" der NSDAP. Der unfehlbare Führer forderte von der Volksgemeinschaft bedingungslose Gefolgschaft („Glaube") und von jedem einzelnen „Volksgenossen" Opferbereitschaft („Hingabe").

Diktatur wird auch als autokratisches System bezeichnet. **Autokratie** ist eine historische Form politischer Herrschaft. Sie bedeutet Selbstherrschaft oder Alleinherrschaft. So bezeichneten sich der Kaiser des Byzantinischen Reichs (bis 1453) und der russische Zar als Autokraten. Ihre Herrschaft wurde nicht durch das Volk legitimiert, sondern durch Gott und die eigene Dynastie (Erbmonarchie). Auch die **absolute Monarchie** Ludwigs XIV. in Frankreich („Der Staat bin ich.") war ein autokratisches System. Von seinem Anspruch stand der König über dem Gesetz (lat.: a legibus solutus). Seine Entscheidungen waren Gesetz, sie durften aber

„naturgegebene" Grundprinzipien nicht verletzen. Absolute Monarchien gibt es heute nur noch sehr wenige, darunter das Sultanat Brunei in Südostasien, Saudi-Arabien und der Vatikanstaat – der Papst als absoluter Monarch wird allerdings gewählt.

In der Römischen Republik konnte bei einer staatlichen Notlage ein „dictator" mit außergewöhnlichen zivilen und militärischen Vollmachten berufen werden, allerdings nur für sechs Monate – daher auch die Bezeichnung **kommissarische Diktatur**. Die Verfassung der Weimarer Republik von 1919 hat dem Reichspräsidenten in Artikel 48 (Notstandsartikel) bei erheblicher Gefährdung der öffentlichen Sicherheit und Ordnung außerordentliche Befugnisse (zu Notverordnungen) eingeräumt. Das Parlament konnte jedoch die Aufhebung eines solchen **Ausnahmezustands** verlangen. Diktaturgewalt hatte der Reichspräsident daher nur vorübergehend. Dagegen war die **Tyrannis** in griechischen Staaten der Antike (Polis) zeitlich nicht begrenzt. Häufig ist sie jedoch als Notlösung in einer Krisensituation entstanden. Tyrannen gab es z. B. in Athen und in Syrakus (Sizilien).

Eine Diktatur kann aber auch eine **Einparteiendiktatur** sein, wie etwa in der Sowjetunion (1922–1991) und der Volksrepublik China (seit 1949). Dort hatte bzw. hat die Kommunistische Partei die Funktion einer „Staatspartei"; ihre Funktionäre besetzen alle wichtigen Machtpositionen im Staat. Die Meinungsbildung innerhalb der Partei folgt dem Prinzip des **demokratischen Zentralismus**.

→ **Historische und aktuelle Beispiele** vgl. S. 102

Nach dem Prinzip des **demokratischen Zentralismus** ist die Herrschaft einer Kommunistischen Partei in einem Einparteiensystem organisiert. Zwar werden alle Leitungsorgane von unten nach oben gewählt. Die Beschlüsse der oberen Organe sind jedoch für die unteren verbindlich und verpflichtend. Alle Parteimitglieder haben sich einer strengen Parteidisziplin zu unterwerfen.

Darüber hinaus kann Diktatur die Herrschaft einer (kleinen) Gruppe sein. Das trifft etwa auf eine **Militärjunta** zu, wie es sie im 20. Jahrhundert wiederholt in Lateinamerika gab. Sie gelangt häufig durch einen Staatsstreich an die Macht. In einer **Militärdiktatur** ist der Oberbefehl über die Streitkräfte mit unbeschränkter Regierungsgewalt verbunden.

1.1 Herrschaftsausübung und Herrschaftsanspruch in Diktaturen

Die Erscheinungsformen einer Diktatur können sehr unterschiedlich sein. So bestimmen Herrschaftstechnik, Herrschaftsanspruch und das Ausmaß der Kontrollmacht ihren konkreten Charakter. Die Herrschaftsausübung in einer Diktatur gestaltet sich als eine Kombination bestimmter **Grundmerkmale:**

→ **Totalitäre und autoritäre Herrschaftsformen** vgl. S. 98

Im Marxismus-Leninismus wird mit **Diktatur des Proletariats** die Herrschaft der organisierten Arbeiterklasse während einer revolutionären Übergangsphase zur Verwirklichung der klassenlosen Gesellschaft bezeichnet. Nach Karl Marx und Friedrich Engels bedeutet dies aber nicht die Alleinherrschaft einer (Arbeiter-)Partei.

- **Monopolisierung der Staatsgewalt:** Macht in einer Hand konzentriert – bei einem Diktator, einer Staatspartei, einer Militärjunta oder einer gesellschaftlichen Klasse wie bei der „Diktatur des Proletariats". Keine wirksame Konkurrenz durch andere Staatsorgane.

- **Abschaffung der Gewaltenteilung:** sowohl **horizontal** zwischen den Staatsgewalten (Exekutive, Legislative, Judikative) als auch **vertikal** zwischen Ebenen mit eigenen Befugnissen, wie etwa zwischen Bund und Ländern in einem Bundesstaat.

---

info

Gleichschaltung

Im nationalsozialistischen Deutschland wurden die Länder zwar nicht abgeschafft, sie büßten aber ihre Funktion als selbstständig handelnde staatliche Einheiten ein. Ihre Befugnisse wurden durch „Reichsstatthalter" beschnitten und gingen faktisch an die Gauleiter der Staatspartei NSDAP über. Die Landesparlamente und der Reichsrat, das Verfassungsorgan zur Vertretung der Länder auf Reichsebene, wurden abgeschafft. Die bundesstaatliche Ordnung der Weimarer Republik (ab 1919) wurde 1933/34 durch sog. Gesetze zur Gleichschaltung der Länder beseitigt. Mit dem Schlagwort Gleichschaltung wird heute allgemein die Unterwerfung von Politik, Wirtschaft, Gesellschaft und Kultur unter die herrschende Ideologie in einer Diktatur, besonders im „Dritten Reich" (1933–1945), bezeichnet.

→ **Öffentlichkeit** vgl. S. 123

- **Keine Kontrolle:** Politische Opposition, besonders im Parlament, ausgeschaltet. Unabhängige Medien beseitigt. Massenmedien unter zentraler Kontrolle und Zensur unterworfen.

- **Kein Pluralismus:** Selbstständige Artikulation politischer Positionen durch Parteien oder zivilgesellschaftliche Organisationen (Willensbildung) findet nicht statt. Keine freien, geheimen und demokratischen Wahlen zwischen mehreren Parteien, Listen oder Personen. Gesellschaft ohne autonomen Gestaltungsraum für Meinungsbildung und Interessenausgleich.

→ **Willensbildng in der pluralistischen Demokratie** vgl. S. 126

→ **Menschenrechte** vgl. S. 117

- **Aufhebung von Menschen- und Bürgerrechten**

- **Polizeistaat statt Rechtsstaat:** Staatsgewalt nicht an Recht und Gesetz gebunden. Keine Prüfung von staatlichen Maßnahmen durch unabhängige Gerichte. Einzelner hat keine oder nur geringe Möglichkeiten, sich gegen öffentliche Gewalt zu wehren, Rechtsverletzungen zu rügen und eigene Rechte einzuklagen. Freies Ermessen der Exekutivorgane ersetzt Rechtssicherheit, staatlicher Dirigismus ersetzt individuelle Selbstbestimmung.

- **Repression** und **Terror:** Individuelle Freiheit wird unterdrückt, die Gesellschaft strikt kontrolliert, auch mit geheimdienstlichen Mitteln. Abweichendes Verhalten wird beobachtet (Bespitzelung) und bestraft, Opposition bekämpft, Widerstand mit Gewalt ausgeschaltet. Ordnungs- und Strafrecht sowie Strafvollzug dienen als Terrorinstrumente.

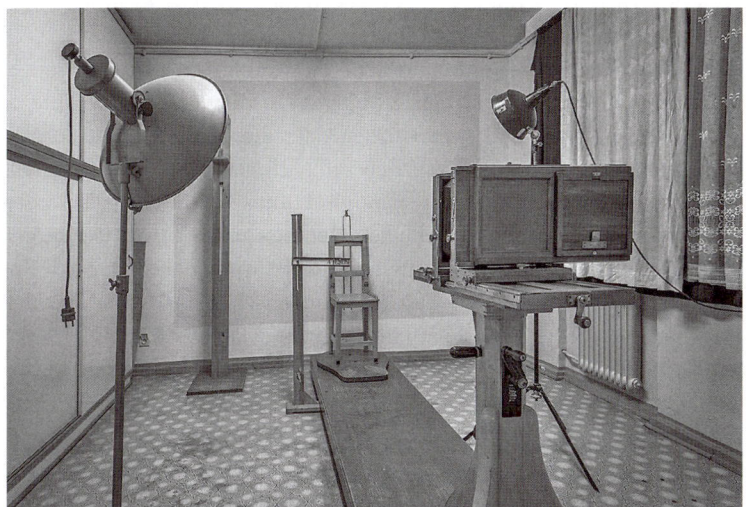

Raum für erkennungsdienstliche Behandlung im Untersuchungsgefängnis des DDR-Ministeriums für Staatssicherheit (Stasi) in Berlin-Hohenschönhausen (seit 1995 Gedenkstätte)

Eine Diktatur entsteht häufig in einer politisch, wirtschaftlich oder sozial instabilen Lage. Ihre **Motive und Ziele** sind sehr unterschiedlich. So beanspruchen Diktaturen, eine überkommene, vermeintlich „gute" Staatsordnung zu bewahren oder wiederherzustellen. In diesem Zusammenhang spricht man von **Beharrungsdiktatur**. Zur Rechtfertigung der Machteroberung werden bestehende oder vermeintliche **Bedrohungen** angeführt oder auch Feinde „geschaffen". In den 1970er-Jahren beispielsweise rechtfertigten sich Militärregime in Lateinamerika mit der Notwendigkeit, den Kommunismus wirkungsvoll zu bekämpfen oder die Machtübernahme linksgerichteter Gruppierungen zu verhindern.

Das Gegenteil will eine **Entwicklungsdiktatur** erreichen: Staat und Gesellschaft sollen revolutioniert werden, um einer **Ideologie** zum Durchbruch zu verhelfen bzw. um den Staat und die Gesellschaft grundlegend zu verändern. In Russland nahmen die Bolschewiki als „Speerspitze der revolutionären Arbeiterklasse" unter der Führung von Lenin und Trotzki in der sog. Oktoberrevolution 1917 die Macht, um mit dem

Versprechen von „Brot und Frieden" (Enteignung der adligen Großgrundbesitzer zugunsten der Bauern, Rückzug Russlands aus dem Ersten
Weltkrieg) eine sozialistische Ordnung aufzubauen.

Mithilfe von Tribunalen und Massenhinrichtungen im „Grande Terreur"
1793/94 wollten die Jakobiner unter Maximilien de Robespierre die
Errungenschaften der Französischen **Revolution** gegen innere Feinde
(z. B. Royalisten, Girondisten) und gegen die äußere Bedrohung einer
Koalition anderer europäischer Staaten verteidigen.

Ähnlich argumentierten einheimische Führungsgruppen im Zuge der
Entkolonialisierung nach dem Zweiten Weltkrieg. Ihre Staaten, die in
die Unabhängigkeit entlassen wurden oder diese gegen die Kolonialmacht erkämpft hatten, sollten sich politisch stabil, wirtschaftlich erfolgreich und gesellschaftlich harmonisch entwickeln. Um alle Kräfte
zusammenzuhalten und aus ehemals Beherrschten vollwertige Bürger
zu machen, bedürfe es „väterlich-strenger" Führung – deshalb auch **Er-
ziehungsdiktatur**. Diesem Typ entsprachen charismatische Gründer
wie Kemal Atatürk (1881–1938) in der Türkei, Habib Bourguiba (1903–
2000) in Tunesien und Félix Houphouët-Boigny (1905–1993) in der
Elfenbeinküste (heute Côte d'Ivoire).

1.2 Totalitäre und autoritäre Herrschaftsformen

Diktaturen lassen sich auch nach dem Umfang und der Technik unterscheiden, wie sie die unterschiedlichen Lebensbereiche erfassen und
durchdringen.

Totalitäre Diktatur

Bestimmt der Staat nicht nur den öffentlich-gesellschaftlichen Bereich,
sondern greift darüber hinaus auch in die Privatsphäre ein, spricht man
von totalitärer Herrschaft. Staatsorgane, die Verwaltung, Gesellschaft,
Wirtschaft, das kulturelle Leben und das Individuum werden gleichermaßen seiner Verfügungsgewalt unterstellt. Es gibt **keinen staatsfreien
Raum**. Alle Teilbereiche sind auf eine ausgearbeitete, für alle verbindliche **Ideologie** ausgerichtet, die von einer hierarchisch organisierten
„Staatspartei" repräsentiert und flächendeckend durchgesetzt wird. Deshalb ist der totalitäre Staat in der Regel auch eine **Einparteiendiktatur**.
Konkurrierende Parteien, Interessenverbände, Gemeinschaften und soziale Gruppen werden unterdrückt oder sind verboten.

Vom Staatsbürger wird nicht nur Gesetzesgehorsam, sondern auch **Ge-
sinnungstreue** verlangt, die immer wieder unter Beweis gestellt werden

muss. Er hat die herrschende Ideologie nicht nur hinzunehmen, vielmehr muss sie Teil seiner eigenen Überzeugung werden, sodass es keine besonderen Anweisungen „von oben" mehr braucht, um sie zur Geltung zu bringen. Die Menschen werden ständig zur aktiven Zustimmung aufgefordert – und machen freiwillig mit. Der Mobilisierung dient **Propaganda** über gleichgeschaltete Massenmedien.

---

info

„1984"

Der Roman „1984" des englischen Schriftstellers George Orwell (1903–1950) von 1949 ist eine Dystopie, also eine Anti-Utopie. Im Mittelpunkt steht Winston Smith, der als Angestellter des „Ministeriums für Wahrheit" die Vergangenheit fälscht. Sein Leben spielt sich in Ozeanien ab, einem Staat mit dem unfehlbaren und allgegenwärtigen Big Brother an der Spitze. Dieser herrscht mithilfe der mächtigen Inneren Partei, einer lückenlosen Ideologie namens „Engsoz", Sprachregeln („Neusprach") und der Gedankenpolizei. Winston begehrt gegen das System auf, findet auch eine Mitstreiterin, scheitert aber. Am Ende sieht er ein, dass wahre Freiheit in der Selbstaufgabe als Individuum besteht. „1984" wird als Parabel auf den totalitären Staat des Stalinismus und Nationalsozialismus verstanden.

Eine totalitäre Diktatur ist nicht denkbar, ohne die **Ausformung des modernen Staates**, der im 19. und 20. Jahrhundert immer mehr Aufgaben übernahm und immer stärker in die Privatautonomie eingriff, mal zum Wohl, mal zulasten seiner Bürger. So gewann der **Zentralstaat** an **Gestaltungsmacht**. Bereits im Absolutismus des 17. und 18. Jahrhunderts versuchte er gegen Stände und andere Zwischengewalten seine Souveränität durchzusetzen: in Religionsangelegenheiten, der Verwaltung, in Finanzangelegenheiten, der Wirtschaft und im Bildungsbereich. Allerdings fehlten ihm zwei Elemente: Ideologie und Terror – nach der Philosophin und Politikwissenschaftlerin Hannah Arendt (1906–1975) die wichtigsten Kennzeichen des totalitären Staates. Diesem werden durch Recht, Gesetz, eine überlieferte Sittenordnung sowie Menschen- und Bürgerrechte **keine Grenzen** gesetzt.

Wollte der absolutistische „Polizeistaat" als Vormund seiner Untertanen möglichst viel „fürsorglich" regeln, betreibt der totalitäre Staat **Staatsterror**. Sein Ziel: Widerstand bekämpfen, Opposition ausschalten, Kritik unterbinden, Wohlverhalten erzwingen. Ein mächtiger **Kontroll- und Unterdrückungsapparat** schüchtert ein, bespitzelt, bestraft, foltert und mordet. Um zu funktionieren, ist er allerdings auf **Denunziation** angewiesen.

→ **Autonomie** vgl. S. 122

Polizei, auch „Policey" geschrieben, bezeichnete in der Frühen Neuzeit bis ins 19. Jahrhundert hinein die gesamte Staatstätigkeit, besonders Maßnahmen zur Gefahrenabwehr. „Polizeistaat" war daher nur eine andere Bezeichnung für die öffentliche Verwaltung und ihre Aufgaben.

→ Totlitäre Diktatur I:
Die Sowjetunion unter
Stalin vgl. S. 102

Der dauerhaften Herrschaftssicherung dienen (regelmäßige) **Säuberungen** des eigenen Machtapparats, die das Aufkommen möglicher Konkurrenz schon in einem frühen Stadium unterbinden. Der Abschreckung dienen auch **Schauprozesse**, in denen Gegner oder auch nur vermeintliche Feinde der bestehenden Ordnung abgeurteilt werden.

Als totalitäre Diktaturen gelten gemeinhin die **Sowjetunion** unter der Herrschaft Stalins, das **faschistische Italien** Mussolinis und das **nationalsozialistische Deutschland** unter Hitler.

Autoritäre Diktatur

Eine autoritäre Diktatur steht zwischen totalitärer Diktatur und Demokratie. Die Staatsgewalt wird der Verfügung und der Kontrolle durch eine demokratische Mehrheit entzogen. Ein Herrscher, eine Gruppe oder eine Partei verfügt über ein **Machtmonopol**. Es gibt keine Gewaltenteilung. Grundrechte werden missachtet oder stark eingeschränkt. Kritik wird unterbunden, Opposition bekämpft. Andererseits zeichnet die autoritäre Diktatur ein **begrenzter Pluralismus** aus:

- Außerhalb des Staats- und Regierungsapparats existieren Institutionen und Organisationen, die eigenständig handeln, sowie soziale und wirtschaftliche Eliten. – Sie werden aber durch die Staatsführung kontrolliert bzw. durch Ämter und andere Vorteile (Privilegien) an die Machtelite gebunden.

- Weitere Weltanschauungen werden neben der „Staatsideologie" geduldet. – Ihr Einfluss ist jedoch meist auf den nichtpolitischen Raum beschränkt.

- Wahlen werden abgehalten. – Sie sind allerdings nicht frei, fair und demokratisch.

- Andere Parteien werden geduldet. – Sie dienen aber nur der Aufrechterhaltung des demokratischen Scheins und sind als „Systemparteien" keine echte Konkurrenz.

- Privateigentum und freies Unternehmertum werden gewährleistet oder geduldet. – Gewinne werden jedoch abgeschöpft oder die Produktion wird gelenkt, etwa durch die Dominanz von Staatsunternehmen oder staatliche Vorgaben.

Gegenüber der totalitären Diktatur sind in einer autoritären Diktatur die ideologische Durchdringung der Gesellschaft und die Indienstnahme des Bürgers unvollkommen. Statt aktiver Zustimmung wird Zurückhaltung, Nichtengagement und **politische Abstinenz** gefordert oder als wünschenswert kommuniziert.

Individuelle Freiheiten wie auch der gesellschaftliche Freiraum für selbstständiges und eigenverantwortliches Handeln sind beschränkt. „Rote Linien" dürfen nicht überschritten werden. Allerdings können sich diese verschieben. So wird, auch innerhalb der herrschenden Elite, eine gewisse Unsicherheit geschaffen, die wiederum Anpassung, Wohlverhalten und vorauseilenden Gehorsam erzeugt.

Typische autoritäre Diktaturen sind **Militärdiktaturen**. Die Regierungsgewalt üben ein Militärdiktator oder eine **Militärjunta**, also eine Gruppe von Militärführern (Offizieren), aus. Die Streitkräfte stehen unter ihrem Oberbefehl. Eine Militärdiktatur wird häufig durch einen **Militärputsch** errichtet.

Verlauf von Militärdiktaturen

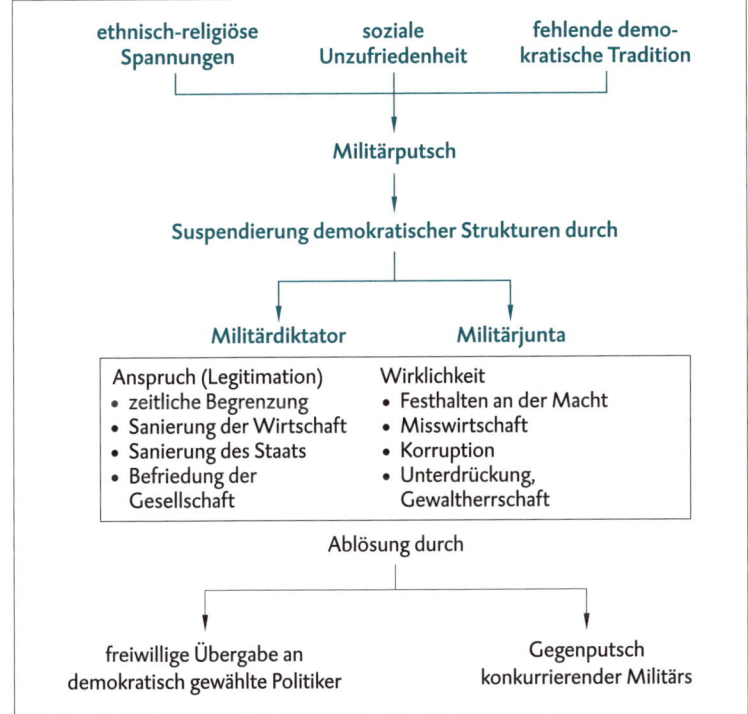

1.3 Historische und aktuelle Beispiele

Totalitäre Diktatur I: Die Sowjetunion unter Stalin

Die Sowjetunion (1922–1991) bezeichnete sich selbst als „erster sozialistischer Staat der Welt". Entstanden ist er durch die Umgestaltung Russlands ab 1917 nach der Ideologie des **Marxismus** und **Leninismus** durch die Partei der **Bolschewiki**, aus der später die Kommunistische Partei der Sowjetunion (KPdSU) wurde. Sie war die Staatspartei innerhalb einer Union aus Sozialistischen Sowjetrepubliken, der UdSSR.

Bereits unter der Führung von Wladimir Iljitsch Lenin (1870–1924) wurden alle politischen Gegner der Bolschewiki bekämpft, beseitigt oder ins Exil getrieben. In einem Bürgerkrieg (1918–1921/22) dehnte die **Rote Arbeiter- und Bauernarmee** den Machtbereich der Bolschewiki über den Großteil des ehemaligen Zarenreichs aus. Mit Gewalt und Terror während des „Kriegskommunismus" sowie der Niederschlagung des Kronstädter Matrosenaufstands 1920 setzten die Bolschewiki deutliche Zeichen: In der **„Diktatur des Proletariats"** mit der Kommunistischen Partei als revolutionärer „Speerspitze" der Arbeiterklasse wurde keine Konkurrenz und kein Pluralismus geduldet. Auch innerhalb der Partei und ihrer Führungsgremien durfte es keine Meinung geben, die von der „Generallinie" abwich.

Josef Stalin (1879–1953), KP-Generalsekretär seit 1922, ließ ab 1927 innerparteiliche Gegner und (potenzielle) Konkurrenten politisch ausschalten und liquidieren. Er machte aus der **Einparteienherrschaft** eine ganz auf ihn als **Führer** (russ. Woschdj) zugeschnittene totalitäre Diktatur. Stalin verkörperte eine Staatsordnung, die eigentlich das sozialistische Kollektiv und einen neuen Menschen als Ideal herausstellte. Die Verfassung von 1936 sollte Ausdruck für die „Verwirklichung des Sozialismus" in der Sowjetunion sein.

Folgende **Merkmale** kennzeichnete die Herrschaft Stalins in der Sowjetunion:

Ideologie: Marxismus-Leninismus als von Stalin abgewandelte und ergänzte Version der klassischen Lehren von Marx, Engels und Lenin wird allein gültige Staatsdoktrin; wichtige Elemente:

- „Sozialismus in einem Land" → keine vorige proletarische Revolution in kapitalistischen Ländern (Weltrevolution)
- Aufbau und Verwirklichung des Sozialismus in der Sowjetunion → Schutz vor Einkreisung durch kapitalistische Staaten, Beibehaltung und Festigung der Staatsmacht

- Sowjetunion als Vorbild für alle anderen kommunistischen Parteien → strikte Kontrolle durch Kommunistische Internationale (Komintern, ab 1919),
- „Sowjetpatriotismus" → russischer Nationalismus statt „Völkerfreundschaft" und sozialistischer Internationalismus
- Schaffung des „Sowjetmenschen" → Einfügung des ideologisch gefestigten und gut ausgebildeten Bürgers (Ingenieur als Leitbild) in die sozialistischen Kollektive (Arbeit, Gesellschaft, Wohnen, Freizeit), Gleichberechtigung von Mann und Frau, Absage an individuelle Selbstbestimmung
- Sozialistischer Realismus: ab 1934 einzig zulässiger Stil in bildender Kunst, Literatur und Musik → Kultur nicht als Selbstzweck, sondern im Dienst der sowjetischen Gesellschaft

„Arbeiter und Kolchosbäuerin" als Verkörperung des Arbeiter- und Bauernstaats. Die monumentale Stahlskulptur, 59 m hoch, steht in Moskau am Eingang zum Ausstellungszentrum der Errungenschaften der Volkswirtschaft. 1937 wurde sie von der Bildhauerin Wera Muchina für den sowjetischen Pavillon auf der Pariser Weltausstellung geschaffen.

Staatspartei: „Führende Rolle" der Kommunistischen Partei im Staat

- Hierarchisch organisierter Parteiapparat hat das Monopol bei politischer Willensbildung; Politbüro mit Generalsekretär sowie Zentralkomitee (ZK) als oberste Organe
- Beschlüsse von Politbüro (und ZK) binden staatliche Organe auf allen Ebenen (Union, Republik, Gebiet, Kreis etc.): Sowjets (= Scheinparlamente), Ministerrat (Regierung), Behörden
- Strikte Kontrolle aller Lebensbereiche (Arbeit, Wohnen, Freizeit) durch Parteiorganisationen und -versammlungen

Personenkult: Propaganda und Kunst stellten Stalin als machtvollen, weisen Übervater heraus, bei dem alle Fäden zusammenlaufen. Seine Verehrung wurde seit 1929 pompös inszeniert. → Stalin schaltete das Politbüro der KP aus und herrschte durch persönliche Anweisungen und Befehle über einen handverlesenen Zirkel, dessen Personal wechselte.

Zentralstaat: Unionsrepubliken wurden direkt durch zentrale Direktiven aus Moskau regiert → kein eigener Entscheidungsspielraum, Schein-Föderalismus im Vielvölkerstaat, kein Schutz für nationale Minderheiten

Forcierte Industrialisierung: Aufbau von Schwerindustrie (Eisen und Stahl) und Infrastruktur („Mono-Industriestädte", Staudämme, Kanalbauten, Elektrifizierung) mithilfe von Fünfjahresplänen (ab 1929), zentral gelenkt durch staatliche Planungsbehörde (Gosplan)

Das Plakat aus der DDR (1952), das ein sowjetisches Motiv von 1951 kopiert, verherrlicht
Stalin als „Vater" der Sowjetvölker und Schöpfer gewaltiger Bauprojekte.

Kollektivierung (ab 1928): Kolchosen und Sowchosen (Staatsbetriebe)
anstelle von Eigenwirtschaften, Abschaffung von privatem Grund und
Boden → Vernichtung eines selbstständigen Bauerntums („Kulaken"),
Produktionseinbußen, Hungersnöte, Landflucht, Entrechtung der Land-
bevölkerung

Mobilisierung und Manipulation:

Die **Stachanow-Bewe-
gung** sollte die Leistungsfähigkeit der sowjetischen
Industrie beweisen und die
Arbeiter zur Übererfüllung
staatlicher Produktions-
vorgaben anstacheln.
Namensgeber war der
Bergmann Alexej Stacha-
now, der am 31.8.1935
sein Plansoll um 1457
Prozent übererfüllte. Er war
Vorbild für die Adolf-
Hennecke-Aktivisten (ab
1948) in der späteren DDR.

- Propaganda und Kampagnen, vor allem zur Steigerung der Arbeitsleis-
  tung, z. B. Stachanow-Bewegung

- „Wachsamkeit" gegenüber „Saboteuren", „Volksfeinden", „Schädlin-
  gen", „Konterrevolutionären", „Spionen" → Aufruf zur Denunziation,
  Schaffung künstlicher Feindbilder zur Verdeckung von (wirtschaftlichen) Fehlentwicklungen

- Zwang zu ständiger „Kritik und Selbstkritik" vor dem Kollektiv
  → Ausgrenzung, Gedankenterror, Selbsterniedrigung

Terror durch Geheimpolizei als mächtiges Staatssicherheitsorgan
(„Staat im Staat"), ab 1917 unter verschiedenen Namen: u. a. Tscheka,
GPU, NKWD, KGB,

- Regelmäßige „Säuberungen" in Partei, Staat, Gesellschaft und Wirtschaft, z. B. „Großer Terror" 1937/38: Verhaftungen, Folter, Verurtei-
  lungen zu langen Freiheitsstrafen, Erschießungen

- Schauprozesse (ab 1928), besonders 1936–1938 in Moskau vor dem Obersten Gerichtshof gegen Weggefährten Lenins und Trotzkis, Todesurteile
- „Gulag" (ab 1918): System von Straf- und Zwangsarbeitslagern: ca. 10 Mio. Insassen, 2 Mio. Tote
- Deportationen von nichtrussischen Bevölkerungsgruppen, z. B. kaukasischen Völkern und Wolgadeutschen, Zwangsansiedlung von Nomaden in Sibirien und Zentralasien

Insgesamt charakterisiert die stalinistische Diktatur eine Mischung aus Utopie, Fortschrittsglaube und Terror. Die Einparteienherrschaft der Bolschewiki unter dem charismatischen Staatsgründer Lenin machte Stalin zur persönlichen Diktatur, in der nur die aktive Zustimmung und bedingungslose Unterwerfung unter die Parteidirektiven dem Einzelnen Leben und Wohlergehen zu sichern versprachen. Darauf verlassen konnte sich freilich niemand.

Totalitäre Diktatur II: Nordkorea

In dem 1945 von der Sowjetarmee besetzten Teil der Koreanischen Halbinsel (bis zum 48. Breitengrad) rief 1948 der Kommunistenführer Kim Il Sung (1912–1994) einen sozialistischen Staat aus: die Demokratische Volksrepublik Korea (DVR), kurz Nordkorea. Politisch und wirtschaftlich unterstützt wurde sie von der Sowjetunion (bis 1991) und China; die Volksrepublik ist bis heute Nordkoreas Hauptverbündeter und wichtigster Handelspartner. Die chinesische Armee kämpfte im Koreakrieg (1950–1953) an der Seite der DVR gegen die Republik Korea (Südkorea, ab 1948) und eine UN-Streitmacht unter Führung der USA. Der 48. Breitengrad bildet seitdem entlang einer entmilitarisierten Zone die Grenze zwischen beiden koreanischen Staaten. Zwischen ihnen herrscht lediglich ein Waffenstillstand. Nordkorea entwickelt und testet seit den 1990er-Jahren Kernwaffen sowie Mittel- und Langstreckenraketen.

Nordkorea ist gleichermaßen eine **Einparteiendiktatur** und **Einpersonendiktatur**. Nach der Verfassung von 1972 hat die kommunistische Partei der Arbeit Koreas (PdAK) die führende Rolle im Staat inne. Die gesamte staatliche Macht in der DVR konzentrierte sich jedoch in der Hand der **„Staatsführer"** aus der **„Kim-Dynastie"**: Kim Il Sung, der Vater, war der „Große Führer", Kim Jong Il, der Sohn, der „Vielgeliebte Führer" (ab 1994). Enkel Kim Jong Un (ab 2012) schmückt sich mit dem Titel „Oberster Repräsentant des ganzen koreanischen Volkes". Die

Herrschaft der Kims beruht auf ihrer Stellung an der Spitze von Partei, Staat und Armee.

Schaltstelle der Kim-Diktatur ist das **Komitee für Staatsangelegenheiten** (bis 2016 Verteidigungskomitee). Das Amt des Staatspräsidenten ist seit dem Tod von Kim Il Sung abgeschafft – der Staatsgründer amtiert auch nach seinem Tod als „Ewiger Präsident". Ministerpräsident und Minister haben keine Gestaltungsmacht, sondern sind lediglich ausführende Organe. Die Funktion des Staatsoberhaupts übernimmt der Präsident der Obersten Volksversammlung. Das **Scheinparlament** tagt jährlich nur ein- bis zweimal und segnet vorgelegte Gesetzentwürfe ab. Die Abgeordneten werden alle fünf Jahre nach Einheitslisten aus Vertretern der PdAK und zweier weiterer „Systemparteien" gewählt. Wahlen haben den Charakter von **Akklamationen**.

Dem **Militär**, mit rund 1,1 Mio. Soldaten die viertgrößte Armee der Welt, gebührt seit 1995 ein verfassungsrechtlicher „Vorrang", ab 2013 gleichgeordnet mit der wirtschaftlichen Entwicklung. Die Streitkräfte sind die eigentliche Machtbasis Kims. Die Verfügungsgewalt über **Atomwaffen** dient seinem Regime als „Lebensversicherung". Durch militärische Kommandostrukturen sind alle Bürger bis in einzelne Betriebe und Wohngebiete hinein erfasst und organisiert. Etwa 30 % der 25 Mio. Einwohner könnten jederzeit mobilisiert werden.

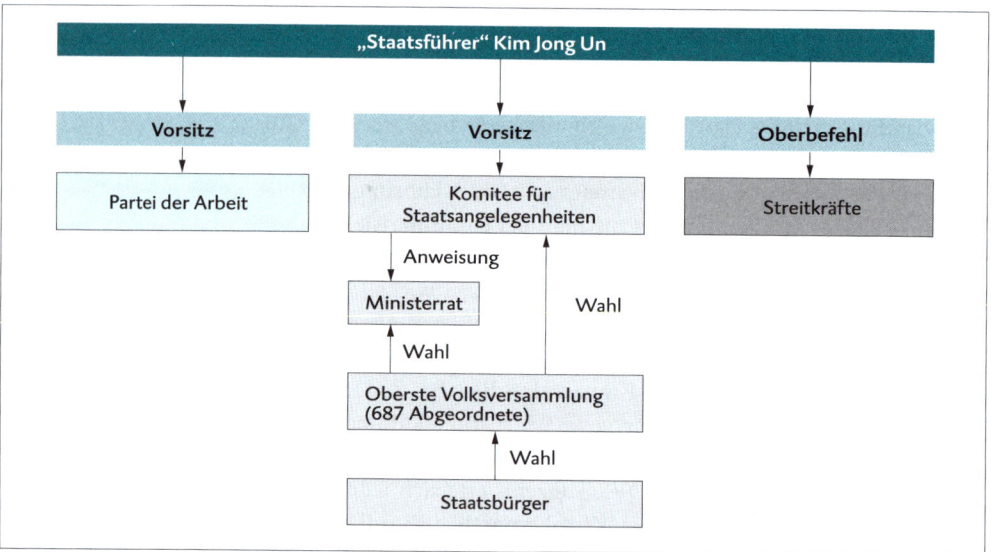

Das politische System der Volksrepublik Nordkorea mit dem Staatsführer Kim Jong Un an oberster Stelle

Personenkult, Ideologie, Kontrolle

Nach der Ausschaltung der nichtkommunistischen Opposition und parteiinterner Rivalen nach dem Koreakrieg war Kim Il Sung vier Jahrzehnte unumschränkter Herrscher. Um den „Großen Führer" entwickelte sich ein Kult, der alle Bereiche des öffentlichen Lebens erfasste und auch nach seinem Tod (1994) fortgeführt wurde. Die **bedingungslose Verehrung** drückt sich nicht nur in Monumentalbauten und Standbildern aus, sondern auch in religiös anmutenden Ritualen. Schulkinder singen Hymnen. Gegenstände, die Kim berührt hat, sogar seine Fußabdrücke, werden „geheiligt". Kims Geburtsjahr wurde 1997 zum Jahr 1 einer neuen Zeitrechnung erklärt.

Den Marxismus-Leninismus ersetzte Kim Il Sung 1972 durch die **Juche-Ideologie** (gesprochen „Dschutsche"). Sie betont die politische und militärische Eigenständigkeit des Landes, hält das koreanische Volk und seine Kultur für auserwählt und strebt wirtschaftliche Autarkie an.

Die **ideologische Agitation** in Nordkorea wird über lokale Parteikomitees in jeden Haushalt getragen. Eine Beteiligung an Schulungen ist Pflicht. Politische Zuverlässigkeit wird durch einen **Staatssicherheitsdienst** überwacht. Das gilt sowohl für Parteikader als auch für Normalbürger. Die Loyalität des Volkes zu seinem Staatsführer wird regelmäßig in inszenierten **Massenauftritten** zur Schau gestellt. Medien sind ausschließlich Instrumente der **Propaganda**. Von ausländischen Nachrichtenquellen und dem Internet ist Nordkorea weitgehend abgeschottet.

Autarkie bedeutet wirtschaftliche Unabhängigkeit. Alle Güter werden im Land selbst erzeugt. Ausländisches Kapital wird nicht benötigt.

Im Oktober 2019 verbreitete die nordkoreanische Nachrichtenagentur KCNA Fotos von Staatsführer Kim Jong Un am Paektu. Der den Koreanern heilige Vulkanberg an der Grenze zu China, zugleich höchster Gipfel der Koreanischen Halbinsel, ist mit Legenden zur Familie Kim verbunden. Dort soll der Befreiungskampf gegen die Japaner, die Korea ab 1910 als Kolonialmacht beherrschten, begonnen haben. Offiziell wurde Kim Jong Il, der Vater von Kim Jong Un, sogar 1942 am Paektu geboren. Vor wichtigen politischen Entscheidungen suchte sein Sohn schon mehrmals die Bergregion auf.

Autoritäre Diktaturen

Mit der politischen Neuordnung Europas nach dem Ersten Weltkrieg entstanden in vielen Ländern Demokratien. Bürgerkriegsähnliche Zustände, ideologisch aufgewühlte Parteienkämpfe, soziale Konflikte und Wirtschaftskrisen brachten jedoch **Diktaturen als** (zeitweilige) **Alternativen** ins Spiel. So wurden in den 1920er- und 1930er-Jahren außerhalb Nord- und Nordwesteuropas **autoritäre Regime** errichtet. Ihre Ziele: Gesellschaft befrieden, staatliche Einheit retten, Gemeinwohl wiederherstellen, Sicherheit gewährleisten, Ungerechtigkeit beseitigen. Das galt z. B. für **Italien**, in dem die Faschisten unter dem „Duce" („Führer") Benito Mussolini ab 1922 allmählich einen „totalen Staat" innerhalb der bestehenden Monarchie errichteten. In **Polen** unternahm der Kriegsheld Marschall Józef Piłsudski, gestützt auf die Armee, 1926 einen Staatsstreich. Er entmachtete das Parlament, beseitigte demokratische Regeln und schränkte Grundrechte ein – unter Beibehaltung der verfassungsmäßigen Ordnung. Die dauerhaftesten autoritären Diktaturen der Zwischenkriegszeit (1918–1939) entstanden in Portugal und **Spanien**. Sie wurden erst mit der „Nelkenrevolution" (1974) bzw. im Zuge der Demokratisierung („Transición") nach dem Tod des Diktators Francisco Franco (1975) beseitigt.

→ **Zwischen Demokratie und Diktatur** vgl. S. 111

Autoritäre Diktatur I: Salazar-Diktatur (Portugal)

In Portugal beseitigte 1926 ein Militärputsch das parlamentarische Regierungssystem der Ersten Republik (ab 1911). Zum **starken Mann** wurde als Finanzminister (1928) und dann Ministerpräsident (1932–1968) **António de Oliveira Salazar** (1889–1970). Die 1933 auf ihn zugeschnittene, in einem Referendum angenommene Verfassung gründete die Zweite Republik: den „**Neuen Staat**" (Estado Novo).

Mit der Regierungsunfähigkeit Salazars (1968) und der Regierungsübernahme von Ministerpräsident Marcelo Caetano (1906–1980) erodierte die autoritäre Diktatur. **Kolonialkriege** ab Anfang der 1960er-Jahre kosteten Ressourcen und spalteten das Militär. **Oppositionelle Offiziere putschten** 1974; eine Militärjunta übernahm die Staatsmacht.

Merkmale des Estado Novo:

- Regierung mit exekutiven und legislativen Vollmachten, Befugnisse des Staatspräsidenten eingeschränkt
- Ministerpräsident als Schaltstelle, zusätzliche Führung von Ressorts: Salazar als Finanzminister (bis 1940), Kriegsminister (1936–1944) und Außenminister (1936–1947)

- Gesetzgebungsrecht des Parlaments (Nationalversammlung) eingeschränkt
- Nationale Union (ab 1934) als einzig zugelassene politische Vereinigung
- Ständische Organisation statt Wettbewerb zwischen Parteien und Interessengruppen:
  → Arbeitgeber und Arbeitnehmer zwangsvereint („Statut der Nationalen Arbeit", 1933), Streikrecht aufgehoben
  → Camera Corporativa (2. Parlamentskammer) als Vertretung gesellschaftlicher Gruppen (u. a. Kirche, Berufsgruppen, Hochschulen) mit beratender Funktion
- Führungselite: Militärs, Großgrundbesitzer, katholische Kirche
- Geheimpolizei (PIDE) zur öffentlichen Kontrolle und Unterdrückung von Opposition (auch Deportationen und Konzentrationslager)
- Sparpolitik zum Ausgleich des Staatshaushalts hatte Priorität; staatliche Lenkung der Wirtschaft
- Neutralität im Zweiten Weltkrieg (1939–1945), danach Westbindung: 1949 Beitritt Portugals zum Nordatlantikpakt (NATO), 1960 Mitglied der Europäischen Freihandelszone (EFTA)
- Stärkere Anbindung der portugiesischen Kolonien in Afrika und Asien an das Mutterland: 1930 Vorrang als Rohstofflieferanten, 1951 „Überseeprovinzen"
- Begrenzter Pluralismus: Einführung des Frauenwahlrechts (1934), Lockerung der Zensur (nach 1945), Zulassung einer Oppositionspartei (1949), halbfreie Präsidentenwahl (1958), politische Liberalisierung (ab 1968)

Autoritäre Diktatur II: Islamische Republik Iran

Das politische System Irans wurde mit der Islamischen Revolution 1979 geschaffen und im selben Jahr in der Verfassung verankert. Es folgt der politischen Theologie des schiitischen Rechtsgelehrten Ayatollah Ruhollah Khomeini (1900–1989). Im Zentrum steht die **Herrschaft des Rechtsgelehrten** in Treuhandschaft Gottes (welayat-e faqih), bis der letzte der von den Schiiten als Oberhaupt der islamischen Gemeinde anerkannte (12.) Imam aus der „Verborgenheit" als „Erlöser" zurückkehrt. Daher gilt das politische System Irans auch als **Theokratie** (griech. Gottesherrschaft). Religiöse Normen und Überlieferungen auf Basis der im Koran niedergelegten göttlichen Offenbarung bestimmen

Ayatollah, hoher Rang eines Rechtsgelehrten im schiitischen Islam

die politische Ordnung, Gesetze, die Rechtsprechung, das gesellschaftliche Zusammenleben bis hinein in die Privatsphäre – sichtbar an Kleidervorschriften für Frauen („Verschleierung"). Der **schiitische Islam** ist **Staatsreligion**.

Höchste geistliche und weltliche Autorität in der Islamischen Republik besitzt der **Revolutionsführer**, bis zu seinem Tod Khomeini, danach Ali Khamenei. Er wird vom **Expertenrat** (auch Sachverständigenrat) aus 86 Theologen auf Lebenszeit gewählt. Daneben existiert eine „bürgerliche" Ordnung mit Grundrechten und **demokratischen Elementen:** ein Parlament aus 290 Abgeordneten als Legislative und ein Staatspräsident an der Spitze der Exekutive, jeweils direkt vom Volk für vier Jahre gewählt. Der Staatspräsident ernennt die Regierung, das Parlament kontrolliert sie. Allerdings kann der Staatspräsident vom Revolutionsführer abgesetzt werden. Politische Parteien gibt es nicht. Die Medien werden streng kontrolliert, die **Internetzensur** ist scharf.

Eine Schlüsselrolle hat der **Wächterrat** aus sechs vom Revolutionsführer ernannten islamischen Rechtsgelehrten und sechs vom Parlament gewählten Laien. Er überprüft alle Gesetze und Verordnungen auf ihre Vereinbarung mit den Prinzipien des Islams. Auch kann der Wächterrat Bewerber für ein Parlamentsmandat ablehnen – das hat er in der Vergangenheit ausgiebig getan. Daneben bekämpft die paramilitärische Organisation der **Revolutionsgarden** (Pasdaran) innere und äußere Feinde der Islamischen Republik. Sie stehen unter dem Oberbefehl des Obersten Führers und sind nur ihm rechenschaftspflichtig. Daneben kontrollieren die Pasdaran über eigene Unternehmen einen Teil der Wirtschaft.

Der autoritäre Staat ist von wiederkehrenden **Auseinandersetzungen innerhalb der Machtelite** zwischen „Konservativen", „Gemäßigten" und „Reformern" geprägt. Liberalisierungstendenzen kamen nur phasenweise zur Geltung. **Opposition** wird mit Mitteln der Strafjustiz und gegebenenfalls mit Gewalt bekämpft, wie z. B. die Niederschlagung von öffentlichen Protesten (Grüne Bewegung) gegen das Ergebnis der offensichtlich gefälschten Präsidentenwahl 2009 zeigte.

Ayatollah Ali Khamenei ist seit 1989 Oberster Rechtsgelehrter und Revolutionsführer der Islamischen Republik Iran

Das politische System Irans

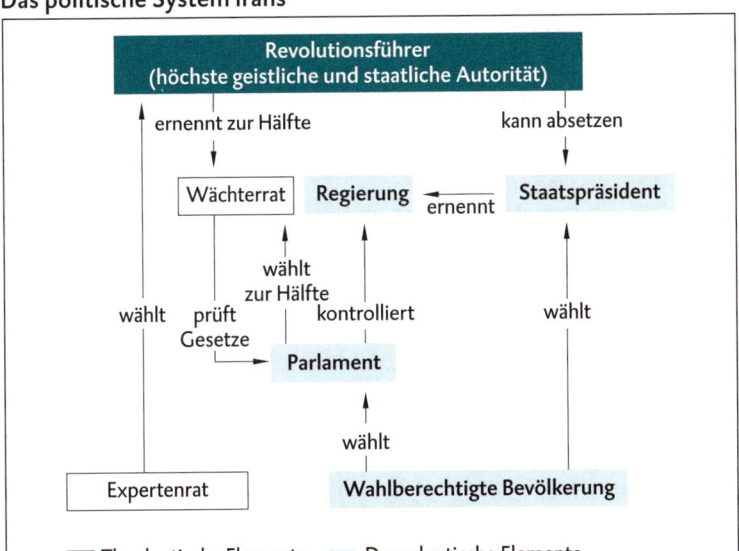

1.4 Zwischen Demokratie und Diktatur

Nur wenige politische Systeme sind lupenreine Demokratien. Ähnlich sieht es am anderen Ende des Spektrums aus: Totalitäre Diktaturen sind gleichfalls sehr selten. Vielmehr sind heute **Misch- und Übergangsformen** Realität. Auch bezeichnen sich die allerwenigsten Staaten als nichtdemokratisch. Ihre Verfassungsordnung entspricht nach außen den Maßstäben einer Demokratie. In Wirklichkeit gibt es auf verschiedenen Ebenen **Demokratiedefizite**.

Um das **Demokratiemaß** zu bestimmen, braucht man klare Kriterien. Was genau macht eine Demokratie aus? Was ist wichtig, damit sie wirklich funktioniert? Bürgerrechte, politischer Wettbewerb, freie und faire Wahlen, Teilhabe (Partizipation), Gewaltenkontrolle und die Möglichkeit zum Macht- und Elitenwechsel werden zu den **Kernmerkmalen** einer Demokratie gezählt. In **erweiterten Konzepten** wird auch die Fähigkeit des demokratischen Staates berücksichtigt, Probleme zu lösen und seinen Bürgern größtmöglichen Nutzen zu bieten, etwa Rechtssicherheit, eine stabile Währung und gute wirtschaftliche Rahmenbedingungen. Auch muss gewährleistet sein, dass staatliche Gewalt tatsächlich und effektiv von den demokratisch legitimierten Organen ausgeübt wird.

> ### info
>
> **Defekte Demokratien**
>
> Fehlentwicklungen und Störungen in „Teilregimen" demokratischer Herrschaft haben Politikwissenschaftler (u. a. Wolfgang Merkel) in folgenden Typen zusammengefasst:
> - **Exklusive Demokratie:** Bevölkerungsgruppen von demokratischer Willensbildung ausgeschlossen
> - **Illiberale Demokratie:** Bürgerrechte nicht verwirklicht, Mitwirkung der Zivilgesellschaft eingeschränkt, Rechtsstaat schwach
> - **Delegative Demokratie:** mangelnde Kontrolle einer starken Exekutive
> - **Enklavendemokratie:** demokratische Verfahren durch „Nebengewalten" untergraben

In der Statistik fasst ein **Index** Messziffern in einem Wert zusammen.

Zur Einordnung und zum **Vergleich von Staaten** wurden **Demokratie-Indizes** (Singular: Index) entwickelt. Sie unterscheiden sich vor allem in der Demokratiedefinition und der Art, wie der Index ausgedrückt wird. Überwiegend werden dazu eine **Skala**, Zahlenwerte oder ein Intervall herangezogen (kontinuierliche Messung). Anders der **ACLP-Index:** Hier gibt es nur hop (diktatorisch) oder top (demokratisch).

ACLP setzt sich aus den Anfangsbuchstaben der Nachnamen seiner Erfinder zusammen. Der **Index** wurde 1946 geschaffen. Er konzentriert sich auf den politischen Wettbewerb. Indikatoren: mindestens zwei Parteien, Wahlen zur Legislative und Exekutive, Wechsel der Regierung.

Der Index der amerikanischen Nichtregierungsorganisation **Freedom House** (seit 1972) gibt Werte von 1 (= demokratisch, völlig frei) bis 7 (= diktatorisch/autokratisch, völlig unfrei) an. Er misst die Durchsetzung von Bürgerrechten und politischer Freiheit anhand von 25 **Indikatoren**. Die Demokratiedefinition ist deshalb vergleichsweise breit, der Index berücksichtigt vor allem die individuellen Freiheitsrechte, die politische Partizipation in Wahlen und den Pluralismus. Freedom House gibt jährlich den Bericht „**Freedom in the World**" für 195 selbstständige Staaten und 14 abhängige Territorien heraus. Die Ergebnisse werden in drei Dimensionen zusammengefasst: „frei", „teilweise frei", „unfrei". Maximal kann ein Land 100 Punkte (aggregate score) erreichen. **2019** stufte Freedom House 44,1 % der erfassten Länder als frei, 30,3 % als teilweise frei und 25,6 % als unfrei ein. **An der Spitze** standen die **skandinavischen Staaten** Finnland, Norwegen und Schweden mit jeweils 100 Punkten. Alle Mitglieder der Europäischen Union außer Ungarn platzierten sich in der Kategorie „frei". 23 Länder haben sich nach dem Bericht in den letzten 13 Jahren verschlechtert – Richtung Unfreiheit. Nach 1988 hatte sich bei zwei Dritteln von ihnen der Freiheitsgrad noch erhöht. Darin spiegelte sich vor allem die Demokratisierung im Ostblock, also dem Macht- und Einflussbereich der ehemaligen Sowjetunion, nach dem Ende des Ost-West-Konflikts wider.

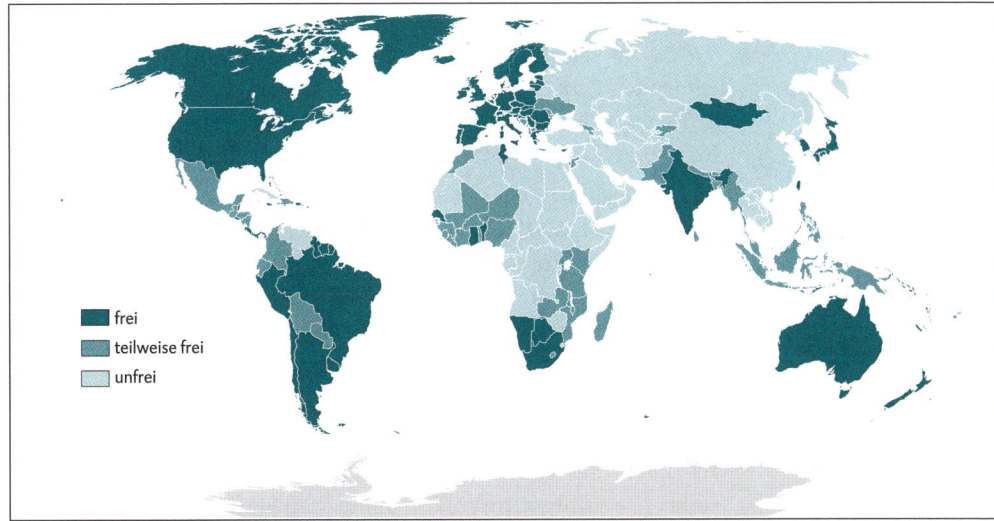

Einteilung der Staaten der Welt in ‚frei‘, ‚teilweise frei‘ und ‚nicht frei‘ nach der NGO Freedom House

Auf dem Weg zum autoritären Staat: Beispiel Türkei

32 Punkte gab „Freedom in the World" 2019 der Türkei. Damit gehörte das Land nach dem Index zu den 50 **„unfreien" Staaten**. 2004–2013 hatte es noch mehr als 60 Punkte erreicht. 2016 ging es dann steil bergab, weil sich die Lage nach dem **gescheiterten Putsch** von Teilen der Armee am 15. Juli 2016 deutlich verschlechterte. Das politische System der Türkei nahm deutlich autoritäre Züge an. Als der von Staatspräsident Recep Tayyip Erdoğan verhängte und vom Parlament bestätigte **Ausnahmezustand** im Juli 2017 nach einem Jahr aufgehoben wurde, hatte sich die Republik verändert: Aus der parlamentarischen Demokratie war durch Verfassungsänderung, die im Januar 2017 vom Parlament gebilligt und im April in einer Volksabstimmung angenommen wurde, ein **Präsidialsystem** geworden:
Der **Staatspräsident** erhielt erweiterte Vollmachten:

Recep Tayyip Erdoğan, Staatspräsident der Republik Türkei ab 2014, erhielt durch eine 2017 geänderte Verfassung umfassende politische Vollmachten.

→ **Die Regierungssysteme der USA und Deutschlands** vgl. S. 142

- Der Präsident darf die **Regierung** ohne Zustimmung des Parlaments ernennen und absetzen. Das Amt des Ministerpräsidenten wird abgeschafft.

- Der Präsident darf das Parlament (Nationalversammlung aus 600 Abgeordneten) voraussetzungslos auflösen und **Neuwahlen** ausschreiben.

- Der Präsident darf **Verordnungen** (Dekrete) mit Gesetzeskraft erlassen.

- Nach fünfjähriger **Amtszeit** und einmaliger Wiederwahl (direkte Volkswahl seit 2007) hat der Präsident die Möglichkeit, nach vorgezogenen Parlamentswahlen erneut zu kandidieren. – Am 24. Juni 2018 wurde Erdoğan bei **Präsidentschaftswahlen** mit 52,6 % bereits im ersten Wahlgang zum Staats- und Regierungschef gewählt.
- Der Präsident darf, anders als bis dahin, einer politischen Partei angehören. – Nach 2001–2014 übernahm Erdoğan 2017 wieder den Vorsitz der **Partei für Gerechtigkeit und Entwicklung (AKP)**. Bei den Parlamentswahlen vom 24. Juni 2018 verteidigte die AKP im Wahlbündnis mit einer weiteren Partei die absolute Mehrheit im Parlament. Die AKP ist seit 2002 Regierungspartei.
- Der Präsident hat den **Oberbefehl** über die Armee. – Das **Militär** spielt in der Türkischen Republik seit jeher eine **Sonderrolle**. Es gilt als Garant des von Atatürk geschaffenen und geformten Nationalstaats. Die Armee hatte großen politischen Einfluss auf staatliche Entscheidungen, beeinflusste Wahlen, stürzte Ministerpräsidenten und putschte dreimal: 1960, 1973 und 1980.

Verfolgung: Nach dem gescheiterten Putsch 2016 wurden Militärs, Oppositionspolitiker, Regierungskritiker, Journalisten, Mitarbeiter von Nichtregierungsorganisationen, Lehrer und Hochschullehrer in Untersuchungshaft genommen, teils vor Gericht gestellt und verurteilt, teils auch im Ausland verfolgt. Hauptvorwurf: Unterstützung der Putschisten und kurdischer Terroristen, aber auch: „Beleidigung des Präsidenten". – Die **Strafjustiz** wurde bereits vorher für politische Ziele benutzt. Dafür sorgten dehnbare Tatbestände wie „Verleumdung des Türkentums" oder Handlungen gegen die „Einheit" von Staat und Nation sowie Strafverfahren gegen angeblich staatsfeindliche Netzwerke innerhalb von Verwaltung, Justiz und Armee („tiefer Staat").

Säuberungen: Zehntausende von Armeeangehörigen, Staatsangestellten, Juristen, Lehrer und Professoren wurden entlassen und mit Berufsverboten belegt.

Repression traf insbesondere Vertreter der Oppositionspartei HDP, die ihre Basis in den von Kurden besiedelten Regionen hat. Es gab Verhaftungen, Mandatsentzug und Wahlbehinderung.

Grundrechte waren insbesondere während des Ausnahmezustands eingeschränkt oder aufgehoben.

Massenmedien wurden zur Schließung gezwungen, an regierungsnahe Unternehmen verkauft oder mit der Präsidentenpartei AKP verflochten.

Insgesamt wurde das **politische System auf den Präsidenten ausgerichtet**. In seiner Hand laufen nun alle Fäden zusammen. Ohne seine Zustimmung oder Billigung können keine wesentlichen Entscheidungen in Staat und Wirtschaft gefällt werden. Das Parlament hat wesentliche Kontrollrechte verloren, die Medien haben ihre Rolle als vierte Gewalt eingebüßt. Die Justiz verliert ihre Unabhängigkeit und der Zivilgesellschaft werden enge Grenzen gesetzt.

Demokratisierung

Die Entwicklung von einem autoritären zu einem demokratischen Staat wird mit dem Begriff Demokratisierung beschrieben. Seit Anfang des 19. Jahrhunderts machten Forscher international mehrere **Demokratisierungswellen** aus, wie sie seit Mitte des 20. Jahrhunderts auch Langzeitbetrachtungen der Demokratie-Indizes zeigen. Als Startjahr der jüngsten Demokratisierungswelle wird 1974 angesehen. Damals begann in Griechenland, Portugal und Spanien der Übergang von einer autoritären Diktatur zur Demokratie. Demokratisierung ist jedoch **nicht zwangsläufig**. Sie kann stocken, gestoppt werden, auf halbem Weg stecken bleiben oder auch rückgängig gemacht werden.

Die **Ursachen** für eine Demokratisierung sind vielfältig: Ein autoritäres System kann gestürzt werden, zusammenbrechen, unterhöhlt werden oder aus eigenem Antrieb abtreten. Der **Verlauf** einer Demokratisierung kann friedlich oder gewaltsam sein, abrupt erfolgen oder langsam vonstattengehen, von innen gesteuert oder von außen beeinflusst werden.

Besonders interessiert sich die Politikwissenschaft für den Zusammenhang zwischen **wirtschaftlicher Entwicklung** und Demokratisierung: Führt eine wirtschaftliche Modernisierung, etwa durch Industrialisierung, zu einer Demokratisierung? Sind Staaten mit hohem Volkseinkommen weniger empfänglich für autoritäre Strukturen? Wächst Armut in autoritär regierten Staaten? Zudem werden die **gesellschaftlichen und kulturellen Voraussetzungen** beleuchtet: Fördert eine breite Mittelschicht die Demokratisierung? Sind islamische Staaten tendenziell weniger demokratisch?

Demokratische Wende in Europa

Nach dem Ende des globalen Ost-West-Konflikts mit der Auflösung des Ostblocks und der Sowjetunion 1988/89–1991 vollzog sich in Ost-mittel- und Südosteuropa eine **Transformation** (Übergang) vom „real existierenden Sozialismus" und einer staatlichen Planwirtschaft **zu Demokratie und Marktwirtschaft**. Dieser Prozess wurde durch supra-nationale Institutionen wie die OSZE, den Europarat und vor allem die Europäische Union begleitet und auch gesteuert. Der EU durfte bei-treten, wer festgelegte politische, rechtliche und wirtschaftliche Bedin-gungen nachprüfbar erfüllte und in der Lage war, die von den bisherigen Mitgliedern eingegangenen Verpflichtungen zu erfüllen. So erhöhte sich die Zahl der EU-Mitglieder bis 2013 von 15 auf 28. Die Demo-kratisierung der 1990er-Jahre in der **Russischen Föderation** stoppte spätestens mit dem Übergang der Präsidentschaft von Boris Jelzin zu Wladimir Putin (2000). Die Auflösung des sozialistischen und föderati-ven **Jugoslawiens** (ab 1989) vollzog sich in Bürgerkriegen mit völker-mordähnlichen Massakern (bis 1995).

Der **Bertelsmann Trans-formationsindex (BTI)** der Bertelsmann-Stiftung misst alle zwei Jahre in 129 Ländern (ausgenommen langjährige westliche Demokratien) den demo-kratischen Fort- bzw. Rück-schritt in Politik und Wirt-schaft (Transformation) sowie die politische Ent-scheidungsfindung anhand von 52 Indikatoren, jeweils zusammengefasst in Punk-ten auf einer Skala von 1 bis 10. Den besten Durch-schnittswert mit 9,52 Punkten erreichten 2018 Estland und die Tsche-chische Republik.

→ **EU-Erweiterung** vgl. S. 166

info

„Gelenkte Demokratie" in Russland

In der Russischen Föderation ging die Transformation der 1990er-Jahre mit einem Wirtschaftseinbruch, der Verarmung großer Bevölkerungskreise und einer Währungskrise einher. Die Demokratisierung mit freien Wahlen und Dezentralisierung sowie marktwirtschaftliche Reformen wurden unter der Führung von Wladimir Putin, Staatspräsident (2000–2008 und ab 2012) sowie Ministerpräsident (2008–2012), zurückgeschraubt. Im Gegenzug wurde die Bevölkerung durch Wirtschaftswachstum, finanzielle Sicherheit und politische Stabilität zufriedengestellt. Große Profiteure der „wilden" Privatisierung staatlicher Unternehmen in den 1990er-Jahren, die sog. Oligarchen, wurden ihres Einflusses beraubt, sogar ins Exil getrieben, ihre Unternehmen teils zerschlagen. Das heutige Russland kann als **defekte Demokratie** bezeichnet werden. Gründe dafür:

- **Machtkonzentration** beim Staatspräsidenten (Kreml), der durch Dekrete regiert; Befehlsgewalt über Geheimdienst (FSB), Nationalgarde und Armee
- **Loyalität** zur Staatsführung ersetzt Gewaltenkontrolle
- **Gefügiges Parlament** (Staatsduma) von Präsidentenpartei „Einiges Russ-land" beherrscht; keine wirkungsvolle Opposition, sondern nur mit der Staatsmacht kooperierende („systemtreue") Parteien
- **Simulierte Demokratie:** Keine Chancengleichheit für oppositionelle Gruppen und alternative Konzepte, u. a. durch Nutzung administrativer Ressourcen für Präsidentenpartei, Nichtzulassung oppositioneller Kandi-daten bei Wahlen, Wahlmanipulation und Wahlfälschung; Strafjustiz gegen Oppositionspolitiker

- **„Selektiver Rechtsstaat":** Willkürurteile statt Rechtsgleichheit und Rechtssicherheit, Richter führen Prozesse im Sinne der Anklage, Strafverfahren enden selten mit Freispruch
- **Monopolisierte Massenmedien:** Fernsehen unter vollständiger staatlicher Kontrolle; informelle Vorgaben und „rote Linien" für Berichterstattung
- **Einschränkung von Grundrechten:** vor allem Meinungs- und Pressefreiheit, Versammlungs- und Vereinigungsfreiheit
- **Gängelung der Zivilgesellschaft:** faktische Betätigungsverbote von Nichtregierungsorganisationen, u. a. durch Stigmatisierung als „ausländische Agenten" und willkürliche Finanzkontrolle

2 Stellung des Individuums

2.1 Menschenrechte

Menschenrechte stehen jedem Menschen von Geburt an zu. Sie sind **universell** und **unveräußerlich**. Sie gelten also an jedem Ort der Welt und sind nicht auf den Geltungsbereich von Gesetzen, die Zugehörigkeit zu einem Staat oder an Bedingungen gebunden. Unveräußerlich meint, dass Menschenrechte **nicht der Verfügungsgewalt anderer** unterstehen. Auch kann der Mensch nicht darauf verzichten, weil sie ihm von Natur aus zustehen. Der Mensch besitzt also naturgegebene Rechte, die ihm kein Herrscher und kein Staat der Welt nehmen dürfen. Dies hat der englische Philosoph John Locke (1632–1704) erstmals deutlich formuliert („Über die Regierung", 1690). Dahinter steckt die Auffassung, dass der **Staat eine Vertragsgemeinschaft** von gleichen Menschen ist und nicht gottgegeben.

info

Menschenwürde

Menschenwürde beschreibt den Anspruch, dass der Mensch als solcher geachtet und wertgeschätzt wird. Eine Missachtung ist von vornherein unzulässig. Das geschieht, wenn der Mensch lediglich als Objekt behandelt wird. Nach überwiegender Rechtsauffassung ist die Menschenwürde in den Grundrechten enthalten. Das gilt insbesondere für die Persönlichkeitsrechte. Die Ewigkeitsklausel im deutschen Grundgesetz (Art. 79, Abs. 3) verhindert, dass die Menschenwürde durch eine Grundgesetzänderung eingeschränkt wird.

Grundrechte

→ **Das Grundgesetz** vgl. S. 48

Grundrechte sind Menschenrechte, die durch eine demokratische Verfassung gewährleistet sind, z. B. durch das Grundgesetz der Bundesrepublik Deutschland. Menschenrechte gelten für jedermann, **Bürgerrechte** nur für die Bürger des jeweiligen Staates.

Entstanden sind Grundrechte als Freiheitsrechte gegenüber dem Herrschaftsanspruch eines Monarchen. Sie begrenzen als **Abwehrrechte** den staatlichen Zugriff. Andererseits sind Freiheitsrechte auch **Mitwirkungsrechte**. Sie geben dem Bürger das Recht auf gesellschaftliche und politische Teilhabe. Verbriefte Grundrechtskataloge gab es erstmals in der Virginia Declaration of Rights (1776) zu Beginn des Amerikanischen Unabhängigkeitskriegs.

Gleichheitsrechte sichern dem Einzelnen rechtliche Gleichstellung und Gleichbehandlung zu. Das beinhaltet Nichtdiskriminierung, Chancengleichheit und auch eine gewisse materielle Gleichheit. Im 20. Jahrhundert wurden Grundrechte um eine **soziale Dimension** erweitert, weil dies der moderne Sozialstaat forderte. Stärker in den Blick gerieten auch **Kollektivrechte** wie das Recht auf eine intakte Umwelt und auf sauberes Trinkwasser sowie Rechte zum Schutz und zur Bestimmung der eigenen **Identität**. Darunter fallen z. B. kulturelle Rechte für Minderheiten und das Recht, das eigene Geschlecht selbst zu bestimmen.

Grundrechte schützen den Einzelnen also vor übermäßigem Zugriff der öffentlichen Gewalt **(status negativus)**. Ebenso gewähren sie ihm das Recht, die Angelegenheiten des staatlichen Gemeinwesens mitzugestalten. Der Einzelne hat also das Recht, sich ungehindert in der Gesellschaft zu engagieren und an der politischen Willensbildung mitzuwirken **(status activus)**. Gleichzeitig begründen Grundrechte Ansprüche auf staatliche Leistungen. Denn erst materielle Mittel erlauben dem Einzelnen seine Persönlichkeit zu entfalten, seine Freiheit zu gestalten und Teilhabe überhaupt erst auszuüben **(status positivus)**. So schafft erst ausreichende Bildung die Möglichkeit, einen Beruf frei zu wählen. Ebenso schafft erst eine gewisse materielle Grundlage die Voraussetzungen für die Teilnahme am gesellschaftlichen Leben.

Universalität

Universal wurden Menschenrechte 1948 durch die **Erklärung der Vereinten Nationen (UN)**, allerdings nur als Programm, nicht als rechtsverbindliche Verpflichtung. Dennoch wurden die Menschenrechte der UN-Deklaration in weiteren Übereinkommen konkretisiert und für bestimmte Regionen fixiert, z. B. für die Mitgliedsstaaten des Europarats in der **Europäischen Konvention zum Schutze der Menschenrechte und Grundfreiheiten** (1950). Werden diese verletzt, dürfen Mitglieder des Europarats, aber auch Einzelpersonen den Europäischen Gerichtshof für Menschenrechte anrufen. Die völkerrechtliche Souveränität der Staaten und das Verbot gemäß UN-Charta, sich in die inneren Angelegenheiten anderer Staaten einzumischen, werden damit durchbrochen. Das tut auch der 1998 gegründete **Internationale Strafgerichtshof:** Staaten, die das Gründungsstatut unterzeichnet haben, sind verpflichtet, dem Gericht Personen zu überstellen, die des Völkermords, Verbrechen gegen die Menschlichkeit und Kriegsverbrechen beschuldigt werden. Darüber hinaus wurden ständige **Instanzen zur Durchsetzung von Menschenrechten** geschaffen, z. B. der UN-Hochkommissar für Menschenrechte (UNHCHR) und der UN-Menschenrechtsrat. Die Organisation für Sicherheit und Zusammenarbeit in Europa (OSZE) widmet ebenfalls einen Großteil ihrer Arbeit der Verwirklichung von Grundrechten in ihren 57 Mitgliedsstaaten.

Von einigen Staaten werden jedoch weltweit gültige Menschenrechte in Abrede oder unter **Vorbehalt** gestellt. Sie sehen darin ein europäisches Konzept bzw. „westliche" Denkweise oder eine Bevormundung durch ehemalige Kolonialmächte. Gegen universale Menschenrechte führen sie kulturelle Traditionen, soziale Werte und ein eigenes Rechtsverständnis als „höherwertig" ins Feld.

Kritik bezieht sich auch auf die inhaltliche Ausweitung von Grundrechten und die Einbeziehung von Personengruppen. Damit würde insbesondere der „Freiheitsgehalt" der (klassischen) Grundrechte verwässert.

→ **UNO** vgl. S. 220

Souveränität meint die unbeschränkte Hoheitsgewalt eines Staates nach außen und die Verfügungsgewalt nach innen. Im klassischen Völkerrecht gilt die Gleichheit aller souveränen Staaten.

→ **OSZE** vgl. S. 231

Einschränkung

Menschen- und Bürgerrechte gehören untrennbar zu einem **demokratischen Staat**, der seinerseits verpflichtet ist, sie zur Geltung zu bringen und zu schützen. Grundrechte sind **Voraussetzung**, dass sich eine Demokratie überhaupt entfalten kann. Umgekehrt gilt dies nicht. So sind demokratische Verhältnisse nicht auf „ewig" angelegt. Auch verhindert das demokratische Mehrheitsprinzip, dass sich alle Menschen gleichermaßen mit ihren Anliegen durchsetzen können.

Grundrechte sind auch in der Demokratie nicht schrankenlos. Durch Gesetz oder aufgrund eines Gesetzes dürfen sie eingeschränkt werden **(Gesetzesvorbehalt)**. In Deutschland ist dies nur unter Beachtung der Verhältnismäßigkeit erlaubt **(Übermaßgebot)**. Auch darf der Wesensgehalt nicht angetastet werden (Art. 19, Abs. 2 GG). Wer sich in seinen Grundrechten verletzt fühlt, hat die Möglichkeit beim Bundesverfassungsgericht **Verfassungsbeschwerde** einzulegen. Generell kann sogar jeder, der sich in der öffentlichen Gewalt in seinen Rechten verletzt sieht (Art. 19, Abs. 4 GG), den **Rechtsweg** beschreiten.

Hieran wird deutlich: Auch wenn die Menschenrechte „vorstaatlich" sind, setzt ihre Entfaltung einen **funktionierenden Rechtsstaat** voraus. In einer Diktatur oder einer defekten Demokratie ist dies nicht oder nicht vollständig der Fall. So erschien es berechtigt, dass die Europäische Union – als Warnsignal – gegen sein Mitglied Polen Ende 2017 ein Verfahren wegen schwerer Verletzung der Grundwerte einleitete, wie sie im EU-Vertrag dargelegt sind. Gerügt wurden politische Eingriffe in das Justizsystem, u. a. neue gesetzliche Verfahren zur Richterernennung.

→ **Gewaltenteilung** vgl. S. 138

---

info

Rechtsstaat

- Verfassung bindet Exekutive und Legislative
- Rechtsprechung (Judikative) muss unabhängig sein
- Rechtsprechung kontrolliert Rechtmäßigkeit staatlichen Handelns
- Staat ist an Recht und Gesetz gebunden
- Recht und Gesetz gelten für jeden gleichermaßen (Rechtsgleichheit)
- Staat muss vorhersehbar, nachprüfbar und berechenbar handeln (Rechtssicherheit)
- Eingriffe der staatlichen Gewalt müssen verhältnismäßig sein
- Bürger darf sich gegen Maßnahmen der öffentlichen Gewalt vor unabhängigen Gerichten wehren (Rechtsweggarantie)
- Keine Bestrafung durch rückwirkende Gesetze, keine Mehrfachbestrafung für die gleiche Tat
- Freiheitsentzug nur durch Richterbeschluss

Sind Grundrechte übermäßig eingeschränkt, werden den Menschen nicht nur individuelle Freiheiten und Chancen genommen, sondern ihnen auch die Möglichkeit zur demokratischen Mitbestimmung und damit zur Mitgestaltung der Herrschaftsverhältnisse verwehrt. **Diktaturen** sind gerade dadurch gekennzeichnet, dass sie Menschen- und Bürgerrechte einschränken, um Wenigen oder Einzelnen die Macht zu sichern. Beispiele:

- **Weniger Meinungsfreiheit** beeinträchtigt die politische Willensbildung. Unterschiedliche Auffassungen kommen nicht mehr gleichermaßen zur Geltung. Fragen und Themen von öffentlichem Interesse werden nicht mehr in notwendiger Breite diskutiert. Sachliche Kritik wird als „feindlicher Angriff" gewertet und bekämpft.

- **Weniger Pressefreiheit** bedeutet auch weniger öffentliche Kontrolle durch die Medien, was Machtmissbrauch durch staatliche Organe oder eine Machtelite Vorschub leistet.

- **Weniger Gleichbehandlung** bedeutet den Ausschluss von Teilen der Bevölkerung von öffentlichen Ressourcen, die normalerweise allen gleichermaßen zustehen. Korruption und Vetternwirtschaft werden gefördert, informelle Vorrechte einer Minderheit zementiert.

- **Weniger Vereinigungsfreiheit** (Koalitionsfreiheit) behindert den Zusammenschluss Gleichgesinnter zur Durchsetzung berechtigter gesellschaftlicher und wirtschaftlicher Interessen. So wird die Rückkopplung zwischen der staatlichen und gesellschaftlichen Ebene gestört und die Funktionsfähigkeit der Zivilgesellschaft beeinträchtigt. Staatsführung und Machtelite nehmen Probleme nicht mehr wahr.

Verletzung

Menschenrechtsverletzungen sind in Diktaturen wahrscheinlich, in einer Demokratie aber nicht ausgeschlossen. **Schwere Verletzungen** wie systematische Folter und die Missachtung der Menschenwürde werden in funktionierenden Demokratien selten auftreten, Verstöße gegen die sexuelle Selbstbestimmung, ungleiche Entlohnung oder unerlaubte Kinderarbeit schon eher.

Ein Weg, Menschenrechtsverletzungen zu rügen, zu verhindern und den Opfern zu helfen, besteht in der **Herstellung von Öffentlichkeit**. Dies tun in der Regel **Menschenrechtsorganisationen**, auf internationaler Ebene z. B. Amnesty International (AI) und Human Rights Watch (HRW). Ihre Methode: Verstöße benennen und genau dokumentieren, sich für die Betroffenen einsetzen. **Hebel** sind internationale Übereinkommen wie die UN-Konvention gegen Folter – die auch Diktaturen unterzeichnet haben – und die Furcht der „an den Pranger" gestellten Staaten, Nachteile zu erleiden, etwa durch Einreiseverbote für Politiker und hohe Staatsbeamte oder auch Wirtschaftssanktionen.

Zielgerichtete **Ermittlung und Aufarbeitung** legt Menschenrechtsverstöße offen. Verantwortliche können identifiziert und ggf. bestraft werden. Dies war und ist Aufgabe z. B. der Strafgerichtshöfe für Kambodscha (Tribunal zu den Verbrechen der Roten Khmer 1975–1979),

Ruanda (Völkermord an Tutsi) und Jugoslawien (Kriegsverbrechen), aber auch des Bundesbeauftragten für die Unterlagen des Staatssicherheitsdienstes (Stasi) der ehemaligen DDR.

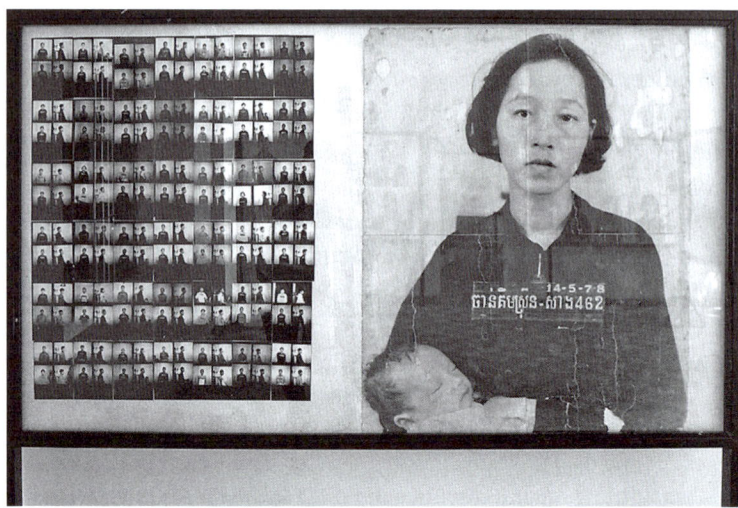

Fotowand zu Todesopfern des Internierungslagers „S-21" im heutigen Tuol-Sleng-Genozid-Museum (Phnom Penh/Kambodscha). Dort und in anderen Gefängnissen wurden während der Herrschaft der Roten Khmer 1975–1979 „Geständnisse" von „Staatsfeinden" erpresst, oft unter Folter. In den „Killing Fields" des kommunistischen Terrorregimes wurden rund zwei Millionen Menschen getötet.

2.2 Autonomie

Die Stellung des Individuums in einem politischen System wird auch durch die Möglichkeit bestimmt, Angelegenheiten nach eigenem Willen und mit einem hohen Maß an Selbstverantwortung zu regeln. Je größer die **Privatautonomie,** desto größer die Chance, persönliche Interessen zur Geltung zu bringen. Sie wird im deutschen Grundgesetz durch das Prinzip der allgemeinen Handlungsfreiheit ausgedrückt (Art. 2, Abs. 1 GG).

Artikel 2, Absatz 1 GG: „Jeder hat das Recht auf die freie Entfaltung seiner Persönlichkeit, soweit er nicht die Rechte anderer verletzt und nicht gegen die verfassungsmäßige Ordnung oder das Sittengesetz verstößt."

Privatautonomie wird nicht nur in der **Vertragsfreiheit** (dem Recht, Verträge mit anderen zu schließen und den Inhalt selbst zu bestimmen) verwirklicht. Vielmehr müssen auch vom Staat unabhängige Vereinigungen die Möglichkeit haben, Dinge, die ihre Mitglieder betreffen, eigenverantwortlich zu regeln. Das geschieht z. B. durch die **Selbstverwaltung** der Sozialversicherungen und Handwerkskammern. Eine Demokratie zeichnet sich durch eine **gegliederte Kompetenzordnung** aus, entweder nach territorialen oder sachlichen Gesichtspunkten. So haben in Deutschland Bund und Länder unterschiedliche Aufgaben und Verantwortungsbereiche. Die Kommunen (Städte und Gemeinden) besitzen ein hohes Maß an Autonomie, denn sie können eigene Rechtsnormen (Satzungen) erlassen.

Diktaturen lassen solche Selbstorganisation nicht oder nur sehr eingeschränkt zu, etwa für privilegierte Gruppen oder Institutionen. Funktionsträger werden dort nicht gewählt, sondern auf allen Ebenen den Bürgern durch zentrale Steuerung aufgezwungen – zentrale **Kontrolle** ersetzt dezentrale Mitgestaltung.

2.3 Öffentlichkeit

Die Kommunikation zwischen dem Einzelnen und der Gesellschaft sowie der Politik findet in der Regel über **Massenmedien** statt. Presse (Zeitungen, Zeitschriften), Rundfunk (Fernsehen, Radio) und Internet (World Wide Web, Social Media, Blogs) haben **in der Demokratie** folgende Funktionen:

- **Information und Bildung:** Wissen bereitstellen, Zusammenhänge erläutern, Orientierung schaffen

- **Artikulation:** Meinungen austauschen, analysieren und bewerten

- **Kritik und Kontrolle:** Entscheidungen hinterfragen, Strukturen, Hintergründe und Missstände offenlegen.

Häufig werden die Massenmedien als **vierte Staatsgewalt** bezeichnet, weil ihnen großer Einfluss auf Politik, Wirtschaft und Kultur zugebilligt wird. Umgekehrt glauben deren Akteure, dass sie medial präsent sein müssen, um öffentlich wahrgenommen zu werden und ihre Anliegen durchsetzen zu können. Welche Macht die Massenmedien tatsächlich haben, hängt u. a. von folgenden Faktoren ab:

- **Individuum:** Bildung, Weltbild, Interessen, soziales Umfeld, Einfluss von Meinungsmachern (opinion leaders), Medienkonsum

- **Struktur des Mediensystems:** staatlich, öffentlich-rechtlich und/oder privat, zentral oder dezentral organisiert

→ **Willensbildung in der pluralistischen Demokratie** vgl. S. 126

- **Pluralismus:** Medienmarkt (Vielfalt oder Konzentration), politische Akteure, Interessengruppen, Zivilgesellschaft
- **Meinungs-, Informations- und Pressefreiheit:** Gewährleistung und Durchsetzung als Grundrecht, Hindernisse (z. B. Zensur), Arbeitsbedingungen für Journalisten

Eine **Manipulation der Öffentlichkeit** ist umso geringer, je stärker die Konkurrenz unter den „Anbietern" aufseiten von Politik und Medien ist. Ändern sich die staatlichen Machtverhältnisse, sind die Medien unmittelbar davon betroffen. Andererseits können sich Machtverhältnisse nur ändern, wenn Medien darüber berichten. Die **wechselseitige Beeinflussung von Politik und Medien** wird besonders in Extremsituationen deutlich: Akteure einer **Revolution** – gewaltsam oder friedlich – oder eines Putsches hielten es immer für notwendig, die Massenmedien mit der größten Reichweite für sich zu gewinnen oder sie zu kontrollieren. Nur auf diese Weise, so die Auffassung der Akteure, können politische „Botschaften" schnell verbreitet, wirkungsmächtige Bilder erzeugt und gleichzeitig (neue) Fakten geschaffen werden. Zwei **Beispiele:**

→ **Alte und neue Medien** vgl. S. 146

Rumänien 1989: Massendemonstrationen vor dem Präsidentenpalast in Bukarest veranlassen den rumänischen Diktator Nicolae Ceaușescu und seine Frau Elena am 22. Dezember zur Flucht mit dem Hubschrauber. In Nachrichtenstudios des Staatsfernsehens erklären Vertreter einer „Front der Nationalen Rettung" – hauptsächlich Gegner Ceaușescus aus der Kommunistischen Partei – am selben Tag ihre Regierungsübernahme. Auf den Straßen beschießen Heckenschützen Demonstranten. Wer dafür die Verantwortung trägt, ist bis heute nicht geklärt. Dann wird das Ehepaar Ceaușescu aufgespürt und gefangen genommen. Ein Militärstandgericht verurteilt beide am 25. Dezember wegen „Machtmissbrauchs" zum Tode und lässt sie kurze Zeit später erschießen. Erst die wackeligen Fernsehbilder über den improvisierten „Prozess" und die Hinrichtung beweisen und sichern die vollständige Niederlage der Ceaușescu-Diktatur.

Deutschland 1989: Eine politische Entscheidung löst unbeabsichtigt eine Lawine aus. Die DDR-Nachrichtensendung „Aktuelle Kamera" informiert am Abend des 9. November 1989 über die neuen Reiseregelungen für DDR-Bürger. Zuvor war die Pressekonferenz mit SED-Politbüromitglied Günter Schabowski direkt übertragen worden. Schabowski hatte dort bekannt gegeben, dass alle Grenzen zur Bundesrepublik Deutschland und nach West-Berlin für DDR-Bürger geöffnet würden – ohne dass er über Details informiert war: „Das tritt nach meiner Kenntnis … ist das sofort, unverzüglich." Die Information war falsch, nun aber in der Welt. Binnen weniger Stunden strömten Zehntausende zur Berliner Mauer und durch die nun geöffneten Grenzübergänge in den Westen. Die „friedliche Revolution" in der DDR erhielt eine neue Dynamik.

Eine Diktatur wie der **nationalsozialistische Führerstaat** sicherte sich die Macht auch durch die Kontrolle und Steuerung von öffentlicher Meinungsbildung und Kulturleben. Statt aus mehreren Perspektiven zu berichten, verbreiteten die **gleichgeschalteten Medien** die staatsoffizielle Sicht sowie Propaganda und die nationalsozialistische Ideologie. Eine alternative Öffentlichkeit war nicht zugelassen, sondern konnte nur – unter Lebensgefahr – im Untergrund operieren.

Mit dem Volksempfänger (Bild: Plakat 1936) wurde der Hörfunk in Deutschland zum Massenmedium. Das Gerät war ein einfaches und preisgünstiges Radio für den Mittel- und Langwellenempfang. Produziert wurde es von einem Gemeinschaftsunternehmen deutscher Hersteller. 1943 gab es 16,1 Mio. gebührenzahlende Hörer in Deutschland.

Instrumente der umfassenden **Indoktrination** und Manipulation waren das **Reichspropagandaministerium** unter Joseph Goebbels, der staatliche Rundfunk und die Reichskulturkammer (ab 1933). Mit täglichen **Anweisungen an die Presse** legte das Propagandaministerium Sprachregelungen fest, gab Inhalte vor und zog Grenzen des Erlaubten. Darüber hinaus wurden NS-Publikationen massiv verbreitet. So war das antisemitische Hetzblatt „Der Stürmer" mit eigenen Schaukästen in allen Städten und Dörfern präsent. **Filme** wurden nach dem Lichtspielgesetz vom 16. Februar 1933 geprüft und **zensiert**. Die 1937 verstaatlichte Filmgesellschaft **Ufa** produzierte und vertrieb sowohl Propagandastreifen als auch Unterhaltungsfilme. Radiosendungen erhielten durch den **Volksempfänger** millionenfache Verbreitung.

In der **Reichskulturkammer** waren alle „Kulturschaffenden" in den Sparten Schrifttum, Presse, Rundfunk, Film, Theater, Musik und bildender Kunst zwangsvereinigt. Zur Berufsausübung war die Mitgliedschaft notwendig. Missliebige Publikationen, Autoren und Künstler wurden öffentlich geächtet, z. B. durch **Bücherverbrennungen** (1933) und Ausstellungen zur „Entarteten Kunst" (1937). Dem Regime genehme Schriftsteller und Architekten wurden mit staatlichen Aufträgen begünstigt und gefördert. **Massenveranstaltungen** wie die „Reichsparteitage" der NSDAP in Nürnberg und Aufmärsche ihrer Massenorganisationen wurden minutiös geplant und als emotional **überwältigende Spektakel** inszeniert.

3 Konflikte bewältigen

3.1 Willensbildung in der pluralistischen Demokratie

In Demokratien vollzieht sich die politische Willensbildung aus der Mitte der Gesellschaft über **Zwischengewalten** unabhängig von Vorgaben der Staatsgewalt. Sie bereitet die für alle Bürger gültigen politischen Entscheidungen, etwa in Gestalt von Gesetzen, vor. Eine **Schlüsselrolle** bei der Gestaltung der Willensbildung kommt politischen **Parteien** und **Interessengruppen** (pressure groups) zu. Sie vermitteln zwischen Staat und Gesellschaft. Sie geben unterschiedlichen Wertvorstellungen Raum, bündeln Einzel-, Gruppen- und Sonderinteressen, artikulieren sie, mobilisieren die öffentliche Meinung und beeinflussen politische Akteure. In Deutschland genießen Parteien durch Art. 21 GG ein verfassungsrechtliches Privileg (Vorrecht). Interessengruppen können sich auf das Grundrecht der Koalitionsfreiheit nach Art. 9 GG berufen. Die Stärke einer Interessengruppe bemisst sich durch ihre **Organisations- und Konfliktfähigkeit:** Wie viele Mitglieder kann sie aufbieten und wie viel Unterstützung mobilisieren? Wie hoch ist die öffentliche Aufmerksamkeit für ihre Forderungen?

→ Politische Parteien in der Bundesrepublik Deutschland vgl. S. 81

---

info

Offene Gesellschaft

Der englische Philosoph Karl Popper (1902–1994) entwickelte in Abgrenzung zur autoritären Herrschaft („geschlossene Gesellschaft") die Idee der offenen Gesellschaft („The open society and its enemies", 1945). Dort gibt es keine verbindliche Ideologie und keine festgelegte Herrschaftsordnung. In einer offenen Gesellschaft kann eine Regierung jederzeit ohne Gewalt beseitigt, d. h. abgewählt, werden. Ihre Institutionen können, durch freien Diskurs unter den Beteiligten, immer wieder verändert werden.

In einer pluralistischen Demokratie konkurrieren Parteien und Interessengruppen miteinander um politischen Einfluss. Kennzeichen eines solchen **Pluralismus** sind:

• Vielfalt gegensätzlicher Auffassungen und Interessen

• Gesellschaft als Austragungsort legitimer (rechtmäßiger) Konflikte

• Gemeinwohl als Ergebnis miteinander ringender Kräfte

Die Königsdisziplin in einer pluralistischen Demokratie ist der **Kompromiss**. Damit er als fair und legitim anerkannt wird, bedarf es der Chancengleichheit, damit die beteiligten Kräfte ihre Interessen auch zur

Geltung bringen können. Im Idealfall herrscht ein **Macht-gleichgewicht**, etwa in Tarifverhandlungen zwischen Arbeitergeber-verbänden und Gewerkschaften. Ein Kompromiss muss durch mindes-tens eine Mehrheit der Beteiligten bzw. Mitglieder einer Interessengrup-pe unterstützt werden.

Dem **Mehrheitsprinzip** steht der **Minderheitenschutz** gegenüber. So müssen in einer parlamentarischen Demokratie auch die Rechte der (unterlegenen) **Opposition** gewahrt werden. Im Deutschen Bundestag geschieht das etwa durch das Rede- und Fragerecht, das Recht, in den parlamentarischen Gremien und Ausschüssen vertreten zu sein, oder durch das Recht, die Einrichtung eines Untersuchungsausschusses zu verlangen.

→ **Der Deutsche Bundestag** vgl. S. 57

Ab den 1980er-Jahren gewann die **Zivilgesellschaft** (Civil Society) als Ergänzung oder als Alternative zum etablierten demokratischen Spiel zwischen Parteien und Interessengruppen an Bedeutung. Als neues Element politischer Partizipation sollte sie gesellschaftliche Anliegen wirkungsvoller zur Geltung bringen. Soziale Bewegungen, Bürgerinitia-tiven und Nichtregierungsorganisationen (NGO) sahen sich als Forum bürgerlicher Selbstbestimmung und nichtstaatlicher Regulierung von Konflikten. Dem staatlich-bürokratischen Zugriff „von oben" sollte eine Öffentlichkeit „von unten" entgegengestellt werden: mehr Transparenz statt Hinterzimmer, breites Engagement statt programmatische Enge, Netzwerke statt Seilschaften. Heute ist die Zivilgesellschaft als **Akteur einer lebendigen Demokratie** anerkannt, gerade weil sie häufig von der „konventionellen Politik" vernachlässigte Themenfelder besetzt. Das gilt sowohl für Anliegen auf lokaler Ebene als auch für Fragen zur Zukunft der Menschheit.

Neue Herausforderungen der Demokratie sind Initiativen über **Social Media**, die weder von der (offiziellen) Politik noch von Interessen-verbänden organisiert sind. Unter einer Parole oder einem zündenden Motto artikulieren sich, häufig in Reaktion auf politische Entscheide oder Vorhaben, Proteste und es bilden sich **Bürgerbewegungen**, wie die „Gelbwesten" 2018 in Frankreich.

→ **Mehr Demokratie** vgl. S. 152

Den Rahmen für die politische Willensbildung formen die **Rechts- und Verfassungsordnung** sowie ein demokratischer **Grundkonsens** über die Akzeptanz von Werten, Prinzipien, politischen Spielregeln und legitimen Meinungen. Der weltanschaulichen Neutralität des Staates sind in einer **wehrhaften Demokratie** Grenzen gesetzt. Diese werden durch sich ändernde gesellschaftliche Werte und Prioritäten immer wieder neu gezogen.

Eine wehrhafte Demo-kratie stellt nicht selbst die Mittel zur ihrer Beseiti-gung zur Verfügung. Demokratische und rechts-staatliche Prinzipien sowie Grundrechte können nicht dauerhaft durch Mehrheits-beschluss abgeschafft werden.

Demokratische Willensbildung

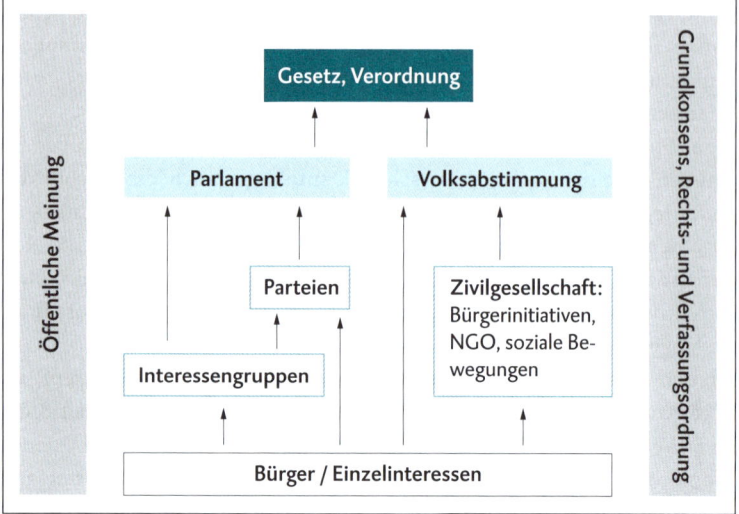

3.2 Demokratisch legitimierte Entscheidungsverfahren

Volkssouveränität bedeutet, dass jeder Einzelne frei über sich selbst bestimmen kann und die staatliche Gewalt vom Volk ausgeht.

Volonté générale bedeutet nach Jean-Jacques Rousseau (1712–1778) der Gesamtwille aller Mitglieder einer staatlichen Gemeinschaft. Darin heben sich die Einzelinteressen auf, deren Summe lediglich der „volonté de tous" ist. Der Staat ist Ausdruck des Gemeinwillens. Er gründet sich auf einen Gesellschaftsvertrag (contrat social) aller freien, gleichen und selbstbestimmten Menschen.

→ **Repräsentative Demokratie** vgl. S. 135

In einer **repräsentativen Demokratie** entscheiden auf zentraler Ebene vom Volk gewählte Vertreter, meist Abgeordnete in Parlamenten. In einer **direkten Demokratie** werden wesentliche Entscheidungen über Volksbegehren und Volksentscheide getroffen. Dahinter stehen unterschiedliche Konzepte, wie die **Volkssouveränität** und der durch das Volk bzw. die freien Bürger artikulierte **Gemeinwille** (volonté générale) unverfälscht und am wirkungsvollsten vorgebracht werden können. Der französische Staatstheoretiker Jean-Jacques Rousseau ging davon aus, dass es einen „objektiven Volkswillen" gibt. In einer von Meinungs- und Interessenkonkurrenz geprägten pluralistischen Demokratie kann dies jedoch nicht der Fall sein. Anstatt von einer „Identität zwischen Regierenden und Regierten" auszugehen, erwerben Einzelne ein **Mandat auf Zeit**.

Demokratische Wahlen zeichnen sich durch bestimmte Grundsätze aus:

- **allgemein:** Alle Bürger dürfen unabhängig von Geschlecht, Bildung, Beruf, Einkommen oder Vermögen an der Wahl (ab einem bestimmten Alter) teilnehmen.

- **frei:** Die Wähler haben die Auswahl unter mehreren Wahlvorschlägen bzw. Kandidaten (mindestens zwei) und dürfen sich ohne Zwang entscheiden.

- **gleich:** Jeder Wähler darf die gleiche Anzahl von Stimmen abgeben. Jede Stimme hat dasselbe Gewicht („one man, one vote").

- **geheim:** Die Stimmabgabe geschieht unbeobachtet, wird nicht kontrolliert und ist keiner Person zuzuordnen.

- **regelmäßig:** Eine Wahl findet in vorher festgelegten Abständen statt.

- **fair:** Wahlen, Wahlvorbereitung und Wahlkampf finden unter Bedingungen statt, die jedem Bewerber bzw. Vorschlag die gleichen Chancen geben. Die Wahlhandlung ist öffentlich, die Stimmauszählung nachvollziehbar und transparent. Jeder darf seine Stimme nur einmal abgeben.

→ **Wahlgrundsätze** vgl. S. 76

Häufig wird gefordert, dass Mandatsbewerber **unmittelbar**, d. h. ohne zwischengeschaltete Institutionen, gewählt werden. Allerdings gibt es auch in demokratischen Staaten **mittelbare Wahlen:** In den USA z. B. wird der Präsident über Wahlmänner gewählt. Und in Frankreich wird der Senat, die zweite Parlamentskammer, auf der Ebene der Départements durch Wahlkollegien aus Mitgliedern bzw. Delegierten verschiedener Gremien bestimmt.

→ **Die Regierungssyteme der USA und Deutschlands** vgl. S. 142

info

Wahlbeobachtung

Zur Gewährleistung demokratischer Wahlen ist es üblich, dass unabhängige nationale oder internationale Institutionen die Wahlvorbereitung und Wahldurchführung zur Vermeidung von Fälschungen und Manipulationen überprüfen. So beobachtet die **Organisation für Sicherheit und Zusammenarbeit (OSZE)** in ihren 57 Mitgliedsstaaten regelmäßig Wahlen und Abstimmungen vor Ort. Dafür zuständig ist das Büro für Demokratische Institutionen und Menschenrechte in Warschau (ODIHR, Polen). Die von ihm entsandten Wahlbeobachter bewerten in Abschlussberichten, ob die überprüften Wahlen demokratischen Grundsätzen entsprachen oder ob es z. B. Mängel, Benachteiligung und Behinderung bei der Stimmabgabe gab. Die OSZE-Beobachter müssen einem OSZE-Staat angehören, dürfen aber nicht aus dem Staat kommen, in dem gewählt oder abgestimmt wird. In nationalem Rahmen führen häufig Nichtregierungsorganisationen Wahlbeobachtung durch. In autoritären Staaten wird deren Tätigkeit häufig behindert und eingeschränkt.

Beim **Wahlrecht** wird grundsätzlich zwischen Mehrheitswahl und Verhältniswahl unterschieden.

Mehrheitswahl: Gewählt ist, wer in einem Wahlkreis die Mehrheit der abgegebenen gültigen Stimmen auf sich vereinigt. Das kann die einfache (relative) Mehrheit oder die absolute Mehrheit, also mehr als die Hälfte (50 %) der Stimmen, sein. Bei der Verteilung der Direktmandate bei Wahlen zum Deutschen Bundestag z. B. reicht die **einfache Mehrheit** aus. Dasselbe gilt für die Wahl zum britischen Unterhaus (House of Commons). Die Stimmen für die unterlegenen Bewerber werden bei der Mandatsverteilung nicht berücksichtigt. Wird die **absolute Mehrheit** gefordert, z. B. bei den Wahlen zur französischen Nationalversammlung (Assemblée nationale), aber nicht erreicht, gibt es eine **Stichwahl** zwischen den beiden Bestplatzierten des ersten Wahlgangs. Etwas anders bei der Wahl des Reichspräsidenten in der Weimarer Republik: Dort reichte im zweiten Wahlgang die einfache Mehrheit unter allen angetretenen Bewerbern.

Verhältniswahl: Die Zahl der Mandate berechnet sich nach dem Verhältnis zwischen der für eine Wahlliste (Partei, Wahlbündnis etc.) abgegebenen Stimmen und der Gesamtzahl der abgegebenen Stimmen. In der Weimarer Republik wurde z. B. der Reichstag in Verhältniswahl bestimmt; für einen Abgeordneten waren 60 000 Stimmen notwendig. Das heißt, bei einer höheren Wahlbeteiligung oder gewachsenen Bevölkerungszahl gab es auch mehr Mandate zu verteilen. Dieses Wahlverfahren wurde damals als besonders demokratisch angesehen. Allerdings waren im Reichstag bis zu 17 Parteien vertreten. Um eine solche Zersplitterung zu vermeiden, gibt es heute in den meisten Staaten mit Verhältniswahlrecht **Sperrklauseln**. Sie legen eine Mindeststimmenzahl oder einen Mindestanteil fest, der erreicht werden muss, um bei der Mandatsverteilung überhaupt berücksichtigt zu werden.

In einer Demokratie ist das Wahlrecht ein fundamentaler Ausdruck legitimer Partizipation. Eine große Rolle spielt die Tradition – oder auch das Fehlen – **demokratischer Gepflogenheiten**. Ist die Kombination aus Verhältnis- und Mehrheitswahlrecht in Deutschland als Kompromiss zwischen demokratischer Gerechtigkeit und politischer Stabilität akzeptiert, wird ein solches System in der Ukraine – dort werden Direkt- und Listenmandate jedoch nicht miteinander verrechnet – vielfach als undemokratisch angesehen: Die Hälfte der Abgeordneten wird durch Direktwahl (Mehrheitsentscheid) in 225 Wahlkreisen ermittelt. In der Vergangenheit begünstigte dies den Stimmenkauf durch einflussreiche „unabhängige" Kandidaten.

→ Das Wahlsystem für den Deutschen Bundestag vgl. S. 77

Auf der anderen Seite können politische und gesellschaftliche Entwicklungen grundsätzlich als legitim angesehene **demokratische Wahlverfahren infrage stellen**. Drei Beispiele:

Sperrklausel: Bei einem Vielparteiensystem kann bereits eine niedrige Sperrklausel die Gleichheit der Wahl beeinträchtigen, weil ein verhältnismäßig großer Stimmenanteil unter den Tisch fällt. Eine hohe Sperrklausel kann kleine Parteien oder neue Kräfte dauerhaft aus dem politischen Entscheidungsprozess ausschließen.

Mandatsermittlung: Mit einer abnehmenden Stimmenzahl für die „Volksparteien" CDU/CSU und SPD erhöht sich die Zahl der Bundestagsabgeordneten, weil immer mehr **Direktmandate** – die überwiegend von Kandidaten dieser Parteien gewonnen werden – durch Mandate für andere Parteien **ausgeglichen** werden müssen. Denn das Mandatsverhältnis muss das Stimmenverhältnis widerspiegeln. So wurden 2017 insgesamt 709 Sitze vergeben; die gesetzliche Zahl liegt bei 598. Je mehr Mandate vergeben werden, desto niedriger wird allerdings das „repräsentative Gewicht" des einzelnen Abgeordneten.

Wahlkreismanipulation: Der genaue **Zuschnitt von Wahlkreisen** ist kein bloßer Verwaltungsakt, sondern eine wichtige politische Frage: Im deutschen Kaiserreich (1871–1918) wurden z. B. kleine städtische und große ländliche Regionen zusammengelegt, um – unter den Bedingungen des geltenden Mehrheitswahlrechts für den Reichstag – Wahlerfolge der SPD zu verhindern. Die städtische Arbeiterschaft wählte sozialdemokratisch, das Dorf konservativ. Bei Parlamentswahlen in den USA mindert **Gerrymandering** den Wert einer Wählerstimme.

info

Gerrymandering

Gerrymandering kombiniert den Namen des amerikanischen Politikers Elbridge Gerry (1744–1814) mit der Gestalt eines 1812 geschaffenen Wahlkreises („Salamander") für das US-Repräsentantenhaus. Diese Art der Manipulation schließt im Zweiparteiensystem der USA und dem Mehrheitswahlrecht eine echte Konkurrenz zwischen Republican Party und Democratic Party aus. Gerrymandering folgt zwei Grundprinzipien: entweder möglichst viele Stammwähler der eigenen Partei in möglichst viele Wahlkreisen „platzieren" oder möglichst viele Anhänger der gegnerischen Partei in wenige Wahlkreise pressen. Wettbewerb findet nur noch in den Vorwahlen (Primaries) unter den Kandidaten *einer* Partei statt. Methoden der elektronischen Datenerfassung perfektionieren Gerrymandering. Den Zuschnitt der Wahlkreise beschließen jeweils die Parlamente der Bundesstaaten nach den Daten der letzten Volkszählung (Zensus).

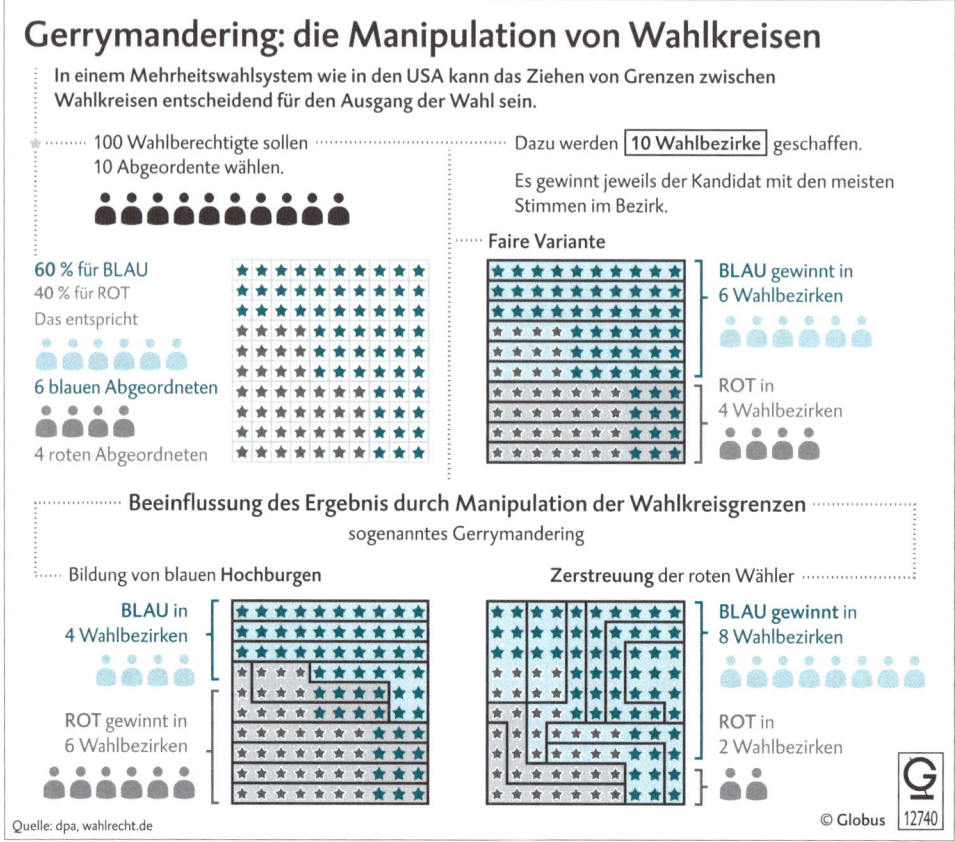

Gerrymandering: die Manipulation von Wahlkreisen

In einem Mehrheitswahlsystem wie in den USA kann das Ziehen von Grenzen zwischen Wahlkreisen entscheidend für den Ausgang der Wahl sein.

100 Wahlberechtigte sollen 10 Abgeordnete wählen.

Dazu werden **10 Wahlbezirke** geschaffen.

Es gewinnt jeweils der Kandidat mit den meisten Stimmen im Bezirk.

60 % für BLAU
40 % für ROT

Das entspricht

6 blauen Abgeordneten

4 roten Abgeordneten

Faire Variante

BLAU gewinnt in 6 Wahlbezirken

ROT in 4 Wahlbezirken

Beeinflussung des Ergebnis durch Manipulation der Wahlkreisgrenzen
sogenanntes Gerrymandering

Bildung von blauen **Hochburgen**

BLAU in 4 Wahlbezirken

ROT gewinnt in 6 Wahlbezirken

Zerstreuung der roten Wähler

BLAU gewinnt in 8 Wahlbezirken

ROT in 2 Wahlbezirken

Quelle: dpa, wahlrecht.de

© Globus 12740

Grafische Darstellung des Gerrymandering – die Farben BLAU und ROT stehen für Demokratien und Republikaner

Direktdemokratische Verfahrensweisen sind **Volksabstimmungen (Plebiszite)**. Damit nimmt der Wahlbürger unmittelbar Einfluss auf die Gesetzgebung und übt eine direkte Mitsprache bei politischen Entscheidungen aus. Hier gibt es grundsätzlich zwei Wege:

- **Volksinitiativen, Volksbegehren:** Aus der Mitte der Wahlbevölkerung werden Gesetzesvorlagen oder -entwürfe formuliert und dann als Gesetzentwurf ins Parlament eingebracht; anschließend entscheidet entweder das Parlament oder das Volk.

- **Referendum:** Die Wahlbürger entscheiden über eine Vorlage des Parlaments oder der Regierung.

Die direkte Volksbeteiligung erstreckt sich mehr auf **Sachfragen**, weniger auf Personalfragen. Zur Abstimmung stehen dann in der Regel **zwei Alternativen:** Ja oder Nein.

info

Plebiszite für Diktatoren

Volksabstimmungen dienen in autoritären Staaten zur Herrschaftssicherung. Sie sind in erster Linie ein Mittel der Propaganda. Der „Nachweis" einer meist „überwältigenden" Zustimmung des Volkes soll längst gefällte Entscheidungen nachträglich rechtfertigen. Solche Referenden sind scheindemokratisch, weil sie keine echten Alternativen zur Abstimmung, sondern manipulative Fragen stellen. Sie begrenzen die Staatsgewalt nicht, sondern geben ihr im Gegenteil den verlangten größeren politischen Spielraum. Referenden setzte z. B. der Bonapartismus in Frankreich ein: Napoleon Bonaparte kam 1799 und Louis Napoleon 1852 durch Staatsstreich an die Macht. Volksabstimmungen dienten dem Nachweis einer „Massenbasis" und sollten die mangelnde Legitimität des Herrschers ausgleichen. Hitler ließ 1934 nach dem Tod des Reichspräsidenten Paul von Hindenburg über ein „Gesetz" zur Zusammenlegung der Ämter des Reichskanzlers und Reichspräsidenten abstimmen. Rund 90 % stimmten mit „Ja" – eine offene Stimmabgabe wurde als „Vertrauensbeweis" für den „Führer" gewertet.

Plakat zur Reichstagswahl im November 1933 (Einheitsliste) und zur Volksabstimmung über den Austritt Deutschlands aus dem Völkerbund (Oktober)

In Bundesstaaten werden direktdemokratische Verfahren häufig auf untergeordneter staatlicher Ebene praktiziert, z. B. in **Städten und Gemeinden** deutscher Bundesländer durch Bürgeranträge, Bürgerbegehren und Bürgerentscheide. Daneben gibt es Bürgerbefragungen mit Empfehlungscharakter.

Andererseits werden in europäischen Staaten auch abschließende **Entscheidungen von nationaler Bedeutung** in die Hände des Volkes gelegt. Dazu gehörte z. B. die Mitgliedschaft in der Europäischen Union oder Europäischen Währungsunion. In Deutschland wird das Volk auf Bundes- oder Länderebene nur in ausgewählten Angelegenheiten beteiligt, etwa zur **territorialen Neuordnung**, wie in Artikel 29 GG (Neugliederung des Bundesgebietes) und Artikel 118a zu Berlin und Brandenburg – eine Fusion beider Länder scheiterte 1996 in der abschließenden Volksabstimmung.

Werbung für die Vereinigung der Länder Berlin und Brandenburg

Als **Referendumsdemokratie** wird die **Schweiz** bezeichnet. Dort werden die Wahlbürger auf allen bundesstaatlichen Ebenen regelmäßig beteiligt; die Rechte von Parlament und Regierung sind eingeschränkt. Die Schweiz ist in dieser Hinsicht eine große Ausnahme. In den allermeisten Staaten ergänzen Elemente der direkten Demokratie lediglich das grundsätzlich repräsentative System.

Wenn aber das Volk abstimmt, dann erhält dessen Votum eine **große Verbindlichkeit**. Das heißt, die Staatsorgane sind entweder verpflichtet, diese Entscheidung umzusetzen. Oder die Politik fühlt sich daran gebunden, auch wenn die **Volksabstimmung** eigentlich „nicht bindend" oder „konsultativ" war. Das galt z. B. für die Abstimmung in den Niederlanden über die Annahme einer Europäischen Verfassung 2005 – die Niederländer sagten dazu „Nein" – und beim **Brexit:** 2016 stimmte eine knappe Mehrheit der Briten für den Austritt des Landes aus der EU. Die konservative Regierung von Premierministerin Theresa May nahm dies als Wählerauftrag an und betonte dies auch öffentlich („Brexit means Brexit"), fand dafür aber keine Mehrheit im Unterhaus. Erst Ende 2019 änderte sich die Lage, als die Konservativen unter neuer Führung die Parlamentswahl deutlich für sich entschieden. Wichtigster Slogan von Premierminister Boris Johnson war: „We will get Brexit done."

Für eine **Annahme** von Volksbegehren und Bürgerbegehren ist meist eine Mindestzahl von Unterstützern nötig. Ein Volksentscheid verlangt die Mindestbeteiligung oder eine Mindestzustimmung der Abstim-

→ **Brexit** vgl. S. 192

mungsberechtigten **(Quorum)**. Oder es reicht die Mehrheit der abgegebenen Stimmen. In der Schweiz ist ein Referendum zu Verfassungsänderungen, wichtigen Bundesgesetzen und völkerrechtlichen Verträgen erst angenommen, wenn die Mehrheit der Abstimmenden (Volks-
mehr) und die Mehrheit der 26 Kantone zugestimmt haben. Kantone
sind die Gliedstaaten der schweizerischen Eidgenossenschaft. Zusätzlich
sind bestimmte **Fristen** zwischen Volksbegehren und Volksabstimmung einzuhalten.

3.3 Repräsentative Demokratie

In einer repräsentativen Demokratie werden die politischen Entscheidungen nicht direkt vom Volk, sondern durch **gewählte Parlamente**
getroffen. In Deutschland sind die „Abgeordneten des Deutschen
Bundestags „Vertreter des ganzen Volkes, an Aufträge und Weisungen
nicht gebunden" (Art. 38, Abs. 1 GG). Sie haben ihr Amt aus den Händen
des souveränen Volkes erhalten und handeln als dessen **Beauftragte**.

Das Repräsentativsystem gilt als passend für eine bürokratische Massen-
demokratie, weil es das Volk über politische Parteien an der Meinungs-
und Willensbildung beteiligt. Komplizierte Sachverhalte werden im
Parlament vorbereitet, diskutiert und in Gesetze gegossen. Repräsentation verspricht Rationalität durch klare Aufgabenverteilung und
strukturierte Problemlösung, Kontinuität durch festgelegte Entschei-
dungswege (Gesetzgebungsverfahren) und eine effiziente Regierungs-
kontrolle.

→ **Gewaltenteilung** vgl.
S. 138

Eine repräsentative Demokratie funktioniert aber nur unter bestimmten
Voraussetzungen: 1. Die Volksvertreter werden in einem regelmäßigen
und zeitlich überschaubaren Abstand gewählt; 2. Es gibt mehrere Wahl-
möglichkeiten (Wettbewerb, Mehrparteiensystem); 3. Entscheidungen
(Gesetze) werden durch eine Mehrheit legitimiert; 4. Rechte der Minderheit (Opposition) werden gewährleistet; 5. Handlungen und Entscheidungen der Volksvertretung sind transparent und werden offen-
gelegt (Publizität).

Das Repräsentativsystem hat auch **Schwächen und Nachteile:**

- Zwischen den Wahlen ist der Wähler lediglich Zuschauer des demokratischen Prozesses.

- Abgeordnete entscheiden meist nicht frei nach ihrem Gewissen, sondern nach den Vorgaben und Standpunkten der Partei, der sie angehören.

Oligarchie (griech.) bedeutet Herrschaft der Wenigen. Die Staatsgewalt wird von einer kleinen Führungsgruppe ausgeübt. Die Mitgliedschaft ist an bestimmte Merkmale, Eigenschaften oder die soziale Zugehörigkeit gebunden.

Zur Bewaffnung

Die Bewaffnung der Arbeiter erfolgt in den Betrieben durch die Betriebsräte. In erster Linie werden die Waffenkundigen bewaffnet.

Für Waffenkundige werden sofort Uebungen unter Leitung von Waffenpolitien abgehalten. Alle Waffendienste sind nur von Waffenkundigen auszuüben.

Die Arbeiter müssen ihre Waffen auf dem Wege zu und von der Arbeitsstätte ständig bei sich tragen.

Die Betriebsräte haben an Hand von Listen, welche Namen und Waffennummern enthalten, eine strenge Waffenkontrolle auszuüben.

München, den 14. April 1919

Vollzugsrat der Betriebs- und Soldatenräte Münchens

Aufruf zur Arbeiterbewaffnung in der Münchener Räteepublik 1919

- Volksvertreter kommen meist aus einem überschaubaren Kreis von Berufspolitikern, die eine politische Elite oder Oligarchie innerhalb des demokratischen Systems bilden.
- Das Wahlrecht kann das Spektrum der öffentlichen Meinungs- und Willensbildung einschränken oder Wähler ausschließen.

info

Rätesystem

Als Alternative zur repräsentativen Demokratie galt Anfang des 20. Jahrhunderts das Rätesystem. Zum Zuge kam das Modell in den russischen Revolutionen 1905 und 1917 (Sowjets) und in anderen europäischen Staaten unmittelbar nach dem Ersten Weltkrieg, u. a. in Deutschland während und nach der Novemberrevolution 1918. Damals wurden **Arbeiter- und Soldatenräte** gewählt. Ihre Deputierten wurden über verschiedene Ebenen – von der Basiszelle bis zu einer obersten oder zentralen Vertretung – bestimmt. Das **Mandat** der Deputierten war **imperativ**, d. h., sie waren an die Weisungen und Aufträge ihrer Wähler gebunden und konnten auch abberufen werden. Die Zuständigkeit der Räte war umfassend und nicht durch andere Staatsgewalten eingeschränkt. Zur Durchführung von Beschlüssen wurden **Exekutivausschüsse** oder Vollzugsräte gebildet. Kurzlebige **Räterepubliken** gab es 1918/19 in Ungarn und einigen deutschen Städten, z. B. in München; sie wurden meist gewaltsam aufgelöst. In Sowjetrussland dagegen und ab 1922 dann der Sowjetunion wurde das Rätesystem zum staatsbildenden Prinzip. Allerdings schalteten Lenins Bolschewiki nach der Oktoberrevolution 1917 die politische Konkurrenz aus. Als allein maßgebliche politische Kraft im **Sowjetsystem** blieb die spätere Kommunistische Partei (KPdSU) übrig.

3.4 Keine Konflikte – aber Feinde

→ **Totalitäre Diktatur** vgl. S. 98

In Diktaturen gibt es keine offene Meinungs- und Willensbildung. In einem **totalitären Staat** wird allein schon die bloße Existenz von inneren Konflikten ausgeschlossen. Auf der anderen Seite grenzen sich der Staat und die ideologisch geeinte Gesellschaft gegen die „Anderen" ab. Wer nicht mit der herrschenden Weltanschauung übereinstimmt, sich davon distanziert oder sogar dagegen opponiert, wird als „Feind" abgestempelt, den es zu bekämpfen gilt, etwa „Volksschädlinge" in der Sowjetunion Stalins, „ausländische Agenten" (Nichtregierungsorganisationen) in Russland oder „Staatsfeinde" in der Volksrepublik China. Gesellschaftliche und politische **Konflikte** sind in Diktaturen keine notwendigen Bestandteile eines öffentlichen Wettbewerbs zwischen

Meinungen und Interessen, sondern werden **als Bedrohung** der eigenen Herrschaft wahrgenommen – daher unterdrückt, allenfalls hinter verschlossenen Türen ausgetragen oder auch in eine andere Richtung gelenkt.

---

info

Falklandkrieg

Streit in der seit 1976 in Argentinien herrschenden Militärjunta, insbesondere über die Wirtschaftspolitik, die zu Einkommensverlusten und Firmenpleiten führte, veranlasste Juntachef General Leopoldo Galtieri 1982, die britischen Falklandinseln zu besetzen. Damit entfachte er eine Welle patriotischer Begeisterung im Land, das seit Langem die „Malvinas" bezeichnete Inselgruppe im Südatlantik beanspruchte. Das militärische Abenteuer geriet zum Fiasko, da die Briten die Inseln zurückerobern konnten. Argentinien musste kapitulieren. Galtieri trat zurück, die Junta brach auseinander und musste freie Wahlen zulassen. Diese führten Argentinien ab 1983 zur Demokratie zurück. Der Falklandkrieg gilt als Beispiel für Versuche, durch außenpolitische Aktionen Gefolgschaft zu simulieren – und dabei von inneren Problemen und Konflikten abzulenken.

Ein geeignetes Mittel für Diktaturen, Konflikte einzudämmen bzw. erst gar nicht aufkommen zu lassen, ist ein **Informationsmonopol**. In gleichgeschalteten Medien, die der Staat kontrolliert, wird zwar über Ereignisse und Entwicklungen berichtet, gleichzeitig aber werden **Deutungen** und **Sprachregelungen** mitgeliefert. Die Hoheit darüber haben Leitmedien, die mit zentraler Autorität ausgestattet sind. Eine solche Funktion erfüllt z. B. in Russland der staatliche Nachrichtenkonzern Rossija Segodnja und in China die englischsprachige Global Times, ein Organ der Kommunistischen Partei. Die dort artikulierte Sicht wirkt als **Signal** für die Meinungsbildung und grenzt erlaubtes von unerlaubtem Verhalten ab. Auf unteren staatlichen Ebenen wird meist auf solche Vorgaben gewartet, um auf der „sicheren Seite" zu sein. Ein Beispiel – mit unerwünschten Nebenwirkungen – aus der **Volksrepublik China:** Im November 2019 betonte das Spitzenorgan der Kommunistischen Partei, das Zentralkomitee, den umfassenden Machtanspruch der Staatspartei. Nur unter dessen Führung könne überhaupt die innere und äußere Stabilität des „großen" Landes gewährleistet werden. Als im Dezember erste Informationen über besonders gefährliche Krankheitserreger, **Coronaviren**, kursierten, setzten Lokalpolitiker die Bevölkerung darüber nicht in Kenntnis. Sie warteten auf Anweisungen „von oben". Diskussionen im Internet über mögliche Gefahren wurden von den Kontrollbehörden getilgt. Mediziner, die vor Gefahren gewarnt hatten, wurden von der Polizei oder der Partei „diszipliniert". Stattdessen verbreiteten die staatlichen Fernsehnachrichten Normalität – Reiseverkehr anlässlich des chinesischen Neujahrsfests. Nur kurze Zeit später wurden mehrere Millionenstädte, darunter Wuhan, vollständig abgeriegelt; die Menschen mussten Mundschutz tragen und ihre Privatautos nicht mehr nutzen. Die Fassade „Stabilität" zeigte Risse. Lokale Parteifunktionäre mussten „Fehler" zugeben und „Schuld" eingestehen. Der Bürgermeister von Wuhan rechtfertigte sich, er sei durch die Zentralregierung nicht ausreichend „informiert" worden.

→ **Autoritäre Diktatur**
vgl. S. 100

In autoritären Diktaturen wird ein gewisser **innerer Pluralismus** geduldet, um die nötige Zustimmung innerhalb der Machtelite zu erreichen. Öffentliche Konflikte würden auch hier die zur Schau getragene „Stabilität" gefährden. Stattdessen wird bestimmten Gruppen die Teilhabe an Ressourcen oder auch Privilegien gewährt. Eine solche **Kooptation** praktizierten die europäischen **Kolonialmächte**. Da sie über nur wenig Personal (Beamte, Richter, Soldaten) zur direkten Herrschaftsausübung in ihren Überseekolonien verfügten, wurden einheimische Eliten, Bevölkerungsteile oder Religionsgruppen als Helfer für (untergeordnete) Kontroll- und Verwaltungsaufgaben verpflichtet. Unternehmen aus dem „Mutterland" erhielten teils exklusive Rechte für die Ausbeutung von Rohstoffen.

4 Machtbalance

4.1 Gewaltenteilung

Die Gewaltenteilung gehört zu den Wesensmerkmalen des demokratischen Verfassungsstaats. Das deutsche Grundgesetz nennt sie bei den **Verfassungsgrundsätzen** in Artikel 20, Abs. 2: „Alle Staatsgewalt geht vom Volke aus. Sie wird vom Volke […] durch besondere Organe der Gesetzgebung, der vollziehenden Gewalt und der Rechtsprechung ausgeübt."

Was ist der **Sinn der Gewaltenteilung**? Die genannten grundlegenden Staatsfunktionen – Exekutive, Legislative und Judikative – werden auf voneinander unabhängige Staatsorgane verteilt. Diese Organe haben eigene Befugnisse und erfüllen innerhalb der Verfassungsordnung genau festgelegte Aufgaben. Ziel ist es, die Ausübung von Macht zu kontrollieren, **Machtmissbrauch zu verhindern** und die Grundrechte zu sichern.

John Locke, ein englischer Philosoph und Staatstheoretiker der Aufklärung, machte die Gewaltenteilung als Erster zum **grundlegenden Verfassungsprinzip** („Über die Regierung", 1690). Dabei unterschied er nur zwischen der Exekutive (des Monarchen) und der Legislative (des Parlaments). Das politische System Englands diente auch dem französischen Philosophen und Schriftsteller Charles de Secondat, Baron de la Brède et de Montesquieu (1689–1755) als Vorbild für seine Ausführungen zur Gewaltenteilung („De l'esprit des lois", 1748). Er betrachtete nun auch die **Judikative als unabhängige Gewalt**. Sie wacht über die Einhaltung der Gesetze, die die Legislative macht und die Exekutive vollzieht. Ziel war für Montesquieu die **Herstellung eines Gleichgewichts** (Balance), in dem sich Staatsgewalten oder Machtzentren gegenseitig kontrollieren. Daraus machten die Vereinigten Staaten von Amerika (USA) in ihrer Verfassung (1787) eine Staatsordnung von **Checks and Balances**. Kurze Zeit später fand die Gewaltenteilung in der polnischen Maiverfassung und der ersten Verfassung der Französischen Revolution (beide 1791) ebenfalls ihren Ausdruck. Seit dem Aufkommen der Massenmedien im 20. Jahrhundert werden diese häufig als **vierte Gewalt** bezeichnet.

→ **Gewaltenteilung** vgl. S. 138

Erklärung der Menschen- und Bürgerrechte (1789)

> Art. 16: „Eine Gesellschaft, in der die Verbürgung der Rechte nicht gesichert und die Gewaltenteilung nicht festgelegt ist, hat keine Verfassung."

Wie aber sieht die Gewaltenteilung im Zusammenspiel der Staatsorgane aus? Wie wird die angestrebte Machtbalance im politischen Alltag erreicht? Wer kontrolliert wen? Gibt es eine Rangfolge? In der Verfassungspraxis hat sich ein System von Abhängigkeiten, Verflechtungen, insbesondere bei der Gesetzgebung, herausgeschält, die in parlamentarischen Regierungssystemen und in Präsidialsystemen unterschiedlich ausgestaltet sind. Man spricht deshalb von **Gewaltenverschränkung**.

→ **Gesetzgebungsverfahren** vgl. S. 72

→ **Zusammenspiel der Gewalten** vgl. S. 140

- Eine strikte Trennung der Gewalten äußert sich vor allem in der Unvereinbarkeit von Amt und Mandat **(Inkompatibilität)**. So darf der US-Präsident nicht Mitglied des US-Kongresses, also des Parlaments, sein. In Deutschland darf ein Richter des Bundesverfassungsgerichts weder der Legislative (Bundestag, Bundesrat) noch der Exekutive (Bundesregierung) angehören.

- Die Vereinbarkeit von Amt und Mandat **(Kompatibilität)** sind besonders Kennzeichen des Parlamentarismus. So sind Bundeskanzler und

Bundesminister meist, aber nicht notwendigerweise, gleichzeitig Abgeordnete des Bundestags – kein Kanzler seit 1949 hat auf sein Parlamentsmandat verzichtet.

Neben der horizontalen Gewaltenteilung ist für Bundesstaaten ein System der **vertikalen Gewaltenteilung** typisch. Das heißt, die Ausübung staatlicher Gewalt geschieht auf verschiedenen Ebenen. Jede von ihnen besitzt eigene Kompetenzen.

→ **Autonomie** vgl. S. 122

Auch hier gibt es mehrere Gestaltungsmöglichkeiten: In den **USA** bilden die Verwaltung und Gerichte des Bundes und der Bundesstaaten parallele, voneinander unabhängige Stränge. In **Deutschland** führen in der Regel die Länder Bundesgesetze aus (Art. 83 GG). Auch übernehmen Städte und Gemeinden Aufgaben, die der Bund ihnen zugewiesen hat. Und deutsche Bundesgerichte sind, mit der Ausnahme des Bundesverfassungsgerichts, lediglich Revisionsinstanzen.

→ **Das Bundesverfassungsgericht** vgl. S. 65

4.2 Zusammenspiel der Gewalten

Im **Parlamentarismus** existieren Exekutive und Legislative nicht unabhängig voneinander wie im Präsidialsystem **(alter Dualismus)**. Sie sind keine Gegenspieler, sondern aufeinander angewiesen und miteinander verflochten:

- Das Parlament wählt die Regierung oder den Regierungschef. Diese sind ihrerseits auf das Vertrauen des Parlaments angewiesen und ihm verantwortlich.

- Die Parteien, die im Parlament die Mehrheit bilden, stellen und tragen die Regierung. Andererseits kann die Regierung durch ein Misstrauensvotum oder den Entzug des Vertrauens durch das Parlament gestürzt werden.

- Gesetzgebung geschieht nicht nur im Parlament, sondern auch in der Exekutive durch Erlasse und Verordnungen. In Deutschland haben Gesetze Vorrang (Art. 20 GG).

- Die Exekutive hat das Recht zur Gesetzesinitiative. Größtenteils werden Gesetzesvorlagen innerhalb der Ministerien ausgearbeitet.

Gegenspieler und Kontrolleur der Exekutive ist die parlamentarische **Opposition (neuer Dualismus)**. Sie ist alternativen politischen Programmen und Zielen verpflichtet und hält sich bereit, gegebenenfalls die Regierung zu übernehmen, falls sie eine Mehrheit hinter sich vereinen kann – entweder nach Wahlen und infolge eines Koalitionswechsels

→ **Aufgaben und Funktionen des Bundestags** vgl. S. 58

bisheriger Regierungsparteien, gegebenenfalls mithilfe eines Misstrauensvotums.

In **Präsidialsystemen** steht die Exekutive in direkter **Konkurrenz** zur Legislative. Doch bedarf auch ein gewählter Präsident der Unterstützung durch eine Mehrheit im Parlament, um die Möglichkeit zu haben, seine politische Agenda durchzusetzen. Ohnehin muss er dem Parlament den Staatshaushalt zur Bewilligung vorlegen. Das Zusammenspiel mit der Legislative zeigt sich auch im Recht zur Gesetzesinitiative oder der Befugnis, Gesetze (mit Veto) ab- oder zurückzuweisen.

Echte Gewaltenteilung äußert sich eher im Verhältnis von vollziehender und gesetzgebender Gewalt auf der einen, zur **Judikative** auf der anderen Seite: In einem Rechtsstaat müssen Richter unparteiisch sowie persönlich und in ihren Entscheidungen unabhängig sein. Sie sind nicht weisungsgebunden, sondern nur Recht und Gesetz unterworfen. Durch die Rechtsweggarantie (Art. 19, Abs. 4 GG) übt die Judikative in Deutschland eine starke Kontrolle gegenüber der Exekutive aus.

Das **Bundesverfassungsgericht** kontrolliert faktisch die anderen beiden staatlichen Gewalten. Deshalb stellt sich auch die Frage nach dem Umfang und der Reichweite seiner Gestaltungsmacht. Schließlich soll die Balance zwischen den Gewalten gewahrt bleiben und die Richter sollen nicht zum „Ersatzgesetzgeber" werden. In Deutschland ist das Verfassungsgericht zur Zurückhaltung verpflichtet. Es hat jedoch dem Gesetzgeber schon häufig Aufträge erteilt und für deren Erfüllung auch Fristen gesetzt. Die neun Richter des **US Supreme Court** nutzten seit jeher ihren Spielraum, um Urteile von großer Tragweite zu fällen, etwa zur Rassentrennung, Abtreibung, gleichgeschlechtlichen Ehe, zum Waffenrecht oder der Wahlkampffinanzierung. Oder sie entscheiden gar nicht und verweisen Rechtsstreitigkeiten umstandslos an untere Instanzen zurück. Da die obersten Richter auf Lebenszeit ernannt werden, ist die Besetzung freier Posten – infolge von Rücktritt oder Tod – politisch immer heiß umkämpft.

Richter werden meist durch die Exekutive oder durch Selbstverwaltungsorgane der Judikative in ihr Amt berufen. In den USA müssen alle Bundesrichter durch den Senat, die kleine Kammer des Kongresses, bestätigt werden. In Deutschland wählen Bundestag und Bundesrat die Bundesverfassungsrichter (Art. 94, Abs. 1). Die Richterwahl für die obersten Bundesgerichte obliegt Richterwahlausschüssen aus Vertretern der zuständigen Landesminister und Mitglieder des Bundestags (Art. 95, Abs. 2).

Veto (lat. ich verbiete): Einspruch gegen einen Beschluss, entweder endgültig (absolutes Veto) oder nur aufschiebend, bis ein neuer Beschluss zustande kommt.

→ **Die Regieungssysteme der USA und Detuschlands** vgl. S. 142

→ **Menschenrechte** vgl. S. 117

info

Mehr Gewaltenteilung in Großbritannien

John Bercow, Sprecher des britischen Unterhauses 2009–2019, entwickelte sich zum Gegenspieler der konservativen Regierungen von Theresa May und Boris Johnson. Durch seine Weigerung, Abstimmungen über den Brexit anzusetzen, hob er ein wichtiges Vorrecht (Prärogative) der Regierung aus den Angeln – und schrieb damit Verfassungsgeschichte. Bercows stimmgewaltige Versuche, die Abgeordneten im Brexit-Streit zu disziplinieren („Order!"), waren Medienereignisse.

Das Vereinigte Königreich von Großbritannien und Nordirland hat keine geschriebene Verfassung, gilt aber als „Mutterland" des Parlamentarismus. Erst seit 2005 gibt es ein Oberstes Gericht (Supreme Court). Bis dahin übernahm das Oberhaus des Parlaments (House of Lords) im Bedarfsfall selbst diese Funktion. Auch galt der Grundsatz, dass ein ordentlich zustande gekommenes Gesetz bzw. eine Entscheidung der Regierung gar nicht gerichtlich überprüft werden darf. Spätestens mit dem Brexit hat sich das geändert: 2017 verlangte der Supreme Court die Zustimmung des Parlaments zum Kurs der Regierung. Auch büßte die Regierung Anfang 2019 die alleinige Befugnis ein, die Tagesordnung des Unterhauses zu bestimmen, d. h. auch Abstimmungen anzusetzen. Im September 2019 verbot das Oberste Gericht Premierminister Boris Johnson, das Unterhaus mehr als einen Monat in die „Ferien" zu schicken. Bereits seit 2011 darf der Premierminister das Unterhaus nicht mehr auflösen, wenn er es für erforderlich hält: Der „Fixed-Term Parliaments Act" legte eine reguläre Legislaturperiode von fünf Jahren fest. Vorzeitige Wahlen gibt es nur noch, wenn die Regierung das parlamentarische Vertrauen eingebüßt hat oder wenn mindestens zwei Drittel der Abgeordneten dafür stimmen. Letzteres geschah am 29. Oktober 2019.

4.3 Die Regierungssysteme der USA und Deutschlands

Die Bundesrepublik Deutschland und die Vereinigten Staaten von Amerika sind zwei Beispiele, wie ein demokratisches Regierungssystem funktionieren kann. Die Verfassung der USA von 1787 (in Kraft 1788) schuf ein **Präsidialsystem**. Sie wurde bis heute durch 27 Zusatzartikel (amendments) ergänzt, ohne dass der ursprüngliche Verfassungstext geändert wurde. **Deutschland** hat ein **parlamentarisches System**. Seine Verfassung ist das Grundgesetz von 1949. Es wurde immer wieder angepasst und ergänzt (Verfassungsänderungen). Am 3. Oktober 1990 traten die kurz zuvor wieder erstandenen (Bundes-)Länder der DDR und der Ostteil von Berlin dem Geltungsbereich des Grundgesetzes bei.

Gemeinsam ist den USA und Deutschland, dass sie **Bundesstaaten** sind. Der **Föderalismus** ist **kooperativ**, d. h., die Kompetenzen ergänzen sich und die Befugnisse, die der Bund nicht für sich beansprucht, stehen grundsätzlich den Bundesstaaten bzw. Ländern zu. In der Realität fährt der Zug jedoch seit Langem in eine andere Richtung: Der Zentralstaat zieht immer mehr Befugnisse an sich, in größerem Maße in Deutschland, in geringerem in den USA. Die 50 US-Bundesstaaten (States) sind deutlich unabhängiger vom Zentralstaat, der seine Gesetze durch eigene Behörden ausführen lässt. In Deutschland führen in der Regel die 16 Länder Bundesgesetze aus.

Auf Bundesebene wirkt der **Bundesrat** bei der Gesetzgebung mit. Er ist ein Vertretungsorgan der Länderregierungen; die Zahl seiner Mitglieder richtet sich nach der Einwohnerzahl. Im **Senat** der USA sind alle Bundesstaaten, unabhängig von ihrer Größe und Einwohnerzahl, mit jeweils zwei Senatoren vertreten. Die Senatoren werden direkt vom Volk gewählt, ihre Amtszeit beträgt sechs Jahre. Alle zwei Jahre muss sich ein Drittel der Senatoren zur Wahl stellen. Die **Kompetenzen** des Senats:

- Gesetzgebung mit dem **Repräsentantenhaus** (435 Abgeordnete, Wahl alle zwei Jahre) – Ein Gesetz wird dem Präsidenten erst zur Unterschrift vorgelegt, wenn beide Häuser des Kongresses zugestimmt haben; Möglichkeit zur Gesetzesblockade (Filibuster)

- Zustimmung zu internationalen Verträgen mit Zweidrittelmehrheit (Ratifizierung)

- Zustimmung zur Ernennung von Regierungsmitgliedern, der Leiter der obersten Bundesbehörden, der Botschafter und Bundesrichter

- Entscheidung über die Absetzung des Präsidenten in einem Amtsenthebungsverfahren

Der **Kongress** ist gegenüber dem Präsidenten vergleichsweise **unabhängig**. Der Abgeordnete oder Senator ist in erster Linie seinem Wahlkreis bzw. Heimatstaat, auch Interessengruppen, verpflichtet.

Föderalismus bezeichnet eine Staatsorganisation aus Gliedstaaten (Teilstaaten). Sind die Gliedstaaten eigenständig, spricht man vom **Staatenbund**. Im **Bundesstaat** verbinden sich die Gliedstaaten zu einem übergeordneten Zentralstaat, der in Deutschland als Bund, in den USA als Federal government bezeichnet wird.

→ **Der Bundesrat** vgl. S. 63

Filibuster – Im US-Senat kann die Vorlage eines Gesetzes durch Marathonreden verhindert werden. Meist wird aber auf die Durchführung selbst verzichtet und es bleibt bei der Androhung (von mehr als zwei Fünftel der Senatoren) – der Effekt ist derselbe.

Das Weiße Haus in Washington D.C. ist der Wohn- und Amtssitz des US-Präsidenten. Damit ist nicht nur das weltbekannte, 1792–1800 erbaute Gebäude gemeint, sondern auch eine Behörde mit bis zu 4 000 Mitarbeitern: das Executive Office of the President (EOP) unter der Leitung des Stabschefs. Es besteht aus zahlreichen Abteilungen. Die meisten Mitarbeiter beschäftigt das Office of Management and Budget. Es ist für die Ausarbeitung des Staatshaushalts zuständig. Einen herausgehobenen Posten bekleidet auch der Nationale Sicherheitsberater.

Dagegen liegt es im Interesse der **Bundestagsabgeordnete** einer Regierungspartei, die Regierung zu stützen. Mit ihrem Zusammenhalt, der **Fraktionsdisziplin**, garantieren sie Stabilität und Handlungsfähigkeit der Bundesregierung.

Der **US-Präsident** hat verfassungsrechtlich eine **starke Stellung:**

- Er ist Staatsoberhaupt, Regierungschef, Oberbefehlshaber der Streitkräfte.

- Er darf Dekrete erlassen.

- Er schließt Verträge und Abkommen.

- Er ernennt Regierungsmitglieder, Leiter der obersten Bundesbehörden, Bundesrichter und Botschafter.

- Er legt dem Kongress den Staatshaushalt vor.

- Er darf Gesetze zurückweisen; sein Veto kann der Kongress nur mit Zweidrittelmehrheit zurückweisen.

Der Präsident und sein Stellvertreter, der Vizepräsident (zugleich Vorsitzender des Senats), werden indirekt **auf vier Jahre gewählt**; einmalige Wiederwahl ist zulässig. Dazu wählen die Wahlberechtigten in jedem Bundesstaat Wahlmänner und -frauen. Auf den Kandidaten mit den meisten Stimmen entfallen (bis auf wenige Ausnahmen) alle Stimmen des **Wahlkollegiums** (Electoral College), die dem jeweiligen Bundesstaat und dem Hauptstadtdistrikt (District of Columbia) zugeteilt sind. Sieger ist, wer die Mehrheit der Wahlmännerstimmen – nicht notwendigerweise die meisten Wählerstimmen – auf sich vereinigt **(winner takes it all)**. Die Zahl der Wahlmänner und -frauen eines Bundesstaats ergibt sich aus der Zahl seiner Vertreter in beiden Häusern des US-Kongresses.

Der US-Präsident ist durch die (indirekte) Volkswahl legitimiert und als **Chef der Exekutive** deutlich von der Legislative getrennt. Im Unterschied zur deutschen Bundesregierung übt er selbst keine Gesetzesinitiative aus. Zwar hat auch der Bundeskanzler durch seine Richtlinienkompetenz eine starke Position, er wird jedoch vom Parlament (Bundestag) gewählt und ist von dessen Vertrauen abhängig. Andererseits kann auch ein US-Präsident nicht „gegen den Kongress" regieren, besonders dann nicht, wenn die Mehrheitsfraktion der anderen Partei angehört. Ab 2019 stellte die **Democratic Party** die absolute Mehrheit der 435 Abgeordneten im Repräsentantenhaus. Im Senat verfügte die **Republican Party** ab 2015 über die Mehrheit. Das **Zweiparteiensystem** ist eine Folge des Mehrheitswahlrechts.

→ **Autonomie** vgl. S. 122

→ **Demokratisch legitimierte Entscheidungsverfahren** vgl. S. 128

info

Impeachment

Ein US-Präsident kann durch ein Amtsenthebungsverfahren abgesetzt werden. Dazu müssen ihm Amtsvergehen (Impeachment) nachgewiesen werden – nicht unbedingt Verbrechen oder Vergehen im Sinn des Strafrechts. Das Verfahren: Die durch Ausschüsse des Repräsentantenhauses, vorzugsweise den Justizausschuss, erarbeiteten Anklagepunkte (articles of impeachment) werden von einer einfachen Mehrheit der Abgeordneten angenommen. Dann sitzt der Senat darüber zu „Gericht". Verhandelt wird unter der Leitung des Vorsitzenden des Obersten Gerichts (Supreme Court). Für eine Absetzung des Präsidenten (conviction) müssen zwei Drittel der Senatoren stimmen. Dreimal in der Geschichte der USA wurden Präsidenten angeklagt – und dreimal freigesprochen: 1868 Andrew Jackson, 1999 Bill Clinton und 2019 Donald Trump. 1974 trat Richard Nixon vor einer Anklageerhebung zurück.

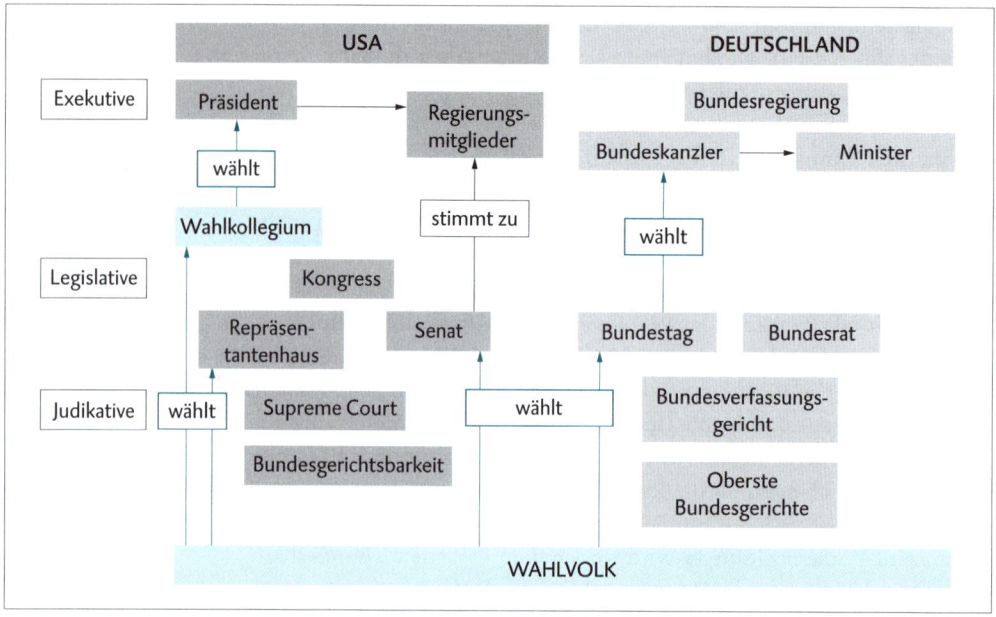

5 Herausforderungen für die Demokratie

5.1 Alte und neue Medien

Dualer Rundfunk: Nebeneinander von öffentlich-rechtlichem Rundfunk (Fernsehen und Hörfunk) und privaten, kommerziellen Rundfunkunternehmen (in Deutschland seit 1984). Zum öffentlich-rechtlichen Rundfunk in Deutschland gehören die ARD (mit dem Gemeinschaftsprogramm Das Erste und den Sendern der Landesrundfunkanstalten) sowie das ZDF und Deutschlandradio

→ **Öffentlichkeit** vgl. S. 123

Die Inszenierung politischen Handelns ist wahrscheinlich so alt, wie es Herrschaft von Menschen über Menschen gibt. Durch die heute fast ausschließliche Vermittlung von Politik durch die Massenmedien ergeben sich vielfältige Möglichkeiten, die öffentliche Meinung zu beeinflussen. Aufseiten von Politikern werden Themen und Sachverhalte daher **medienwirksam** gestaltet, sodass eine **Berichterstattung** darüber wahrscheinlicher wird. Meinungs- und Pressefreiheit, Konkurrenz zwischen selbstständigen Medien (Außenpluralität), eine große Spannweite von Darstellungsformen und Ansichten innerhalb eines Massenmediums (Binnenpluralität) tragen dabei zur demokratischen Willensbildung bei. Ein wichtiger Teil davon ist in Deutschland das **duale Rundfunksystem**.

Einige Entwicklungen **gefährden** jedoch die **Pluralität** und begünstigen Manipulation:

Medienkonzentration: Durch Kauf, Fusionen und Kooperationen haben einige Medienunternehmen in Deutschland ihren Umsatz und ihre Reichweite erhöht und in Teilbereichen sogar eine marktbeherrschende Stellung erreicht. Im **Privatrundfunk** gibt es zwar eine große Programmvielfalt, frei zu empfangende Sender mit großer Reichweite sind jedoch einer übersichtlichen Anzahl von Medienkonzernen zuzuordnen; hier herrscht faktisch ein **Oligopol**. Auf der anderen Seite hat sich die Gesamtzahl der Programme durch die Digitalisierung und technische Verschmelzung von Fernsehen, Radio und Computer vervielfacht.

Auf dem **Printmarkt** hat sich die wirtschaftliche Konzentration gleichfalls verstärkt. Der Trend wird befördert durch den **Niedergang der Tageszeitungen**, noch im 20. Jahrhundert das Informationsmedium Nr. 1. Zwischen 1995 und 2016 hat sich die verkaufte Auflage in Deutschland auf 17 Mio. Exemplare mehr als halbiert. In manchen Regionen und Städten gibt es mittlerweile nur noch eine Tageszeitung; hier besteht also ein **Monopol**.

Informationsvermittlung: Mit dem Internet hat sich die mediale Kommunikation verändert. In den „traditionellen" Informationsquellen Fernsehen, Radio, Zeitung und Zeitschrift werden Nachrichten und Meinungen professionell von **Journalisten** und **Redakteuren** geschaffen, gefiltert, verarbeitet und an den Konsumenten weitergegeben. World Wide Web, Social Media und Messenger-Dienste haben die Rollen zwar nicht vertauscht, aber aufgeweicht: Nun ist der **Konsument** (User) **gleichzeitig** auch ein **Produzent** von Informationen. In offenen oder geschlossenen virtuellen Räumen (Community, Chatroom, Blog) wird gepostet, gechattet, gebloggt und kommentiert – weltweit jeden Tag viele Milliarden Mal. Nach wissenschaftlichen Untersuchungen verbreiten sich dabei Falschinformationen – **Fake News** – schneller als gesicherte Erkenntnisse. Dabei genießen Nachrichten von „Menschen, die ich kenne" – und denen ich daher vertraue – eine hohe Glaubwürdigkeit. Auf der anderen Seite schwindet das allgemeine Vertrauen in die Zuverlässigkeit und **Glaubwürdigkeit** traditioneller Massenmedien. Der Vorwurf: Sie würden einseitig informieren, sogar falsch, und Tatsachen unterdrücken („Mainstream-Medien", „Lügenpresse"). Aus berechtigter Skepsis gegenüber der Berichterstattung wird eine grundsätzliche Ablehnung „der" Medien. Reagiert wird mit **Ausweichstrategien:** Auf der Suche nach Orientierung werden nur die Informationen wahrgenommen und zugelassen, die den eigenen Erwartungen und Werten entsprechen **(kognitive Konsonanz)**. So entstehen „Blasen", in denen User bevorzugt mit Gleichgesinnten kommunizieren. Diese **Abschottungstendenz** wird durch professionelle Sammlung und Verknüpfung persönlicher Daten im digitalen Raum verstärkt:

Über **Instant Messenger**, eine mobile App, werden Textnachrichten, Fotos, Audios und Videos in Echtzeit verschickt. Dabei sind Sender und Empfänger dauerhaft über eine Kontaktliste oder einen Kanal miteinander verbunden. Solche Dienste sind z. B. Facebook Messenger, Snapchat, Telegram und WhatsApp.

Surfen im Web, Konsumverhalten, kulturelle Vorlieben und bevorzugte Kontakte schaffen **User-Profile**, die ihrerseits mit **personalisierten Informationen** bedient werden. So kann sich ein Weltbild verfestigen, in dem immer weniger Platz ist für andere Meinungen oder kontroverse Diskussionen.

info

Medienvertrauen

Fundamentalkritik an „den" Medien äußert in Deutschland nur eine Minderheit. Regelmäßige Umfragen von **Eurobarometer** (Befragungen repräsentativer Bevölkerungsgruppen von rund 1 000 Personen durch Umfrageinstitute im Auftrag der Europäischen Kommission) zeigen: Das Medienvertrauen in Presse und Rundfunk liegt seit fast 20 Jahren auf einem hohen Niveau, am höchsten beim Radio (2016: 67,8 %), in Ostdeutschland allerdings durchweg niedriger als in Westdeutschland.

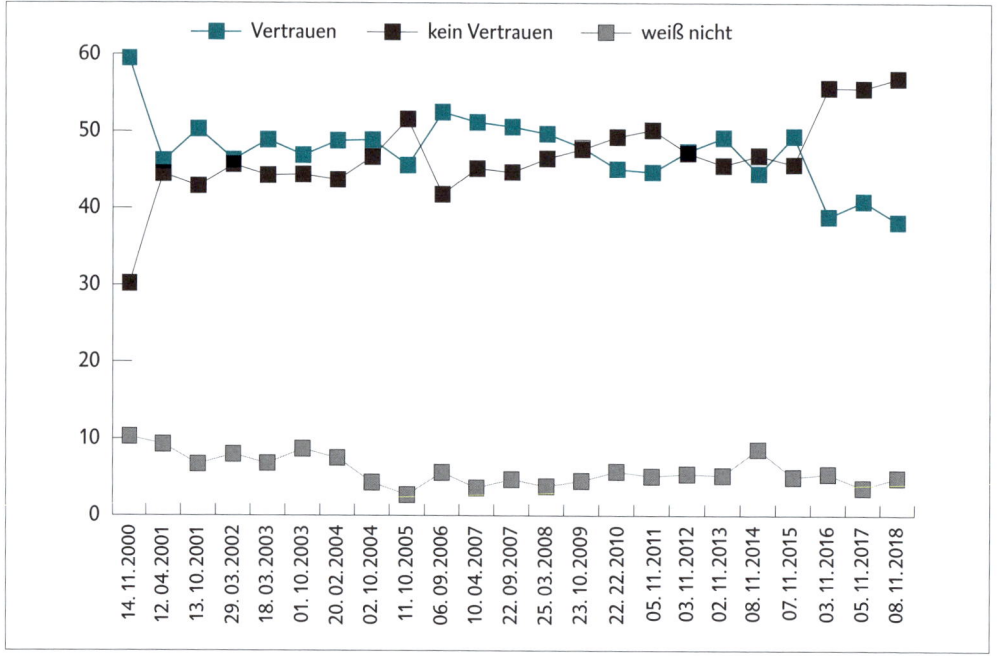

Vertrauen der Bevölkerung in die Medien

Reaktionen der Politik: Social Media eröffnen für Politiker die Möglichkeit, **direkt mit den Bürgern in Kontakt** zu treten. So erreichen die eigenen „Botschaften" direkt die Adressaten – ohne den journalistischen Filter. Insbesondere US-Präsident (ab 2017) Donald Trump verschaffte sich jeden Tag über Twitter bei Millionen „unmittelbar Gehör". Durch einen ständigen Strom an (vermeintlich) authentischen Äußerungen wird zu Ereignissen, Entscheidungen etc. gleich die Interpretation mitgeliefert. Adressat ist allerdings nicht mehr das breite Publikum, sondern der Follower. Gleichzeitig wird eine Mauer zur professionellen Berichterstattung hochgezogen. Andere Bewertungen werden als **„Fake News"** herabgewürdigt. Diese Methode **erstickt** eine **demokratische Debatte**. Vielmehr wird durch sekundenschnelle Verbreitung und auch durch die Übernahme von Tweets, Posts, Kommentaren etc. in der journalistischen Berichterstattung eine große mediale Präsenz geschaffen. Behauptungen verwandeln sich in Tatsachen. Sie halten selten einer Überprüfung (Faktencheck) stand, werden aber in den Reihen der Anhänger als **„alternative Fakten"** angenommen. In den USA vertiefte eine solche Medienmanipulation die Polarisierung zwischen den politischen Lagern.

Twitter ist ein sog. Microblogging-Dienst für Kurznachrichten (Tweets). Getwittert wird über Schlagwörter, die mit einem Hashtag (#) gekennzeichnet sind. Tweets können mit Followern geteilt, verlinkt und kommentiert werden.

Das Twitterprofil des ehemaligen US-Präsidenten Donald Trump

Deutungshoheit versuchen Politiker, besonders aufseiten der Regierung, auch zu erlangen, indem sie die Kontrollfunktion der Medien unterlaufen:

- **Boykott:** Kein Auftritt, keine Interviews, keine Talkshows in kritischen Presseorganen oder TV-Sendungen
- **Ausschluss:** Kein Zugang für Journalisten zu relevanten Informationen, Pressegesprächen oder Institutionen der Exekutive

- **Vermeidung:** Weniger Gelegenheiten zum direkten, persönlichen Austausch mit wichtigen politischen Akteuren
- **Kontrolle:** Erklärungen, Termine, Begegnungen etc. werden durch eigenes Personal für Presse- und Öffentlichkeitsarbeit detailliert gestaltet und exklusiv über eigene Medienkanäle verbreitet.

5.2 Populismus

In dem Wort **populus** drückt sich als Teil der Formel Senatus populusque romanus (SPQR, „Senat und Volk von Rom") das Selbstverständnis der antiken Römischen Republik aus. Populus ist das Staatsvolk, das sich versammelte, um politische Entscheidungen zu treffen und hohe Staatsbeamte zu wählen. Im Unterschied dazu bezeichnete **plebs** das (einfache) Volk als soziale Gruppe, also die Nicht-patrizier.

→ **Nationalistische und populistische Bewegungen** vgl. S. 189

→ **Populismus als politische Folge der Globalisierung** vgl. S. 294

Populismus leitet sich von „populus" ab, dem lateinischen Wort für „Volk". In der Brockhaus-Enzyklopädie wird Populismus als Politik bezeichnet, „die dem Volk nach dem Munde redet, an niedere Instinkte appelliert, einfache Lösungen propagiert und damit die Komplexität politischer und sozialer Prozesse außer Acht lässt". Eine solche Politik nehme die Nöte und Sorgen der kleinen bzw. einfachen Leute ernst und appelliere an ihre Instinkte. Unter diese Definition fallen also Inhalte, Standpunkte und Programme, die im wörtlichen Sinn „populär" sind; eine solche Politik wäre dann „volksnah". Populismus heute meint aber mehr.

Neue Karriere machte der Begriff mit den Wahlerfolgen populistischer Parteien, vor allem in Amerika und Europa, seit etwa zwei bis drei Jahrzehnten. Damit sind in erster Linie **rechtspopulistische**, also auf dem politisch rechten Spektrum angesiedelte **Parteien** gemeint. Sie sind durch Nationalismus und Fremdenfeindlichkeit gekennzeichnet, teils werden auch antisemitische und/oder antiislamische Auffassungen vertreten. Rechtspopulistische Parteien wenden sich außerdem gegen die Globalisierung und stehen der Europäischen Union (EU) skeptisch bis feindlich gegenüber. Erfolgreich waren solche Parteien besonders bei den letzten Wahlen zum **Europäischen Parlament**. 2019 sammelten sie sich mehrheitlich in der Fraktion namens **Identität und Demokratie**, nun die viertstärkste im Parlament. Dazu gehören z. B. die Alternative für Deutschland (AfD), die Dänische Volkspartei (DF), die Lega (Italien) und der Rassemblement National (RN, früher Front National; Frankreich).

Populismus wird aber auch links verortet. Hier treffen wirtschaftskritische und sozialistische Positionen auf „Globalisierungskritik". Als **linkspopulistisch** gelten bzw. galten z. B. die Fünf Sterne (Italien), Podemos (Spanien) und Syriza (Griechenland).

Politikwissenschaftler, darunter Cas Mudde und Jan-Werner Müller, ordnen den **modernen Populismus** jedoch nicht in das traditionelle

Links-Rechts-Schema ein. Sie heben auch nicht auf eine radikale Rhe-
torik oder charismatische Führer ab, sondern schreiben ihm folgende
Wesensmerkmale zu:

- Populisten sehen sich als Sprachrohr einer schweigenden oder zum
  Schweigen gebrachten Mehrheit. Sie verstehen sich als einzige, echte
  Vertreter des Volkes.

- Populisten stehen für den „wahren Volkswillen" gegen eine (korrupte)
  Elite, das Establishment oder „Mainstream-Parteien".

- Populisten stellen sich gegen den demokratischen Meinungswett-
  bewerb und Pluralismus.

- Populisten sprechen politischen Gegnern die Legitimität ab. Wer sie
  nicht unterstützt, gilt als Feind oder „Volksverräter".

- Populisten bevorzugen Themen, mit denen sich die Anhänger am
  besten mobilisieren lassen, z. B. Migration oder der Brexit. „Protest"
  gilt nicht strittigen Sachverhalten, sondern ist lediglich Mittel zum
  Zweck der Machterhaltung oder Machtgewinnung.

> Jahresbericht 2018 des Mercator Forums Migration und Demokratie (MIDEM):
> „Migration ist nicht die Ursache für den Aufstieg des Populismus in Europa.
> [...] Migration hat bestehende Konfliktlinien in und zwischen europäischen
> Gesellschaften offengelegt oder verschärft. Sie ist Auslöser, nicht Ursache. [...]
> Rechtspopulismus lebt von den Bedrohungsgefühlen, Feindbildern und nega-
> tiven Emotionen, die Migration in Teilen der Bevölkerung erzeugt. Zu diesem
> Zweck wird Migration von Rechtspopulisten gezielt politisiert und skanda-
> lisiert."

Ist Populismus gut oder schlecht für die Demokratie?

Gut	Schlecht
Populismus belebt die politische Auseinandersetzung, weil vernachlässigte Themen artikuliert werden, etwa der Stadt-Land-Gegensatz und die Folgen der Deindustrialisierung, oder benachteiligte Bevölkerungsgruppen eine wahrnehmbare Stimme erhalten. Auch wird das Spektrum der öffentlichen Meinung erweitert und neue politische Kräfte kommen zum Zuge, sodass sich die Beteiligung an der demokratischen Willensbildung erhöht.	Populismus untergräbt den demokratischen Pluralismus und das Vertrauen in die demokratischen Institutionen. Populismus schränkt die Rechte der Minderheit ein; die Herrschaft der Mehrheit ist schrankenlos. Populismus macht aus einer liberalen Demokratie eine illiberale Demokratie. Als Beispiele für autoritäre Tendenzen wurde die Politik der Regierungsparteien in Polen (PiS) und Ungarn (FIDESz) angeführt, u. a. mit Maßnahmen gegen die Unabhängigkeit der Justiz und zur Ausschaltung der Zivilgesellschaft sowie einer Medienkonzentration in der Hand regierungstreuer Unternehmer.

5.3 Mehr Demokratie?

Die vorwiegend repräsentativ ausgerichtete Demokratie steht unter Veränderungsdruck: durch gesellschaftliche Entwicklungen, den technischen Fortschritt sowie Forderungen nach einer höheren politischen Transparenz und einer besseren Kontrolle der gewählten Vertreter. Veränderungen betreffen 1. das Zusammenspiel zwischen Regierung, Parlament und Opposition, 2. Verfahren und 3. die digitale Kommunikation.

Regierung, Parlament, Opposition

In einem **Schattenkabinett** werden politische Funktionen vergeben, die vorhandene Regierungs-, besonders Ministerämter widerspiegeln. Damit signalisiert die Opposition ihre Bereitschaft und Fähigkeit zur sofortigen Regierungsübernahme.

Der Parteityp **Volkspartei** spricht nicht nur eine begrenzte soziale oder Interessengruppe an, sondern integriert Anhänger aus vielen Bevölkerungsteilen. Auch innerparteilich äußert sich das breite Wählerspektrum im Programm und Personal, z. B. Flügeln und Arbeitskreisen.

Die Opposition in einer parlamentarischen Demokratie hält sich bereit für einen Machtwechsel. Besonders deutlich wird ihre Rolle als **Reserveregierung** im britischen Zweiparteiensystem, nach außen sichtbar etwa durch die Bildung eines **Schattenkabinetts**.

In den **Mehrparteiensystemen** kontinentaleuropäischen Zuschnitts sind Regierungskoalitionen aus mehreren Parteien die Regel, begünstigt durch das vorherrschende Verhältniswahlrecht. In Phasen **großer Koalitionen** wie in Deutschland zwischen CDU/CSU und SPD droht der Opposition im Parlament allerdings ein Bedeutungsverlust. Dies war für die FDP als einziger Oppositionspartei 1966–1969 weitaus stärker der Fall als für die Opposition während der Regierungen von Kanzlerin Angela Merkel 2005–2009 und ab 2018, als der CDU/CSU-SPD-Koalition mehrere, zuletzt vier Parteien gegenüberstanden: AfD, FDP, Die Linke und Bündnis 90/Die Grünen. Darin spiegeln sich die **Schwäche der** beiden **Volksparteien** CDU und SPD und der Übergang zu einem **Vielparteiensystem**.

Konstellationen dieser Art gibt es außerdem in vielen Bundesländern. Die Folge: Politische Lager weichen oder lösen sich auf. Stattdessen erweitern sich die Koalitionsvarianten: Anfang 2020 gab es in den 16 Bundesländern zehn unterschiedliche Regierungsbündnisse, nur drei Länder wiesen dieselbe „Farbkombination" wie im Bund auf. So wächst dem **Bundesrat**, der Ländervertretung, faktisch eine größere Bedeutung **als Korrektiv** der Bundesregierung zu. Gleichzeitig erhöht sich der Abstimmungsbedarf zwischen Bund und Ländern im Vorfeld politischer Entscheidungen, was wiederum – abseits der vorhandenen Staatsorgane – die Rolle **informeller Gremien** stärkt. Darin sitzen Vertreter mehrerer Exekutiven und Spitzenfunktionäre aus verschiedenen Parteien – das Parlament als Volksvertretung bleibt außen vor und darf später als Legislative ausgehandelte Kompromisse „absegnen". So **verwischen sich die Konturen** von Regierung und Opposition.

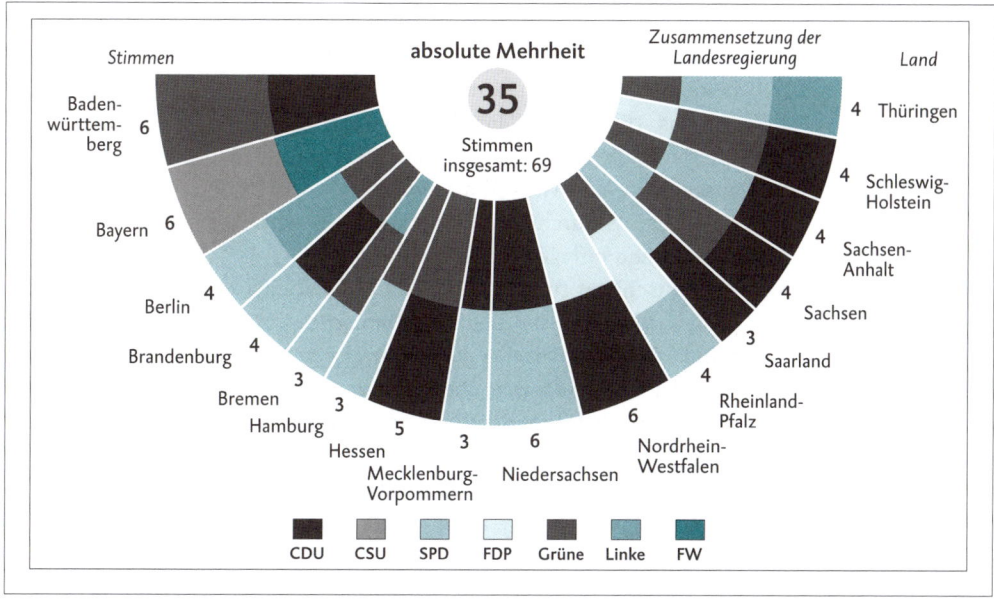

Zusammensetzung des Bundesrates (Stand 11/2020)

Auf der anderen Seite werden alle Parteien gezwungen, ihre Programme und Positionen stärker gegeneinander abzugrenzen. Gegenüber eigenen Anhängern und Wählern gilt es, „Profil" zu zeigen. Wenn man jedoch bereits länger mit anderen Parteien zusammengearbeitet hat, verliert ein solches „Schaulaufen" an **politischer Glaubwürdigkeit**. Dies gilt umso mehr, als sich die rechtspopulistische AfD als „Systemopposition" inszeniert und als solche ihre Stimmenanteile bis 2018 stetig erhöht hat. Ein Vielparteiensystem eröffnet neue Perspektiven für eine Zusammenarbeit und damit eine stärkere **Einbindung** unterschiedlicher oder auch neu entstandener Gruppierungen in den demokratischen Prozess – bis zu einer Regierungsbeteiligung. Letzteres galt für die Grünen, die 1985 in Hessen erstmals in eine Regierung eintraten, und die aus der SED, der Staatspartei der DDR, hervorgegangene PDS (heute Die Linke). Sie duldete 1994–2002 in Sachsen-Anhalt eine Minderheitsregierung der SPD („**Magdeburger Modell**"). Später wurde Die Linke Regierungspartei in Mecklenburg-Vorpommern, Brandenburg, Thüringen, Berlin und Bremen.

Minderheitsregierung bedeutet: Teile der parlamentarischen Opposition arbeiten phasenweise oder punktuell in Sach- und Personalfragen mit der Regierung und den sie stellenden Parteien zusammen, ohne dass daraus eine formelle Zusammenarbeit erwächst oder eine Koalition

→ **Populismus** vgl. S. 150

gebildet wird. In Deutschland galten Minderheitsregierungen meist nur als **Not- oder Übergangslösung**, etwa wenn parlamentarische Mehrheiten fehlten oder verloren gingen. In den Vielparteiensystemen Nordeuropas (Dänemark, Finnland, Island, Norwegen, Schweden) sind Minderheitsregierungen hingegen **Normalität**. Dort bildete sich eine ausgeprägte politische Konsenskultur zwischen den Parteien heraus – die allerdings durch Populisten und Ein-Thema-Parteien (z. B. „Piraten") zunehmend infrage gestellt wird.

In Deutschland findet das Thema Minderheitsregierung verstärkt Eingang in die politische Debatte. Hintergrund ist die Notwendigkeit, mit mindestens drei Parteien parlamentarische Mehrheiten zu organisieren, und gleichzeitig das Bemühen, eine **Zusammenarbeit mit der AfD** zu vermeiden. So führte die Wahl eines FDP-Politikers am 5. Februar 2020 zum Ministerpräsidenten in Thüringen mit Stimmen der Abgeordneten der AfD zu einem Eklat und einer politischen Krise.

Verfahren

→ **Demokratisch legiti-mierte Entscheidungs-verfahren** vgl. S. 128

Die Übertragung von politischer Macht durch die Wahl von Vertretern wird vielfach nicht als ausreichend angesehen, um demokratische Kontrolle wirksam auszuüben und dauerhafte Verantwortung der Vertreter gegenüber den Wählern zu gewährleisten. Dies galt bereits zu Anfang der repräsentativen Demokratie im 19. Jahrhundert als Manko. Der Ausweg: die Ausweitung der Partizipation durch **direktdemokratische Verfahren**. In den liberalen Demokratien haben sich diese allerdings nur sehr beschränkt etabliert. Bekannte Ausnahmen sind die Schweiz, eine „Referendumsdemokratie", und die USA. So werden über die US-Bundesstaaten verteilt parallel zu den Kongress- bzw. Präsidentschaftswahlen alle zwei Jahre Hunderte von Referenden abgehalten. In der EU gibt es seit 2012 die Möglichkeit mithilfe einer **Europäischen Bürgerinitiative** Rechtsvorschriften zu initiieren. Mindestvoraussetzungen sind eine Million Unterschriften aus einem Viertel der EU-Staaten.
Warum setzte sich die direkte Demokratie nicht durch? Volksbegehren und Volksabstimmungen schwächen die Staatsorgane oder schränken ihre Gestaltungsfreiheit durch politische Vorgaben stark ein. Auch können Interessengruppen ihre Mobilisierungsmacht nutzen, um eigene Belange in den Vordergrund zu stellen und „durchzudrücken".
Andererseits haben sich Elemente der direkten Demokratie in der **innerparteilichen Willensbildung** niedergeschlagen. In ihrer Anfangszeit legten die deutschen Grünen viel Wert auf **Basisdemokratie:** u. a. durch ausgiebige Diskussionen und Abstimmungen auf allen Parteiebenen,

durch die Trennung von Amt und Mandat sowie die Abberufung bzw. den regelmäßigen Wechsel von Funktionsträgern („Rotation"). Auch andere Parteien haben solche Verfahren erprobt und durchgeführt, u. a. durch:

- Einbeziehung von Nichtmitgliedern bei der Auswahl von Vertretern oder der Mitbestimmung bei Sachentscheidungen. – Beispiel: Vorwahlen (Primaries) von Demokraten und Republikanern in den USA.
- Wahl der Parteiführung durch Mitglieder in Urwahl, nicht durch Delegierte. – Beispiel: SPD 2019.
- Erweiterte Mobilisierung von Mitgliedern und Anhängern. – Beispiel: 2018 stellten sich die drei Bewerber für den CDU-Vorsitz in acht Regionalkonferenzen den Parteimitgliedern vor.

Hergebrachte Verfahren über mehrere Hierarchie-Ebenen und Wahlverfahren über Delegierte entfallen in der Regel bei Parteigründungen, die als **Protestbewegungen** oder **soziale Bewegungen** entstanden sind. Zugehörigkeit äußert sich hier nicht durch die Zahlung von Mitgliedsbeiträgen. Vielmehr wird sie über Aktionen (statt Parteitage) und Manifeste (statt Programme) demonstriert. Dazu zählen die französische Präsidentenpartei La République en marche und die spanischen Gruppierungen Podemos („Wir können!") und Ciudadanos („Bürger").

Ganz soziale Bewegung ohne offizielle Beauftragte, Sprecher oder Vorsitzende und als dezentrale Gruppen über die ganze Welt verteilt, ist **Fridays for Future**, entstanden 2018 aus dem persönlichen „Schulstreik fürs Klima" der 15-jährigen Schwedin Greta Thunberg.

info

Deliberative Demokratie

Die deliberative Demokratie ist ein theoretisches Konzept, das auf den Konsens der an der Willensbildung Beteiligten setzt und nicht auf Mehrheitsentscheide. Die zugrunde liegende Idee ist, Standpunkte und Argumente durch einen ständigen, öffentlichen und „herrschaftsfreien" Diskurs auszutauschen. Auf diese Weise würde sich auf breiter Basis die Vernunft durchsetzen. Legitimität entsteht nicht durch Konflikt und Kampf, sondern durch Verständnis und Vermittlung. Ausgearbeitet hat dieses Konzept vor allem der deutsche Philosoph Jürgen Habermas. Raum dafür bieten weniger die Institutionen des bürokratischen Staates als die Zivilgesellschaft.

→**Willensbildung in der pluralistischen Gesellschaft** vgl. S. 126

Digitale Kommunikation

Die Digitalisierung der Kommunikation bietet Chancen für eine Ausweitung der Partizipation und der Einflussnahme durch Politiker – die **Netzdemokratie** breitet sich aus:

→ **Alte und neue Medien** vgl. S. 146

• **E-Government:** Der Staat stellt zahlreiche Dienstleistungen online zur Verfügung. Formulare, Anträge etc. können am eigenen PC oder Mobilgerät (Tablet, Smartphone) abgerufen, ausgefüllt und abgeschickt werden. Das erleichtert und beschleunigt notwendige Verwaltungsvorgänge innerhalb der staatlichen Bürokratie und zwischen ihr und dem einzelnen Bürger. Notwendig sind die eindeutige Identifizierung des Users sowie die Sicherung und der Schutz der persönlichen Daten.

• **E-Demokratie** bringt Staatsorgane, Parteien und Politiker in **direkten Kontakt** ohne die Einschaltung von Zwischengewalten. Interessenten werden z. B. regelmäßig durch Newsletter über relevante Themen informiert sowie über Social Media und Internetplattformen in die Meinungsbildung eingebunden. Auch wird handfest um Unterstützung geworben: Als einer der Ersten nutzte 2008 US-Senator Barack Obama solche Kanäle, um bei Anhängern Kleinstspenden für seinen Präsidentschaftswahlkampf einzuwerben. Auf der anderen Seite haben Bürger die Möglichkeit, z. B. online **Petitionen** einzureichen oder Unterschriften zu sammeln. Beim **E-Voting** darf der Wähler im Internet abstimmen und wählen. Hier sind die Anforderungen an den **Schutz vor Manipulationen** besonders hoch.

• Eine andere Form der E-Demokratie ist die **Vernetzung von Gleichrangigen** zur Stärkung des sozialen Zusammenhalts oder zur politischen Mobilisierung. Technische Werkzeuge für den Austausch bieten vor allem Social Media, Blogs und Microblogging sowie Instant Messenger.

• Im Zuge solcher Vernetzung gibt es zwar immer einen Initiator oder Moderator, aber keinen Kopf, keine feste Struktur und keine klare Verantwortlichkeit. Freiwilliges und zeitweiliges Engagement ersetzen eine dauerhafte Bindung. Die Kommunikation ist unmittelbar und erfordert **kurze Reaktionswege**. Eine komplizierte und zeitraubende Abstimmung innerhalb etablierter Interessengruppen entfällt. Dabei führt eine virtuelle Vernetzung auch zu realen Aktionen, z. B. Flashmobs, Demonstrationen und Kundgebungen, oder auch zur Bildung von sozialen oder politischen Bewegungen. Spätestens dann stellt sich allerdings die Frage nach der demokratischen Legitimität und dem langfristigen Ziel.

- **Beispiele** für solche Gruppen und Initiativen sind Pulse of Europe (PoE, 2016 entstanden) und die „Sardinen" (2019), eine Bewegung gegen Rechtspopulismus in Italien.

Die Europäische Union

1 Der Integrationsprozess der EU

1.1 Historische Entwicklung der EU

> „Die Gründergeneration der Europäischen Gemeinschaft wollte [...] auf die Irrwege der europäischen Geschichte, auf jahrhundertelange Bruderkriege und vor allem auf zwei Weltkriege dieses Jahrhunderts reagieren. Die Völker des Kontinents sollten ihre Kräfte nie wieder gegeneinander richten, sondern sie zusammenführen zu einer neuen Kultur des Zusammenlebens."
>
> (Hans-Dietrich Genscher, Erinnerungen, S.394)

Die Idee „Europäische Einigung" lässt sich nur verstehen, wenn man sich die besondere Situation im Jahr 1945 vor Augen führt: Die europäischen Nationen hatten sich in einem **furchtbaren Krieg** zerstört (zum zweiten Mal in diesem 20. Jahrhundert). Außerdem zeichnete sich in diesem Jahr schon ab, dass ein **ideologischer und politischer Riss** Europa spalten würde.

In dieser Situation gab es für Westeuropa fünf Motive, enger miteinander zu kooperieren:

- Die Suche nach einer **neuen Identität**. Ein **demokratisches Europa** sollte ein Gegenentwurf sein zum sich als brüchig und zerstörerisch erwiesenen Nationalismus der vergangenen Jahre.

- Nach den sechs Jahren furchtbaren Krieges sollte Europa zu einem **Kontinent des Friedens und der Sicherheit** werden.

- Der Krieg in Europa hatte die Freizügigkeit und den Warenaustausch verhindert. Nach dem Krieg sollte nun wieder ein **freies und mobiles Leben** möglich sein.

- Europa war in vielen Teilen zerstört, die Volkswirtschaften waren ausgelaugt. Eine europäische Zusammenarbeit sollte den Kontinent zu **neuem Wachstum und zu Wohlstand** führen.

- Die europäischen Staaten hatten in der Folge der beiden Weltkriege des 20. Jahrhunderts ihre einstige Vormachtstellung verloren. Die USA und die UdSSR waren die neuen Weltmächte geworden. Nur eine europäische Kooperation konnte **Europa im Spannungsfeld der beiden Supermächte handlungsfähig halten**.

Winston Churchill – ehemaliger britische Premier ; forderte schon kurz nach dem Zweiten Weltkrieg die „Vereinigten Staaten von Europa"

Bereits im September 1946 (19. 9. 1946) forderte Winston Churchill in einer Rede in Zürich eine „Art Vereinigte Staaten von Europa" unter Führung von Frankreich und Deutschland. In den folgenden Jahren erhielt dieser Wunsch nach europäischer Zusammenarbeit durch den sich verschärfenden **Ost-West-Konflikt (Kalter Krieg)** großen Auftrieb.

Im Zusammenhang mit der Durchführung des **Marshallplans** wurde im Jahr 1948 die **OEEC (Organisation für europäische wirtschaftliche Zusammenarbeit)** gegründet, die **drei wesentliche Faktoren der europäischen Einigung** sichtbar machte:

- die **Entstehung des „Ostblocks"** in der Folge des Kalten Krieges und das Gefühl der zunehmenden Bedrohung durch die UdSSR;
- die **US-amerikanische Unterstützung einer europäischen Zusammenarbeit** in der Hoffnung, neue Märkte für die US-Wirtschaft zu erschließen;
- das Wissen der europäischen Staaten, dass nur ein gemeinsames Handeln nationale Alleingänge verhindern kann.

Europarat – erste europäische Staatenorganisation, nach dem Zweiten Weltkrieg von 10 Staaten gegründet; Ziel: Schutz und Förderung der europäischen Ideale und Grundsätze, Förderung des wirtschaftlichen und sozialen Fortschritts

Es zeigte sich in der Folge, dass es in der Frage, nach welchem Organisationsprinzip diese europäische Kooperation erfolgen sollte, keine einheitliche Lösung gab. Den Befürwortern eines **supranationalen** Vorgehens (europäischer Bundesstaat) standen die Unterstützer eines **intergouvernementalen** Prinzips (europäischer Staatenbund) gegenüber.

supranational – Zusammenschluss von Staaten, die ihre nationalen Souveränitätsrechte teilweise auf gemeinsame Institutionen übertragen

Die europäische Einigung der vergangenen 70 Jahre belegt, dass keines der beiden Prinzipien in Reinform umgesetzt wurde. Das gemeinsame Europa entstand nicht als fix geplantes Modell, sondern die Einigung orientierte sich immer am politisch Möglichen und Notwendigen, wirkte dadurch des Öftern plan- oder ziellos.

intergouvernemental – Zwischen Regierungen stattfindende Zusammenarbeit. Sie benötigt im Unterschied zum Supranationalen die Einstimmigkeit unter den teilnehmenden Ländern.

Am 23. 7. 1952 trat der Vertrag über die **Europäische Gemeinschaft für Kohle und Stahl (EGKS; auch Montanunion** genannt) in Kraft. Diese Gemeinschaft mit den Gründungsmitgliedern Belgien, Deutschland, Frankreich, Italien, Luxemburg und Niederlande war die Keimzelle der heutigen EU.

Die EGKS hatte im engeren Sinn die folgenden **Ziele:**

- Errichtung eines **gemeinsamen Marktes für Kohle und Stahl,**
- **gemeinsame Kontrolle, Planung und Bearbeitung** dieses kriegswichtigen Materials.

Die Gründungsflagge der EGKS

Wesentliche Gründungsmotive waren aber v. a.:

- die **Überwindung der deutsch-französischen Feindschaft,**
- die Vorbereitung einer engeren **europäischen Zusammenarbeit.**

Die EGKS war eine supranationale Organisation, die laut Vertrag eigene Institutionen auf europäischer Ebene einführte.

In der ersten Hälfte der 1950er-Jahre gab es noch einen weiteren Versuch der sechs Mitgliedsstaaten der EGKS, in verschiedenen anderen Politikbereichen zusammenzuarbeiten **(sektorale Integration)**. Der Versuch, eine gemeinsame europäische Armee im Rahmen einer Europäischen Verteidigungsgemeinschaft (EVG) aufzustellen, scheiterte jedoch 1954 am französischen Parlament.

sektorale Integration – durch vertraglich geregelte Zusammenarbeit in verschiedenen einzelnen Politikfeldern eine Einigung verschiedener Staaten erreichen

Bemühungen, die ersten Schritte der europäischen Zusammenarbeit durch die Gründung einer Europäischen Politischen Gemeinschaft (EPG) verfassungspolitisch zu untermauern, scheiterten ebenfalls 1954 am Einspruch Frankreichs. Allerdings standen im vorgelegten Verfassungsentwurf u. a. Ziele wie eine Koordinierung der Außenpolitik, die Entwicklung eines gemeinsamen Marktes oder die Steigerung des Lebensstandards. Wenn die EPG auch nicht zustande kam, so zeigte sie doch die Richtung, in die sich die europäische Zusammenarbeit entwickeln sollte.

Am 25. März 1957 gründeten die sechs Mitgliedsländer der EGKS in Rom (**„Römische Verträge"**) die **Europäische Wirtschaftsgemeinschaft (EWG)** und die **Europäische Atomgemeinschaft (Euratom)** und führten damit das Prinzip der sektoralen Integration weiter.

	Europäische Wirtschaftsgemeinschaft	Europäische Atomgemeinschaft
Ziele	• Schaffung einer Zollunion • Errichtung eines gemeinsamen Marktes für freien Personen-, Kapital- und Dienstleistungsverkehr • Harmonisierung und Koordinierung der nationalstaatlichen Politiken	• Förderung des Aufbaus und der Entwicklung der Atomindustrie
Organisation	Die europäischen **Institutionen** der neuen Gemeinschaften orientierten sich an der EGKS: • Kommission • Ministerrat • Versammlung • Gerichtshof	

→ **Die Institutionen der EU** vgl. S. 171

Am 1. Juli 1967 wurden die EGKS, die EWG und die Euratom zur EG (Europäische Gemeinschaften) fusioniert.

Bilanz der europäischen Einigung Ende der 1970er-, Anfang der 1980er-Jahre

	Errungenschaften	Defizite
Bilanz	• Grundfreiheiten umgesetzt • Zollunion • Sektorale Integration auf wichtigen Politikfeldern • Wirtschaftlicher Wohlstand der Mitgliedsländer • Demokratische Strukturen Westeuropas • Gemeinsamer Außenhandel	• Eingeschränkter Binnenmarkt (Zollformalitäten, unterschiedliche indirekte Steuersätze) • Eingeschränkte Freizügigkeit (Grenzformalitäten) • Keine Wirtschafts- und Währungsunion
Zentrale Aufgaben der Zukunft	✓ Die EG musste gegenüber Mitgliedsstaaten größere Identität entwickeln. ✓ Die europäische Integration benötigte größere Effektivität und demokratische Legitimation (→ Weiterentwicklung der Institutionen, v. a. der Aufgaben des **Europäischen Rates** und des **Europäischen Parlaments**) ✓ Die unterschiedlich strukturierten einzelnen Volkswirtschaften verlangten eine gemeinsame Strukturpolitik. ✓ Angesichts der weltweiten politischen Herausforderungen musste die EG ihre Zusammenarbeit auf dem Gebiet der Außenpolitik steigern.	

In verschiedenen Vertragswerken der folgenden Jahrzehnte setzten die europäischen Staatschefs einen Teil dieser wichtigen Aufgaben um.

Die wichtigsten europäischen Verträge im Überblick

Vertrag	Inhalte	Weiterentwicklung
Römische Verträge (1957)	• Gründung der EWG und der Euratom (zus. mit EGKS Kernzelle der EG) • Einrichtung wichtiger europäischer Institutionen	
Einheitliche Europäische Akte (1987)	• Vollendung des gemeinsamen Binnenmarktes bis Ende 1992 • Die „vier Freiheiten": Personen-, Waren-, Kapital-, Dienstleistungsverkehr • Qualifizierte Mehrheitsentscheidungen • Stärkere Stellung des Europäischen Parlaments (EP) • Rechtliche Form für Europäische Politische Zusammenarbeit (EPZ) • Kompetenzen der EG in den Politikfeldern Umwelt, Forschung, Sozialpolitik	• Aufbau eines Binnenmarktes • Qualifizierte Mehrheit • Stärkung des Parlaments • **Stärkung** der Europäischen Politischen Zusammenarbeit • Weitere selektive Integration

	Vertrag	Inhalte	Weiterentwicklung

Währungsunion/ Eurozone – seit 2001 ist der Euro offizielles Zahlungsmittel der Eurozone; mittlerweile umfasst die Währungsunion 19 Staaten 	**Vertrag von Maastricht (1992)**	• Gründung der Europäischen Union (EUV)
		• Politische Union:
		  – Gemeinsame Außen- und Sicherheitspolitik (GASP)
		  – Zusammenarbeit in der Justiz- und Innenpolitik (ZJIP)
		• Gründung einer Wirtschafts- und Währungsunion (WWU) in drei Stufen:
		  – Koordinierung der Wirtschaftspolitiken
		  – Errichtung einer Europäischen Zentralbank
		– Fixierte Wechselkurse in den ab 2001 zwölf WWU-Staaten; Euro als alleiniges Zahlungsmittel in den WWU-Staaten
			• Zunahme der supranationalen Komponenten
			• Beginn einer intensiveren Zusammenarbeit auf den Gebieten der GASP und ZJIP (wenn auch weiterhin intergouvernemental)
			• Starker Ausbau der Kompetenzen des EP
			• Verwirklichung einer WWU (Einführung des Euro)

Schengen-Abkommen Abschaffung von Grenzkontrollen innerhalb der den Vertrag unterzeichnenden Staaten 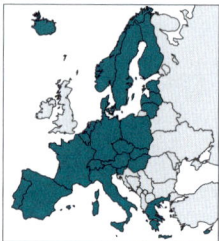	**Vertrag von Amsterdam (1997)**	• Schaffung des Amtes eines „Hohen Vertreters" zur Repräsentation und Koordination der EU-Außenpolitik • Eingliederung der justiziellen Zusammenarbeit in Zivilsachen in die EG • Grundlagen für gemeinsame Asyl- und Einwanderungspolitik • Ausweitung der Mehrheitsentscheidungen im Rat und weitere Rechte an EP • Einstieg in eine „Verstärkte Zusammenarbeit" • Integration des **Schengener Abkommens** in EU	• Stärkung der GASP • Stärkung des EP • Freier Personenverkehr im Schengen-Raum

Dreifache Mehrheit – Mehrheit der gewichteten Stimmen, Mehrheit der Mitgliedsstaaten, Mehrheit der Bevölkerung	**Vertrag von Nizza (2000)**	• Verkomplizierung der Stimmengewichtung im Rat („**dreifache Mehrheit**")
		• Wegfallen des Vetorechts bei verstärkter Zusammenarbeit – aber nicht bei GASP
		• Vorbereitung der EU-Erweiterung → Reform der Organe
		  – Dialog über EU-Grundrechtekatalog
		  – Dialog über Rolle der nationalen Parlamente im Einigungsprozess
		  – Dialog über Vereinfachung der Verträge
			• Vorbereitung der großen EU-Erweiterung

Vertrag	Inhalte	Weiterentwicklung
Vertrag von Lissabon (2009)	• Einführung der „doppelten Mehrheit" • Ausweitungen der Mehrheitsentscheidungen • Stärkung der GASP • Klarere Abgrenzung der Kompetenzen zwischen EU und Mitgliedsstaaten • Ausweitung der Rechte des EP • Rechtsverbindlichkeit der Grundrechtecharta • Implementierung eines Bürgerbegehrens auf europäischer Ebene • Schaffung des Amtes eines „ständigen Präsidenten" • Faktischer Ausbau des Amtes des Hohen Vertreters zum Amt des „Außenministers"	• Korrektur der Entscheidungsprozesse • Sicherung der demokratischen Legitimation • Stärkung der Institutionen • Voraussetzungen für weltpolitisches Handeln

Doppelte Mehrheit – Mehrheit der Bevölkerung (65% der EU-Bevölkerung) und Mehrheit der Mitgliedsstaaten (55%). Vier Staaten sind nötig, um Entscheidung zu verhindern.

Neben der Intensivierung und Koordinierung der europäischen Zusammenarbeit innerhalb der Institutionen war eine große Aufgabe die Ausdehnung der EU (Erweiterung der Anzahl der Mitgliedsstaaten).

Im Jahr 1993 wurden für einen Beitritt zur EU die sog. Kopenhagener Kriterien entwickelt:

• **Politisches Kriterium:** stabile demokratische Verhältnisse, gefestigte Institutionen, Schutz der Grundrechte

• **Kriterium der funktionierenden Marktwirtschaft:** Wettbewerbsfähigkeit im Binnenmarkt muss gewährleistet sein

• **Kriterium des „Acquis communautaire":** vollständige Übernahme der europäischen Gesetze

• **Kriterium der Integrationsfähigkeit:** Überprüfen der Aufnahmefähigkeit der EU

Vor allem die **EU-Erweiterungen** des 21. Jahrhunderts haben die EU **qualitativ verändert**:

• Die Erweiterung auf 28 Mitglieder schaffte **neue Strukturen**. Das von den Institutionen und Politikstilen der sechs Gründerstaaten geprägte Europa ging zu Ende.

• Das **Wohlstandsgefälle** innerhalb der EU wurde **verdoppelt**. Neue Interessen fanden sich zusammen.

• Das Gebiet der EU wurde bis zur **osteuropäischen Kernregion** und zum **Balkan** ausgedehnt.

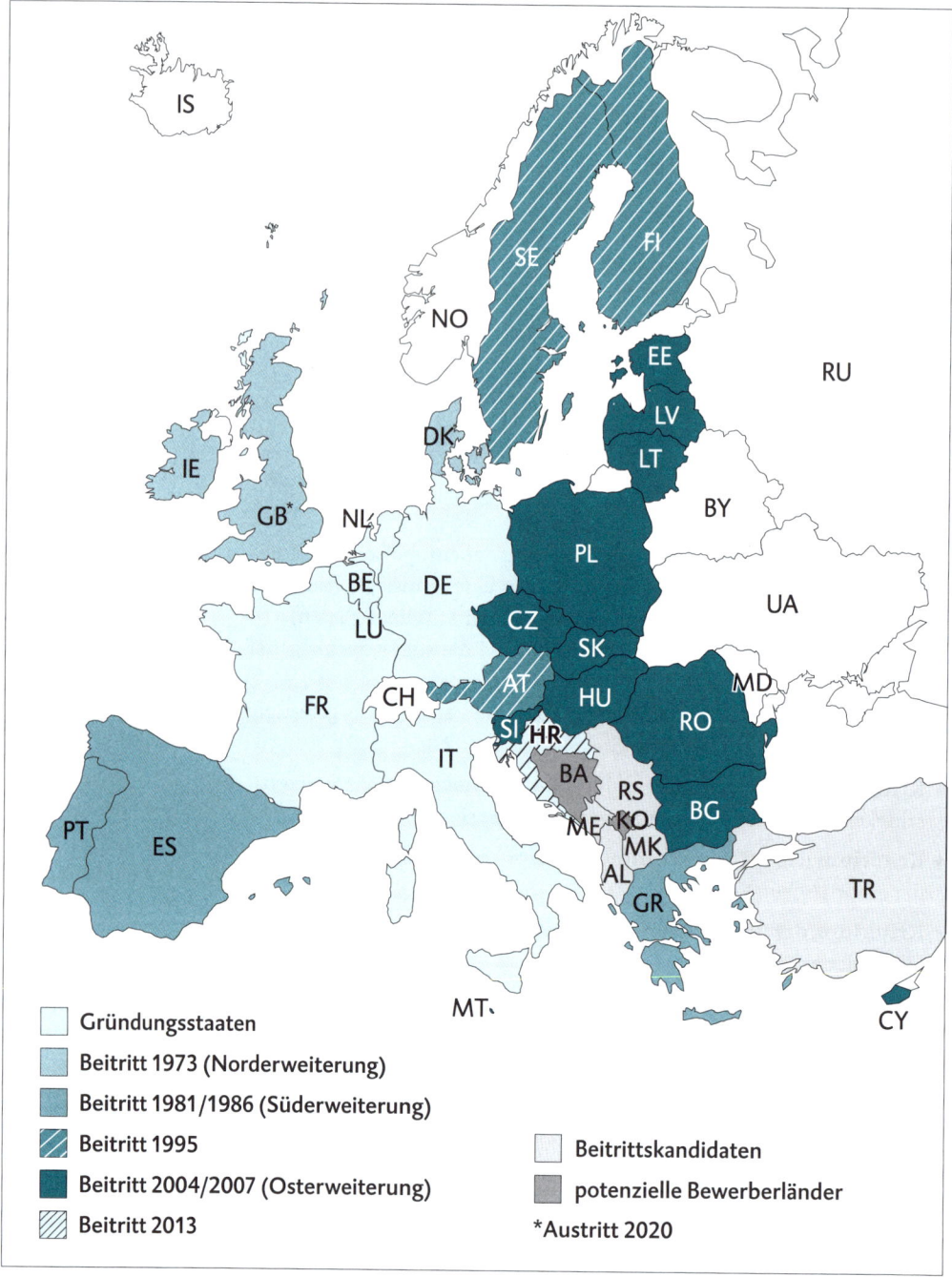

Gründungsstaaten

Beitritt 1973 (Norderweiterung)

Beitritt 1981/1986 (Süderweiterung)

Beitritt 1995

Beitritt 2004/2007 (Osterweiterung)

Beitritt 2013

Beitrittskandidaten

potenzielle Bewerberländer

*Austritt 2020

Die Mitgliedsstaaten der EU und die verschiedenen Eintrittswellen und Erweiterungen

---

info

Beitritt der Mitgliedsländer

1952	Belgien, Deutschland, Frankreich, Italien, Luxemburg , Niederlande
1973	Dänemark, Großbritannien (Austritt 2020), Irland
1981	Griechenland
1986	Portugal, Spanien
1995	Finnland, Österreich, Schweden
2004	Estland, Lettland, Litauen, Malta, Polen, Slowenien, Slowakei, Tschechien, Ungarn, Zypern
2007	Bulgarien, Rumänien
2013	Kroatien

1.2 Aktueller Stand und grundsätzliche Kritik

Seit dem Jahr 2009 bildet der **Vertrag von Lissabon** die **Rechtsgrundlage** für die Europäische Union. Er legt drei Schichten der europäischen Zusammenarbeit fest:

Die **Basis** der EU bilden **zwei Verträge:**

- **Vertrag über die Europäische Union** (EUV):
  Der ursprünglich als „Vertrag von Maastricht" 1992 verabschiedete Vertrag ist der Gründungsvertrag der EU. In ihm sind Bestimmungen zu demokratischen Grundsätzen der EU sowie zu ihren Organen und der gemeinsamen Außen- und Sicherheitspolitik dargelegt.

- **Vertrag über die Arbeitsweise der Europäischen Union** (AEUV):
  Dieser auf die „Römischen Verträge" zurückgehende Vertrag dient als Ergänzung zum EUV bzw. konkretisiert und erklärt die Funktionsweise der Organe der EU.

Die mittlere Ebene bilden die **Politikfelder** der EU, in denen möglichst umfassend mit **Mehrheitsbeschlüssen** entschieden werden soll, z. B.:

- **Europäischer Binnenmarkt**
  Im gemeinsamen Binnenmarkt der Mitgliedsstaaten der EU gelten die vier Grundfreiheiten (freier Warenverkehr, Personenfreizügigkeit, Dienstleistungsfreizügigkeit, freier Kapital- und Zahlungsverkehr).

- **Eurozone**
  Die Eurozone, auch als Euroraum oder Euro-Währungsgebiet bezeichnet, umfasst die 19 Staaten der EU, die sich den Euro als gemeinsame Währung gegeben haben.

- **Schengenraum**
  Der Schengenraum umfasst diejenigen Staaten der EU und darüber hinaus (Schweiz, Liechtenstein, Norwegen), die untereinander auf systematische Personengrenzkontrollen verzichten.

Die obere Ebene bilden die Politikfelder, in denen nach wie vor im Wesentlichen Einstimmigkeit erforderlich ist:

→ **Die gemeinsame Außen- und Sicherheitspolitik der EU** vgl. S. 181

- **Gemeinsame Außen- und Sicherheitspolitik (GASP)**
  In der GASP sind verschiedene Ziele der EU klar definiert, darunter u. a. Wahrung der gemeinsamen Werte, der grundlegenden Interessen, der Unabhängigkeit und Unversehrtheit der Union, die Stärkung der Sicherheit der Union und ihrer Mitgliedsstaaten, die Wahrung des Friedens, die Förderung der internationalen Zusammenarbeit sowie die Entwicklung von Demokratie und Rechtsstaatlichkeit.

- **Gemeinsame (vormals: Europäische) Sicherheits- und Verteidigungspolitik (GSVP)**
  Die GSVP soll die äußere Handlungsfähigkeit der EU stärken. Sie umfasst dabei humanitäre Aufgaben und Rettungseinsätze, friedenserhaltende Aufgaben sowie friedensschaffende Maßnahmen (bis hin zu Kampfeinsätzen).

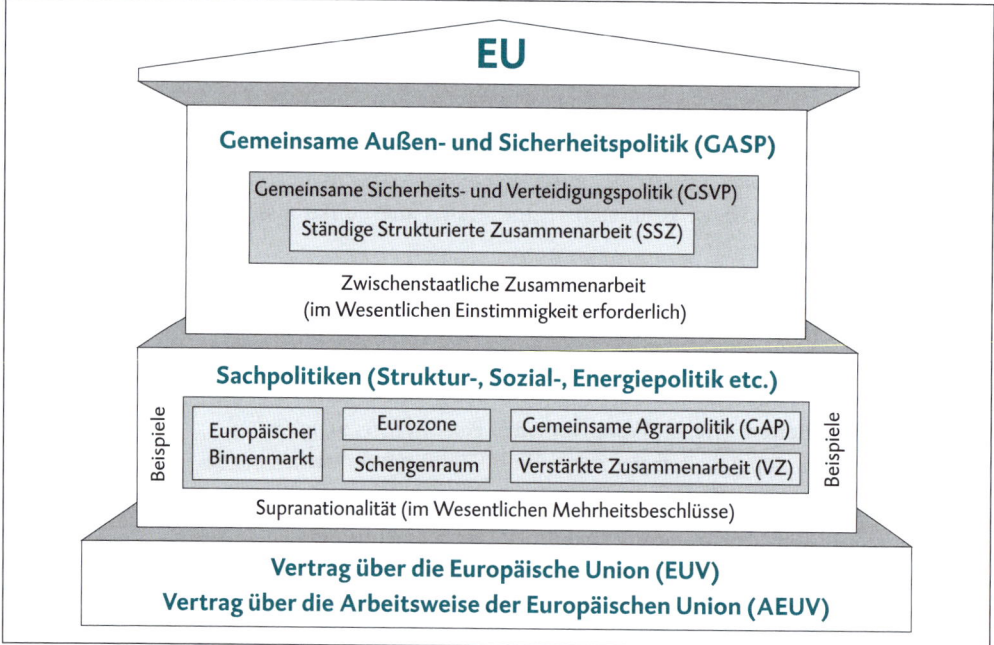

Die drei Ebenen des Hauses Europa – als Basis die Verträge, dann die Sachpolitiken und schließlich die GASP

info

Vertrag von Lissabon

Der Vertrag von Lissabon besteht grundlegend aus den zwei oben erwähnten Verträgen EUV und AEUV. Er legt die EU zum ersten Mal als Völkerrechtssubjekt fest, so kann die EU in eigenem Namen internationale Verträge schließen und internationalen Organisationen beitreten.

Einige Neuerungen des Vertrags sind von besonderer Bedeutung:

- Durch neue Institutionen (wie den Präsidenten des Europäischen Rates oder den Hohen Vertreter der Union für Außen- und Sicherheitspolitik) oder Neustrukturierungen (z. B. Europäischer Rat als EU-Organ) wird angestrebt, die EU effizienter, transparenter und v. a. demokratischer zu gestalten. Aber auch der nationalstaatliche Einfluss der Mitgliedsstaaten soll gestärkt werden.
- Die Funktion des Europäischen Parlaments wird im Sinne einer repräsentativen Demokratie gestärkt, ersichtlich in einer Stärkung der Mitwirkung im Gesetzgebungsverfahren.
- Eine Europäische Bürgerinitiative wird eingeführt.
- Die Beschlussfassung mit qualifizierter Mehrheit wird im Rat auf weitere Politikfelder ausgebaut.
- Die Grundrechtecharta macht die Bedeutung der Grundrechte noch sichtbarer. Ziel der Grundrechtecharta ist es, die EU den Bürgerinnen und Bürgern näherzubringen, indem der Schutz ihrer Rechte stärker verankert wird. Daneben bedeutet die Grundrechtecharta einen Schritt zu einer stärkeren europäischen Integration, da Grundrechte wesentliche Bestandteile der meisten nationalstaatlichen Verfassungen sind.

Präambel – Vorwort einer Urkunde (v. a. Verfassung oder völkerrechtlicher Vertrag)

info

Die Grundrechtecharta der Europäischen Gemeinschaft – Präambel

„Die Völker Europas sind entschlossen, auf der Grundlage gemeinsamer Werte eine friedliche Zukunft zu teilen, indem sie sich zu einer immer engeren Union verbinden.

In dem Bewusstsein ihres geistig-religiösen und sittlichen Erbes gründet sich die Union auf die unteilbaren und universellen Werte der Würde des Menschen, der Freiheit, der Gleichheit und der Solidarität. Sie beruht auf den Grundsätzen der Demokratie und der Rechtsstaatlichkeit. Sie stellt den Menschen in den Mittelpunkt ihres Handelns, indem sie die Unionsbürgerschaft und einen Raum der Freiheit, der Sicherheit und des Rechts begründet.

Die Union trägt zur Erhaltung und zur Entwicklung dieser gemeinsamen Werte unter Achtung der Vielfalt der Kulturen und Traditionen der Völker Europas sowie der nationalen Identität der Mitgliedstaaten und der Organisation ihrer staatlichen Gewalt auf nationaler, regionaler und lokaler Ebene bei. Sie ist bestrebt, eine ausgewogene und nachhaltige Entwicklung zu fördern und stellt den freien Personen-, Dienstleistungs-, Waren- und Kapitalverkehr sowie die Niederlassungsfreiheit sicher.

Zu diesem Zweck ist es notwendig, angesichts der Weiterentwicklung der Gesellschaft, des sozialen Fortschritts und der wissenschaftlichen und technologischen Entwicklungen den Schutz der Grundrechte zu stärken, indem sie in einer Charta sichtbarer gemacht werden.

Diese Charta bekräftigt unter Achtung der Zuständigkeiten und Aufgaben der Union und des Subsidiaritätsprinzips die Rechte, die sich vor allem aus den gemeinsamen Verfassungstraditionen und den gemeinsamen internationalen Verpflichtungen der Mitgliedstaaten, aus der Europäischen Konvention zum Schutz der Menschenrechte und Grundfreiheiten, aus den von der Union und dem Europarat beschlossenen Sozialchartas sowie aus der Rechtsprechung des Gerichtshofs der Europäischen Union und des Europäischen Gerichtshofs für Menschenrechte ergeben. In diesem Zusammenhang erfolgt die Auslegung der Charta durch die Gerichte der Union und der Mitgliedstaaten unter gebührender Berücksichtigung der Erläuterungen, die unter der Leitung des Präsidiums des Konvents zur Ausarbeitung der Charta formuliert und unter der Verantwortung des Präsidiums des Europäischen Konvents aktualisiert wurden.

Die Ausübung dieser Rechte ist mit Verantwortung und mit Pflichten sowohl gegenüber den Mitmenschen als auch gegenüber der menschlichen Gemeinschaft und den künftigen Generationen verbunden.“

(http://www.europarl.europa.eu/germany/resource/static/files/ europa_grundrechtecharta/_30.03.2010.pdf)

Trotz dieser Neuerungen wird an der Struktur und der Arbeitsweise der EU immer wieder Kritik geübt. Unabhängig von den aktuellen politischen **Krisen und Problemen der EU während der vergangenen zehn Jahre** werden die folgenden Bereiche am meisten kritisiert:

→ **Aktuelle Spannungsfelder und Problemlösungsansätze** vgl. S. 185

Demokratie-Defizit	Die EU ist in ihrem Aufbau keine moderne repräsentative Demokratie. Zwar erhielt das Europäische Parlament durch den Vertrag von Lissabon mehr Rechte, besitzt aber weiterhin keine gleichgeordnete Bedeutung: • keine volle legislative Gewalt • keine Wahl der Exekutive Die entscheidende Macht sind die nationalen Regierungen: • sie bilden den Ministerrat (Teil der Legislative) • sie entscheiden über die Zusammensetzung der Europäischen Kommission (Exekutive)
Mangel an Transparenz	Die Entscheidungswege sind zu wenig transparent, erleichtern damit den **Lobbyismus** von Interessenvertretern.
Nationaler Egoismus	Es gibt innerhalb der Institutionen den nationalen **Proporz**. So versuchen die Nationalstaaten, nationale Interessen durchzusetzen.
Bürokratie	Der Beamtenapparat der EU in Brüssel ist sehr aufgebläht. Die Verfahrenswege sind oft zu ineffizient, zum Teil der Vielsprachigkeit und der Komplexität, nationale Normen gesamteuropäisch zu harmonisieren, geschuldet.
Zentralismus	Es entsteht der Eindruck, die EU vereinheitliche und verwässere nationale Politikfelder. Das führt zum Vorwurf des **Dirigismus**.

Lobbyismus – Bezeichnung für eine Form der Interessenvertretung in Politik und Gesellschaft

Proporz – Verhältnis der Angehörigen einer Gruppe und der Zahl ihrer Vertreter in einem Entscheidungsgremium

Dirigismus – Lenkung der Wirtschaft durch staatliche Eingriffe

2 Institutioneller Aufbau der EU

2.1 Die Institutionen der EU

Der Vertrag von Lissabon regelt die Zusammensetzung und Aufgaben der europäischen Institutionen sowie deren Zusammenspiel.

Europäische Kommission

Die Europäische Kommission (EK) ist die **zentrale exekutive Institution** der EU. Sie ist von den nationalen Regierungen **unabhängig** und als das deutlichste **supranationale Organ** nur dem EU-Interesse verpflichtet. Im engen Sinn besteht die Kommission aus den 27 Kommissaren (je Mitgliedsland ein Kommissar) sowie dem Kommissionspräsidenten und dem Hohen Vertreter für Außen- und Sicherheitspolitik. Mit Ausnahme des Präsidenten hat jeder Kommissar einen eigenen politischen Zuständigkeitsbereich.

Die EK wird alle fünf Jahre auf **Vorschlag** des **Europäischen Rates** vom **Europäischen Parlament** bestätigt. Sie muss dem Europäischen Parlament gegenüber Rechenschaft ablegen. Das Parlament kann der EK sein Misstrauen aussprechen und sie damit zum Rücktritt veranlassen.

Ursula von der Leyen – seit 2019 Präsidentin der Europäischen Kommission

Die EK hat vier wichtige Aufgabenbereiche:

- Sie ist die oberste Exekutive der Union. Damit ist sie dafür verantwortlich, europäisches **Recht umzusetzen** und die vom Rat und vom Parlament verabschiedete europäische **Politik** zu **gestalten** und zu **verwalten**.

Initiativmonopol – alleiniges Recht, Gesetzentwürfe vorzuschlagen

- Die EK hat ein **Initiativmonopol** im Gesetzgebungsprozess.
- Die EK hat die **Kontrolle** über die **Einhaltung** des **EU-Rechts**. Damit wird sie zur **Hüterin der Verträge**. Sie kann die Mitgliedsstaaten vor dem EuGH verklagen (Vertragsverletzungsverfahren).
- Sie übernimmt die Aufgabe, die EU **außenpolitisch** zu **vertreten**.

Die Entscheidungen innerhalb der EK können mehrheitlich getroffen werden, in der Regel wird allerdings ein Konsens gesucht.

Rat der Europäischen Union (Ministerrat)

Der Rat der Europäischen Union (Ministerrat) ist die Institution, die die **Interessen** der **Mitgliedsstaaten** besonders **vertritt**. Er besteht aus je einem Minister der 27 Mitgliedsstaaten. Je nach Fachgebiet (10 verschiedene Fachbereiche) kommen die verschiedenen Fachminister im Ministerrat zusammen.

Der Rat hat zwei wichtige Aufgabenbereiche:

- Er hat die **Lenkungsfunktion** für die Arbeit der EU.
- Er ist – in der Regel gemeinsam mit dem Europäischen Parlament – die **Legislative** der Europäischen Union.

Auf dem Fachgebiet der Außenpolitik hat der Hohe Vertreter der Union für Außen- und Sicherheitspolitik den Vorsitz der Fachminister inne, in den anderen Fachgebieten wechselt der Vorsitz halbjährlich. Das kann problematisch sein, da die eigene Schwerpunktbildung einer jeden Ratspräsidentschaft zu einer die Arbeit beeinträchtigenden **Diskontinuität** führen kann.

Diskontinuität – Ablauf von Vorgängen mit zeitlichen oder räumlichen Unterbrechungen

Die Entscheidungen im Ministerrat werden immer öfter mit der **doppelten Mehrheit** entschieden. Damit wird das **intergouvernementale Prinzip** des Rates **aufgeweicht**. Zu den Politikfeldern, in denen weiterhin einstimmig entschieden werden muss, gehören die Außen- und Sicherheitspolitik, die Harmonisierung der Steuern und die Bestimmung des mehrjährigen Finanzrahmens.

Europäisches Parlament

Das **Europäische Parlament** ist im Gesetzgebungsprozess gleichberechtigter Partner des Rates der Europäischen Union. Es wird seit 1979 in allen Mitgliedsstaaten der EU alle fünf Jahre direkt gewählt. Damit ist es die Vertretung der EU-Bürgerinnen und EU-Bürger.

Die Wahl erfolgt auf nationalen Parteilisten, die Abgeordneten schließen sich in transnationalen **Fraktionen** zusammen. Das Wahlsystem zum Europäischen Parlament ist nicht in allen EU-Mitgliedsstaaten einheitlich.

Befugnisse und Aufgaben das EP stellt die folgende Grafik dar.

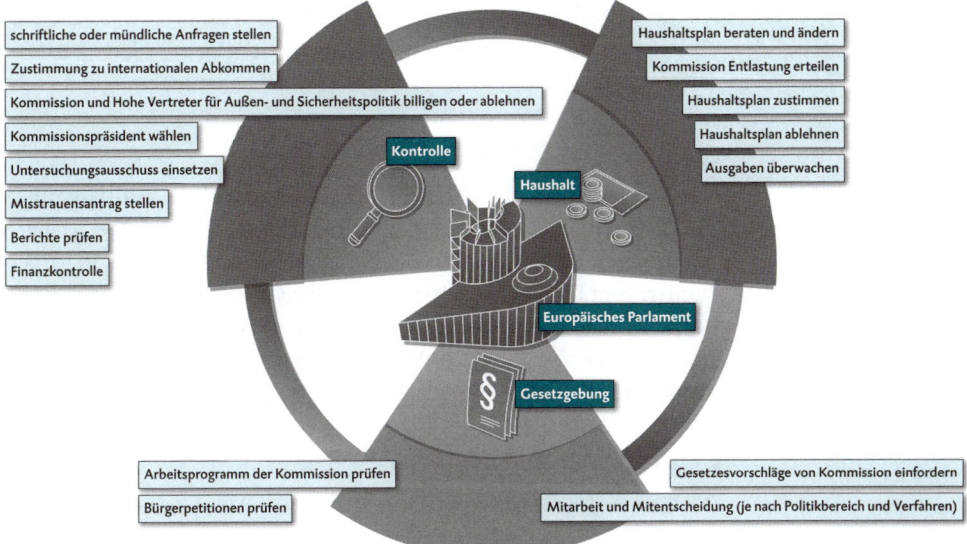

Hoher Vertreter der Union für Außen- und Sicherheitspolitik

Das Amt des Hohen Vertreters der Union für Außen- und Sicherheitspolitik wurde im Jahr 2009 im Vertrag von Lissabon festgelegt.

Der Außenbeauftragte der EU hat die folgenden wesentlichen Aufgaben:

- Er **leitet** die **Gemeinsame Außen-** und **Sicherheitspolitik** (GASP) der Europäischen Union.

- Er macht **Vorschläge** zur Festlegung der GASP und **sorgt** für deren **Durchführung**.

- Er **vertritt** die Europäische Union in **außenpolitischen Fragen**.

Josep Borrell – spanischer Politiker und seit 2019 Hoher Vertreter für GASP

Europäischer Rat

Der Europäische Rat (ER) ist das **institutionalisierte Gipfeltreffen** der **Staats-** und **Regierungschefs** der Mitgliedsstaaten der Europäischen Union mit dem Präsidenten der Europäischen Kommission. Die Aufgabe des ER ist es, die **Leitlinien** der **europäischen Politik** festzulegen, allerdings **ohne legislative Kompetenzen**.

Die Entscheidungen des Europäischen Rates werden über den Ministerrat in den europäischen politischen Prozess eingebracht. Die Mitglieder des ER sind (wie auch die Mitglieder des Ministerrats) nur indirekt legitimiert.

Der **Präsident des Europäischen Rates** hat seit dem Vertrag von Lissabon den **Vorsitz** im Europäischen Rat inne. Er wird von den Regierungs- und Staatschefs mit qualifizierter Mehrheit gewählt. Die **Amtszeit** dauert **zweieinhalb Jahre**, eine Wiederwahl ist einmal möglich.

Charles Michel – belgischer Politiker und seit 2019 Präsident des Europäischen Rates

Europäischer Gerichtshof

Der Europäische Gerichtshof (EuGH) **überwacht** die **Einhaltung** der **Verträge** der **Europäischen Union** („Hüter der Verträge"), aber er fördert auch die Integration der EU. Viele Grundsätze des EU-Rechts wurden vom EuGH geschaffen, so z. B. der Grundsatz, dass europäisches Recht über den nationalen Rechtsordnungen steht .

Das bedeutet, der EuGH **beeinflusst** mit seiner Rechtsprechung den **Integrationsprozess** der Europäischen Union.

Europäische Bürgerinitiative

Die Europäische Bürgerinitiative (EBI) ist seit dem Vertrag von Lissabon ein Schritt zu einer **höheren Demokratisierung** der EU. Mit ihr können die EU-Bürgerinnen und EU-Bürger **Einfluss** auf die **Gesetzgebung** der EU gewinnen. Wenn die Voraussetzungen erfüllt werden (mind. 1 Mio. Unterschriften in 7 Mitgliedsstaaten innerhalb eines Jahres), kann die Europäische Kommission aufgefordert werden, einen europäischen Rechtsakt vorzuschlagen.

Europäischer Rechnungshof

Der Europäische Rechnungshof (EuRH) ist für die **externe Rechnungsprüfung** der EU zuständig. Damit überprüft der EuRH alle Einnahmen und Ausgaben der EU (Haushalt und außerhalb des Unionshaushaltsplans). Seine Ergebnisse legt der EuRH in einem Jahresbericht vor, der den übrigen Institutionen präsentiert wird.

Seine Mitglieder werden vom Rat der EU nach Anhörung des Europäischen Parlaments für sechs Jahre ernannt.

Europäische Zentralbank

Die Europäische Zentralbank (EZB) hat seit der Einführung des Euro die **geldpolitischen Aufgaben** der Eurozone übernommen. Ihr Hauptziel ist die Gewährleistung der **Preisstabilität** (annähernd 2 %).

Das wichtigste Instrument der EZB ist der **Leitzins**. Damit beeinflusst sie den Geldfluss, indem sie die Kredite an die Banken steuert. Bei niedrigem Leitzins steigt die Geldmenge, bei höherem Leitzins sinkt sie.

Die wichtigsten Gremien der EZB sind das **EZB-Direktorium**, der **EZB-Rat** und der **erweiterte EZB-Rat**. Das Direktorium wird vom Rat der EU auf Empfehlung des Ministerrates nach Anhörung des Europäischen Parlaments ernannt (qualifizierte Mehrheit). Die EZB ist in personeller, finanzieller und institutioneller Hinsicht unabhängig, also nicht an politische Anordnungen der EU oder ihrer Mitgliedsstaaten gebunden.

Christine Lagarde – französische Politikerin und seit 2019 die vierte Präsidentin der EZB

Die Europäische Zentralbank

Die wichtigsten Beschlussorgane

EZB-Rat

- wichtigstes Beschlussorgan
- legt Leitlinien für die Geldpolitik des Euroraums fest

Direktorium

- • Präsident
- • Vizepräsident
- • vier weitere Mitglieder
- • werden von Staats- und
- • Regierungschefs der
- • Eurostaaten bestimmt

- bereitet EZB-Ratssitzungen vor
- setzt Beschlüsse durch
- führt laufende Geschäfte

Präsidenten der 19 nationalen Zentralbanken der Euroländer

- jeweils nur 15 stimmberechtigt
- Rotationsprinzip

Erweiterter Rat

- • Präsident
- • Vizepräsident
- • 28 Präsidenten aller nationalen Zentralbanken der EU

- beraten EZB
- erheben Daten
- Abstimmung zwischen Euro- und Nicht-Euro-staaten in der EU

Quelle: EZB

dpa•23800

Die wichtigsten Organe der EZB, grafisch dargestellt

Auf einen Blick: Zusammenspiel der europäischen Institutionen

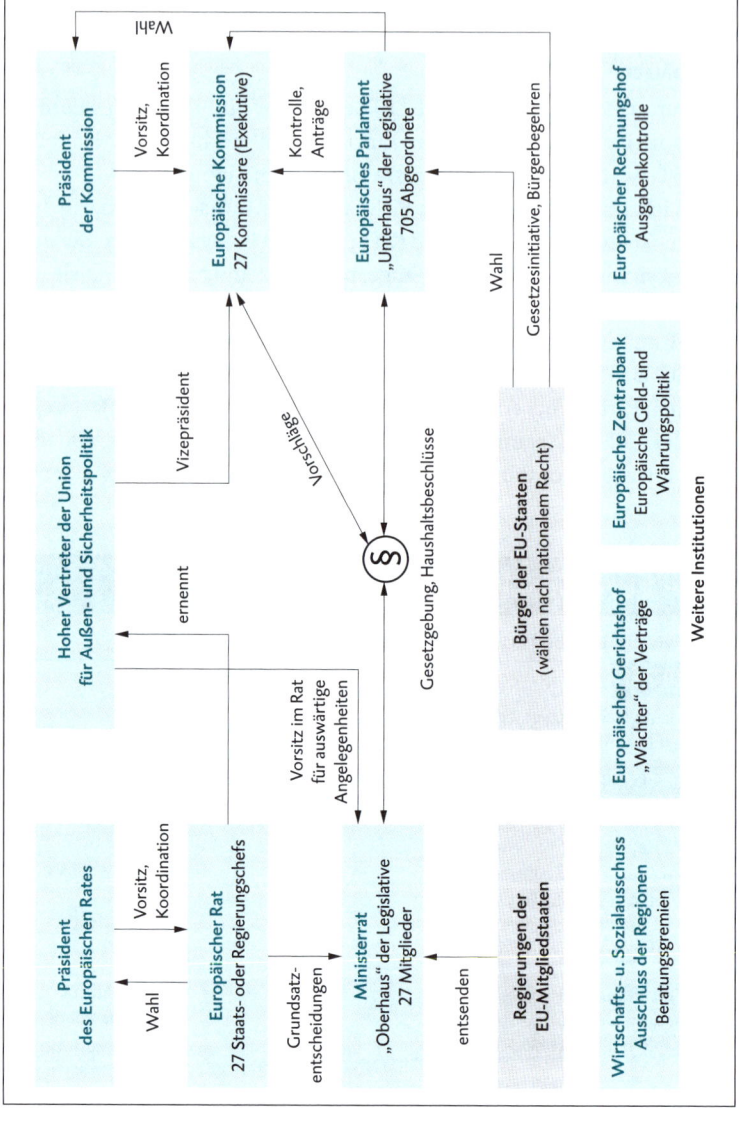

Auf einen Blick: Tabellarische Übersicht über die Institutionen der Europäischen Union

	Aufgaben	Zusammensetzung	Sitz	Entscheidungsverfahren
Europäische Kommission (EK) (supranational)	Exekutive; öffentlicher Dienst der EU; Verwaltung und Aufsicht der Gesetzgebung der EU	1 Kommissionsmitglied pro Mitgliedsstaat; Präsident der EK; Hoher Vertreter der Union für Außen- u. Sicherheitspolitik	Brüssel	Absolute Mehrheit der Mitglieder; Voten werden allerdings nicht veröffentlicht
Rat der Europäischen Union (Rat) (intergouvernemental)	Umsetzung der EU-Ziele; Vertretung der nationalen Regierungen; Gesetzgebungsfunktion und Haushaltsbefugnis (zusammen mit EP); Festlegung der Außen- u. Sicherheitspolitik der EU **Legislative**	1 Vertreter pro Mitgliedsstaat auf Ministerebene; Zusammensetzung je nach Materie unterschiedlich	Brüssel; in den Monaten April, Juni und Oktober: Luxemburg	In der Regel: doppelte Mehrheit oder einstimmig
Hoher Vertreter der Union für Außen- und Sicherheitspolitik (supranational)	Leitung und Durchführung der **GASP** und **GAVP** der EU; „Außenminister" der EU	Wahl durch ER für 5 Jahre		
Europäisches Parlament (EP) (supranational)	Parlamentarisches Kontrollrecht; Aufsicht über andere Institutionen; Gesetzgebungsrecht zusammen mit Ministerrat; Wahlorgan (Bestätigung der EK) **Legislative**	Höchstzahl von 751 Abgeordneten; mind. 6 und höchstens 96 Sitze pro Mitgliedsstaat	Straßburg; Generalsekretariat in Luxemburg; die meisten Fraktions- u. Ausschusssitzungen in Brüssel	Im Regelfall: einfache Mehrheit; bei Zustimmungsverfahren: absolute Mehrheit; bei wichtigen Entscheidungen: festgelegte **Quoren**
Europäischer Rat (ER) (intergouvernemental)	Impulse für die Entwicklung der EU; allgemeine politische Zielvorstellungen und Prioritäten	Staats- und Regierungschefs der Mitgliedsstaaten, Präsident des ER, Präsident der EK, (Hoher Vertreter der Union nimmt an Arbeiten teil)	Turnusmäßig im Land, das Vorsitz hat	In der Regel Konsens

→ **Gewaltenteilung** vgl. S. 138

GASP und **GAVP** Verweis auf Kapitel 4.1

Quorum – Stimmenanzahl, die erreicht sein muss, damit eine Wahl/ Abstimmung gültig ist

	Aufgaben	Zusammen-setzung	Sitz	Entscheidungs-verfahren
Präsident des Europäischen Rates (spuranational)	Verantwortung für Arbeitseffizienz und Beschluss-fähigkeit des ER; „ehrlicher Makler"	Wahl durch ER für 2,5 Jahre		
Gerichtshof der Europäischen Union (EuGH) (supranational)	Sicherung der Einhaltung des Rechts bei der Anwendung/ Auslegung der Verträge **Judikative**	Gerichtshof (EuGH); Gericht (EuG);	Luxemburg	Kammern mit 3 oder 5 Richtern; Große Kammer mit 15 oder 13 Richtern, Plenum; Einzelrichter
Rechnungshof (supranational)	Prüfung der Rechnung über Einnahmen/ Ausgaben der EU	1 Vertreter pro Mitgliedsstaat	Luxemburg	Mehrheit der Mitglieder
Europäische Zentralbank (supranational)	Geldpolitik, Fest-legung des Leit-zinses und der Geldmenge des Euro; oberstes Ziel: Währungs-stabilität; Aufsicht über die nationalen Zentralbanken	EZB-Direktorium (Präsident, Vize-präsident, 4 wei-tere Mitglieder), EZB-Rat, erwei-terter EZB-Rat	Frankfurt	EZB-Direktorium und EZB-Rat ent-scheiden i.d.R. mit einfacher Mehr-heit (1 Stimme pro Mitglied)

2.2 Entscheidungsverfahren in der EU

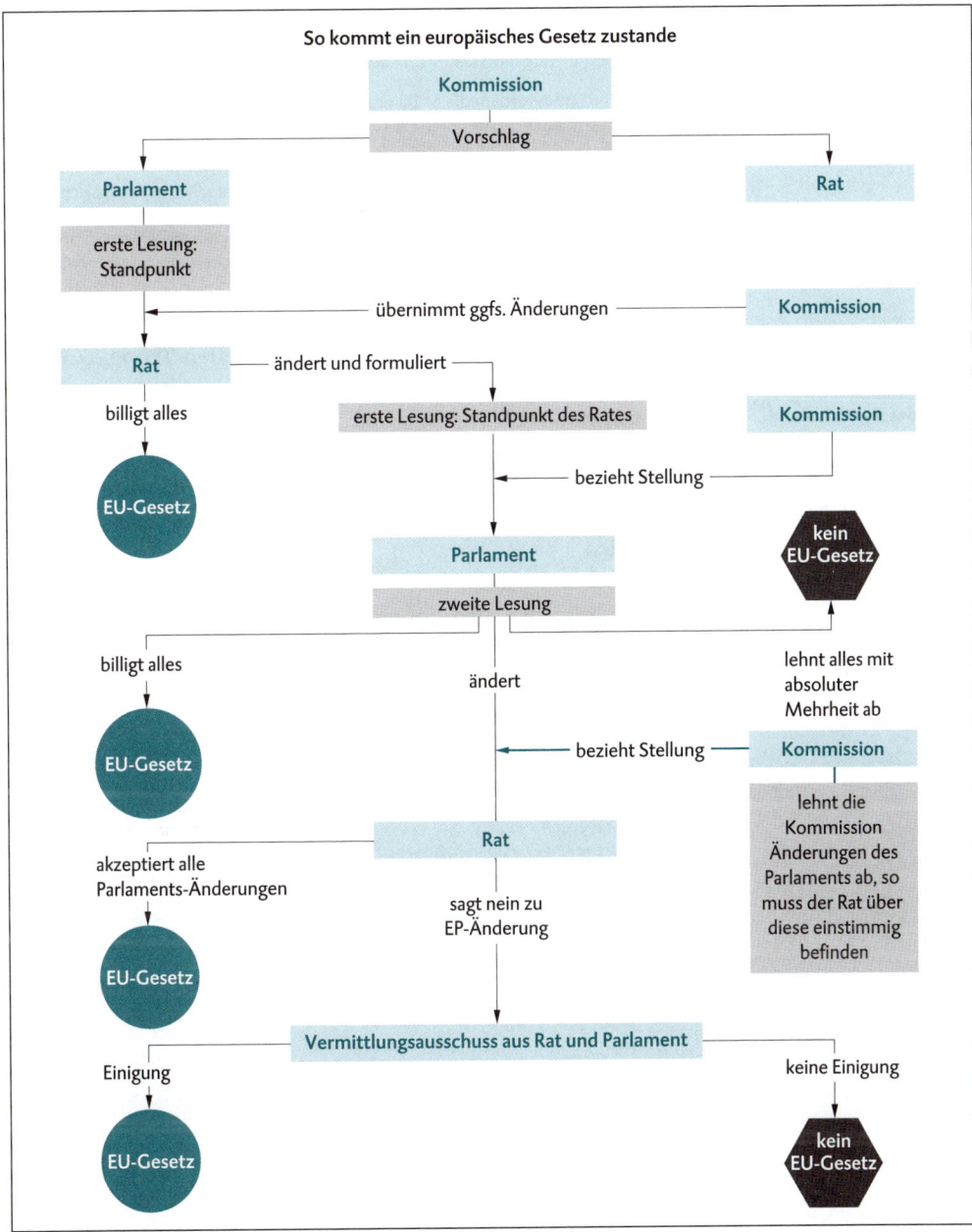

Der Weg zum EU-Gesetz

Europäische Rechtsakte entstehen auf drei unterschiedlichen Wegen:

→ Gesetzgebungs-
verfahrenb vgl. S. 72

Verordnungen	Sie gelten für die gesamte Europäische Union (= für alle Mitgliedsstaaten und deren Bürger/innen) im Wortlaut.
Richtlinien	Sie fordern die Mitgliedsstaaten auf, nationale Gesetze innerhalb einer bestimmten Frist zu erlassen, um den Inhalt der Richtlinien mit mehr oder weniger Spielraum umzusetzen.
Beschlüsse	Sie werden je nach Politikfeld von unterschiedlichen europäischen Institutionen getroffen und müssen nicht alle Mitgliedsstaaten der EU betreffen. So kann zum Beispiel der Rat der Europäischen Union Geldstrafen gegen einen EU-Staat aussprechen, wenn er gegen die Defizitkriterien der EU verstößt.

Daneben gibt es noch den sogenannten **informellen Trilog**. Darunter versteht man die gesetzlich nicht vorgesehenen Absprachen zwischen EU-Kommission, EU-Parlament und Rat der EU vor Beginn der Gesetzeslesungen zum Zweck der Beschleunigung der Gesetzgebung. Dieser informelle Trilog widerspricht dem Grundsatz der **Transparenz** und führt zur Stärkung des Rates der EU und damit des intergouvernementalen Prinzips.

Transparenz – Forderung in der Politik nach frei zugänglicher Information und stetiger Rechenschaft über Abläufe, Sachverhalte, Vorhaben und Entscheidungsprozesse

Grundsätzlich leidet eine effektive europäische Politik unter dem Gegensatz von Subsidiarität und Supranationalität. Dieser Konflikt um die Zuständigkeiten innerhalb der europäischen Entscheidungen ist ein Grundkonflikt der EU.

Subsidiarität	Supranationalität
Die EU darf nur dann handeln, wenn das politische Problem nationalstaatlich nicht sinnvoll gelöst werden kann. Europaweite Regelungen ebnen nationalstaatliche Besonderheiten ein.	Politische Probleme werden EU-weit geregelt, da nationalstaatliche Regelungen die Probleme nicht mehr sinnvoll lösen können. Die europäische Integration verlangt europaweite Regelungen.

3 Die Rolle der EU in der internationalen Politik

3.1 Die Gemeinsame Außen- und Sicherheitspolitik der EU

Überblick über die GASP

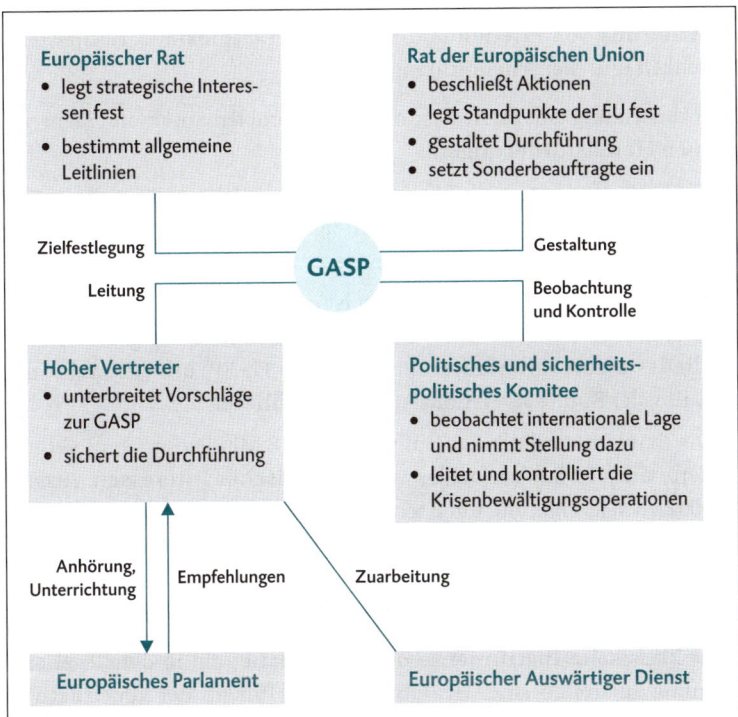

Die **Gemeinsame Außen- und Sicherheitspolitik (GASP) der Europäischen Union** wurde 1993 mit dem Vertrag von Maastricht aus der zuvor bestehenden Europäischen Politischen Zusammenarbeit (EPZ) entwickelt und mit dem 2009 in Kraft tretenden Vertrag von Lissabon in einigen Teilen grundlegend überarbeitet. Sie gibt den zentralen Handlungsspielraum der EU in außen- und sicherheitspolitischen Fragen vor. **Oberstes Ziel der GASP:** Die EU will möglichst geschlossen – unter Beachtung der grundlegenden Werte eines friedlichen Interessenausgleichs – auf internationale Vorgänge reagieren. Das erfordert eine immer stärkere politische Solidarität der EU-Mitgliedsstaaten, eine immer stärkere Anpassung der unterschiedlichen nationalen Interessen und Standpunkte und eine gemeinsame Umsetzung beschlossener konkreter Maßnahmen. Wichtige Punkte und Meilensteine sind dabei:

- **Wahrung** grundlegender **Interessen** der EU (v. a. Sicherheit, Unabhängigkeit und Unversehrtheit)

multinational – mehrere Nationen betreffend

- **Lösung** internationaler **Konflikte** durch multinationale Maßnahmen

- **Entwicklung** einer gemeinsamen **Verteidigungs-** und **Sicherheitspolitik**.

- **Sicherung** von **Frieden** und Stärkung der Demokratie, Rechtsstaatlichkeit und Menschenrechten.

Die Umsetzung einer GASP ist manchmal problematisch und steht vor großen **Herausforderungen:**

- Die **Erwartungen** an die EU sind im Laufe der Jahre **gestiegen**. Immer wieder ist die EU mit neuen Schwierigkeiten konfrontiert, z. B. internationalem Terrorismus, Energieversorgungssicherheit.

- Für die **kleinen Mitgliedsstaaten** ist die GASP eine Möglichkeit, auf internationale Geschehnisse **Einfluss** zu nehmen. Die **großen Mitgliedsstaaten unterlaufen** zum Teil die GASP, um sich auf internationaler Bühne als Nationalstaat zu **profilieren**.

→ **Anmerkungen zur GASP anhand des Ukraine-Konflikts** vgl. S. 183

- Die **Erweiterung** der EU (auf nunmehr 28 Mitgliedsstaaten) vergrößerte die **Vielfalt** nationaler **außenpolitischer Interessen**. (Exemplarisch seien hier die unterschiedlichen Meinungen vor allem in der Folge der Russland-Ukraine-Krise zum Verhältnis EU – Russland genannt.)

Die GASP verfügt im Zusammenspiel der verschiedenen Institutionen über **klassische Instrumente** der **Diplomatie**, die in der Regel einstimmig zu treffen sind. (Es gibt zwar das Prinzip der konstruktiven Enthaltung, das kam aber bisher noch nicht zum Tragen.)
Im Einzelnen sind dies:

konstruktive Enthaltung – Möglichkeit eines Staates, sich bei einer Abstimmung zu enthalten; Staat muss den Beschluss dann nicht selbst durchführen, kann aber andere Staaten nicht an Durchführung hindern

→ **UNO** vgl. S. 220

Demarche – Protestnote, deutlicher diplomatischer Einspruch

Golf-Kooperationsrat – internationale Organisition auf der Arabischen Halbinsel

- Erklärungen zu internationalen Entwicklungen

- Hilfsangebote oder Entzug von Hilfsangeboten

- Reden, Textentwürfe und gemeinsame Stimmabgaben, z. B. in der Generalversammlung der UNO

- Diplomatische Demarchen

- Beteiligung bei multinationalen Verhandlungen

- Politischer Dialog mit Nicht-Mitgliedsstaaten und regionalen Staatengruppen (z. B. Türkei, Golf-Kooperationsrat)

- Strategische Partnerschaften mit ausgewählten Partnern
- Standpunkte mit Positionsbestimmungen zu internationalen Entwicklungen, evtl. mit Sanktionsbeschlüssen
- Beschlüsse über Aktionen zum zivilen und militärischen Krisenmanagement
- Ernennung von Sonderbeauftragten inklusive Mandat

Strategische Partnerschaft – bilaterale Beziehung zwischen machtpolitisch bedeutenden Staaten

3.2 Anmerkungen zur GASP anhand des Ukraine-Konfliktes

Die völkerrechtswidrige Annexion der Halbinsel Krim durch Russland, Unruhen im Osten der Ukraine (Donbas), kriegsähnliche Auseinandersetzungen zwischen der ukrainischen Armee und pro-russischen Separatisten mit vielen zivilen und militärischen Opfern (10 000 Opfer bis Herbst 2017), über 3 Mio. Menschen auf der Flucht, diplomatische Eiszeit zwischen dem Westen und Russland und Sanktionen der EU und den USA gegen Russland – die Krise im Osten der Ukraine hat sich zu der größten Herausforderung der EU und ihrer GASP entwickelt.

Die Krise begann im Jahr 2013 mit der Verschiebung der Unterzeichnung des ukrainischen Assoziierungsabkommens mit der EU. Die sich bildende Massenbewegung führte zur Niederlage des russlandfreundlichen ukrainischen Präsidenten Janukowytsch, der nach Moskau floh. Das Parlament in Kiew setzte daraufhin Neuwahlen an.

Der russische Präsident Putin nutzte die unübersichtliche Lage nach dem Sieg der EU-nahen Bewegung als Chance, um die mehrheitlich von Russen besiedelte Krim zu annektieren.

Die EU verhängte daraufhin – gemäß den Richtlinien ihrer GASP – im März 2014 Sanktionen gegen Russland. Diese umfassten:

- diplomatische Sanktionen,
- gezielte Maßnahmen gegen Einzelpersonen, z. B. Einreiseverbote, Einfrieren von Guthaben in der EU,
- Wirtschaftssanktionen, die mehrfach verschärft wurden.

Wladimir Putin – russischer Politiker und Präsident (2000 – 2008; seit 2012)

Diese Sanktionen, die auch Gegenmaßnahmen Russlands gegen die EU-Mitgliedsstaaten hervorriefen, waren verbunden mit der Forderung nach einer politischen Lösung der Krise (Wiederherstellung der Souveränität und territorialen Unversehrtheit der Ukraine).

So einheitlich die EU auch am Anfang der Krise auftrat, die Ukraine-Krise zeigte die Herausforderungen, die die gemeinsame Außen- und Sicherheitspolitik der EU zu bewältigen hatte.

- Die Sanktionen der EU – auch wenn sie im Verlauf der Krise verschärft wurden – verfehlten ihre Wirkung. Es wurde viel angedroht, aber wenig umgesetzt.

- Die großen Mitgliedsstaaten der EU (vorzugsweise Deutschland und Frankreich) ergriffen die Initiative und betrieben eine eigene Außenpolitik. So initiierten Deutschland und Frankreich den zweiten Minsker Gipfel im Februar 2015 und verhandelten zusammen mit Russland und der Ukraine. Die Verhandlungspartner einigten sich am Ende auf einen 13-Punkte-Plan, der die Krise in der Ost-Ukraine entschärfen sollte. Auch wenn die Initiative Deutschlands und Frankreichs im Auftrag der EU erfolgte, zeigte sich, dass den großen Mitgliedsstaaten oft der Erfolg einer nationalen Außenpolitik wichtiger ist als eine gemeinsame GASP. So wurde zum Beispiel kaum die damalige Hohe Vertreterin der EU für Außen- und Sicherheitspolitik einbezogen.

- Die GASP ist in den verschiedenen 28 Mitgliedsstaaten abhängig von unterschiedlichen nationalstaatlichen Vorstellungen: Die mittelosteuropäischen EU-Staaten haben größere Sicherheitsbedenken gegenüber Russland als die west- und südeuropäischen Staaten.

Karikatur zur Sanktionspolitik der EU gegen Russland im Zuge der Ukraine-Krise.

4 Perspektiven der EU

4.1 Aktuelle Spannungsfelder und Problemlösungsansätze

> „Das Norwegische Nobelkomitee hat entschieden, dass der Friedensnobelpreis 2012 an die Europäische Union (EU) vergeben wird. Die Union und ihre Vorgänger haben über sechs Jahrzehnte zur Förderung von Frieden und Versöhnung beigetragen. Seit 1945 ist diese Versöhnung Wirklichkeit geworden. [...] Die EU erlebt derzeit ernste wirtschaftliche Schwierigkeiten und beachtliche soziale Unruhen. Das Norwegische Nobelkomitee wünscht den Blick auf das zu lenken, was es als wichtigste Errungenschaft der EU sieht: den erfolgreichen Kampf für Frieden und Versöhnung und für Demokratie sowie die Menschenrechte; die stabilisierende Rolle der EU bei der Verwandlung Europas von einem Kontinent der Kriege zu einem des Friedens.
>
> Die Arbeit der EU repräsentiert ‚Bruderschaft zwischen den Nationen‘ und entspricht einer Form von ‚Friedenskongress‘, wie Alfred Nobel dies als Kriterium für den Friedenspreis 1895 in seinem Testament umschrieben hat.“
>
> (Aus der Begründung des Nobelpreiskomitees: Friedensnobelpreis für die EU)

In seiner Urteilsbegründung zur Verleihung des Friedensnobelpreises an die Europäische Union betont das Nobelpreiskomitee im Jahr 2012 deren besondere **friedensschaffende** und **friedenserhaltende Leistung** in den vergangenen sechzig Jahren.

Gleichzeitig verweist das Komitee in demselben Text auf die **„wirtschaftlichen Schwierigkeiten"** und die **„beachtlichen sozialen Unruhen"** innerhalb der EU. Nicht vergessen werden sollten aber auch die grundsätzliche **unionspolitische Skepsis** und die **nationalistischen** politischen **Tendenzen**, die sich in der Union zunehmend verbreiten.

Eine Anzahl verschiedenster Entwicklungen seit 2008, die zu Krisen wurden, untergräbt die Solidarität und Stabilität innerhalb der Europäischen Union und prägt die aktuelle Situation. Wie noch nie in ihrer 60-jährigen Geschichte muss sich die EU großen **richtungsweisenden Herausforderungen** stellen. Welche Lösungen dafür gefunden werden, wird die Richtung für den weiteren Weg der Union vorgeben.

Eurokrise nach 2008

Die globale Finanzkrise von 2008/2009 löste in der EU eine große **(Wirtschafts-)Krise** aus. Drei Erklärungen, die alle die Bedeutung des mit der Zeit entstandenen Ungleichgewichtes im Euroraum unterstreichen, gibt es dafür:

Euroraum – auch Eurozone genannt, umfasst die 19 Staaten der EU, die sich den Euro als gemeinsame Währung teilen

Fiskalpolitik – wirtschaftspolitisches Instrument des Staates (Steuerpolitik, Staatsausgaben) zur Glättung von Konjunkturschwankungen und zur Förderung von stabilem Wirtschaftswachstum

divergierend – auseinanderstrebend, voneinander abweichend

Mario Draghi – Präsident der EZB während der Eurokrise; er sagte 2012, die EZB werde „alles Notwendige" tun, um den Euro zu retten

- Die **öffentlichen Haushalte** vieler Mitgliedsstaaten des Euroraums waren **überschuldet**, weil die Regierungen keine solide Fiskalpolitik betrieben und ihren auf Stabilität und Wachstum gerichteten Verpflichtungen nicht nachkamen. Als das Wachstum zurückging, wurde manchen Staaten ihr Zugang zum gemeinsamen Markt verwehrt, weil ihre Staatsverschuldung zu hoch schien.

- Zwischen den Mitgliedsstaaten des Euroraums kam es durch Schwächen des gemeinsamen Marktes zu **starken wirtschaftlichen Unterschieden**. Diese führten zu stark **divergierenden Wettbewerbschancen**. Da innerhalb des Euroraums die Abwertung von Landeswährungen nicht möglich war, hatte dies einem völliges **Ungleichgewicht** der **Leistungsbilanzen** zur Folge. Die Krisenstaaten erhielten kein Kapital aus dem Ausland.

- Als der Euro als Währung eingeführt wurde, gab es einen großen **Kapitalstrom** von den wirtschaftsstärkeren Ländern im Zentrum der EU **in die Randgebiete**. Als in der Folge der globalen Finanzkrise von 2008/2009 diese Kapitalströme austrockneten, mussten die zu groß gewordenen **Banken**, die diese Ströme abwickelten, von ihren nationalen Regierungen **gerettet werden**. Dies führte in diesen Staaten zu einer sehr hohen Schuldenlast.

Diese Krise traf die Europäische Union **unvorbereitet**, da es **keine Instrumente** zu ihrer Beilegung gab. Das Krisenmanagement brauchte seine Zeit, das verschärfte die Krise.

Vor allem aber wurden die europäischen Institutionen in dieses Krisenmanagement kaum einbezogen, die großen Mitgliedsstaaten versuchten die Krise **nationalstaatlich** zu bekämpfen. Gegenseitige Beschuldigungen zwischen den Euroländern blieben nicht aus. Der Versuch, die Krise unter weitgehendem Ausschluss der europäischen Institutionen zu bekämpfen, **verhinderte** auch eine **demokratische Kontrolle** der neu eingeführten Instrumente auf **europäischer Ebene**.

Die **Europäische Zentralbank**, die nach dem Zögern der politisch Verantwortlichen für die Stabilisierung verantwortlich war, hatte **kein klares Mandat**, die geeigneten Maßnahmen zu ergreifen.

Die Krise wurde schließlich mittels eines Zusammenspiels **mehrerer Maßnahmen** – Rettungsprogramme, Errichten einer Bankenunion, expansive Geldpolitik – überwunden. Allerdings ist die Errichtung eines einheitlichen (Binnen-)Marktes und einer Bankenunion **noch** immer **nicht vollendet**. Der Euroraum ist immer noch in einer gefährlichen Situation, die sich in den folgenden Krisensymptomen zeigt:

Bankenunion – 2014 geschaffene Institution in der EU bzw. der Eurozone mit gemeinsamen Richtlinien und Regelungen im Bereich der Finanzaufsicht

- zunehmende **Kritik** an der **expansiven Geldpolitik** der EZB,

- **wenig fiskalpolitischer Spielraum** der Mitgliedsstaaten wegen hoher Verschuldung,

- **schleppende Modernisierung** der europäischen Volkswirtschaften aufgrund niedriger Investitionsquoten und fehlendem Mut zu Reformen.

expansive Geldpolitik – Ausdehnung der Geldmenge bzw. des Geldangebots z. B. durch Zinssenkung mit dem Ziel der Stimulierung der Wirtschaft

Flüchtlingskrise nach 2015

Der **starke Anstieg** von **Asylbewerbern** aus außereuropäischen Staaten (2014: 627 000; 2015: über 1,3 Mio.; 2016: 1,26 Mio.; 2017: 650 000) führte zu enormen **gesamtgesellschaftlichen Auswirkungen** innerhalb der EU.

Er deckte bestehende Mängel des Asylsystems der Europäischen Union auf:

- Einige EU-Staaten missachteten zentrale Vereinbarungen (Schengener Abkommen 1985, Dublin-Verfahren 1990),

- dadurch wurde die Umsetzung zentraler EU-Verträge infrage gestellt,

- die EU verstieß gegen ihr Solidaritätsprinzip und verlor an Integrationskraft,

- nationalkonservative, rechtspopulistische und rechtsradikale rassistische Parteien und Bewegungen wurden in vielen EU-Staaten salonfähig.

→ **Nationalistische und populistische Bewegungen** vgl. S. 189

Die **Europäische Union** versucht diesen Flüchtlingsbewegungen mit einer **eigenen Migrationspolitik** entgegenzuwirken. Diese enthält ein Bündel an Maßnahmen:

- **Dublin-Verfahren**
  Nach dem Übereinkommen von Dublin sollen Asylbewerber in dem Land, in dem sie erstmals in Europa einreisen, registriert werden und dort soll auch ihr Antrag bearbeitet werden. Dieses Verfahren bürdet Griechenland und Italien die meisten Lasten auf. Die 2013 beschlossene Dublin-III-Verordnung, die 2015 in Kraft trat, regelt nur die Zuständigkeiten der Asylverfahren, ordnet aber nicht die europaweite Verteilung der Flüchtlinge. Die Dublin-Regeln erwiesen sich daher als nicht durchführbar. Modifizierungen (z. B. nicht Ersteinreise, sondern Familienzusammenführung) scheiterten an nationalstaatlichen Interessen.

- **Grenzsicherung**
  Die EU führte Kontrollen im Binnenraum ein, unterlief teilweise das Schengen-Abkommen, um den Schengenraum insgesamt zu bewahren und die Außengrenzen zu sichern. Viele EU-Mitgliedsstaaten errichteten danach Mauern und Grenzzäune zur Verhinderung illegaler Übertritte.
  Zusätzlich schuf die EU zum Schutz ihrer Außengrenzen die Agentur Frontex, die v. a. Bootsflüchtlinge am Erreichen Europas hindert. Dies stellt eine massive Verletzung der Charta der Grundrechte der EU dar.

- **Schließung der Balkanroute**
  Sie führte zu einer faktischen Außerkraftsetzung des europäischen Asylrechts, stärkte außerdem illegale Schlepperbanden.

- **Abkommen mit der Türkei**
  Auf Initiative der deutschen Bundeskanzlerin Merkel wurde ein Abkommen mit der Türkei vereinbart: Die Türkei verpflichtete sich zu einer engeren Zusammenarbeit bei der Sicherung der EU-Außengrenzen, erhielt dafür Reiseerleichterungen für türkische Bürgerinnen und Bürger, finanzielle Unterstützung für Flüchtlingslager und eine neue Chance für die Beitrittsverhandlungen mit der EU.
  Dieses Abkommen wurde am 18. März 2016 vom Europäischen Rat einstimmig beschlossen.

- **Verteilung und Umsiedlungen**
  Die Dublin-Regeln verhindern eine gleichmäßige Verteilung der Asylbewerber innerhalb der EU. Eine vom ehemaligen Kommissionspräsidenten Juncker initiierte Quotenregelung wurde von einigen osteuropäischen EU-Staaten abgelehnt. Klagen der Slowakei und Ungarns gegen die Quotenregelung wurden vom EuGH am 6. 9. 2017 zurückgewiesen.

- **Obergrenzen**
  Viele EU-Staaten diskutierten die Einführung von Obergrenzen für Flüchtlinge. In Deutschland führte diese Diskussion fast zum Bruch der Koalitionsregierung und zu einem Streit zwischen der CDU und der CSU.

- **Ausweisungen und Abschiebungen**
  Seit Anfang 2017 können die Mitgliedsstaaten für die Rückführung von Flüchtlingen die Europäische Agentur für die Grenz- und Küstenwache in Anspruch nehmen.

Flüchtlinge im Jahr 2015 auf dem Weg von Ungarn nach Österreich

- **Abkommen mit Herkunfts- und Transitstaaten**

  In diesem Kontext sollen in Italien und Griechenland sogenannte „Erstaufnahme-Hotspots" eingerichtet werden.

  Vor allem mit afrikanischen Staaten sollen „Migrationspartnerschaften" geschlossen werden mit folgenden Zielen:

  – Zerschlagung von Schleusernetzwerken und Rettung von Menschenleben im Mittelmeer,

  – Rückführung von irregulären Migranten,

  – Errichtung von Rückführungszentren in Afrika (Nähe zur Heimat),

  – (finanzielle) Unterstützung der betreffenden, v. a. afrikanischen Drittstaaten.

  Diese Migrationspartnerschaften wurden u. a. mit Libyen, Niger und dem Tschad geschlossen.

> **Erstaufnahme-Hotspots** – Registrierungszentren für Flüchtlinge im Schengen-Raum

Nationalistische und populistische Bewegungen in den Mitgliedsstaaten

In den vergangenen Jahren haben sich in vielen EU-Mitgliedsstaaten viele **rechtspopulistische** und **rechtsextreme Parteien** und **Bewegungen** verstärkt.

Als radikal rechts werden Parteien eingestuft, die

- das Volk als einheitlichen Körper betrachten (Volksgemeinschaft),
- die Ungleichwertigkeit von Menschen sehen,

• einen autoritären Staat errichten wollen und sich gegen die liberale Demokratie und ihre Grundwerte richten.

Man **unterscheidet** im radikal rechten Spektrum zwischen rechtspopulistischen und rechtsextremen Standpunkten: **Rechtsextreme lehnen** die gegenwärtige **staatliche Ordnung** und ihre Institutionen **ab**, **Rechtspopulisten** sind **nicht explizit gegen** das System.

Rechte Demonstration gegen Einwanderung und Flüchtlinge im Jahr 2015 in Frankfurt (Oder)

Die folgende Übersicht zeigt die wichtigsten rechten Parteien (rechts-
extrem: fett; rechtspopulistisch: kursiv) in den EU-Mitgliedsstaaten.

EU-Staat	Partei	Programm	NW	EU 14	EU 19
Belgien	**Vlaams Belang (VB)**	Unabhängigkeit Flanderns, Abwertung von Minderheiten, rassistisch, unterschwelliger Antisemitismus	3,7	4,3	11,4
Bulgarien	*IMRO – Bulgarische nationale Bewegung*	fundamentalistisch-religiös	9,1	10,7	8,9
Dänemark	*Dänische Volkspartei (DP)*	Gegen multi-ethnische Gesellschaft, Ablehnung von Zuwanderung	21,1	26,6	13,2
Deutschland	*Alternative für Deutschland (AfD)*	Kritik an Flüchtlingspolitik, zunehmend rassis-tische Ressentiments	12,6	7,1	11,0
Estland	*Estnische Konservative Volkspartei*	Überleben des estnischen Volkes, rassistische und teilweise pro-faschistische Kommentare	8,1	4,0	12,7
Finnland	*Wahre Finnen (PS)*	Multikulturalismus, EU und Zuwanderung als Gefahr	17,7	12,9	13,8
Frankreich	*Front National (FN)*	Gegen Zuwanderung, insbes. gegen Muslime, gegen EU	13,2	24,9	23,3
Griechenland	**Goldene Morgenröte** (Verurteilt: Kriminelle Vereinigung)	Faschistische Symbolik gegen Minderheiten und Zuwanderung, Wahlrecht nur für „Men-schen griechischen Blutes", paramilitärische Untergruppen	7,0	9,4	
Großbritannien	*UK Unabhängigkeits-partei (UKIP)*	Für Brexit, Anti-Establishment-Politik, Ableh-nung von Multikulturalismus	12,6	26,8	31,6
Italien	*Lega Nord (LN)*	Unabhängigkeit „Padaniens" (Nord-/Mittelitalien) von Italien, zuwanderungs-feindliche und rassistische Neigungen	17,3	6,2	34,3
Lettland	*Nationale Allianz/Alles für Lettland!*	Ethnischer Nationalismus, gegen russische Minderheit, gegen Flüchtlinge, gegen EU, gegen Globalisierung	11,1	14,3	16,4
Litauen	*Ordnung und Gerechtigkeit (TT)*	Gegen politisches Establishment, Ressenti-ments gegen Minderheiten, gegen EU	5,3	14,3	2,8
Niederlande	*Partei für die Freiheit (PVV)*	Abgrenzung zu Zuwanderern, v. a. zum Islam	13,1	13,3	3,5
Österreich	*Freiheitliche Partei Österreichs (FPÖ)*	Nationalistisch und deutschnational mit nationalsozialistischen Bezügen, rassistisch, unterschwellig bis offen antisemitisch	26,0	19,7	17,5
Polen	*Recht und Gerechtigkeit (PiS)*	Wiederherstellung von Recht und Ordnung, gegen Ausländer, Migranten und Homosexuelle	37,6	31,8	43,1
Schweden	*Schwedendemokraten*	Historisches Erbe im Rassismus und Neonazis-mus, zuwanderungsfeindliche Positionen	12,9	9,7	15,4

EU-Staat	Partei	Programm	NW	EU 14	EU 19
Slowakei	*Slowakische National-partei (SNS)*	Autoritär, rassistische Züge, gegen Roma, Ungarn, Homosexuelle, Gebietsansprüche gegenüber Ungarn	8,6	3,6	4,1
	Volkspartei Unsere Slowakei	antisemitisch, antiziganistisch, homophob, militärisches Aufrüsten, Austritt aus EU und NATO	8,0	1,7	12,7
Spanien	*Vox*	Gegen Islam, gegen Migranten, gegen Multikulturalismus, antifeministisch	10,3	1,6	6,2
Tschechien	**Morgendämmerung** (2018 aufgelöst)	EU-skeptisch, Roma-feindlich		3,1	
Ungarn	*Fidesz*	autoritär, europaskeptisch	49,3	51,5	52,3
	Jobbik	Wiederherstellung Großungarns, faschistisch, antisemitisch, antiziganistisch, gegen Homosexualität, pro-russisch, anti-islamisch	19,6	14,7	6,4
Zypern	**Nationale Volksfront**	Gegen türkische Zyprioten und Einwanderer, völkisch und nationalistisch, rassistisch, nationalistisch und europaskeptisch	3,7	2,7	8,3

Erklärungen: NW = Nationale Wahlen; EU 14: Europawahlen 2014; EU 19: Europawahlen 2019

Brexit

Am 23. Juni 2016 stimmten die Einwohner Großbritanniens für den **Austritt** ihres Landes **aus der EU**. Damit verlässt mit Großbritannien das erste Mitgliedsland der EU die Union, was seit dem Vertrag von Lissabon (2009) möglich ist.

Die **Entscheidung** fiel mit 51,9 % Ja-Stimmen zu 48,1 % Nein-Stimmen **recht knapp** aus. Große Unterschiede gab es zwischen den britischen Landesteilen: England 53,4 % Ja-Stimmen; Wales 52,5 % Ja-Stimmen; Schottland: 38 % Ja-Stimmen; Nordirland 44 % Ja-Stimmen.

Die **Wahlbeteiligung** war mit 72 % **höher** als bei **allen** anderen **britischen Wahlen** seit 1992.

Als einzige Partei stimmte die **europaskeptische** Partei **UKIP** (UK Independence Party) geschlossen für den Brexit. **Alle anderen Parteien** waren **gespalten** in der Frage.

Gründe für den Brexit	Gründe gegen den Brexit
Wirtschaft	
GB gehört zu den Nettozahlern der EU. Durch den Austritt aus der EU kann man viel Geld sparen, das man zur Sanierung des britischen Gesundheitswesens verwenden kann.	GB bekommt einen großen Teil des investierten Geldes wieder heraus – durch den erleichterten Handel innerhalb des EU-Marktes. Es entstehen dadurch zusätzliche Jobs durch höhere Investitionen und niedrigere Preise.
Einwanderung	
Hohe Zuwanderung von EU-Bürgern geht zulasten der britische Bevölkerung. EU-Bürger haben Anspruch auf Sozialleistungen.	Die Zahl der Immigranten sinkt nach einem Austritt GBs aus der EU nicht automatisch (vgl. Norwegen, Schweiz).
Weltpolitische Geltung	
GB hat in vielen internationalen Gremien keinen eigenen Sitz mehr, sondern EU führt die Verhandlungen.	GB kann im Zusammenspiel mit anderen EU-Staaten eigene Position besser vertreten als außerhalb der EU.
Zentralisierung und „Fremdbestimmung"	
Viele Politikbereiche werden inzwischen von der EU geregelt. EU-Recht ist im Zweifelsfall nationalem Recht übergeordnet.	Zahlreiche EU-Vorgaben schützen die Rechte der Arbeiternehmer*innen, z. B. Garantie eines bezahlten Mutterschaftsurlaubs, Rechte der Frauen am Arbeitsplatz.

Brexit-Befürworter auf einem Schiff auf der Themse in London

Artikel 50 des Vertrages von Lissabon regelt den Austritt aus der EU:

- GB teilt dem Europäischen Rat seinen Wunsch nach Austritt mit.
- Der Europäische Rat legt (ohne GB) die Leitlinien für die Verhandlungen fest.
- Die EU-Kommission verhandelt mit GB über die einzelnen Bereiche des Austrittsabkommens.
- Das Abkommen benötigt die Zustimmung des EU-Parlaments und einer qualifizierten Mehrheit der EU-Staaten (ohne GB).
- Ab Gültigkeit des Abkommens verlieren die EU-Verträge für GB ihre Gültigkeit.
- Sollte keine Einigung zwischen der EU und GB erreicht werden, verlieren die EU-Verträge automatisch zwei Jahre nach Austrittsgesuch ihre Gültigkeit.

4.2 Reformdiskussion

> „Noch nie seit dem Zweiten Weltkrieg war Europa so wichtig. Und doch war Europa noch nie in so großer Gefahr. […] Unser Kontinent steht an einem Scheidepunkt, an dem wir gemeinsam in politischer und kultureller Hinsicht die Ausgestaltung unserer Zivilisation in einer sich verändernden Welt neu erfinden müssen. Das ist der Moment des Neubeginns in Europa. […]
> Wir dürfen nicht Schlafwandler in einem erschlafften Europa sein. Wir dürfen nicht weitermachen wie bisher und uns auf Beschwörungsformeln beschränken. Der europäische Humanismus erfordert Handeln."
>
> (Emmanuel Macron, Brief an die EU-Bürger, 5.3.2019)

Mit der Wahl zum Europäischen Parlament am 26. Mai 2019 hat sich das **Gewicht** der **nationalistischen** und **Europa-kritischen Parteien** und Strömungen **erhöht**. Um dieser Entwicklung entgegenzuwirken, bedarf es einiger **Reformierungen** der Europäischen Union.
Am 5. März 2019 wandte sich der französische Präsident Emmanuel Macron in einem öffentlichen Brief direkt an die Bürgerinnen und Bürger der 28 Unions-Staaten. Darin schlug er einige Veränderungen und Neuerungen der EU vor:

Verteidigung der Freiheit
- Gründung einer europäischen Agentur für den Schutz der Demokratie (gegen Hackerangriffe und Manipulationen)

Emmanuel Macron – französischer Politiker und Präsident seit 2017

- Verbot der Finanzierung europäischer Parteien durch fremde Mächte

- EU-weite Regelungen zum Verbot von Hass- und Gewaltkommentaren

Schutz des Kontinents

- Neugestaltung des Schengen-Raums
Alle Mitglieder müssen gemeinsame Bedingungen anerkennen: strenge Grenzkontrollen, gemeinsame Grenzpolizei, gemeinsame Asylpolitik mit einheitlichen Regeln für Anerkennung und Ablehnung unter Aufsicht eines Europäischen Rates für Sicherheit.

Schengen-Raum – Gemeinschaft der Staaten in Europa, zwischen denen keine systematischen Personengrenzkontrollen mehr durchgeführt werden

- Vertrag über Verteidigung und Sicherheit in Kooperation mit NATO und europäischen Verbündeten
Erhöhung der Militärausgaben, gegenseitige Verteidigung, Etablierung eines Europäischen Sicherheitsrates (unter Einbeziehung von GB)

→ **NATO** vgl. S. 228

- Gewährleistung eines gerechten Wettbewerbs
  - Bestrafung oder Verbot von Unternehmen, die strategische europäische Interessen und wesentliche europäische Werte (Umweltstandards, Datenschutz, Steuern) untergraben
  - Bevorzugte Behandlung europäischer Unternehmen bei öffentlichen Aufträgen

Europa voranbringen

- Soziale Grundsicherung für alle europäischen Arbeitnehmerinnen und Arbeitnehmer (gleiche Bezahlung, Mindestlohn)

- Schutz von Umwelt und Klima
  - Unterordnung der europäischen Politik unter Ziele des Klimaschutzes (Reduzierung der CO_2-Emissionen, Reduzierung des Pestizid-Einsatzes)
  - Gründung einer Europäischen Klimabank zur Förderung und Finanzierung des ökologischen Wandels
  - Gründung einer europäischen Kontrolleinrichtung zum Lebensmittelschutz

- Schaffung einer europäischen Überwachung der großen Internet-Plattformen

- Finanzierung von Innovationen durch finanzielle Stärkung des Europäischen Innovationsrates

- Stärkere Zusammenarbeit mit Afrika: Investitionen, Universitätspartnerschaften, Schulunterricht für Mädchen, …

Um diese Maßnahmen voranzutreiben, empfiehlt Emmanuel Macron die Einberufung einer **Europakonferenz** mit dem Ziel, alle die EU stärkenden erforderlichen Änderungen vorzuschlagen und zu diskutieren, unter Einbeziehung der Bürgerinnen und Bürger und mit Anhörung gesellschaftlich relevanter Gruppen (z. B. Wissenschaftler*innen, Sozialpartner und Religionsvertreter*innen).

5 Bemühungen um ein wachsendes europäisches Bewusstsein

> „Das Phänomen Euroskepsis besitzt folglich durchaus historische Kontinuität. Letztlich ist es ebenso alt wie der europäische Integrationsprozess selbst. Euroskeptischer oder anti-integratorischer Widerstand hat den europäischen Integrationsprozess gebremst oder blockiert. Wirklich zurückgeworfen aber hat er ihn bisher nicht. […]
> Anti-integratorischer Widerstand erscheint daher als ein historisch bedeutsamer, aber integraler Faktor des europäischen Integrationsprozesses. Seine Relevanz besteht nicht in erster Linie im Sinne einer existenziellen Bedrohung, sondern eher in der Funktion eines oppositionellen Einflussfaktors im europäischen Integrationsprozess."
>
> (Carsten Schymik, Europäische Anti-Föderalisten, Berlin 2006, S. 13)
>
> „Machten wir heute eine Bilanz unseres geistigen Besitzes […], so würde sich herausstellen, dass das meiste davon nicht unserem jeweiligen Vaterland, sondern dem gemeinsamen europäischen Fundus entstammt. In uns allen überwiegt der Europäer […]."
>
> (José Ortega y Gasset, 1929; entnommen aus: Institut für Europäische Politik 3/17: Eine europäische Identität?, S. 4)

Schon lange vor Gründung der EU wies der portugiesische Philosoph Ortega y Gasset darauf hin, dass Europa mehr ist als eine Ansammlung von Nationalstaaten. Vielmehr ist Europa eine im Lauf der Geschichte entstandene Ansammlung **gemeinsamer Normen**, **Werte** und **kultureller Ideen**. Europa ist ein Raum gemeinsamer **historischer Erfahrungen** und **kultureller Prägungen**. Europa lebte schon immer vom Austausch seiner nationalen Ideen.
Die in Kapitel 4.1 aufgezählten aktuellen Krisen und Herausforderungen der europäischen Gemeinschaft haben die **Legitimität** der europäischen Staatengemeinschaft stark **geschwächt**. Unterschiedliche Interessen und Vorwürfe der Nationalstaaten und das **euroskeptische Denken**

stellen die europäischen Institutionen vor große Herausforderungen und **untergraben** die **europäische Solidarität**.

Deshalb gilt es, diese **europäische Identität** wieder genau zu definieren und stärker zu **betonen:**

- Eine **europäische Identität** darf sich nicht durch Abgrenzung zu anderen definieren, sondern als **eigenständiger Wert**. Dieser ist geprägt von Unterschiedlichkeit, da die Bewohner der Mitgliedsstaaten unterschiedliche historische Erfahrungen haben.

- Eine europäische Identität ist im ständigen Ideenaustausch **historisch gewachsen** – und deshalb nicht statisch, sondern immer im **Wandel**.

- Eine europäische Identität hinterfragt sich immer wieder, ohne die oben zitierten **grundlegenden Werte** und **Errungenschaften** infrage zu stellen.

- Eine europäische Identität **ergänzt** andere soziale Identitäten.

- Eine europäische Identität orientiert sich an der **Grundrechtscharta** der EU: Demokratie, Rechtsstaatlichkeit und Sozialstaatlichkeit, Freiheit, Gleichheit, Menschenwürde, Pluralismus, Solidarität.

Um diese Identität zu fördern, sind einige **grundlegende Änderungen** und **Neuerungen** innerhalb der EU denkbar:

Neue Begründung der EU

Das **Gründungsmotiv** der EU als **Friedensprojekt** nach dem Zweiten Weltkrieg behält zwar immer noch seine Berechtigung. Für viele junge Menschen stellt dieser Frieden in Europa jedoch eine Selbstverständlichkeit dar, andere aktuelle Probleme sind drängend.

Deshalb muss dieser Aspekt ergänzt werden durch das Bild eines **sozialen** und **demokratischen** Europas. Es muss stärker betont werden, dass die europäischen Werte nicht national errungen wurden, sondern nur in gemeinschaftlicher Arbeit. Bildungseinrichtungen sollten den europäischen Charakter der europäischen Geschichte stärker unterrichten, die rein nationale Geschichtsschreibung mittels europäischer Beispiele öffnen.

Stärkere europäische Öffentlichkeit

Um europäisches Denken zu stärken, sollten europäische **Kommunikationsräume** entwickelt und ausgebaut werden. So könnten öffentlich-rechtliche Medien auf europäischer Ebene genauso hilfreich sein wie eine bessere Vernetzung europäischer Journalisten mit grenzüberschreitender Kooperation.

Außerdem könnten die **Wahlen** zum **Europäischen Parlament** stärker europäisch ausgerichtet werden: mit **europäischen Parteien** mit übernationalen Listen und Kandidaten. Dazu müssten aber europäische Verträge geändert werden.

Die höhere Wahlbeteiligung an den Wahlen zum Europäischen Parlament im Mai 2019 sind ein erstes Indiz dafür, dass diese stärkere europäische Öffentlichkeit zu einem positiven Aufbruch führen könnte.

Mehr Partizipationsmöglichkeiten, um europäische Identität zu fördern

Die einzige europäische Institution, die von den EU-Bürgern **direkt gewählt** werden kann, ist das **Europäische Parlament**. Um diesem **Partizipationsdefizit** ohne große Vertragsänderungen entgegenzuwirken, wären folgende Möglichkeiten denkbar:

- Schaffung eines europäischen **sozialen Jahres**, um europäischen Austausch unabhängig vom Bildungsgrad zu ermöglichen,
- Schaffung von **Europazentren** in verschiedenen Regionen oder Städten, um zivilgesellschaftliches und politisches **europäisches Engagement** zu fördern,
- Stärkung des **Petitionsrechts**.

Wieder mehr Solidarität

Die **Krisen** der vergangenen Jahre haben gezeigt, dass die Regierungen der europäischen Mitgliedsstaaten immer **weniger bereit** sind, **Verantwortung** in politischer, kultureller, sozialer und finanzieller Hinsicht zu **übernehmen**. Die wachsende Abhängigkeit innerhalb der EU angesichts der zunehmenden **Globalisierung** sollte die Bereitschaft zur Übernahme von Verantwortung erhöhen, da keine nationalstaatliche Regierung erfolgreicher sein wird als die EU. Mögliche Schritte zur **stärkeren Solidarität** könnten sein:

- **Anpassung** der **Lebensverhältnisse** innerhalb der EU,
- stärkere **Kooperations-** und **Kompromissbereitschaft**,
- Ausbau der **Teilhabegerechtigkeit** der EU-Bürger an allen Fortschritten der EU.

Konkrete Umsetzungsmaßnahmen könnten sein:

- Einführung einer **Europäischen Arbeitslosenversicherung**,
- Einführung sozialer **Mindeststandards** in allen Mitgliedsländern.

Europa hat trotz der Krisen Zukunftspotenzial. Auch kann man davon ausgehen, dass die oben angeführten Möglichkeiten zur **Förderung einer europäischen Identität** mehrheitsfähig sind.

Nach einer Umfrage der Süddeutschen Zeitung (veröffentlicht am 20.04.2019) **denkt** ein **Großteil** von über 50 000 Befragten über Europa und seine Zukunft **überwiegend positiv**.

Fragen	ja	nein
Würden Sie Ihre Staatsangehörigkeit für eine gesamteuropäische aufgeben?	66,2 %	33,8 %
Sollte jedes Land Flüchtlinge nach einer festgelegten Verteilungsquote aufnehmen?	89,5 %	10,5 %
Sollten wir statt der deutschen Hymne die europäische singen?	64,9 %	35,1 %
Soll die EU weitere Mitgliedsländer aufnehmen?	38,5 %	61,5 %
Geht die EU konsequent genug gegen Staaten vor, die sich über EU-Regeln hinwegsetzen?	6,7 %	93,3 %
Sollten die Grenzkontrollen einzelner Staaten im Schengen-Raum weiter verlängert werden?	23,5 %	76,5 %
Sollte es europäische Fernsehen oder Zeitungen und Radiostationen geben?	79,9 %	20,1 %
Finden Sie, dass die Europawahl zu national ausgerichtet ist?	71,9 %	28,1 %
Hat die EU eine Zukunft?	87,4 %	12,6 %

Internationale Politik und Friedenssicherung

1 Grundlagen der Politik im internationalen Rahmen

> „In der internationalen Politik geht es nie um Demokratie oder Menschen-rechte. Es geht um die Interessen von Staaten. Merken Sie sich das, egal, was man Ihnen im Geschichtsunterricht erzählt."
>
> (Egon Bahr, deutscher Politiker (SPD) und Journalist am 3. Dezember 2013 vor Schülern in der Ebert-Gedenkstätte Heidelberg)

Eine einheitliche Definition für den Begriff der „Internationalen Politik" existiert unter Wissenschaftlern bis dato nicht. Vielmehr werden die Termini **Internationale Beziehungen, Außenpolitik, Weltpolitik** oder neuerdings auch **Weltinnenpolitik** sowie **Internationale Politik** relativ undifferenziert verwendet oder gar synonym gebraucht. Für eine etwas genauere Betrachtung dieses Themenkomplexes bietet es sich jedoch an, die **Internationale Politik** als einen Teilbereich der **Interna-tionalen Beziehungen** zu begreifen. Gegenstand des Interesses sind dabei Staaten und nichtstaatliche Akteure, die mittels Normen und Insti-tutionen Beziehungen zu anderen Staaten und nichtstaatlichen Akteu-ren pflegen.

1.1 Handlungsfelder

Anders als in Bezug auf die Begriffsbestimmung besteht ein breiter Kon-sens über die Kriterien des Gegenstandes internationaler Politik. Diese beziehen sich auf

- **Aktivitäten**, die die **Grenzen eines Staates überschreiten**;
- eine **Vielzahl von Akteuren**, die bestimmte **Ziele zu erreichen** ver-suchen (vgl. 1.3);
- einen als Einheit aufzufassenden Prozess von **Aktionen und Reak-tionen** sowie
- ein wechselseitiges **Bezugsgeflecht grenzüberschreitender Hand-lungen**.

Unter Internationaler Politik versteht man daher auch nicht nur die große Politik kleiner Kreise; denn erstens beschränkt sie sich nicht auf die Frage von Krieg und Frieden, sondern **umfasst potenziell alle Politikbereiche** und zweitens reichen die an der internationalen Politik beteiligten Akteure meist weit in die innenpolitische und gesellschaftliche Sphäre hinein.

Internationale Politik beinhaltet damit eine Vielzahl unterschiedlichster Handlungsfelder und ist weit mehr als nur Sicherheitspolitik. Neben Terrorismus, neuen Kriegen und der Auf- oder Abrüstung, beschäftigt sich Internationale Politik ebenso mit Proliferation, Korruption und Staatsversagen wie auch mit Ressourcenknappheit, dem Klimawandel, Flucht, Migration und Pandemien.

In einer immer vernetzteren Welt gibt es kaum noch Handlungsfelder, die nicht auch international bearbeitet werden.

Abrüstung – Reduzierung militärischen Potenzials

Proliferation – Weitergabe von Wissen und Materialien zum Bau von Massenvernichtungswaffen

Pandemien – länderübergreifende, globale Verbreitung einer Infektionskrankheit, wie die Corona-Pandemie seit Januar 2020

1.2 Strukturen der internationalen Politik

Internationale Politik unter den Bedingungen der Anarchie

In der internationalen Politik stellt nicht nur die Überschreitung staatlicher Grenzen für die Probleme, Prozesse und Ergebnisse der Politik eine besondere Herausforderung dar. Vielmehr ist es die **Bedingung der Anarchie** des internationalen Systems, unter der internationale Politik betrieben wird.

Damit unterscheidet sich internationale Politik meist wesentlich von innerstaatlicher Politik. Diese beruht auf **Hierarchie** oder **Herrschaft**, die auf einem Verhältnis von Über- und Unterordnung basiert. In einem **anarchischen System** gibt es diese Hierarchie der Akteure nicht. Sie stehen sich hier in einem formell gleichrangigen Verhältnis gegenüber, in dem keiner zu befehlen legitimiert oder zu gehorchen verpflichtet ist. Das bedeutet, dass im internationalen System kein Akteur über das Herrschafts- oder Gewaltmonopol verfügt, sondern die Herrschaft eines Staates an dessen Grenzen endet. Herrschaft außerhalb oder oberhalb von Staaten, geschweige denn ein internationales Gewaltmonopol, existiert nicht.

Aber: Das Prinzip der staatlichen Souveränität bleibt gewahrt, wenn internationale Entscheidungen und Abmachungen durch die Zustimmung aller Staaten zustande kommen, für die sie Geltung haben sollen. So können Staaten z. B. **internationalen Organisationen Kompetenzen** und Rechte **übertragen**, die dadurch dann legitimiert sind, verbindliche Entscheidungen zu treffen und Regeln festzusetzen. Anarchie ist also nicht gleichbedeutend mit Regellosigkeit oder Unverbindlichkeit. Freiwillige Vereinbarungen und Befolgung von Regeln sind im anarchischen System, anders als herrschaftliche Regelsetzung und -durchsetzung durch Zwang, möglich.

→ **Auflösung traditioneller politischer Räume** vgl. S. 286

Unipolarität, Bipolarität, Multipolarität –
Von **Unipolarität** spricht man, wenn die internationale Politik von einer unangefochtenen Supermacht dominiert wird.
Bipolarität bezeichnet einen Zustand, in dem die internationale Politik von der Rivalität zweier Großmächte geprägt wird. Von **Multipolarität** spricht man, wenn es im internationalen System mehrere annähernd gleich starke Mächte gibt, die um den Führungsanspruch ringen.

Nach dem Zweiten Weltkrieg bestimmte fünf Jahrzehnte lang der **ideologische Gegensatz** zwischen den beiden Supermächten USA und Sowjetunion die Weltpolitik. Eine solche Weltordnung wird als **bipolar** bezeichnet, weil sie maßgeblich von den gegensätzlichen Systemen der USA und Sowjetunion (UdSSR) geprägt war. Während die USA die freiheitliche Demokratie und Marktwirtschaft betonten, betrachtete die Sowjetunion den Sozialismus und die Planwirtschaft als das bessere System. Bis zum Ende des **Kalten Krieges** war die Erde so in eine westliche Hemisphäre unter der Führung der USA und in eine östliche Hemisphäre, in der die UdSSR die Macht ausübte, geteilt.

Mit dem Ende des Kalten Krieges und nach dem Zusammenbruch des Ostblocks verblieben zunächst die USA durch ihre militärische und wirtschaftliche Stärke als einzige Weltmacht. Doch diese **unipolare Weltordnung** war nur von kurzer Dauer. Der Aufstieg neuer Weltmächte wie China, der wieder auflebende Anspruch Russlands auf eine Weltmachtstellung und das Emporkommen von Regionalmächten wie Indien, dem Iran, der Türkei oder Saudi-Arabien führten zu einer ausgeprägten **Multipolarität** und einer insgesamt recht instabilen internationalen Ordnung. Seit dem Ende des Ost-West-Konfliktes 1989 ist die Weltordnung von einer **ordnungs- und machtpolitische Unübersichtlichkeit** geprägt, in der sich die Staatenwelt zwischen Uni- und Multipolarität, zwischen Hegemonie und Gleichgewicht bewegt. Diese **Weltunordnung** adäquat abzubilden, gestaltet sich daher schwierig.

Weltordnungsmodelle können jedoch dabei helfen, Konstellationen von Staaten zueinander und ihren jeweiligen Einfluss zu beschreiben. Im Folgenden sind vier solcher Modelle dargestellt, die die Weltordnung verschieden charakterisieren.

- In der anarchischen Staatenwelt versucht jeder Staat durch bilaterale Verträge seine **Position zu verbessern**,

- in der hegemonialen Ordnung gibt es einen **Hegemonen**, der weltweit sein **Gewaltmonopol** durchzusetzen versucht.

- Im Modell der horizontalen Selbstkoordination **harmonisieren** die Staaten ihre **Handlungen** auf der Grundlage bi- und multilateraler Verträge oder der Entscheidungen **internationaler Organisationen**.

- Ist die Staatenwelt durch einen Weltstaat geordnet, haben die Staaten ihre Souveränität an eine **überstaatliche Autorität** abgegeben und damit ein kontrollierbares und demokratisch legitimiertes **Gewaltmonopol** geschaffen.

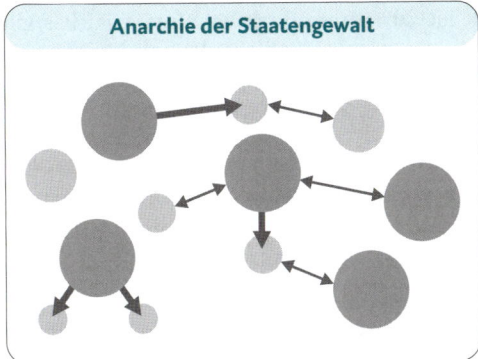

Anarchie der Staatengewalt

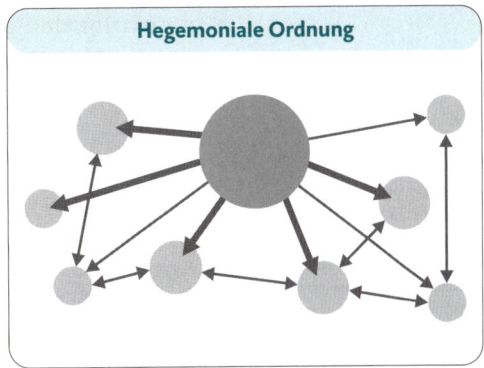

Hegemoniale Ordnung

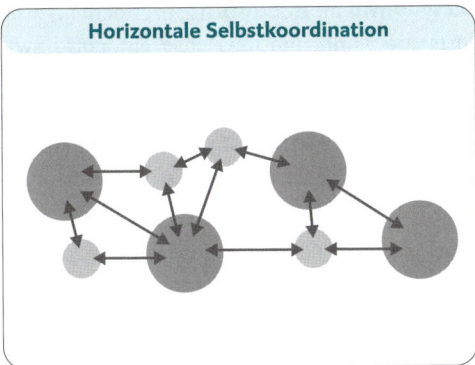

Horizontale Selbstkoordination

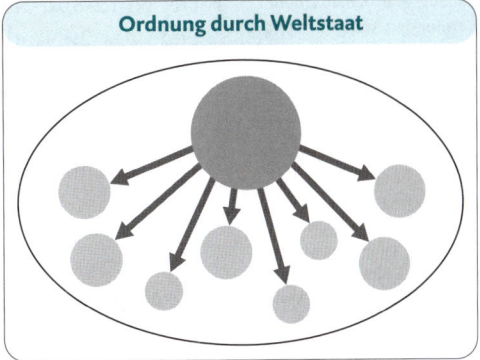

Ordnung durch Weltstaat

Die „**neue Unübersichtlichkeit**", die sich seit dem Ende des Ost-West-Konfliktes und damit auch dem Ende der Bipolarität ergab, wird durch verschiedene Charakteristika bestimmt. Diese sind:

- **National- und Territorialstaaten sind nach wie vor die zentralen Akteure.** Obwohl ihre Kompetenz zur Lösung sich zunehmend globalisierender Probleme sinkt, ist politische Macht im völkerrechtlich-formalen Sinn weiterhin an diese Staaten gebunden.

- **Die Zahl der internationalen Organisationen** (IGOs und INGOs), **die als Akteure in der internationalen Politik auftreten, wächst.** Sie bilden den institutionellen Rahmen für grenzüberschreitende Politikentwicklungsprozesse und übernehmen dabei Steuerungsfunktionen für Politikbereiche, die von Nationalstaaten nicht (mehr) ausreichend wahrgenommen werden können.

→ **Akteure** vgl. S. 206

- **Internationale Politik ist zunehmend globalisiert.** Gleiches gilt für grenzüberschreitende Problemvernetzung, die eine wachsende Abhängigkeit (Interdependenz) von Staaten, Gesellschaften, Organisationen und Individuen, also aller Akteure, mit sich bringt.

- **Gegenläufige Prozesse wie Dezentralisierung, Regionalisierung und Multipolarisierung verlaufen parallel zur Globalisierung.** Diese zeigen sich beispielsweise darin, dass sich regionale Machtzentren wie die Europäische Union herausbilden oder multipolare Zusammenschlüsse wie G7 bzw. G8 oder die OPEC neben den Nationalstaaten zu einflussreichen Akteuren im internationalen System werden.

- **Der Nord-Süd-Konflikt gewinnt an Bedeutung**, nachdem bis zum Ende des 20. Jahrhunderts die Konfrontationsachse eindeutig zwischen Ost und West verlief: Macht und Einfluss sind zwischen den Entwicklungsländern, nahezu alle auf der Südhalbkugel gelegen, und den Industrieländern sehr ungleich verteilt und führen zu höchst unterschiedlichen politischen und wirtschaftlichen Entwicklungschancen.

G7/G8 – Die „G7" („Gruppe der Sieben") ist ein informeller Zusammenschluss der zu ihrem Gründungszeitpunkt bedeutendsten Industrienationen der westlichen Welt.
Zur **G8** gehörte neben Deutschland, Frankreich, Italien, Japan, Kanada, dem Vereinigten Königreich und den Vereinigten Staaten von 1998 bis 2014 auch Russland.

OPEC – Die OPEC sind eine internationale Organisation der erdölexportierenden Länder. Ihr gehören 14 Staaten an. Ziel der OPEC ist ein monopolistischer Ölmarkt, auf dem sie den Ölpreis mitbestimmen kann.

1.3 Akteure

Zu Beginn des 20. Jahrhunderts waren **Nationalstaaten** beinahe die alleinigen Akteure auf der Bühne Internationaler Politik. Sie prägen auch heute noch durch ihre unterschiedliche Machtfülle, ihre Bündnisse und auch Konkurrenzbeziehungen die Struktur des internationalen Systems. Über staatliche Grenzen hinausreichende Probleme wie beispielsweise der Klimawandel erfordern jedoch die Kooperation der Staaten in **internationalen Organisationen**. An diese geben Nationalstaaten in zunehmendem Maße Souveränitätsrechte ab. Zudem wird Internationale Politik heute (mit)bestimmt durch eine Vielzahl von Nicht-Regierungsorganisationen (**NGOs**), die mit einer zunehmenden Verflechtung und Vernetzung internationaler politischer Systeme korreliert.

Akteure der internationalen Politik

- **Regierungen souveräner Staaten** sind traditionell die legitimen Vertreter ihrer Gesellschaften und sie sind auch heute noch die zentralen Akteure in der internationalen Politik.

- **Internationale Organisationen** (engl. International Governmental Organizations, IGOs) wurden vor allem nach dem Zweiten Weltkrieg von den Staaten ins Leben gerufen. Eine IGO ist eine durch einen multilateralen völkerrechtlichen Vertrag geschaffene Staatenverbindung, die von mindestens drei Staaten aufgebaut wurde. IGOs verfügen über eine gemeinsame institutionelle Struktur mit eigenen Organen und Kompetenzen. Sie können problemfeldbezogen oder die Grenzen bestimmter Politikfelder überschreitend agieren. Unterschiede bestehen im Hinblick auf die Reichweite ihrer Mitgliedschaft (z. B. regionale und kontinentale Zusammenschlüsse wie die EU oder die Afrikanische Union) oder durch thematische Ausrichtungen (z. B. das Militärbündnis NATO für Sicherheitspolitik).

- **Nicht-Regierungsorganisationen** (NROs; engl. Non-Governmental Organizations, NGOs) sind national und als INGOs (International Non-Governmental Organizations) auch über die Grenzen von Staaten hinweg wichtige regierungsunabhängige Akteure der Politik und konnten sich in den Bereichen Menschenrechte, humanitäre Hilfe, Umweltschutz und Entwicklungszusammenarbeit besonders stark etablieren.
  Durch ihre Ressourcen (z. B. Wissen, Werte, Macht) können (I)NGOs wie beispielsweise *Greenpeace* oder auch *Amnesty International* **drei bedeutende Funktionen** in der internationalen Politik erfüllen:

  1. **Kontrolle** politischer Prozesse,
  2. **Mobilisierung** der Öffentlichkeit zur Kritik bzw. Schaffung von Problembewusstsein,
  3. **Bereitstellung von wichtiger Sachkenntnis.**
     Inzwischen sind einige INGOs daher in internationalen Organisationen wie beispielsweise der UNO oder bei Konferenzen oftmals offiziell zur Teilnahme zugelassen.

1.4 Rechtsgrundlagen der internationalen Politik

Das Handeln der oben genannten Akteure findet nicht in einem rechtsleeren Raum statt, sondern orientiert sich an einer Vielzahl von **Normen und Regeln**. Vor allem nach den Erfahrungen des Ersten und Zweiten Weltkrieges haben die Staaten eine Vielzahl von Verträgen und Übereinkommen entwickelt, die ein friedliches und sicheres Zusammenleben im internationalen Umfeld sicherstellen sollen. Die rechtlichen Grundlagen setzen sich aus dem **Völkerrecht**, dem **internationalen Recht** und dem **Recht der internationalen und supranationalen Organisationen** (z. B. Europarecht) zusammen. Zudem wurden

Völkerrecht ist die Summe der Normen, die die Verhaltensweisen festlegen, die zu einem geordneten Zusammenleben aller Menschen notwendig und nicht im innerstaatlichen Recht der einzelnen souveränen Staaten geregelt sind.

mehrere Institutionen ins Leben gerufen (z. B. der Internationale Gerichtshof, der Internationale Strafgerichtshof), die dazu beitragen sollen, dass die Akteure der internationalen Politik auf der Grundlage der rechtlichen Regeln handeln.

Das **Völkerrecht** nimmt hierbei eine Schlüsselrolle ein und wird häufig auch als die **Rechtsordnung der internationalen Gemeinschaft**, bzw. des internationalen Systems bezeichnet. Unter dem Völkerrecht versteht man jene Rechtsnormen, die das Verhältnis von Staaten, ihre gegenseitigen Rechte und Pflichten und die Rechtsstellung internationaler Organisationen verbindlich regeln. Diese Normen haben sich aus Verträgen und internationalen Abkommen sowie aus langjähriger Praxis auf der Basis gemeinsamer Rechtsüberzeugungen entwickelt, sodass diese neben der **Charta der Vereinten Nationen** die Grundlage des Völkerrechts bilden. Das Völkerrecht hat unabhängig von deren Zustimmung für alle Staaten Gültigkeit. In der Bundesrepublik Deutschland wird in **Art. 25 GG** das Völkerrecht ausdrücklich anerkannt.

Art. 25 GG
(1) Die allgemeinen Regeln des Völkerrechts sind Bestandteil des Bundesrechts.
(2) Sie gehen den Gesetzen vor und erzeugen Rechte und Pflichten unmittelbar für die Bewohner des Bundesgebietes.

Das Völkerrecht basiert auf drei Grundsätzen:

- **Äußere und innere Souveränität**

  Alle Staaten genießen souveräne Gleichheit. Die Unverletzlichkeit ihrer Grenzen und die politische Unabhängigkeit gelten gleichberechtigt für jeden Staat.

- **Interventionsverbot**

  Das Prinzip der Nichteinmischung besagt, dass Staaten und internationale Organisationen nicht das Recht haben, sich in die inneren Angelegenheiten eines Staates einzumischen.

  Dieser Grundsatz gerät zunehmend in Konflikt mit anderen Normen des Völkerrechts wie beispielsweise dem Schutz der Menschenwürde oder der Verantwortung der internationalen Staatengemeinschaft.

- **Pacta sunt servanda**

  „Verträge müssen eingehalten werden." Das Völkerrecht ist also geprägt vom Grundsatz der Vertragstreue.

2 Frieden und Sicherheit als Aufgaben der internationalen Politik

2.1 Krieg und Frieden – eine begriffliche Annäherung

Krieg: Definition und Kriegstypen

In Anlehnung an den ungarischen Friedensforscher István Kende (1917–1988) definiert die Arbeitsgemeinschaft Konfliktursachenforschung (AKUF) Krieg als einen gewaltsamen Massenkonflikt, der durch folgende **drei Merkmale** bestimmt wird:

- **Beteiligung:** Es sind zwei oder mehr bewaffnete Streitkräfte an den Kämpfen beteiligt. Krieg setzt voraus, dass es sich dabei mindestens auf einer Seite um reguläre Streitkräfte der Regierung handelt.

- **Organisation:** Um als Krieg zu gelten, muss bei beiden Konfliktparteien ein **Mindestmaß an zentralgelenkter Organisation** der Kriegführenden und des Kampfes gegeben sein. Dieses Kriterium ist auch erfüllt, wenn organisierte bewaffnete Verteidigung besteht oder Überfälle geplant und strategisch durchgeführt werden (Guerillaoperationen, Partisanenkrieg usw.).

- **Kontinuität:** Eine gewisse Kontinuität der bewaffneten Operationen gilt als Merkmal eines Krieges. Spontane Zusammenstöße, denen keine **planmäßige Strategie** zugrunde liegt, erfüllen das Kriterium nicht. Es ist allerdings unerheblich, ob die Kämpfe auf dem Gebiet einer oder mehrerer Gesellschaften stattfinden und über welchen Zeitraum sie sich erstrecken.

Kriege werden als beendet betrachtet, wenn die Kampfhandlungen für den Zeitraum von mindestens einem Jahr eingestellt werden oder nur unterhalb der AKUF-Kriegsdefinition geführt werden.

Bewaffnete Konflikte sind von Kriegen zu differenzieren. Darunter versteht man gewaltsame Auseinandersetzungen, bei denen die oben genannten drei **Kriterien der Kriegsdefinition nicht oder nicht in vollem Umfang erfüllt** sind. Meist handelt es sich dabei um Konflikte, in denen eine hinreichende Kontinuität der Kampfhandlungen nicht mehr oder auch noch nicht gegeben ist.

Die AKUF unterscheidet **fünf Kriegstypen**. Diese Unterscheidung ist eng mit deren Kriegsursachen verknüpft:

- **Antiregime-Kriege:** Kriege, die den Sturz der Regierenden oder die Veränderung des politischen Systems oder der Gesellschaftsordnung zum Ziel haben.

- **Autonomie- und Sezessionskriege:** Kriege, in denen um größere regionale Autonomie innerhalb des Staatsverbandes oder um die Loslösung vom Staatsverband und damit um staatliche Unabhängigkeit gekämpft wird.

- **Zwischenstaatliche Kriege:** Kriege, in denen sich die Streitkräfte mindestens zweier staatlich verfasster Territorien gegenüberstehen, und zwar ohne Rücksicht auf ihren völkerrechtlichen Status. Vor allem in Bezug auf diesen Kriegstyp spielen die unten erläuterten Theorien zu Kriegsursachen eine maßgebliche Rolle.

- **Dekolonisationskriege:** Kriege, die die Befreiung von Kolonialherrschaft zum Ziel haben.

- **Sonstige Kriege:** Zahlreiche Kriege lassen sich nicht eindeutig einem dieser Typen zuordnen, da sich unterschiedliche Typen überlagern können oder sich Kriege im Verlauf von Kampfhandlungen verändern und sich **Mischtypen** bilden.

Auch die **Fremdbeteiligung** gilt als ein Merkmal für die Typisierung von Kriegen. Als Fremdbeteiligung oder Intervention berücksichtigt die AKUF dabei lediglich die Fälle, in denen die Streitkräfte eines weiteren Staates unmittelbar an den Kämpfen beteiligt sind. Waffenlieferungen, finanzielle oder logistische Unterstützung und Ähnliches allein werden nicht als Intervention gewertet.

Theorien zu Kriegsursachen

Einige der von der AKUF beschriebenen Kriegstypen legen bereits **Kriegsursachen** nahe.

Generell unterscheidet die Friedensforschung die Ursachen von Kriegen und kriegsähnlichen Zuständen anhand folgender Theorien:

- Die **Anarchie-Theorie** erklärt Kriege mit dem Fehlen einer Autorität, die im internationalen System eine allgemein verbindliche, übergeordnete Instanz darstellt.

- Die **Distanz-Theorie** erklärt Kriege aus einer politisch-ökonomischen Ungleichheit heraus. Asymmetrie, wie beispielsweise ein stark ausgeprägtes Wohlstandsgefälle zwischen Staaten, führe zu Krieg.

- Die **Machtrivalitäts-Theorie** führt Kriege auf das Streben nach Machtzugewinn und auf den Kampf um Macht zurück.

- Der **Kalkül-Theorie** nach ist Krieg ein rationales Kalkül zur Durchsetzung eigener Interessen. Krieg wird als „die Fortsetzung der Politik mit anderen Mitteln" verstanden (Carl von Clausewitz).

- Die **Fehlerperzeptions-Theorie** basiert auf der Annahme, dass eine zum Krieg eskalierende Entwicklung auf fehlerhafter bzw. unvollständiger Information über die Absichten und das Potenzial des Gegners beruht.

- Die **Substitutionstheorie** erkennt die Ursachen für zwischenstaatliche Kriege darin, dass innere Konflikte nach außen abgeleitet würden.

- Der **Interessen-Theorie** zufolge ist die Interessenwahrung bestimmter Gruppen, z. B. politischer, militärischer oder wirtschaftlicher Eliten, ursächlich für den Krieg, da dieser ihnen als Mittel des Machterhalts oder der Machterweiterung dienlich ist.

- Die **Ideologie-Theorie** setzt ein religiöses oder zivilisatorisches Sendungsbewusstsein als Kriegsursache voraus. Dieses Sendungsbewusstsein müsse faktisch auch mit kriegerischen Mitteln durchgesetzt werden.

- Die **Schichtungstheorie** beschreibt Krieg als Fortsetzung des Klassenkampfes und sieht in ihm eine Möglichkeit zur Befreiung von politisch-ökonomischer Benachteiligung.

Carl von Clausewitz
(1780–1831), preußischer Generalmajor und Militärwissenschaftler

„Neue Kriege"

Schon der Militärhistoriker Carl von Clausewitz bezeichnete den Krieg als wahres Chamäleon, das jeden Moment seine Natur etwas verändere. Eine Gegenüberstellung der Merkmale des „klassischen Krieges" und der Merkmale „neuer Kriege" zeigt deutlich, dass sich das Kriegsgeschehen gewandelt hat und so auch zu einer neuen Wahrnehmung von Bedrohung führt.

→ **Der erweiterte Sicherheitsbegriff** vgl. S. 217

Merkmale des „klassischen" Krieges	Merkmale „neuer" Kriege
Mit Waffen ausgetragener Machtkonflikt zwischen Staaten.	Militärische Gewaltanwendung innerhalb von Staaten, es erfolgt keine formelle Kriegserklärung
„Primat der Politik": Die zentrale politische Kontrolle erfolgt durch legitimierte Entscheidungsträger.	Primat der Gruppeninteressen: Es geht um die Destabilisierung der politischen Kontrolle.
Die Auseinandersetzung findet zwischen militärischen Großverbänden ausgebildeter Soldaten statt. Die Zivilbevölkerung ist zunächst nicht beteiligt und gilt als Nichtkombattantin.	Die Auseinandersetzung findet zwischen bewaffneten Volksgruppen, Guerillas, Privatarmeen, Banden, etc. statt. Eine Trennung zwischen Kombattanten und Nichtkombattanten ist unmöglich.
Die Kriegshandlungen finden in einem abgegrenzten Schlachtfeld statt.	Eine Trennung zwischen Kampfgebiet und Hinterland ist nicht möglich.
Die Gegner sind weitgehend symmetrisch zueinander.	Die Gegner verhalten sich asymmetrisch zueinander: Guerillas gegen den Staat, bewaffnete Gruppen gegen die Armee, usw.
Der Krieg endet formell durch einen Friedensschluss oder durch Kapitulation.	Ein Ende des Krieges ist nicht klar zu erkennen. Kampfhandlungen verebben allenfalls.

Primat: Vorrangstellung

Kombattanten sind nach Genfer Recht in erster Linie die Angehörigen der regulären Streitkräfte.

Frieden – Mehr als die Abwesenheit von Krieg

> „Wirklicher Friede bedeutet auch wirtschaftliche Entwicklung und soziale Gerechtigkeit, bedeutet Schutz der Umwelt, bedeutet Demokratie, Vielfalt und Würde und vieles, vieles mehr."
>
> (Kofi Annan, UN-Generalsekretär 1997–2006)

Um Frieden zu definieren, wird bereits seit den 1970er-Jahren in der Wissenschaft zwischen **„negativem"** und **„positivem Frieden"** unterschieden, und Frieden damit nicht mehr bloß als „Abwesenheit von Krieg" definiert.

Darüber hinaus wird zwischen **„instabilem"** („fragilem") und **„stabilem" Frieden** differenziert und so versucht, der Komplexität des Begriffes gerecht zu werden.

Negativer Friede	Nicht-Krieg, Abwesenheit organisierter militärischer Gewaltanwendung
Positiver Friede	Abwesenheit physischer und struktureller Gewalt, Zustand der Gewaltfreiheit und Gerechtigkeit
Instabiler Friede	Möglichkeit der Gewaltanwendung durch Kampfverbände besteht
Stabiler Friede	Wechselseitiger Einsatz von Kampfverbänden grundsätzlich ausgeschlossen

Beide Definitionsansätze sind dabei statisch und **beschreiben Zustände**.

Folgender Ansatz begreift hingegen **Frieden** weniger als Zustand, denn vielmehr als einen **Prozess**. Dieser geht aus vom Kriegszustand zu einem negativen (instabilen) Frieden und schließlich zu einem positiven (stabilen) Frieden. **Der Weg zum Frieden ist also eine Entwicklung**, in der Konflikte in zunehmendem Maße ohne Gewalt gelöst werden.

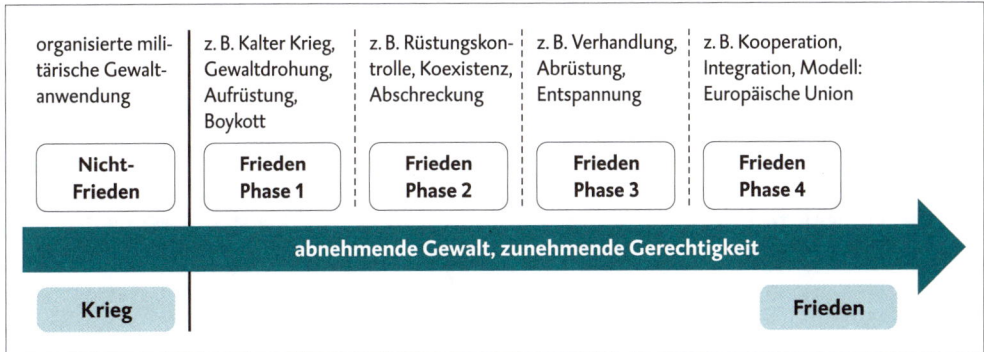

Die Entwicklung von Krieg zu Frieden ist ein Prozess, in dem die Gewalt nach und nach abnimmt

Auch der bekannte Friedensforscher **Dieter Senghaas** entwickelte ein Modell für die Entstehung eines dauerhaften Friedens. Seinem Ansatz nach ist eine Zivilisierung der Konfliktaustragung davon abhängig, dass bestimmte Bedingungen, auch innerhalb der Staaten, erfüllt sind.

Diese sechs Forderungen für eine Zivilisierung der inner- und zwischenstaatlichen Beziehungen bilden das „zivilisatorische Hexagon" (vgl. Abb. S. 214).

Dieter Senghaas (geb. 27. August 1940 in Geislingen an der Steige) ist ein deutscher Sozialwissenschaftler und Friedensforscher.

Die **sechs Eckpunkte** eines solchen zivilisatorischen Hexagons können folgendermaßen beschrieben werden:

- **Gewaltmonopol:** Entprivatisierung von Gewalt
  Entscheidend für jeden Zivilisierungsprozess ist die Herausbildung eines legitimen, in der Regel staatlichen, Gewaltmonopols, dem jeder Bürger untergeordnet ist. Damit einher geht die „Entwaffnung der Bürger". Bürgerkriege wären so ausgeschlossen und zwischenstaatliche Kriege könnten durch das Gewaltmonopol bei überstaatlichen Institutionen wie der UNO verhindert werden.

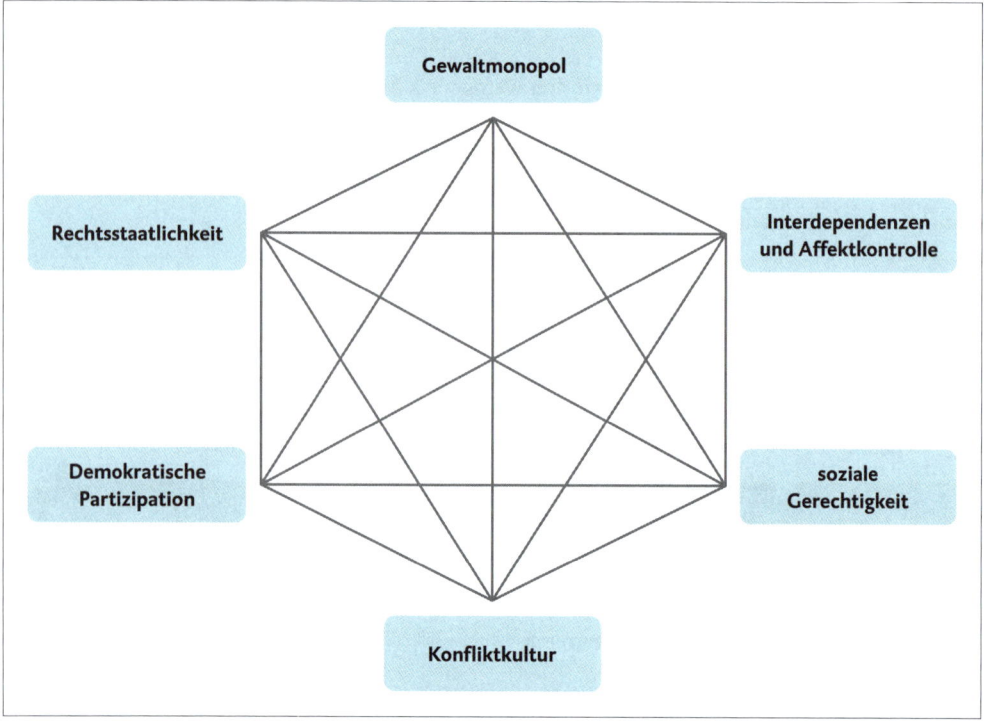

Die sechs Eckpunkte des zivilisatorische Hexagon nach Dieter Senghaas

- **Kontrolle des Gewaltmonopols** und **Rechtsstaatlichkeit**
  Das Gewaltmonopol des Staates muss durch Rechtsstaatlichkeit, das
  heißt vor allem durch die Bindung aller staatlichen Gewalt an eine freie
  demokratische Verfassung, begrenzt werden. Um als legitim zu gelten,
  bedarf es der Institutionalisierung rechtsstaatlicher Prinzipien und
  öffentlicher demokratischer Kontrolle.

- **Interdependenz** und **Affektkontrolle**
  Genau wie die Entwaffnung der Bürger so soll auch die Sozialisation
  in institutionalisierten Konfliktregelungen (z. B. durch Gerichte)
  affektgeleitetes Handeln verhindern. Affekt- oder Selbstkontrolle ist
  dabei die Grundlage von Aggressionshemmung und Gewaltverzicht
  und gleichzeitig die Basis für Toleranz und Kompromissbereitschaft.
  Zudem verhindern Interdependenzen (= Abhängigkeiten) die gewaltsame Austragung von Konflikten. Dies lässt sich beispielsweise bei
  arbeitsteiligen Ökonomien beobachten.

- **Demokratische Partizipation**
Die demokratische, gleichberechtigte Teilhabe aller gesellschaftlichen Gruppen, einschließlich aller Minderheiten, verhindert, dass sich Teile der Bevölkerung diskriminiert und von politischen Entscheidungen ausgeschlossen fühlen. Im äußersten Fall führen mangelnde Partizipationsmöglichkeiten zur gewaltsamen Austragung von Konflikten.

- **Soziale Gerechtigkeit**
Soziale Gerechtigkeit im Sinne von Chancen- und Verteilungsgerechtigkeit sowie einer Sicherung der Grundbedürfnisse muss politisch gewährleistet werden, um das Gefühl der Ausgrenzung oder Chancenlosigkeit bei Teilen der Bevölkerung zu verhindern. Für den Erhalt des inneren Friedens ist soziale Gerechtigkeit unerlässlich.

- **Konstruktive Konfliktkultur**
Die Bereitschaft zur Kompromisssuche bei Konflikten sowie eine tolerante Grundhaltung sind unerlässliche Bedingungen zum Erhalt des Friedens und bilden dessen emotionale Grundlage. Sie müssen die politische Kultur prägen und die Brücke bilden zwischen den materiellen Leistungen („soziale Gerechtigkeit") und dem Institutionengefüge („Rechtsstaatlichkeit").

Zusammenfassend ist Frieden damit ein „Zivilisierungsprojekt", das nach einer legitimen und gerechten Ordnung strebt. Frieden ist damit auch **kein Naturzustand**, sondern er muss vorbereitet und erarbeitet werden.

> „Wer den Frieden will, muss den Frieden vorbereiten, nicht den Krieg."
>
> (Robert Jungk, Publizist, Journalist und Zukunftsforscher)

2.2 Gefährdungen von Frieden und Sicherheit

Die Gefahr für Frieden und Sicherheit während des Kalten Krieges war konventionell militärisch.

Heute, im 21. Jahrhundert, werden Frieden und Sicherheit durch eine ganze Vielzahl unterschiedlichster, oft auch diffuser, Bedrohungen gefährdet. Sie lassen sich in **vier Kategorien** gruppieren, die jedoch häufig miteinander verwoben sind:

ABC-Waffen: atomare, biologische und chemische Waffen

- **Politisch-militärische Gefahren:** In vielen Staaten existieren Programme zur Herstellung von ABC-Waffen und Nuklearmächte wie Indien, Pakistan, Israel und Nordkorea spielen durch ihr Bedrohungspotenzial eine wichtige Rolle im politischen Sicherheitsgefüge. Auch Cyber-Angriffe und transnationaler Terrorismus, als eine neue Art des Krieges, gefährden heute die Sicherheit weltweit.

→ **Auflösung traditioneller politischer Räume** vgl. S. 286

  Politisch-militärische Bedrohungen sind durch das fehlende Gewaltmonopol des Staates häufig auch eng mit dem Scheitern von Staaten verknüpft ("failing states").

- **Ökonomische Gefahren:** Angesichts immer knapper werdender Ressourcen wächst die Gefahr von Verteilungskämpfen um Wasser, Energie und Rohstoffe. Wirtschafts- und Finanzkrisen haben an Umfang und Bedeutung zugenommen.

→ **Migration als Folge des Klimawandels und schwacher Resilienz** vgl. S. 275

- **Ökologische Gefahren:** Der Klimawandel mit allen aus ihm resultierenden Folgen wie Desertifikation und Wasserknappheit aber auch Überflutungen verändert die Lebensbedingungen von Millionen Menschen. Armut und Hunger sind häufig die Folge und führen zu Migrationsbewegungen, die wiederum eine Herausforderung für westliche Industrieländer darstellen.

- **Soziale/Humanitäre Gefahren:** In vielen Teilen der Welt sind die Lebensbedingungen der Menschen von Armut, Hunger, Krankheit und fehlenden Bildungschancen gekennzeichnet. Dies fördert Unruhen und soziale Spannungen und kann zur Instabilität ganzer Regionen führen. Auch die Verletzung von Menschenrechten, Völkermord und Folter zählen zu den sozialen bzw. humanitären Bedrohungen für Frieden und Sicherheit. Gleiches gilt für die Diskriminierung von benachteiligten Gruppen, die ebenfalls den humanitären Gefahren zugeordnet werden kann und oftmals religiös oder ethnisch motiviert ist.

2.3 Der erweiterte Sicherheitsbegriff

Angesichts der Vielzahl unterschiedlichster globaler Gefährdungen, ist es heute nicht mehr angemessen, Sicherheitspolitik lediglich als militärische Aufgabe zu begreifen. Der **erweiterte Sicherheitsbegriff** versucht, die oben genannten Gefährdungen abzudecken und ein **umfassenderes Sicherheitsdenken** zu implementieren, statt nur äußere Gefährdungen durch militärische Bedrohungen zu berücksichtigen.

Dabei werden **vier Dimensionen** von Sicherheit in den Blick genommen und der Sicherheitsbegriff graduell erweitert (vgl. Schaubild):

- **Referenzdimension:** Wessen Sicherheit soll gewährleistet werden?
- **Sachdimension:** In welchem Bereich der Politik werden Gefahren festgestellt?
- **Raumdimension:** Für welches geografische Gebiet wird Sicherheit angestrebt?
- **Gefahrendimension:** Wie wird das Problem eingeschätzt, auf das Sicherheitspolitik antworten soll?

→ **Gefährdung von Frieden und Sicherheit** vgl. S. 216

Die vier Dimensionen von Sicherheit grafisch dargestellt

So zeigt das Schaubild, dass sich die Vorstellung darüber, was Sicherheit bedeutet und die **Einschätzung** in Bezug auf Gefährdungen dieser Sicherheit, in allen vier betroffenen Dimensionen **deutlich erweitert** haben und heute ein viel **umfassenderes Verständnis von Sicherheit** vorherrscht als noch zu Zeiten des Kalten Krieges.

Dieses umfassende Verständnis von Sicherheit führte auch zu der Erkenntnis, dass Armeen allein nicht geeignet sind, um auf diese neuen Gefahren zu reagieren und Sicherheit zu gewährleisten. Die vielfältigen Bedrohungen des Friedens und der Sicherheit erfordern vielmehr eine **Kombination** aus **diplomatischen, politischen, wirtschaftlichen, entwicklungspolitischen, umweltpolitischen** und **militärischen Instrumenten**.

Dieser **mehrdimensionale Ansatz** versucht nun, **umfassende Sicherheit** gemeinsam durch **präventive Maßnahmen** zu erreichen und so der Vielzahl an Konfliktursachen entgegenzutreten.

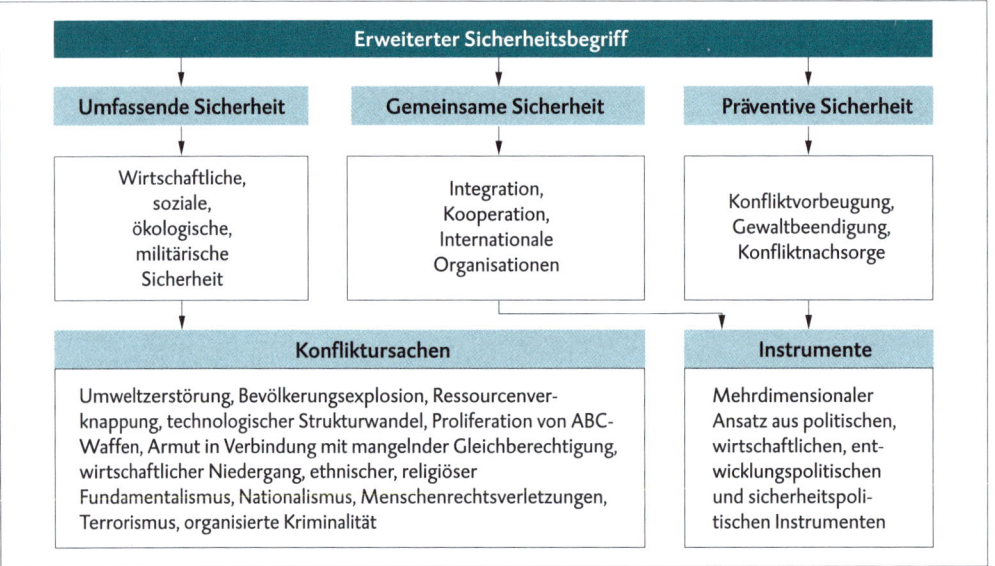

2.4 Friedenssicherung und internationale Organisationen kollektiver Sicherheit

Die Geschichte der internationalen Beziehungen ist die Geschichte von Staaten, die militärische Gewalt einsetzen und Kriege führen, um ihre Interessen durchzusetzen. Dieses **Recht auf Krieg** (ius ad bellum) galt lange Zeit als ein wichtiges Zeichen staatlicher Souveränität.

Angesichts zunehmender Verflechtungen und gegenseitiger Abhängigkeiten wurde durch Mächtekonferenzen, Vertragssystemen oder Allianzen immer wieder versucht, Kriege zu verhindern, doch zeigen die Katastrophen zweier Weltkriege in der ersten Hälfte des 20. Jahrhunderts wie fragil und unzulänglich diese Versuche letzten Endes waren. Vor allem das Fehlen international anerkannter **Gewaltverbote** und machtvoller **Institutionen**, die diese Verbote nicht nur überwachen, sondern auch durchsetzen, erlaubte den Staaten, immer wieder Krieg zu führen. An dieser Stelle setzt der Ansatz kollektiver Sicherheit an. Der Begriff **„kollektive Sicherheit"** selbst geht auf die Zeit nach dem Ersten Weltkrieg zurück, in der die Idee eines institutionalisierten Systems der kollektiven Sicherheit durch Gründung des **Völkerbundes** verwirklicht wurde. Der Völkerbund errichtete allerdings nur ein lückenhaftes System kollektiver Sicherheit, scheiterte bereits vor dem Ausbruch des Zweiten Weltkrieges und wurde 1946 aufgelöst.

Der Begriff selbst findet sich weder in der Charta der Vereinten Nationen noch in der Völkerbundsatzung wieder. Dafür hat das **Grundgesetz** ihn aufgegriffen und erlaubt dem Bund in **Art. 24 (2) GG** sich zur Wahrung des Friedens einem System gegenseitiger kollektiver Sicherheit einzuordnen.

Das System kollektiver Sicherheit beruht auf der Bereitschaft der Staaten, ihre Einzelinteressen und Souveränitätsrechte einem **übergeordneten gemeinschaftlichen Interesse** an friedlichen internationalen Beziehungen unterzuordnen und sich an der Errichtung eines **globalen Friedenssicherungssystems** zu beteiligen. Dafür sind sie dann Teil einer Gemeinschaft, die auch ihre anderen Mitglieder wirksam daran hindert, gegeneinander Krieg zu führen. So ist die Sicherheit jedes einzelnen Staates mit der Sicherheit aller anderen verbunden.

Die Verwirklichung einer solchen Ordnung ist auf einigen unverzichtbaren **Prinzipien** aufgebaut:

- Gegenseitiger **Gewaltverzicht**
  Alle Mitglieder des Sicherheitssystems verzichten auf militärische Angriffe oder deren Androhung gegen andere Staaten. Das beinhaltet gleichzeitig auch die Anerkennung der politischen **Souveränität** anderer Staaten und die **Unverletzlichkeit ihres Territoriums**.

- **Gegenseitiger Beistand** gegen einen Aggressor
  Ein Verstoß gegen das Prinzip des Gewaltverzichtes wird von der Gemeinschaft der übrigen Staaten bzw. einer gemeinsamen Staatenorganisation im Sinne eines gegenseitigen Beistandes geahndet. Dabei ist

es egal, ob dieser Mitglied oder Nichtmitglied der gemeinsamen Staatenorganisation ist.

- **Friedliche Streitbeilegung**
Friedliche Streitbeilegung ist grundlegend für das Funktionieren kollektiver Sicherheitssysteme. Dies gilt sowohl im Vorfeld offener Konflikte als auch nach deren Beendigung zum Beispiel durch gegenseitige Konsultationen oder Anerkennung einer **übernationalen Schiedsgerichtsbarkeit**. Das Prinzip impliziert außerdem die Bereitschaft zur **Beseitigung von Konfliktursachen**, z. B. durch Instrumente wie Rüstungskontrolle oder Abrüstung.

UNO und **NATO** gelten heute als die beiden wichtigsten internationalen Organisationen kollektiver Sicherheit bzw. Verteidigung.

UNO

> „Die UNO wurde nicht gegründet, um uns den Himmel zu bringen, sondern um uns vor der Hölle zu bewahren."
>
> (Winston Churchill)

Skulptur vor dem Gebäude der UN in New York

Die **Vereinten Nationen** (engl.: United Nations Organization, UNO) wurden am **24. Oktober 1945** von 51 Staaten gegründet.
Die Organisation entstand unter dem Eindruck der Katastrophe des Zweiten Weltkrieges und dem Scheitern des Völkerbundes mit dem Ziel, durch eine **Weltordnungsmacht** Kooperation zu gewährleisten und künftige Kriege zu verhindern. Das Bündnis sollte Frieden und Sicherheit in der Welt ermöglichen und „künftige Geschlechter vor der Geißel des Krieges bewahren", wie es in der Präambel der Gründungsurkunde **(Charta der Vereinten Nationen)** heißt.
Der **Hauptsitz der UNO** befindet sich seit ihrer Gründung in New York. Sie verfügt jedoch auch über Nebensitze in Genf und Wien.
Inzwischen sind mit **193 Staaten** fast alle Staaten der Welt Mitglied der Vereinten Nationen, die im Gründungsvertrag verankerten **Ziele und Grundsätze** blieben in ihrem Kernbestand und Wesensgehalt seit dem Jahr 1945 jedoch unverändert.
Sie gelten als **zeitlos, grenzenlos** und **umfassend** und werden als eine **„realistische Utopie"** charakterisiert.

Ziele

Die **vier Hauptziele** der UNO werden in **Artikel 1 der Charta der Vereinten Nationen** zusammengefasst:

- **Weltfrieden und internationale Sicherheit wahren oder wieder- herstellen**

  Im Jahr 1945 hatte man bei der Formulierung dieses ersten Zieles den klassischen, das heißt zwischenstaatlichen Krieg vor Augen, der das internationale System mit den Weltkriegen gleich zweimal getroffen hatte. Da sich das Konfliktgeschehen seit dieser Zeit fundamental ver- ändert hat, haben sich die Vereinten Nationen den Entwicklungen angepasst und stufen auch gewaltsame innerstaatliche Konflikte als Gefährdung des Weltfriedens ein.

- **freundschaftliche Beziehungen zwischen souveränen Staaten fördern**

  Freundschaftliche Beziehungen sollen nicht nur Vertrauen ermögli- chen und Streitigkeiten verhindern, sondern auch zu vertiefter Koope- ration und gemeinsamen Interessen führen.

- **internationale Zusammenarbeit in allen Politikfeldern fördern**

  Die Gründungsgemeinschaft war sich einig, dass mittels grenzüber- schreitender Zusammenarbeit in den Politikfeldern Menschenrechte, Entwicklung, Wirtschaft und Kultur der zwischenstaatliche Frieden gefördert werden sollte.

- **die UN als Arena zwischenstaatlichen Austauschs etablieren**

  Die UN wollen als das wichtigste multilaterale Forum für den Aus- tausch zwischen den Staaten zur Verfügung stehen, so das vierte Ziel.

Diese Ziele sind durchaus umfassend und nicht auf die reine Abwesen- heit von militärischer Gewalt, den sogenannten **negativen Frieden**, fokussiert. Lässt das erste Ziel den Anschein aufkommen, Ziel der UNO sei es, vor allem militärische Gewalt verhindern zu wollen, zielen die anderen doch auch darauf ab, Grundlagen für einen **positiven Welt- frieden** zu schaffen – frei von der strukturellen Gewalt der Unterdrü- ckung oder Diskriminierung.

→ **Agenda für den Frieden** vgl. S. 224

Andere Themen wie **Klimaschutz**, **menschliche Sicherheit** oder **Nachhaltigkeit** waren allerdings zur Gründungszeit der Vereinten Na- tionen noch nicht auf der politischen Agenda und sind daher auch in der Charta nicht oder nur ansatzweise verankert.

Sie fanden 45 Jahre später Eingang in die **Millenniums-Erklärung** vom 8. September 2000, die als zeitgemäße Ergänzung der Charta interpre- tiert werden kann.

> ### info
>
> **Millenniums-Erklärung**
>
> Die Millenniums-Erklärung wurde im September 2000 auf der Millenniums-konferenz der Vereinten Nationen verabschiedet.
>
> Sie legt vier programmatische Handlungsfelder für die internationale Politik fest, die sich gegenseitig bedingen und beeinflussen:
>
> 1. Frieden, Sicherheit und Abrüstung
> 2. Entwicklung und Armutsbekämpfung
> 3. Schutz der gemeinsamen Umwelt
> 4. Menschenrechte, Demokratie und gute Regierungsführung.
>
> Aus der Erklärung wurden später die acht Millenniumsentwicklungsziele abgeleitet (englisch: Millennium Development Goals, MDGs).

Grundsätze

Auf Grundlage der Ziele formulierten die Gründerinnen und Gründer der UN bestimmte **Grundsätze oder Prinzipien**, die das Handeln der Staaten künftig im Sinne eines friedlichen Miteinanders in einem stabilen und sicheren internationalen System anleiten sollen.

Sie sind in **Artikel 2 der UN-Charta** niedergeschrieben und legen die Grundregeln staatlichen Handelns im internationalen System fest.

Darin heißt es wörtlich:

- „Die Organisation beruht auf dem **Grundsatz der souveränen Gleichheit** aller ihrer Mitglieder.

- Alle Mitglieder erfüllen, um ihnen allen die aus der Mitgliedschaft erwachsenden **Rechte und Vorteile** zu sichern, nach Treu und Glauben die Verpflichtungen, die sie mit dieser Charta übernehmen.

- Alle Mitglieder legen ihre internationalen Streitigkeiten durch **friedliche Mittel** so bei, dass der Weltfriede, die internationale Sicherheit und die Gerechtigkeit nicht gefährdet werden.

- Alle Mitglieder unterlassen in ihren internationalen Beziehungen jede gegen die **territoriale Unversehrtheit** oder die **politische Unabhängigkeit** eines Staates gerichtete oder sonst mit den Zielen der Vereinten Nationen unvereinbare Androhung oder Anwendung von Gewalt.

- Alle Mitglieder leisten den Vereinten Nationen jeglichen **Beistand** bei jeder Maßnahme, welche die Organisation im Einklang mit dieser Charta ergreift; sie leisten einem Staat, gegen den die Organisation Vorbeugungs- oder Zwangsmaßnahmen ergreift, keinen Beistand.

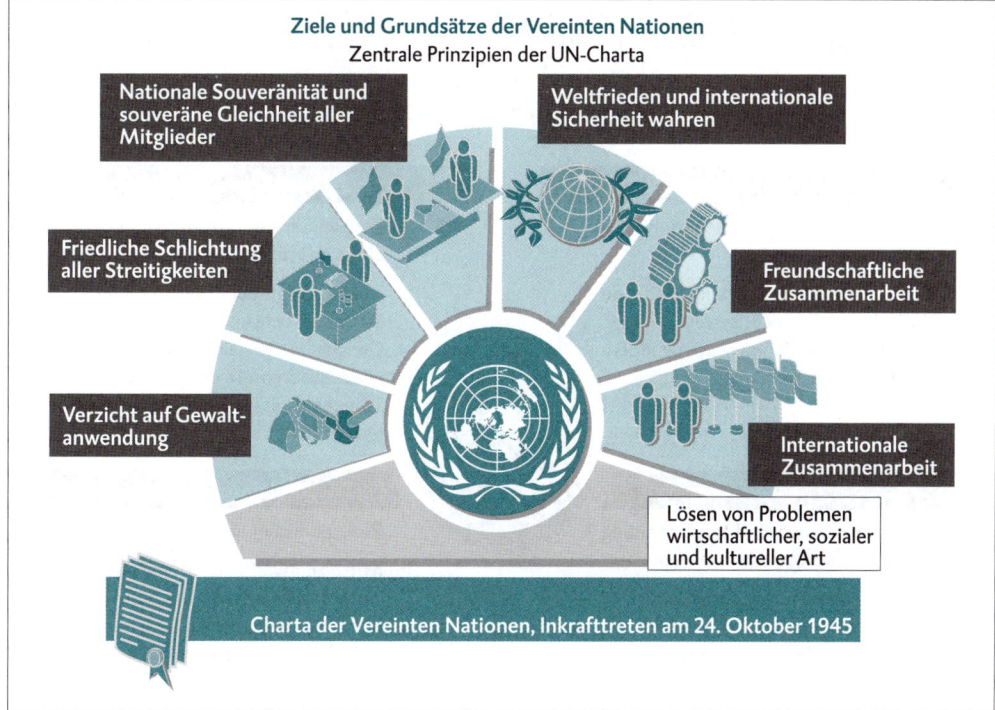

Ziele und Grundsätze der Vereinten Nationen
Zentrale Prinzipien der UN-Charta

Nationale Souveränität und souveräne Gleichheit aller Mitglieder

Weltfrieden und internationale Sicherheit wahren

Friedliche Schlichtung aller Streitigkeiten

Freundschaftliche Zusammenarbeit

Verzicht auf Gewaltanwendung

Internationale Zusammenarbeit

Lösen von Problemen wirtschaftlicher, sozialer und kultureller Art

Charta der Vereinten Nationen, Inkrafttreten am 24. Oktober 1945

- Die Organisation trägt dafür Sorge, dass Staaten, die nicht Mitglieder der Vereinten Nationen sind, insoweit nach diesen Grundsätzen handeln, als dies zur Wahrung des Weltfriedens und der internationalen Sicherheit erforderlich ist.

- Aus dieser Charta kann eine Befugnis der Vereinten Nationen zum Eingreifen in Angelegenheiten, die ihrem Wesen nach zur **inneren Zuständigkeit eines Staates** gehören, oder eine Verpflichtung der Mitglieder, solche Angelegenheiten einer Regelung auf Grund dieser Charta zu unterwerfen, nicht abgeleitet werden; die Anwendung von Zwangsmaßnahmen nach Kapitel VII wird durch diesen Grundsatz nicht berührt."

Strategien der UNO

Durch das Ende des Kalten Krieges veränderte sich die weltpolitische Lage ganz grundlegend, sodass auch eine Anpassung der bisherigen UNO-Strategie erforderlich wurde. Die **„Agenda für den Frieden"** aus dem Jahre 1992 reagierte auf das Ende des Ost-West-Konfliktes und stellt die **Konfliktverhütung** in den Vordergrund. Sie macht konkrete

AGENDA FÜR DEN FRIEDEN

Konzept des ehemaligen UN-Generalsekretärs Boutros Ghali für eine Friedenspolitik der Vereinten Nationen (1992)

1. Vorbeugende Diplomatie

Ziel: Ausbruch gewaltsamer Konflikte verhindern

Mittel: Diplomatie, vertrauensbildende Maßnahmen, Frühwarnsysteme, entmilitarisierte Zonen, vorbeugender Einsatz von UN-Truppen

2. Friedensschaffung

Ziel: feindliche Parteien zu einer Einigung bringen

Mittel: Vermittlung, Verhandlung, Schiedsspruch, Internationaler Gerichtshof, gewaltlose Sanktionen, Friedensdurchsetzung durch UN-Truppen, militärische Gewalt als letztes Mittel

3. Friedenssicherung

Ziel: Stabilisierung der Lage, Einhaltung der Vereinbarungen überwachen

Mittel: Beobachtermissionen, UN-Friedenstruppen, Pufferzone bilden, humanitäre Hilfe sichern, generell: umfassendes Konfliktmanagement

4. Friedenskonsolidierung

Ziel: friedlicher Wiederaufbau

Mittel: Entwaffnung, Minen räumen, Flüchtlinge wieder eingliedern, Hilfe beim Wiederherstellen der Ordnung (Wahlen, Institutionen etc.), gemeinsame Projekte der ehemaligen Gegner anregen etc.

Empfehlungen, wie die UNO gemeinsam mit Staaten, NGOs und Unternehmen effizienter zu einer rechtzeitigen Verhinderung und Bearbeitung gewaltsamer Konflikte beitragen kann und bedeutete einen Wandel von einer „**Kultur der Reaktion**" hin zu einer „**Kultur der Aktion**".
Mit der Agenda für den Frieden erfolgte folgende Typisierung der friedenspolitischen Konfliktbewältigungsstrategien und -instrumente:

Organe und Organisationen
Zur Realisierung ihrer Ziele bedient sich die UNO unterschiedlicher Organe und Organisationen, die den Grundsätzen der UNO entsprechend tätig sind.
Die Vereinten Nationen sind ein komplexes System, das aus **sechs Haupt- und unzähligen Nebenorganen**, 17 **Sonderorganisationen** sowie dutzenden Programmen und Fonds besteht.
Der Kern dieses UN-Systems sind die **sechs Hauptorgane:** der Sicherheitsrat, die Generalversammlung, der Wirtschafts- und Sozialrat, das

Sekretariat, der Internationale Gerichtshof und der zurzeit funktionslose Treuhandrat.

Generalversammlung

Die Generalversammlung ist das zentrale politische **Beratungsorgan** der Vereinten Nationen und besteht aus den **Vertretern aller Mitgliedsstaaten** mit je einer Stimme. Damit wird die Generalversammlung dem Prinzip der **souveränen Gleichheit** und der Idee, allen Mitgliedern eine Stimme zu geben, am ehesten gerecht.

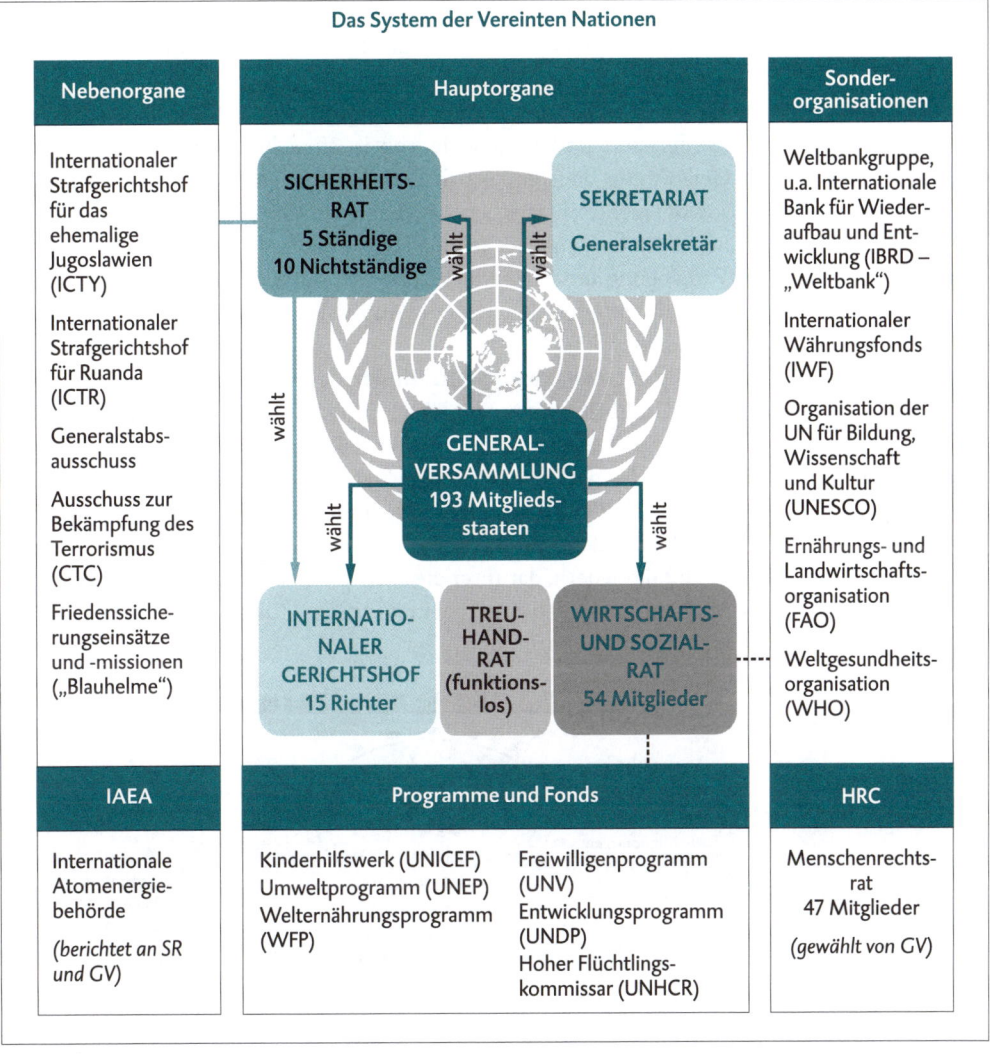

Das System der Vereinten Nationen

Nebenorgane	Hauptorgane	Sonder-organisationen
Internationaler Strafgerichtshof für das ehemalige Jugoslawien (ICTY)	**SICHERHEITS-RAT** 5 Ständige 10 Nichtständige — wählt — wählt — **SEKRETARIAT** Generalsekretär	Weltbankgruppe, u.a. Internationale Bank für Wiederaufbau und Entwicklung (IBRD – „Weltbank")
Internationaler Strafgerichtshof für Ruanda (ICTR)		Internationaler Währungsfonds (IWF)
Generalstabsausschuss	wählt	Organisation der UN für Bildung, Wissenschaft und Kultur (UNESCO)
Ausschuss zur Bekämpfung des Terrorismus (CTC)	wählt **GENERAL-VERSAMMLUNG** 193 Mitgliedsstaaten wählt	Ernährungs- und Landwirtschaftsorganisation (FAO)
Friedenssicherungseinsätze und -missionen („Blauhelme")	**INTERNATIO-NALER GERICHTSHOF** 15 Richter / **TREU-HAND-RAT** (funktionslos) / **WIRTSCHAFTS-UND SOZIAL-RAT** 54 Mitglieder	Weltgesundheitsorganisation (WHO)
IAEA	**Programme und Fonds**	**HRC**
Internationale Atomenergiebehörde *(berichtet an SR und GV)*	Kinderhilfswerk (UNICEF) Umweltprogramm (UNEP) Welternährungsprogramm (WFP) / Freiwilligenprogramm (UNV) Entwicklungsprogramm (UNDP) Hoher Flüchtlingskommissar (UNHCR)	Menschenrechtsrat 47 Mitglieder *(gewählt von GV)*

Sie hat das Recht, sich mit allen Themen der Weltorganisation zu befassen, es sei denn, das jeweilige Thema wird bereits im Sicherheitsrat besprochen. Sie dient vor allem als **Forum** der zwischenstaatlichen Diplomatie und als Schauplatz weltpolitischer Debatten. Allerdings beschränkt sich die politische Macht der Generalversammlung auf die der „**Moralistin**" und „Initiatorin" großer Ideen. Die Entscheidungen der der Generalversammlung haben mit Ausnahme zum Budget der UN allerdings nur Empfehlungscharakter.

Sicherheitsrat

Der Sicherheitsrat gilt als das **wirkmächtigste Organ** der UN und ist gemäß Artikel 24 der UN-Charta für die Wahrung des Weltfriedens und der internationalen Sicherheit zuständig.

Seine Entscheidungen sind **völkerrechtlich bindend**. Der Sicherheitsrat definiert und entscheidet, ob in einer bestimmten Situation eine Gefährdung oder ein Bruch des Weltfriedens vorliegt. Dazu kann er sowohl nichtmilitärische als auch militärische Maßnahmen autorisieren. Sein Instrumentarium beinhaltet die Vermittlung und Mediation, die Verhängung unterschiedlichster Sanktionen, die Entsendung von UN-Friedenstruppen, aber auch die Autorisierung von (humanitären) Interventionen.

Die ständigen Mitglieder werden auch als „**P5**" = **Permant Five** bezeichnet. Sie sind neben China die Siegermächte des Zweiten Weltkrieges und die ersten Atommächte.

Der Sicherheitsrat hat **15 Mitglieder**, davon **fünf ständige** (USA, Russland, Großbritannien, Frankreich, Volksrepublik China) und zehn von der Generalversammlung für zwei Jahre gewählte nicht ständige Mitglieder, die nach einem geografischen Verteilungsschlüssel in einem abwechselnden Zwei-Jahres-Rhythmus von der Generalversammlung gewählt werden. Beschlüsse bedürfen der Zustimmung von mindestens neun Mitgliedern, darunter die aller ständigen Mitglieder. Jedes ständige Mitglied kann also durch sein **Veto** das Zustandekommen eines Beschlusses allein verhindern.

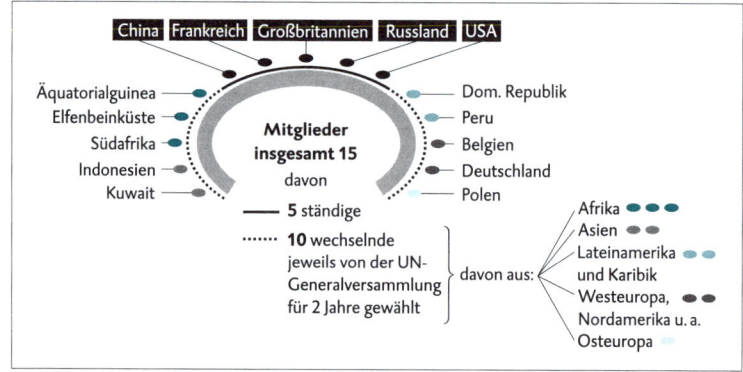

UN-Sekretariat

Verwaltet wird das Sekretariat vom **UN-Generalsekretär** oder einer möglichen UN-Generalsekretärin, die auf Empfehlung des Sicherheitsrates von der Generalversammlung für jeweils fünf Jahre gewählt wird. Die Person in diesem Amt leitet nicht nur das UN-Sekretariat, sie ist auch **Chefdiplomat**, **Stimme** und **Gesicht** der UN und repräsentiert die Ziele und Prinzipien der Weltorganisation. Laut Charta hat der Generalsekretär das Recht, die Aufmerksamkeit des Sicherheitsrats auf jede Situation zu lenken, die seiner Ansicht nach den Weltfrieden gefährdet. Er reist in Krisengebiete und erarbeitet als Mediator Friedenspläne zwischen Konfliktparteien. Ansonsten sind die Bestimmungen der Charta vage. Sie eröffnen dem jeweiligen Generalsekretär Gestaltungsspielraum.

António Guterres – portugiesischer Politiker und seit 2017 UN-Generalsekretär

Wirtschafts- und Sozialrat (ECOSOC)

Der Wirtschafts- und Sozialrat (ECOSOC) ist ein Hilfsorgan der Generalversammlung, zuständig für internationale Angelegenheiten auf den Gebieten der Wirtschaft, des Sozialwesens, der Kultur, der Erziehung und der Gesundheit. Er kann dazu Untersuchungen durchführen, Konferenzen einberufen, Abkommen entwerfen und Empfehlungen abgeben, um die Achtung und Verwirklichung der Menschenrechte und Grundfreiheiten für alle zu fördern.

Internationaler Gerichtshof

Der Internationale Gerichtshof ist die einzige Institution, die seit dem Völkerbund besteht. Anders als bei den übrigen Hauptorganen befindet sich sein Sitz nicht in New York, sondern in **Den Haag**. Er ist das Hauptrechtsprechungsorgan der Organisation und besteht aus **15 Richterinnen und Richtern aus 15 unterschiedlichen Staaten**. Diese werden für eine Legislaturperiode von neun Jahren vom Sicherheitsrat und der Generalversammlung gemeinsam gewählt. Der Gerichtshof ist nicht für Einzelpersonen, sondern ausschließlich für Streitigkeiten zwischen Staaten zuständig, falls diese ihn zur Streitschlichtung angerufen haben. Zudem kann er Rechtsgutachten erstellen. Daneben wurden weitere Gerichtshöfe eingerichtet, die aber nicht zu den Hauptorganen der UN zählen. Beispielsweise gilt dies für den Internationalen Strafgerichtshof (ICC), der seit dem Jahr 2002 Individualverbrechen, Völkermord, Verbrechen gegen die Menschlichkeit, Kriegsverbrechen und Verbrechen der Aggression (Angriffskrieg) nachgehen kann.

Völkermord – auch Genozid genannt; Gilt als das schlimmste Verbrechen im Völkerstrafrecht. Dieses definiert Völkermord als durch die Absicht gekennzeichnet, „eine nationale, ethnische, rassische oder religiöse Gruppe als solche ganz oder teilweise zu zerstören".

Die NATO

Die NATO (North Atlantic Treaty Organization, Nordatlantikpakt) wurde 1949 als **Verteidigungsbündnis** des Westens von zehn europäischen Staaten sowie den USA und Kanada als Reaktion auf die Ausdehnung des sowjetischen Machtbereichs in Ost- und Mitteleuropa gegründet. Die Bundesrepublik Deutschland trat der NATO im Jahre 1955 als 13. Mitglied bei.

Bis zur Auflösung des **Warschauer Paktes** unter Führung der Sowjetunion im Jahre 1991 galt das NATO-Bündnis unter der Führung der USA als dessen „Gegenstück".

Entscheidungsorgan ist der **NATO-Rat**, in dem die Staats- und Regierungschefs oder aber auch die Außen- bzw. Verteidigungsminister der jeweiligen Mitgliedsstaaten zweimal jährlich zusammentreten. Der Rat wird in allen militärischen Fragen vom Militärausschuss beraten und muss alle Entscheidungen einstimmig treffen.

NATO-Osterweiterung – Beitritt von Staaten des ehemaligen Warschauer Paktes, darunter auch die ehemaligen sowjetischen Teilrepubliken im Baltikum, und von Nachfolgestaaten des blockfreien Jugoslawiens zur NATO.

Mit dem Ende des Kalten Krieges und der Auflösung des östlichen Militärbündnisses verlor die NATO ihren Gegner und damit ihren zentralen Organisationszweck. Anders als jedoch zu vermuten, löste sie sich nicht auch auf, sondern es kam zur **Erweiterung**. So ist seit dem Ende des Kalten Krieges die Zahl der **NATO-Mitgliedsstaaten** durch den Beitritt ehemaliger Ostblockstaaten auf insgesamt **29** gestiegen.

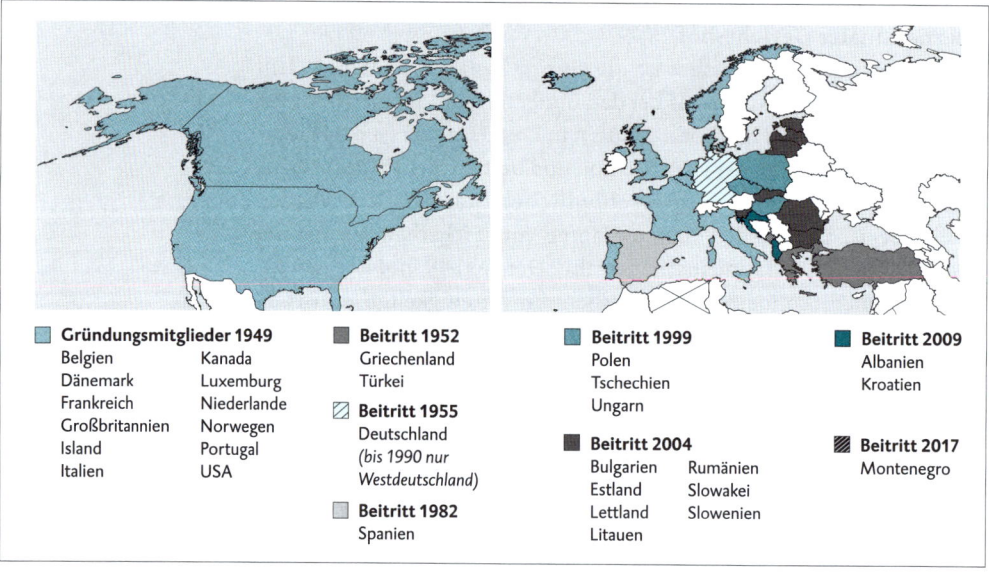

■ **Gründungsmitglieder 1949**		■ **Beitritt 1952**		■ **Beitritt 1999**		■ **Beitritt 2009**
Belgien	Kanada	Griechenland		Polen		Albanien
Dänemark	Luxemburg	Türkei		Tschechien		Kroatien
Frankreich	Niederlande	▨ **Beitritt 1955**		Ungarn		
Großbritannien	Norwegen	Deutschland				▨ **Beitritt 2017**
Island	Portugal	*(bis 1990 nur*		■ **Beitritt 2004**		Montenegro
Italien	USA	*Westdeutschland)*		Bulgarien	Rumänien	
				Estland	Slowakei	
		▢ **Beitritt 1982**		Lettland	Slowenien	
		Spanien		Litauen		

Beitrittswellen zur NATO von der Gründung 1949 und bis zum bislang letzten Beitritt Montenegos 2017 (Stand 11/2020)

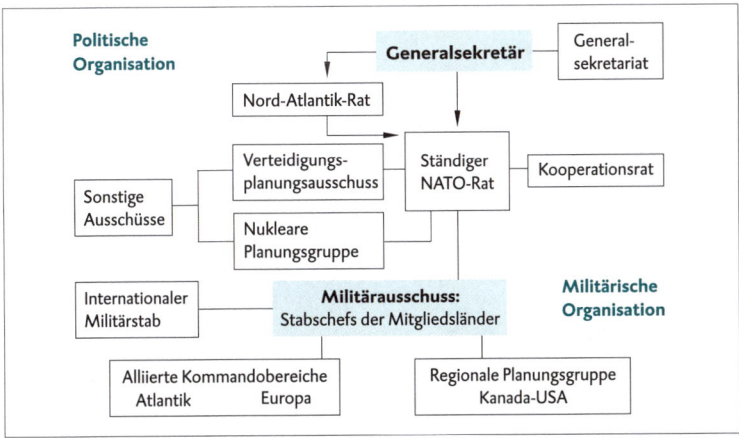

Die NATO hat sich jedoch nicht nur vergrößert, sondern sie hat sich auch von einer **Verteidigungsallianz** zu einer **globalen Sicherheits-agentur** mit neuen Aufgaben gewandelt.

Dabei versteht sie sich nicht nur als Militärbündnis, sondern auch als **Wertegemeinschaft**, in der sich alle Mitglieder zur Bewahrung der **freiheitlich-demokratischen Ordnung** nach innen und zum **gegen-seitigen Beistand** bei einem Angriff auf eines der Partnerländer von außen verpflichten.

→ **Das Grundgesetz** vgl. S. 48

Seit 1992 werden nach Zustimmung des UN-Sicherheitsrats oder der OSZE auch Einsätze außerhalb des Bündnisgebiets durchgeführt („out-of-area"-Einsätze).

Art. 5 des NATO-Vertrages, die **Beistandsverpflichtung**, bildet den Kern des Bündnisses:

> „Die Parteien vereinbaren, dass ein bewaffneter Angriff gegen eine oder mehrere von ihnen in Europa oder Nordamerika als ein Angriff gegen sie alle angesehen werden wird; sie vereinbaren daher, dass im Falle eines solchen bewaffneten Angriffs jede von ihnen in Ausübung des in Artikel 51 der Satzung der Vereinten Nationen anerkannten Rechts der individuellen oder kollektiven Selbstverteidigung der Partei oder den Parteien, die angegriffen werden, Beistand leistet, indem jede von ihnen unverzüglich für sich und im Zusam-menwirken mit den anderen Parteien die Maßnahmen, einschließlich der Anwendung von Waffengewalt, trifft, die sie für erforderlich erachtet, um die Sicherheit des nordatlantischen Gebiets wiederherzustellen und zu erhalten."

Durch das Ende der 40 Jahre dominierenden Ost-West-Konfrontation ergab sich für die NATO-Mitgliedsstaaten schnell eine **neue interna-tionale Sicherheitslage**, in der an die Stelle des etwa gleich starken

Gegners mit gewaltigem militärischem Potenzial neue Herausforderungen rückten:

→ **Auflösung traditioneller politischer Räume** vgl. S. 286

- Bürgerkriege und kleinere zwischenstaatliche Auseinandersetzungen,
- ethnische und/oder religiöse Konflikte,
- fragile Staaten und
- international agierende terroristische Netzwerke.

Der Wandel der Bedrohungslage führte zu einem **Wandel der Aufgaben**, unter deren Eindruck sich die NATO bis zum heutigen Tage umfassend veränderte.

Ohne vom alten Kernprinzip der kollektiven Verteidigung abzurücken, wurde jedoch die internationale Krisenbewältigung rasch zu einer faktischen Hauptaufgabe der NATO.

Das **neue strategische Konzept** der NATO, das 50 Jahre nach deren Gründung verabschiedet wurde, fasste die Aufgaben und Ansätze des Wandels seit Ende des Kalten Krieges in **vier Aufgabenbereichen** zusammen. Es wurde häufig auch als ein Kompromiss zwischen alten und neuen Aufgaben, zwischen Europäern und Amerikanern hinsichtlich der Gewichtung von kollektiver Verteidigung und internationalem Krisenmanagement betrachtet.

Demnach versteht sich die NATO selbst als

Terroranschläge am 11. September 2001 –
Anschläge verübt vom islamistischen Terrornetzwerk Al-Qaida auf das World Trade Center in New York und das Pentagon in Washington mit fast 3000 Toten

- Fundament und **Garant für die Sicherheit** im euro-atlantischen Gebiet,

- wesentliches transatlantisches **Forum für sicherheitspolitische Konsultation und Kooperation** unter den Mitgliedsstaaten,

- Instrument zur **Stärkung der Sicherheit** im euro-atlantischen Raum auch durch internationale Krisenbewältigung,

- Bündnis, das auf **Abschreckung** von und **Verteidigung** gegen äußere(n) Bedrohungen basiert.

Anders als es sich die Gründungsväter der NATO 1949 vorgestellt hatten, löste ein **Terroranschlag am 11. September 2001** und nicht die Kriegstreiberei anderer Staaten den ersten (und bisher einzigen) Ausruf des **Bündnisfalls** (nach Art. 5) aus. Der darauffolgende Kampf gegen den Terror führte zu einer erneuten Neuorientierung in Bezug auf die Strategie der NATO.

Im November 2010 wurde in Lissabon ein neues strategisches Konzept geschaffen und damit die Grundlage für das Bündnis gelegt, auch bei unvorhersehbaren Risiken und Bedrohungen gemeinsam zu reagieren. Als **Kernaufgabe** wird die **Wahrung der Freiheit und der Sicherheit** der

Mitgliedsstaaten mit politischen und militärischen Mitteln in drei Bereichen genannt:

- kollektive Verteidigung (collective defence),
- Krisenmanagement (crisis management) und
- kooperative Sicherheit (cooperative security).

Zur Umsetzung wurden folgende **Maßnahmen** beschlossen:

- Fähigkeiten zu robusten und mobilen Operationen schaffen
- Raketenabwehrsystem aufbauen
- Verteidigung gegen chemische, biologische und radiologische Waffen sowie Cyberangriffe vorbereiten
- Schutz von kritischer Infrastruktur planen
- Fähigkeiten zur Aufstandsbekämpfung sowie zivile Aspekte der Konfliktbearbeitung verbessern
- Vernetzten Sicherheitsansatz (comprehensive approach) fördern

Die OSZE

Neben der UNO und der NATO fungiert auch die **Organisation für Sicherheit und Zusammenarbeit in Europa (OSZE)** als System kollektiver Sicherheit. Sie geht auf die Phase der politischen Entspannung der frühen siebziger Jahre des letzten Jahrhunderts zurück, in der die Konferenz über Sicherheit und Zusammenarbeit in Europa (KSZE) als multilaterales Forum für Dialog und Verhandlungen zwischen Ost und West gegründet wurde. Die heutige OSZE ist deren Nachfolgeorganisation und ging 1975 aus der mit der Schlussakte von Helsinki zu Ende gegangenen KSZE hervor. Sie hat ihren Sitz in Wien.

Die OSZE ist die weltweit größte regionale **Sicherheitsorganisation** und umfasst **57 Länder**, die sich über drei Kontinente – Nordamerika, Europa und Asien – erstrecken. Die Teilnehmerstaaten, darunter die europäischen Länder, die Nachfolgestaaten der Sowjetunion sowie die USA, Kanada und die Mongolei, haben zusammen über eine Milliarde Einwohner.

Nach Kapitel VIII der Charta der Vereinten Nationen dient die OSZE als erster **internationaler Ansprechpartner bei Konflikten** innerhalb ihres Wirkungsbereiches.

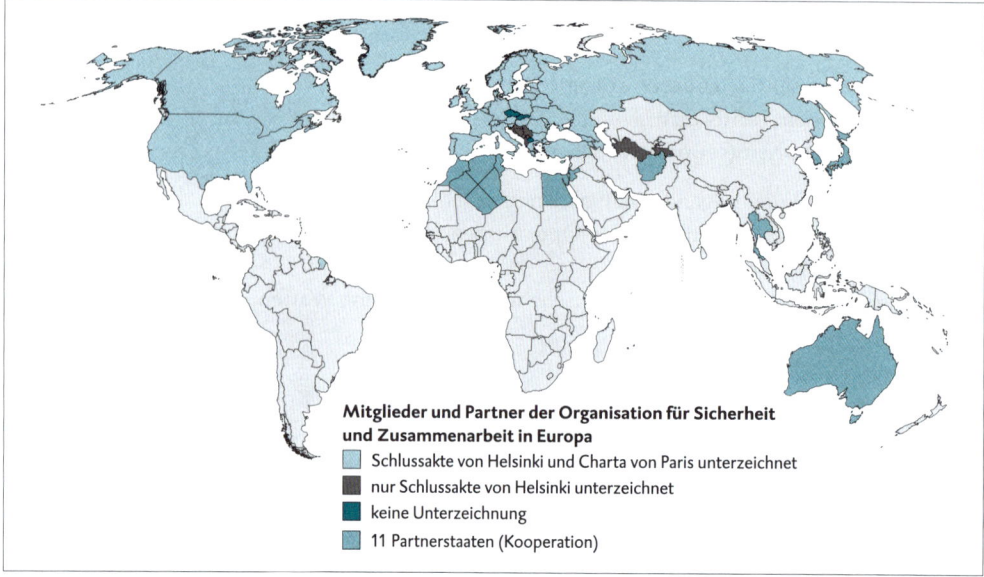

Mitglieder und Partner der Organisation für Sicherheit und Zusammenarbeit in Europa

- Schlussakte von Helsinki und Charta von Paris unterzeichnet
- nur Schlussakte von Helsinki unterzeichnet
- keine Unterzeichnung
- 11 Partnerstaaten (Kooperation)

Die Mitgliedsstaaten der OSZE

Ziele der OSZE

„Ziel der OSZE ist es, Demokratie, Menschenrechte und Rechtsstaatlichkeit zu fördern, Differenzen zwischen Staaten zu überwinden und Vertrauen zu schaffen. So soll es gelingen, die Sicherheit in Europa durch Zusammenarbeit und Dialog zwischen den europäischen sowie den östlichen und westlichen Nachbarstaaten zu stärken."

Dabei legt die OSZE einen **umfassenden Sicherheitsbegriff** zugrunde, der **drei Dimensionen** umfasst:

- die **politisch-militärische Dimension:** Rüstungskontrolle, Verteidigungs- und Polizeireformen, Grenzschutz, Bekämpfung von grenzüberschreitenden Bedrohungen wie Terrorismus, Konfliktverhütung und -lösung, die sichere Lagerung und Vernichtung von Klein- und Leichtwaffen und die Bekämpfung von Cyberkriminalität

- die **wirtschaftliche und ökologische Dimension:** Gute Regierungsführung („good governance"), Korruptionsbekämpfung, Umweltschutz, die nachhaltige Nutzung von natürlichen Ressourcen, Wasserbewirtschaftung und umweltverträglicher Umgang mit Abfällen, professionelles Handeln im Falle von Naturkatastrophen

- die **menschliche Dimension der Sicherheitspolitik:** Achtung und Schutz der Menschenrechte und der Grundfreiheiten, Aufbau von demokratischen Strukturen, Förderung von Toleranz und Nicht-Diskriminierung, Medienfreiheit, Minderheitenrechte und Rechtsstaatlichkeit, Genderfragen

Dieser umfassende Sicherheitsbegriff ermöglicht es den Teilnehmerstaaten, durch „Brückenthemen" gemeinsamen Interesses langfristig Vertrauen zwischen den Teilnehmerstaaten zurückzugewinnen und aufzubauen.

Die Arbeit der OSZE basiert auf **10 Grundprinzipen**, dem sogenannten **„Dekalog":**

---

info

Dekalog der OSZE

1. Souveräne Gleichheit und Achtung der Souveränität, die Rechten innewohnt
2. Enthaltung von der Androhung oder Anwendung von Gewalt
3. Unverletzlichkeit der Grenzen
4. Territoriale Integrität der Staaten
5. Friedliche Regelung von Streitfällen
6. Nichteinmischung in innere Angelegenheiten
7. Achtung der Menschenrechte und Grundfreiheiten, einschließlich der Gedanken-, Gewissens-, Religions- oder Überzeugungsfreiheit
8. Gleichberechtigung/Selbstbestimmungsrecht der Völker
9. Zusammenarbeit zwischen den Staaten
10. Erfüllung völkerrechtlicher Verpflichtungen nach Treu und Glauben

---

In ihrem gesamten Aufgabenspektrum von der **Prävention** bis zur **Konfliktnachsorge** ist die OSZE zu einer unverzichtbaren Einrichtung in der europäischen Sicherheitspolitik geworden.

Ihre besondere Bedeutung liegt in der umfassenden Einbeziehung aller Staaten mit ihren jeweiligen Sichtweisen auf Probleme und Konflikte. Sie hat mit ihren verschiedenen politischen Dokumenten Standards für das Verhalten von Staaten in ihren internationalen Beziehungen geschaffen. Diese können zwar nicht eingeklagt werden, an ihnen aber kann die konkrete Politik von Teilnehmerstaaten gemessen werden. Und schließlich bietet die OSZE auch dann ein Forum für **gleichberechtigte Verhandlungen**, wenn andere Formate blockiert sind.

Bergkarabachkonflikt – Konflikt zwischen Armenien und Aserbaidschan und die Region Bergkarabach im südlichen Kaukasus, der immer wieder zu kriegerischen Handlungen führt. Die Minsker Gruppe innerhalb der OSZE beobachtet den Konflikt und versucht zu vermitteln.

Die vielen Tätigkeitsfelder der OSZE

Cybersicherheit/IKT-Sicherheit

Medienfreiheit und Entwicklung

Rüstungskontrolle

Fragen nationaler Minderheiten

Wirtschaftliche Aktivitäten

Wahlen

Konfliktverhütung und Konfliktlösung

Bildung

Bekämpfung des Menschenhandels

Gute Regierungsführung

Roma und Sinti

Gleichstellung der Geschlechter

Demokratisierung

Migration

Toleranz und Nichtdiskriminierung

Reform und Zusammenarbeit im Sicherheitssektor

Rechtsstaatlichkeit

Grenzüberschreitende Bedrohungen, Grenzmanagement, Terrorismusbekämpfung und Polizeiarbeit

Menschenrechte

Umweltaktivitäten

Jugend

osze

Art. 87a GG
(1) Der Bund stellt Streitkräfte zur Verteidigung auf. […]
(2) Außer zur Verteidigung dürfen die Streitkräfte nur eingesetzt werden, soweit dieses Grundgesetz es ausdrücklich zulässt.

Annegret Kramp-Karrenbauer – Politikerin der CDU und seit 2019 Verteidigungsministerin

2.5 Die Rolle der Bundeswehr in der internationalen Kooperation

Die Übernahme größerer Verantwortung in der internationalen Politik seit der deutschen Wiedervereinigung und den weltpolitischen Veränderungen 1989/90 zeigt sich auch in einer veränderten Rolle und neuen Aufgaben der Bundeswehr.

Die Bundeswehr wurde im Jahr **1955** gegründet und ihr Einsatz ist durch **Art. 87a GG** geregelt. In Friedenszeiten liegt die Kommandogewalt über die Streitkräfte beim Bundesverteidigungsminister, im Verteidigungsfall beim Bundeskanzler.

Das Aufgabenspektrum umfasste in der **Zeit des Kalten Krieges** nur den Einsatz zur

- **Landes- und Bündnisverteidigung** sowie
- bei **innerem Notstand** und bei
- **Katastrophen**.

Mit dem Ende des Ost-West-Konflikts hat sich die sicherheitspolitische Lage grundlegend verändert. Einerseits ist Deutschland heute von befreundeten Staaten umgeben, andererseits finden in großen Teilen der

Welt bewaffnete Konflikte und Kriege statt und der internationale Terror hat eine „grenzenlose" Strategie entwickelt, der auch Deutschland und dessen Interessen bedroht.

Dementsprechend hat sich auch das Einsatzprofil der Bundeswehr um eine – wenn nötig – weltweite **Krisenprävention** und **-bewältigung** erweitert. Das Urteil des Bundesverfassungsgerichts vom 12. Juli 1994 erlaubt nun auch Einsätze außerhalb des NATO-Gebiets (out-of-area) im Rahmen von **Systemen kollektiver Sicherheit (UNO)** und **kollektiver Verteidigung (NATO)**.

Die militärische Option bei Auslandseinsätzen wird jedoch als **„ultima ratio"**, als letztes Mittel betrachtet und kommt nur nach vorheriger Ausschöpfung aller diplomatischen und wirtschaftlichen Maßnahmen in Betracht.

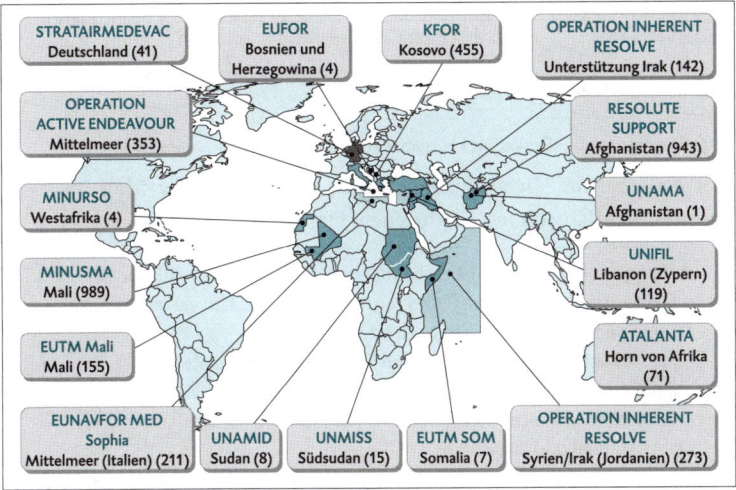

Auslandseinsätze der Bundeswehr (Stand 11/2020)

Außerdem führte das Bundesverfassungsgericht zugleich mit dem bis dahin unbekannten Instrument des **Parlamentsvorbehalts** eine Art geteilter Verantwortung zwischen Regierung und Bundestag für solche Bundeswehreinsätze ein. Das bedeutet, dass zu jedem dieser Einsätze ein Entschluss der Bundesregierung vorliegen muss, dem der Bundestag mit einfacher Mehrheit zustimmt. Aufgrund dieser Abhängigkeit der Einsätze von der Zustimmung des Bundestages, wird die Bundeswehr auch als „Parlamentsarmee" bezeichnet.

Als **Parlamentsarmee** werden Streitkräfte bezeichnet, deren Einsatz explizit durch ein Parlament genehmigt werden muss. Kann das Staatsoberhaupt über deren Einsatz entscheiden, spricht man hingegen von **Präsidialarmee**.

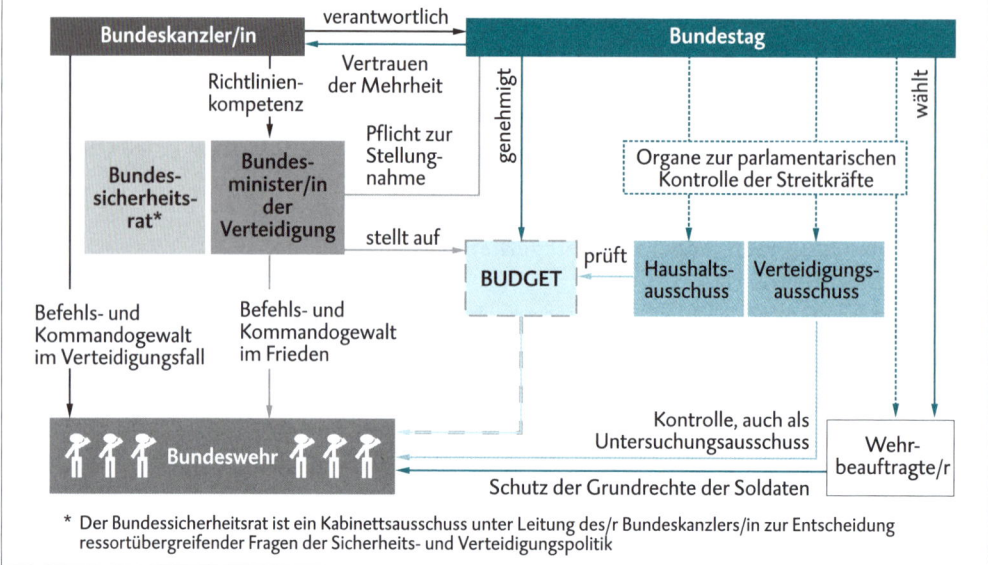

Einbindung der Bundeswehr in das politische System (Exekutive, Legislative) der Bundesrepublik Deutschland

Der Auftrag und die Aufgaben für die Bundeswehr werden im sogenannten **Weißbuch** festgeschrieben. Darin heißt es:

Das **Weißbuch** ist die
Grundlage deutscher
Sicherheitspolitik, das
durch das Bundesminis-
terium für Verteidigung
erarbeitet und durch die
Bundesregierung verab-
schiedet wird. Es gilt als
wichtigstes sicherheits-
politisches Dokument und
fasst Grundzüge, Ziele und
Rahmenbedingungen deut-
scher Sicherheitspolitik
zusammen. Es enthält
wichtige Vorgaben für die
Bundeswehr.

> Auftrag der Bundeswehr ist es, im Rahmen eines gesamtstaatlichen Ansatzes
> – Deutschlands Souveränität und territoriale Integrität zu verteidigen und
>   seine Bürgerinnen und Bürger zu schützen,
> – zur Resilienz (Krisenfestigkeit) von Staat und Gesellschaft gegen äußere
>   Bedrohungen beizutragen,
> – die außen- und sicherheitspolitische Handlungsfähigkeit Deutschlands
>   abzustützen und zu sichern,
> – gemeinsam mit Partnern und Verbündeten zur Abwehr sicherheitspolitischer
>   Bedrohungen für unsere offene Gesellschaft und unsere freien und sicheren
>   Welthandels- und Versorgungswege beizutragen,
> – zur Verteidigung unserer Verbündeten und zum Schutz ihrer Staatsbürger
>   beizutragen,
> – Sicherheit und Stabilität im internationalen Rahmen zu fördern und
> – europäische Integration, transatlantische Partnerschaft und multinationale
>   Zusammenarbeit zu stärken.

Damit dient die Bundeswehr nicht nur dem **Schutz**, der **Verteidigung**
und der **Abschreckung**, sondern beteiligt sich an weltweiter Sicherheitszusammenarbeit und Integration. **Partnerschaft**, **Kooperation**
und **Hilfe** sind hierbei handlungsleitend. Innerhalb der Bundesrepublik
trägt die Bundeswehr zur Krisen- und Risikovorsorge bei und übernimmt zentrale Aufgaben bei Naturkatastrophen oder in Unglücksfällen.

3 Entwicklungspolitik als Beitrag zur Friedenssicherung

> „Entwicklungspolitik von Heute ist die Friedenspolitik von Morgen."
>
> (Willy Brandt)

Die Bundesrepublik Deutschland engagiert sich seit 1952 in der Entwicklungszusammenarbeit und errichtete 1961, als erstes Land in Europa, ein eigenständiges Ministerium, das sich in diesem Handlungsfeld engagiert – das **„Bundesministerium für wirtschaftliche Zusammenarbeit und Entwicklung"** (BMZ).

Auf das Drängen des amerikanischen Präsidenten John F. Kennedy, der in der wirtschaftlichen Hilfe für die Entwicklungsländer einen wichtigen Bestandteil der westlichen Sicherheitspolitik sah, stimmte die damalige Bundesregierung unter Konrad Adenauer einem finanziellen Beitrag zu und avancierte schlagartig zu einem der fünf großen Geber der internationalen Entwicklungshilfe.

Unter **Entwicklungspolitik** versteht man Konzepte, Strategien und Programme von Staaten oder internationalen Organisationen, mit denen die wirtschaftlichen, sozialen und politischen Defizite in 237ändern vermindert werden sollen.

Entwicklungszusammenarbeit ist der praktische Teil der Entwicklungspolitik, also die Summe der Maßnahmen zur Erreichung entwicklungspolitischer Ziele.

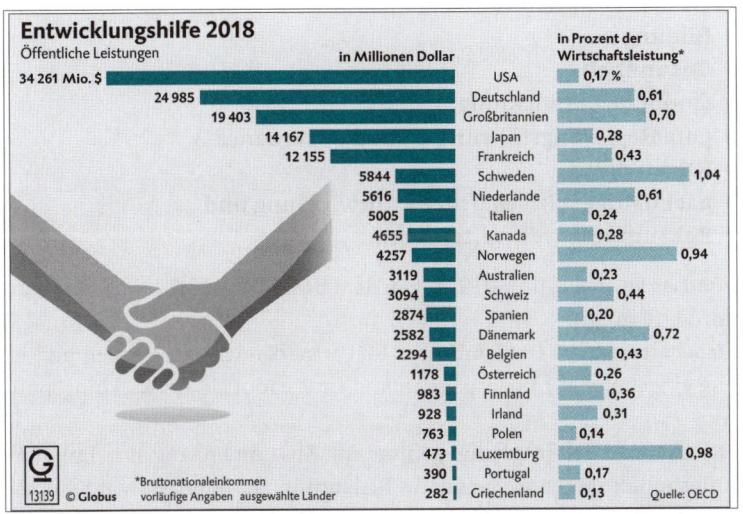

Entwicklungshilfe 2018
Öffentliche Leistungen — in Millionen Dollar — in Prozent der Wirtschaftsleistung*

	in Millionen Dollar	in Prozent der Wirtschaftsleistung*
USA	34 261 Mio. $	0,17 %
Deutschland	24 985	0,61
Großbritannien	19 403	0,70
Japan	14 167	0,28
Frankreich	12 155	0,43
Schweden	5844	1,04
Niederlande	5616	0,61
Italien	5005	0,24
Kanada	4655	0,28
Norwegen	4257	0,94
Australien	3119	0,23
Schweiz	3094	0,44
Spanien	2874	0,20
Dänemark	2582	0,72
Belgien	2294	0,43
Österreich	1178	0,26
Finnland	983	0,36
Irland	928	0,31
Polen	763	0,14
Luxemburg	473	0,98
Portugal	390	0,17
Griechenland	282	0,13

*Bruttonationaleinkommen vorläufige Angaben ausgewählte Länder Quelle: OECD
© Globus 13139

Heute gilt **Entwicklungspolitik bzw. Entwicklungszusammenarbeit** als eine der fünf Säulen deutscher Außenpolitik, indem sie Demokratie, Rechtsstaatlichkeit und Menschenrechte fördert und sich für eine gerechte und nachhaltige Gestaltung der Globalisierung einsetzt.

Ganz im Sinne des **erweiterten Sicherheitsbegriffes** bezeichnet das BMZ selbst Entwicklungszusammenarbeit nicht nur als ein **„Gebot der**

Menschlichkeit", sondern auch als ein **„Gebot der Vernunft"**, denn die Sicherung der Zukunft der Menschen in den Entwicklungsländern sichere auch unsere eigene Zukunft, indem sie weltweit für Frieden und Stabilität sorge. Bei Entwicklungspolitik geht es also auch um die Zukunft der Industrieländer – denn kein Teil der Welt kann sich sicher fühlen, wenn nicht überall Menschen sicher leben können. Aus dieser Erkenntnis heraus ist die **Entwicklungspolitik** Teil einer umfassenden **Friedens-und Sicherheitspolitik**.

Auch nach Aussage des Bundesministeriums für Verteidigung ist Entwicklungspolitik die beste **Krisenprävention**. Damit ist Entwicklungspolitik beides: **werte- und interessengeleitet**.

Ziele und Strategien

Das BMZ legt die Leitlinien der deutschen Entwicklungspolitik fest, auf deren Basis gemeinsam mit den Partnerländern und internationalen Organisationen die Projekte und Programme der Zusammenarbeit entwickelt werden.

Die grundlegenden Ziele deutscher Entwicklungspolitik haben sich im Laufe der Jahre kaum verändert und konzentrieren sich auf die Bereiche

- **Bildung**
- **Gesundheit**
- **ländliche Entwicklung**
- **gute Regierungsführung („good governance")**
- **Klimaschutz**
- **nachhaltige wirtschaftliche Entwicklung und**
- **Bekämpfung weltweiter Armut**

Für das Haushaltsjahr 2019 stehen dem BMZ dafür 10,2 Milliarden Euro zur Verfügung.

Dabei arbeitet das BMZ mit über 50 Partnerländern zusammen und ist eng eingebunden in europäische und internationale Entwicklungspolitik.

Der **Armutsbekämpfung** kommt im Zusammenhang mit Entwicklungspolitik eine entscheidende Bedeutung zu, denn sie wird für die positive Entwicklung eines Landes als maßgeblich betrachtet.

Armut ist häufig sowohl **Folge** als auch **Ursache** bewaffneter Konflikte. So sinkt die Gefahr für Bürgerkriege in einem Land mit zunehmendem Bruttosozialprodukt pro Kopf. Umgekehrt bedeutet dies, je **niedriger** das **Bruttosozialprodukt** pro Kopf, desto **wahrscheinlicher** ist ein **Bürgerkrieg**.

Governance beschreibt, wie in einem Staat Entscheidungen getroffen und politische Inhalte formuliert und umgesetzt werden. Als Kriterien für „good governance" gelten Transparenz und Effektivität. Darüber hinaus beteiligt gute Regierungsführung die gesamte Bevölkerung und berücksichtigt die Meinung und die Bedürfnisse von Minderheiten und Schwachen.

Die Agenda 2030 für nachhaltige Entwicklung

> „Wir können die erste Generation sein, der es gelingt, die Armut zu beseitigen, ebenso wie wir die letzte sein könnten, die die Chance hat, unseren Planeten zu retten."
>
> (Ban-Ki Moon, UN-Generalsekretär von 2007 bis 2016)

Im September 2015 wurde von der Generalversammlung der Vereinten Nationen die **Agenda 2030 für nachhaltige Entwicklung** verabschiedet. Mit ihr drückt die internationale Staatengemeinschaft ihre Überzeugung aus, dass sich die globalen Herausforderungen nur gemeinsam lösen lassen.

Diese Agenda ist die Grundlage für die Gestaltung des weltweiten **wirtschaftlichen Fortschritts** im Einklang mit **sozialer Gerechtigkeit** und den **ökologischen Grenzen der Erde**.

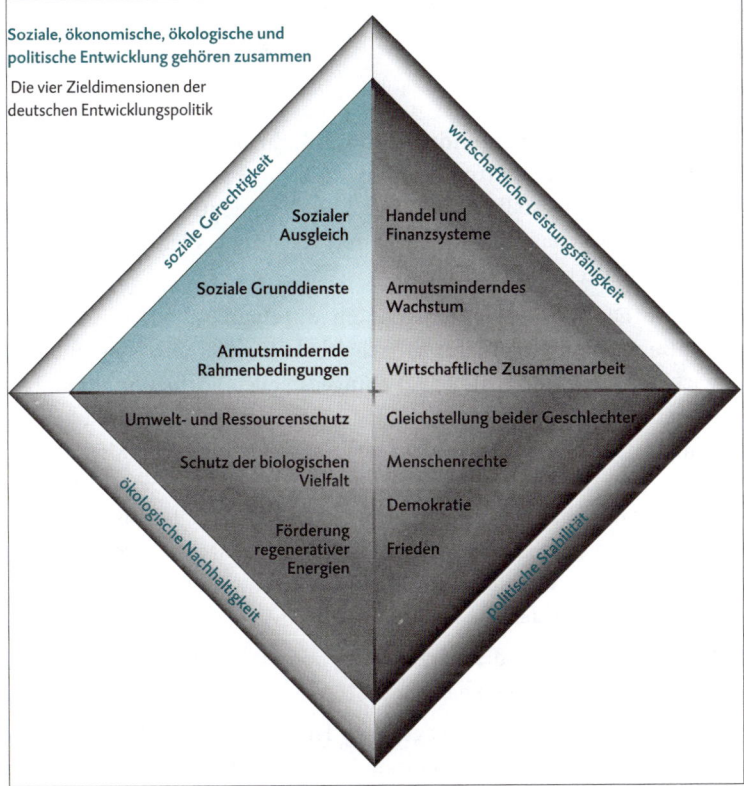

Soziale, ökonomische, ökologische und politische Entwicklung gehören zusammen

Die vier Zieldimensionen der deutschen Entwicklungspolitik

soziale Gerechtigkeit

wirtschaftliche Leistungsfähigkeit

ökologische Nachhaltigkeit

politische Stabilität

Sozialer Ausgleich

Soziale Grunddienste

Armutsmindernde Rahmenbedingungen

Umwelt- und Ressourcenschutz

Schutz der biologischen Vielfalt

Förderung regenerativer Energien

Handel und Finanzsysteme

Armutsminderndes Wachstum

Wirtschaftliche Zusammenarbeit

Gleichstellung beider Geschlechter

Menschenrechte

Demokratie

Frieden

Die „**Nachhaltigkeits-
ziele**" werden auch als
„Sustainable Development
Goals" oder „SDGs" be-
zeichnet.

Deutschland hat sich zu einer ehrgeizigen Umsetzung dieser Agenda verpflichtet und die Agenda 2030 dient Deutschland als Kompass – in allen Politikfeldern – nicht nur für in der Entwicklungspolitik.

Kernstück der Agenda sind die **17 Ziele für nachhaltige Entwicklung:**

Die 17 Ziele für nachhaltige Entwicklung der Vereinten Nationen auf einen Blick

In der **Präambel der Agenda 2030** für nachhaltige Entwicklung werden **fünf Kernbotschaften** benannt, die den 17 als handlungsleitende Prinzipien vorangestellt sind. Diese „**5Ps**" verdeutlichen die Zusammenhänge zwischen den 17 SDGs und zeigen die Zielsetzung, denen sich das BMZ verpflichtet sieht.

- **People:** Die Würde des Menschen im Mittelpunkt
  Das Bundesministerium für wirtschaftliche Zusammenarbeit und Entwicklung strebt an, Armut und Hunger in allen Formen und Dimensionen weltweit zu beseitigen. Jeder Mensch soll sich nach seinen Fähigkeiten und Neigungen entwickeln können und die Möglichkeit haben, sein Potenzial voll auszuschöpfen. Besonderer Fokus liegt dabei auf den Menschenrechten, der Verringerung von Ungleichheit und der Verbesserung der Lebenssituation besonders benachteiligter Bevölkerungsgruppen, vor allem in Konfliktländern und den am wenigsten entwickelten Ländern.

- **Planet:** Den Planeten schützen, Klimawandel begrenzen und natürliche Lebensgrundlagen bewahren
  Das BMZ ist davon überzeugt, dass der Klimawandel die Zukunftsperspektiven aller Länder bedroht. Ziel von Entwicklungspolitik und Entwicklungszusammenarbeit ist es deshalb, die Erde zu schützen. So

kann auch künftigen Generationen ein gutes Leben in einer intakten Umwelt ermöglicht werden. Der Schutz des Planeten umfasst neben der nachhaltigen Nutzung der Meere und Ozeane, den Erhalt von Ökosystemen und biologischer Vielfalt (Biodiversität) sowie der Bekämpfung des Klimawandels auch den nachhaltigen Umgang mit natürlichen Ressourcen.

- **Prosperity:** Wohlstand für alle fördern, Globalisierung gerecht gestalten
  Das BMZ hat sich zum Ziel gesetzt, allen Menschen die Möglichkeit zu bieten, am wirtschaftlichen, sozialen und technischen Fortschritt teilzuhaben. Die Diskrepanz zwischen Arm und Reich soll daher verringert und allen Menschen die Möglichkeit geboten werden, menschenwürdige Beschäftigung zu finden. Nachhaltiges Wirtschaftswachstum soll alle Menschen erreichen.

- **Peace:** Frieden fördern, Menschenrechte und gute Regierungsführung
  Grundlage für ein Leben in Frieden sind friedliche, sichere und inklusive Gesellschaften. Die Errichtung und Stärkung guter Regierungsführung und der dafür nötigen Institutionen ist nötig. In diesem Zusammenhang kommt vor allem dem Schutz und der Achtung der Menschenrechte besondere Bedeutung zu.

- **Partnership:** Globale Partnerschaften aufbauen, global gemeinsam voranschreiten
  Um die ehrgeizigen Ziele der Agenda 2030 zu erreichen, ist die Mitarbeit von Staaten und Organisationen, aber auch die von Gesellschaften und eines jeden Einzelnen nötig. Das BMZ erhofft sich so eine internationale Zusammenarbeit, die zu einer globalen Partnerschaft führt und die für die Umsetzung der Agenda nötigen Mittel mobilisiert.

Die Politik des Bundesministeriums für wirtschaftliche Zusammenarbeit und Entwicklung (BMZ) orientiert sich an diesen Kernbotschaften. Die Umsetzung erfolgt gemeinsam mit den Partnerländern nach dem Prinzip einer globalen Partnerschaft, zu der jeder etwas beiträgt. Deutschland übernimmt mit diesem entwicklungspolitischen Engagement Verantwortung für globale nachhaltige Entwicklung.

4 Die Außenpolitik der Bundrepublik Deutschland

4.1 Interessen und Ziele deutscher Außenpolitik

> „Deutschland ist ein bisschen zu groß und wirtschaftlich zu stark, als dass wir die Weltpolitik nur von der Seitenlinie kommentieren könnten."
>
> (Frank-Walter Steinmeier, Außenminister der BRD (2005–2009, 2013–2017), Bundespräsident seit 19. 3. 2017)

Seit der Wiedervereinigung haben sich die nationalen, regionalen und globalen Rahmenbedingungen deutscher Außenpolitik grundlegend verändert und die Bundesrepublik hat einen enormen außenpolitischen Handlungsspielraum und den Status einer internationalen Gestaltungsmacht erworben. Doch neben den außenpolitischen Handlungsspielräumen haben sich auch die Anforderungen und Erwartungen, die in Europa und der Welt an das Land gerichtet werden, vergrößert.

In diesem Zusammenhang verfolgt die deutsche Außenpolitik Interessen und Ziele, die sich – weitgehend unabhängig von der parteilichen Zusammensetzung der Regierung – aus historischen, geografischen, kulturellen und weltpolitischen Vorkommnissen ableiten lassen und auf dem Konzept einer **zivilisierenden Außenpolitik** beruhen.

Darunter wird eine Außenpolitik verstanden, die eintritt für:

- die Verwirklichung von Frieden und globaler Sicherheit
- Demokratie und Freiheit aller Menschen
- die Achtung und Weiterentwicklung der Menschenrechte und des Völkerrechts

Multilateralismus ist ein System der Koordination nationaler Politik zwischen drei oder mehr Staaten. Er steht im Gegensatz zur unkoordinierten Politik eines einzelnen Staates **(Unilateralismus)** und zur Politikkoordination zwischen lediglich zwei Staaten **(Bilateralismus)**.

- den Abbau von Armut und sozialer Ungerechtigkeit und für den Erhalt der Umwelt.

Diese Ziele sollen im Rahmen einer **kooperativen Weltordnung** erreicht werden, die auf **multilateraler Zusammenarbeit** und gemeinsamem Handeln statt auf **Unilateralismus** beruht.

Das Auswärtige Amt nennt fünf Themenfelder die **„Leitplanken deutscher Außenpolitik"**, in denen sich diese Aspekte wiederfinden:

→ **Die Europäische Union** vgl. S. 159

- **Europäische Integration und Europäische Union**
  Die Europäische Integration und die Europäische Union bilden Rahmen und Richtung der deutschen Außenpolitik. Die Stärkung des Zusammenhalts der Europäischen Union und die enge Zusammenarbeit

mit allen EU-Mitgliedsstaaten genießen deshalb dauerhaft hohe Aufmerksamkeit.

- **Transatlantische Partnerschaft**
  Die USA sind Deutschlands engster Verbündeter außerhalb Europas. Die transatlantischen Beziehungen beruhen auf historischen Erfahrungen und gemeinsamen Werten wie Demokratie, Freiheit und Rechtsstaatlichkeit. Grundlage sind gemeinsame Interessen und Ziele sowie die traditionell enge gesellschaftliche, politische und wirtschaftliche Verflechtung.

- **Engagement für Frieden und Sicherheit**
  Deutsche Außenpolitik engagiert sich weltweit für Frieden und Sicherheit. Deutschland gestaltet seine Friedens- und Sicherheitspolitik vor allem multilateral, d. h. im Rahmen von internationalen Institutionen und Strukturen wie Europäische Union, NATO, Vereinte Nationen, OSZE, G7 und G20.

- **Förderung von Demokratie, Rechtsstaatlichkeit und Menschenrechten**
  Deutsche Außenpolitik setzt sich weltweit für die Stärkung von Demokratie, Rechtsstaatlichkeit und Menschenrechten ein. Deutschland engagiert sich für diese Prinzipien nicht nur aus Überzeugung oder weil es sich dabei um universelle Werte handelt. Die Förderung dieser Prinzipien liegt auch im außenpolitischen Interesse Deutschlands. Frieden, Sicherheit, Stabilität und nachhaltige Entwicklung kann es langfristig nur dort geben, wo demokratische und rechtsstaatliche Grundsätze gelten und Menschenrechte respektiert werden.

- **Einsatz für eine gerechte und nachhaltige Globalisierung und eine regelbasierte internationale Ordnung**
  Deutsche Außenpolitik bemüht sich darum, die Globalisierung gerecht und nachhaltig zu gestalten. Globale Gerechtigkeit ist eine wichtige Voraussetzung für internationalen Frieden und Sicherheit. Deutschland setzt sich für verbindliche Regeln und effektive multilaterale Institutionen ein, die ein geordnetes und verzahntes Miteinander in einer immer stärker vernetzten Welt möglich machen. Die Bundesrepublik Deutschland versucht daher weltweit, das Völkerrecht und dessen Institutionen zu stärken und weiterzuentwickeln.

4.2 Einflussfaktoren auf die deutsche Außenpolitik

Alle außenpolitischen Entscheidungen der Bundesrepublik Deutschland werden von einer Vielzahl von Faktoren beeinflusst. Diese lassen sich nach **nicht variablen Faktoren** und **variablen Faktoren** differenzieren.

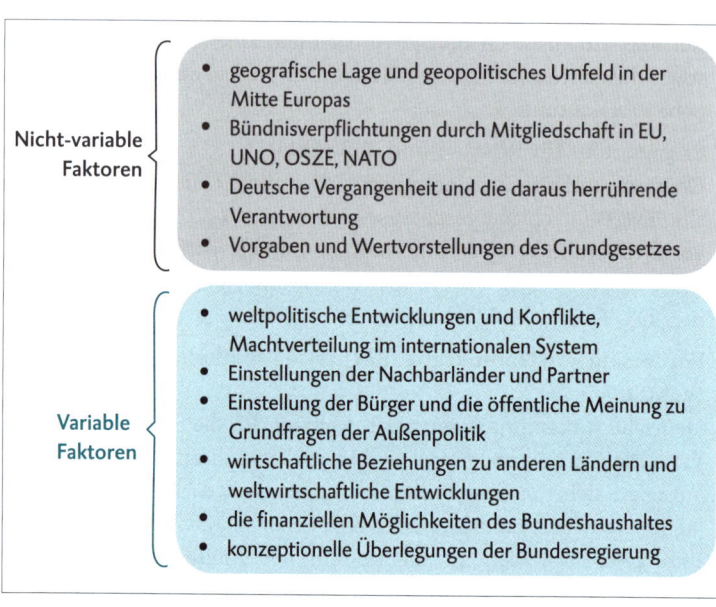

Nicht-variable Faktoren
- geografische Lage und geopolitisches Umfeld in der Mitte Europas
- Bündnisverpflichtungen durch Mitgliedschaft in EU, UNO, OSZE, NATO
- Deutsche Vergangenheit und die daraus herrührende Verantwortung
- Vorgaben und Wertvorstellungen des Grundgesetzes

Variable Faktoren
- weltpolitische Entwicklungen und Konflikte, Machtverteilung im internationalen System
- Einstellungen der Nachbarländer und Partner
- Einstellung der Bürger und die öffentliche Meinung zu Grundfragen der Außenpolitik
- wirtschaftliche Beziehungen zu anderen Ländern und weltwirtschaftliche Entwicklungen
- die finanziellen Möglichkeiten des Bundeshaushaltes
- konzeptionelle Überlegungen der Bundesregierung

4.3 Verfassungs- und völkerrechtliche Vorgaben

Eine zusammenfassende Darstellung, die als Grundlage der deutschen Außenpolitik bezeichnet werden könnte, gibt es nicht. Vielmehr beruhen die Schwerpunkte der Außenpolitik auf mehreren Bereichen und lassen sich daher ganz unterschiedlich herleiten.

Eine Ausnahme stellt das **Grundgesetz** dar. Es äußert sich an **vier Stellen** zur **Wahrung des Friedens** und ist mit seinen Vorgaben, ebenso wie die Einbindung in Bündnisse, vor allem in UNO, NATO und EU, die Grundlage für die Außenpolitik der BRD.

- **Präambel**
  Bereits die **Präambel des Grundgesetzes** verweist in ihrem ersten Satz auf die drei ältesten und wichtigsten Leitlinien bundesdeutscher Außenpolitik, nämlich „als gleichberechtigtes Glied in einem vereinten Europa dem Frieden der Welt" dienen zu wollen.

- **Art. 1 (2) GG**
  Des Weiteren bekennt sich das deutsche Volk in Art. 1 GG zu „unverletzlichen und unveräußerlichen **Menschenrechten**" als Grundlage jeder menschlichen Gemeinschaft, des Friedens und der Gerechtigkeit in der Welt".

- **Art. 24 (2) GG**
  Art. 24 GG gewährt es dem Bund, Hoheitsrechte auf zwischenstaatliche Einrichtungen zu übertragen und ermöglicht die Einordnung in ein System gegenseitiger **kollektiver Sicherheit**, wenn dies der „Wahrung des Friedens" dient und „eine friedliche und dauerhafte Ordnung in Europa und zwischen den Völkern der Welt" fördert.

- **Art. 26 (1) GG**
  In Art. 26 (1) werden die **Friedensstaatlichkeit** und die **Verfassungswidrigkeit eines Angriffskrieges** postuliert. Hierin heißt es: „Handlungen, die geeignet sind und in der Absicht vorgenommen werden, das friedliche Zusammenleben der Völker zu stören, insbesondere die Führung eines Angriffskrieges vorzubereiten, sind verfassungswidrig."

Zusammen mit der Festschreibung des **Vorranges des Völkerrechts** vor dem nationalen Recht (Art. 25 GG) und dem **Verbot von Vereinigungen, die sich gegen den Gedanken der Völkerverständigung** richten (Art. 9 (2) GG), ist ein offener Multilateralismus, d.h. die Bereitschaft zu regelbasierter Kooperation und einem Interessenausgleich mit einer Vielzahl internationaler Partner, fest in den normativen Fundamenten deutscher Außenpolitik verankert.

Präambel: Erklärung, die einer Urkunde, Verfassung oder einem völkerrechtlichen Vertrag vorangestellt wird. Eine Präambel dient der Darstellung von Motiven, Absichten und Zwecken durch ihre Urheber und gibt den jeweiligen „Basiskonsens" wieder.

4.4 Akteure deutscher Außenpolitik

Heiko Maas – Politiker der SPD und seit 2018 Bundesminister des Auswärtigen

Die **Akteure** der Außenpolitik der Bundesrepublik Deutschland sind die **Bundesregierung**, der **Bundestag** und verschiedene **Nichtregierungsorganisationen** (NGOs).

Die Bundesregierung

Innerhalb der Bundesregierung sind primär der **Außenminister**, unterstützt durch das **Auswärtige Amt**, das **Bundesministerium für wirtschaftliche Zusammenarbeit und Entwicklung** und das **Bundesministerium der Verteidigung** außenpolitisch tätig. Auch alle anderen Bundesministerien haben praktisch außenpolitische Kontakte. Diese zu koordinieren obliegt jedoch laut Geschäftsordnung der Bundesregierung dem Auswärtigen Amt.

Darüber hinaus ist das **Bundeskanzleramt** stets über die außenpolitischen Aktivitäten der einzelnen Ressorts informiert und kann koordinierend einwirken.

Der Bundestag

Gemäß **Parlamentsbeteiligungsgesetz** muss die Bundesregierung vor einem Einsatz bewaffneter deutscher Streitkräfte im Ausland einen Antrag an den Bundestag stellen. Nur wenn Gefahr im Verzug ist oder Menschen aus besonderen Gefahrenlagen gerettet werden müssen, reicht eine nachträgliche Zustimmung des Bundestages aus.

Der **Bundestag** debattiert zwar häufig über außenpolitische Fragen, seine Entscheidungskompetenzen sind jedoch eng begrenzt. Ihm kommt vor allem eine **Kontrollfunktion** zu, die insbesondere im Auswärtigen Ausschuss stattfindet. Darüber hinaus ist laut Grundgesetz Art. 59 (2) die Zustimmung des Bundestages zu internationalen Verträgen nötig, was die Möglichkeit zur Mitgestaltung deutscher Außenpolitik bietet.

Laut **Parlamentsbeteiligungsgesetz** hat der Bundestag ein besonderes Mitwirkungsrecht bei der Entsendung deutscher Soldaten in bewaffnete Militäreinsätze.

Nichtregierungsorganisationen

NGOs beschäftigen sich auf vielfache Weise mit Themen der Außenpolitik und den auswärtigen Beziehungen der Bundesrepublik Deutschland. Sie haben zwar keinerlei Entscheidungskompetenz, jedoch eine Vielzahl an Möglichkeiten, die auswärtigen Beziehungen der Bundesrepublik Deutschland mitzugestalten. Beispielsweise stellen sie den politischen Entscheidungsträgern im Bereich der auswärtigen Politik **Informationen** zur Verfügung und versuchen, die **öffentliche Meinung** in ihrem Sinne zu beeinflussen. Damit tragen sie zur **Mobilisierung öffentlichen Interesses** für die von ihnen vertretenen Anliegen etwa in Bezug auf Menschenrechte und Umweltfragen bei und erzeugen auf diese Weise Handlungsdruck auf die staatliche Politik. Sie sind daher wichtige Partner staatlicher Politik und gerade das Bundesministerium für wirtschaftliche Zusammenarbeit und Entwicklung (BMZ) arbeitet in seinem Aufgabengebiet mit einer Vielzahl unterschiedlichster NGOs zusammen.

Bundesverfassungsgericht

Formal ist das Bundesverfassungsgericht in Karlsruhe im außenpolitischen Entscheidungsprozess **nicht als Akteur** vorgesehen. Da dem höchsten deutschen Gericht jedoch immer wieder auch außen- und sicherheitspolitische Fragen zur abschließenden juristischen Klärung vorgelegt wurden und werden, in deren Rahmen es dann **Kompetenzabgrenzungen und -zuschnitte** für die verantwortlichen Akteure vornimmt, spielt es für die Außenpolitik Deutschlands eine bedeutende Rolle.

→ **Die Rolle der Bundeswehr in der internationalen Kooperation** vgl. S. 234

Beispielhaft hierfür ist das Urteil vom 12. Juli 1994, in dem das Bundesverfassungsgericht zu dem Schluss kam, dass „**Out of area**"-**Einsätze** verfassungskonform seien – wenn die Zustimmung des Bundestages vorher vorliegt. Damit eröffnete das Gericht einen weiten rechtlichen Spielraum für die Beteiligung deutscher Soldaten an Einsätzen im Rahmen kollektiver Sicherheitssysteme und prägte die deutsche Außenpolitik entscheidend mit.

Globalisierung als Herausforderung für die Politik im 21. Jahrhundert

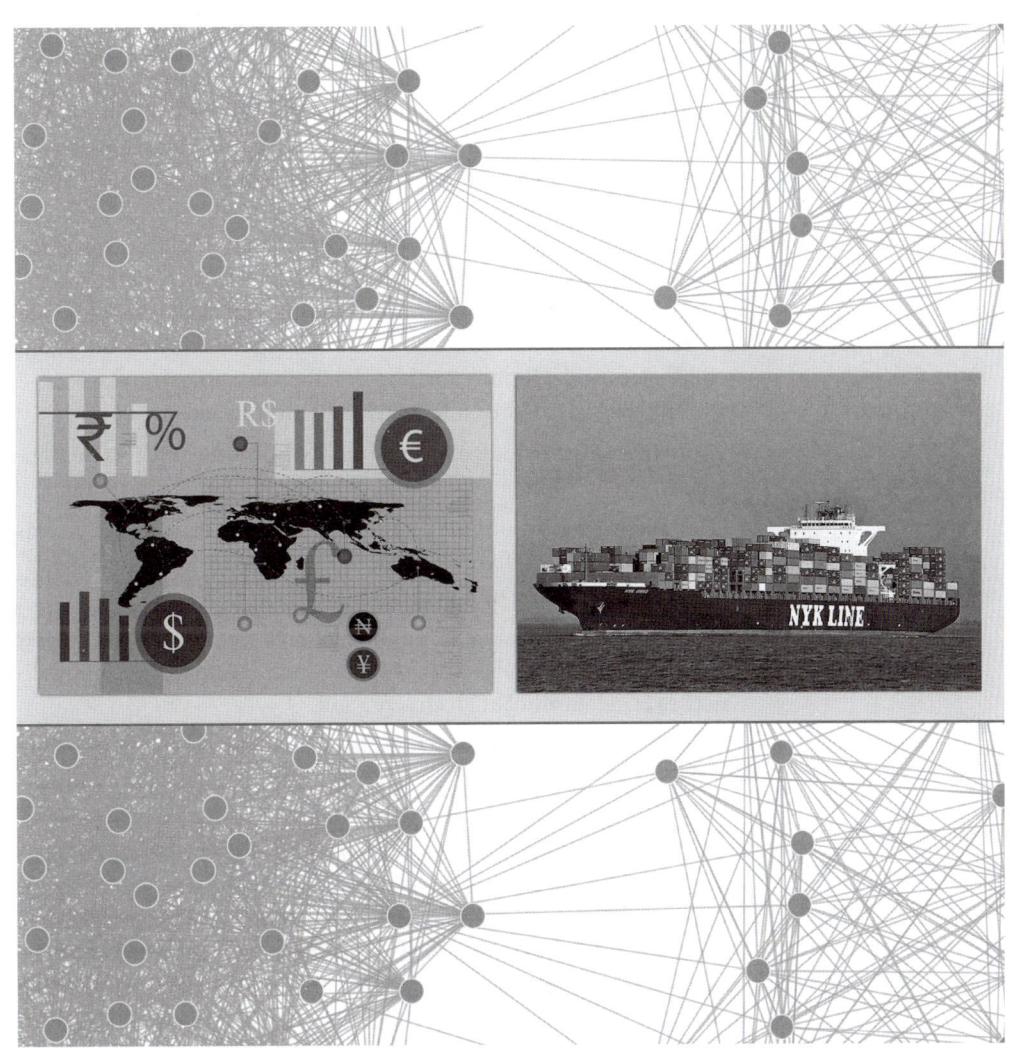

1 Aspekte der Globalisierung

> „… globalization is not something we can hold off or turn off.
> It is the economic equivalent of a force of nature, like wind or water."
>
> (Bill Clinton, 2000; 42. Präsident der Vereinigten Staaten)

1.1 Grundlegende Merkmale

Die Globalisierung hat vielfältige Ausprägungen – ökonomische, politische, soziale und kulturelle. Zentrale Merkmale der Globalisierung auf diesen Feldern sind Verknüpfung, Expansion, Wachstum und Beschleunigung über bisherige Grenzen hinaus. Die Formen der Globalisierung scheinen sich seit den sechziger Jahren des 20. Jahrhunderts qualitativ verändert zu haben. Seither lässt sich von einer starken funktionalen, also durch Marktkräfte forcierten Integration sprechen, die nicht nur eine Zunahme des Warenhandels, sondern insbesondere eine Internationalisierung der Produktion und des Kapitals umfasst.

Dabei sind begrifflich folgende Aspekte zu unterscheiden:

- **Globalität:** Zustand aufgelöster räumlicher Grenzen und Zusammenleben in einer Welt, in der keine isolierten Räume mehr bestehen

- **Globalisierung:** Strukturveränderungen des internationalen Systems aufgrund einer vertieften weltwirtschaftlichen Arbeitsteilung, Spezialisierung, Integration und Vernetzung

- **Globalismus:** normative Grundhaltung, der zufolge der Weltmarkt bzw. ein supranationales Mehrebenensystem nationalstaatliches politisches Handeln allmählich ersetzen soll

Um die Entwicklung und die Strukturen der Globalisierung zu erklären, werden verschiedene **Theorien** herangezogen, von denen drei im Folgenden überblicksartig skizziert werden sollen:

- **Weltsystemtheorie:** Die auf den amerikanischen Soziologen Wallerstein zurückgehende Theorie sieht die Globalisierung als Teil einer seit fünf Jahrhunderten andauernden **Expansion des Kapitalismus**, welche die Welt nach dem **Prinzip internationaler Arbeitsteilung** in drei Zonen eingeteilt hat. Die hegemonialen Industriestaaten bilden das Zentrum, die durch Kolonisation unterworfenen Länder in Lateinamerika, Asien und Afrika hingegen die Peripherie, während die Semiperipherie aus jenen Regionen besteht, die aus dem Zentrum ab- bzw. aus der Peripherie aufsteigen.

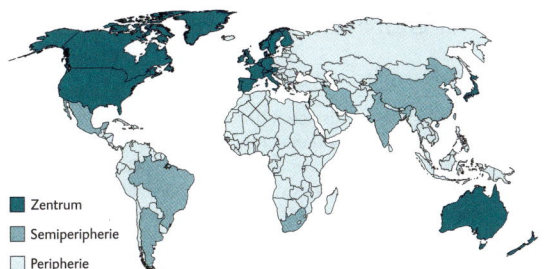

Zentrum
Semiperipherie
Peripherie

Die Welt eingeteilt in Zentrum, Semiperipherie und Peripherie

- **Theorie der Netzwerkgesellschaft:** Die von dem spanischen Sozio-logen Castells formulierte Theorie betont zwar auch die Dynamik des kapitalistischen Systems, lenkt den Blick jedoch insbesondere auf ein neues **Zeitalter der Information**. Seit dem letzten Drittel des 20. Jahrhunderts hat dieses Zeitalter mithilfe neuer, vernetzter IT-Technologien zu einer wissensbasierte Ökonomie **(New Economy)** geführt. Diese ist durch eine „zeitlose Zeit" gekennzeichnet, so z. B. wenn im Hochfrequenzhandel waghalsige Finanztransaktionen in Se-kundenbruchteilen abgewickelt werden.

- **Theorie der Weltgesellschaft:** Verschiedene Wissenschaftler inter-pretieren den Prozess der Globalisierung weniger als komplett neuen Abschnitt in der Weltgeschichte, sondern als **Zuspitzung einzelner Aspekte der Moderne**. So sieht der amerikanische Soziologe Meyer die Globalisierung als Verbreitung und Universalisierung bestimmter moderner Werte, Praktiken und Institutionen. Kosmopolitische Ein-stellungen stünden dabei im Widerstreit mit der Polarisierung zwischen den Gewinnern und den Verlierern der Globalisierung. So unterscheidet Goodhart diesbezüglich zwischen Anywheres und Somewheres, zwischen gut bezahlten mobilen Angestellten und Kosmopoliten einerseits und eher an ihren Heimatort gebundenen, tendenziell weniger privilegierten Menschen andererseits.

Eine Sonderstellung reklamiert der Ansatz der britischen Forscher Thompson und Hirst. Sie vertraten die Ansicht, dass es sich bei dem Phänomen der Globalisierung lediglich um einen **sich wiederholen-den Prozess wirtschaftlicher Entwicklung und Abhängigkeiten** handele. Während der *Pax Britannica* Ende des 19. Jahrhundert habe sogar ein höherer Grad weltwirtschaftlicher Verflechtung geherrscht als heutzutage, weshalb nicht von der „Globalisierung" als einer neuen Ära der Menschheitsgeschichte die Rede sein könne. Nichtsdestotrotz messen die beiden dem ökonomischen Faktor eine zentrale Bedeutung im Rahmen der Beschreibung globaler Entwicklungen bei.

Pax Britannica – In Anleh-nung an die Pax Romana bezeichnet der Begriff die Dominanz des Britischen Empire im 19. und frühen 20. Jahrhundert.

1.2 Akteure der Globalisierung

Die wichtigsten Akteure im Überblick

Nationalstaaten	Die 195 Nationalstaaten sind gemäß der um 1900 formulierten Drei-Elementen-Lehre definiert durch die Existenz eines Staatsvolks, eines Staatsgebiets und einer Staatsgewalt, die sich insbesondere durch die Fähigkeit des Staates auszeichnet, das legitime Gewaltmonopol durchzusetzen. Seit der industriellen Revolution im 19. Jahrhundert haben sich die Staatsaufgaben stetig ausgeweitet, beispielsweise im Bereich der Sozial- und Verteidigungspolitik. Solange überstaatliche Organisationen diese Funktionen nicht ebenso umfassend ausüben können wie Nationalstaaten, ist deren Existenz auch im Zeitalter der Globalisierung nicht wegzudenken.
supranationale Organisationen	In supranationalen Institutionen wie der Europäischen Union (EU) oder der Afrikanischen Union treten die Mitgliedsstaaten einen Teil ihrer Souveränität ab, um mithilfe einer gepoolten Souveränität gemeinsam Ziele zu erreichen, die den Einzelstaaten verwehrt wären. Dies betrifft bei der EU vor allem den Gemeinsamen Binnenmarkt, den die Europäische Kommission weitgehend selbstständig, d. h. unabhängig von den Mitgliedsstaaten, gestaltet. Manche halten das Konzept der Supranationalität für eine geeignete Antwort auf zahlreiche Herausforderungen der Globalisierung, die die Problemlösungskompetenz einzelner Nationalstaaten überfordern.
informelle Foren	• G 7/8: Dieser 1975 etablierten Gruppe gehören Deutschland, Frankreich, Großbritannien, Italien, Japan, Kanada, und die Vereinigten Staaten von Amerika an. Russland wird aufgrund des Konflikts mit der Ukraine momentan nicht zu den Treffen der Staats- und Regierungschefs eingeladen, die Schlüsselfragen der internationalen Politik diskutieren. • G 20: Gruppe der 19 wichtigsten Industrie- und Schwellenländer sowie der EU, die sich seit 1999 auf der Ebene der Finanzminister, aber auch der Staats- und Regierungschefs treffen, um Fragen der Finanz- und Wirtschaftspolitik zu diskutieren • Pariser Club: 22 ständige Mitglieder bilden diese 1956 gegründete Vereinigung der wichtigsten Gläubigerstaaten, die in bisher 433 Umschuldungsabkommen mit Entwicklungs- und Schwellenländern Zahlungskrisen abgewendet bzw. Zahlungserleichterungen gewährt haben. • Londoner Club: Im Jahr 1976 schufen sich große Geschäftsbanken ein Forum, um im Fall einer drohenden Staateninsolvenz die Kreditforderungen der privaten Gläubiger zu verhandeln.
transnationale Unternehmen	Sie gelten als ökonomische Schrittmacher der Globalisierung, da sie weltweite Netzwerke der Produktion und Distribution aufbauen. Infolge ihrer Größe und Finanzmacht üben sie erheblichen Einfluss auf die nationalstaatliche und internationale Politik aus. Große Konzerne wie Google, Huawei oder Nestlé geraten als *Global Players* dabei immer wieder ins Fadenkreuz von Kritikern, die ihnen vorwerfen, ihre marktbeherrschende Stellung zum Nachteil Dritter auszunutzen oder politische Ziele zu verfolgen.

Gepoolte Souveränität – Da selbst große Nationalstaaten heute nicht mehr in der Lage sind, ihre Interessen weltweit auch gegen Widerstände durchzusetzen, kooperieren sie mit anderen Nationalstaaten und treten dafür Teile ihrer Souveränität, z. B. in der Verteidigungspolitik, ab.

Zivilgesellschaft	• Nichtregierungsorganisationen (NGOs): Für den Schutz der Menschenrechte und Sozialstandards, eine faire Entwicklungspolitik sowie den Kampf gegen Korruption und Klimawandel engagieren sich oft transnational tätige NGOs wie Greenpeace, Clean Clothes Campaign, Transparency International oder Foodwatch, die durch öffentlichkeitswirksame Aktionen auf ihre Anliegen aufmerksam machen. Sie nehmen aber auch an Verhandlungen anderer Akteure der Globalisierung teil (z. B. an UN-Konferenzen) und stellen diesen ihre Expertise zur Verfügung.
	• Weltsozialforum: Seit dem Jahr 2001 wird das Forum als Gegenveranstaltung zum Weltwirtschaftsforum in Davos organisiert, um Globalisierungskritikern und den Anliegen der südlichen Hemisphäre eine Stimme zu geben.
	• Fridays for Future: Seit Januar 2019 demonstrieren wöchentlich Kinder und Jugendliche weltweit für eine nachhaltige Klimapolitik. Angestoßen wurde die Aktion von der schwedischen Schülerin Greta Thunberg, die freitags gegen den Klimawandel demonstriert, statt zur Schule zu gehen. Diese Bewegung ist ein neues Beispiel für einen nicht zuletzt dank sozialer Netzwerke global organisierten Protest, wie er auch im Kampf gegen das transatlantische Freihandelsabkommen TTIP zum Tragen kam.

Treiber der Globalisierung – die Bretton-Woods-Institutionen

Im Jahr 1944 fand in **Bretton Woods** (USA) eine von den Vereinigten Staaten und Großbritannien geprägte Konferenz über die Weltwirtschaftsordnung nach Kriegsende statt. Sie brachte neben einer **Währungsordnung** eine Gruppe von **internationalen Organisationen** hervor, die sich der Regulierung von Handel, Kapitalflüssen und Außenwirtschaftsproblemen verschrieben. Auf der Basis der Kooperation der beteiligten kapitalistischen Länder bildeten sich Verfahren und Institutionen heraus, die ein bestimmtes Handlungsfeld in den Blick nahmen. Folgende für die Weltwirtschaftsordnung zentrale Institutionen wurden dabei ins Leben gerufen:

- **Internationaler Währungsfonds** (IWF): Ziele des IWF, dem heute 189 Mitglieder angehören, sind die Förderung internationaler Zusammenarbeit auf dem Gebiet der Währungspolitik, die Ausweitung und ein ausgewogenes Wachstum des Welthandels sowie die Stabilität der internationalen Währungssysteme. Mitgliedsländern, die in Zahlungsbilanzschwierigkeiten geraten, werden die allgemeinen Fondsmittel zeitweilig und unter angemessenen Sicherungen zur Verfügung gestellt. Ferner ist der IWF bestrebt, die Dauer und das Ausmaß der Ungleichgewichte der internationalen Zahlungsbilanzen der Mitgliedsländer zu reduzieren.

info

Bretton-Woods-System
Durch ein regelbasiertes System fester, aber anpassbarer Wechselkurse konvertibler Währungen und weitgehender Kapitalverkehrskontrollen (Bretton-Woods-System) sollten nach den Verwerfungen der Weltwirtschaftskrise und des Zweiten Weltkriegs Stabilität und Wohlfahrt gewährleistet werden. Internationaler Freihandel wurde also mit dem Ausbau des Sozialstaats in den westlichen Gesellschaften verknüpft. Die Vereinigten Staaten waren der Dreh- und Angelpunkt dieses Systems, da sie die Verpflichtung eingingen, auf Verlangen die Dollar-Guthaben der anderen Länder in Gold einzutauschen. Dieses System hatte bis 1971 Bestand, als die Vereinigten Staaten diese Verpflichtung aufkündigten.

- **Weltbankgruppe** (fünf Institutionen, im Wesentlichen Internationale Bank für Wiederaufbau und Entwicklung sowie Internationale Entwicklungsorganisation): Die Weltbank (Sitz: Washington) hat die Aufgabe, die Armut in der Welt zu bekämpfen und zum wirtschaftlichen Aufbau und der Förderung von Unternehmen in Entwicklungs- und Schwellenländern beizutragen. Als weltweit größter Finanzier von Entwicklungsvorhaben und durch die Bereitstellung von Fachwissen treibt die Weltbank internationale Entwicklungsziele voran.

- **Welthandelsorganisation (WTO):** Das Allgemeine Zoll- und Handelsabkommen GATT (General Agreement on Tariffs and Trade) als Vorläufer der WTO trat als internationale Vereinbarung über einen freien Welthandel 1948 in Kraft. Ziel des GATT war die Förderung der weltwirtschaftlichen Entwicklung und des Wohlstands durch den Abbau von Handelshemmnissen und die Schlichtung von Handelskonflikten. Im Jahr 1995 trat die WTO an die Stelle des GATT und formulierte auch Regeln für den Dienstleistungshandel sowie den Schutz geistigen Eigentums. Die 164 Mitgliedsländer der WTO stehen für 98 Prozent des Welthandels. In sogenannten Handelsrunden wurden im Lauf der Jahrzehnte die Zölle schrittweise gesenkt.

Kritik an den und aktueller Zustand der Bretton-Woods-Institutionen

Insbesondere die WTO steht heute **unter erhöhtem Rechtfertigungsdruck:** Die Administration der Vereinigten Staaten unter Präsident Donald Trump blockierte beispielsweise die Nominierung von Richtern für das **Streitschlichtungsorgan** der WTO, was die Funktionstüchtigkeit des Gremiums einschränken könnte. Außerdem rechtfertigten die USA ihre Zusatzzölle für Produkte aus China oder der EU, denen sie unfaire Handelspraktiken vorwerfen, mit dem **Argument der nationalen Sicherheit**, was zwar prinzipiell mit Bestimmungen der WTO in Einklang stehen könnte, aber auch das System beschädigen würde, wenn

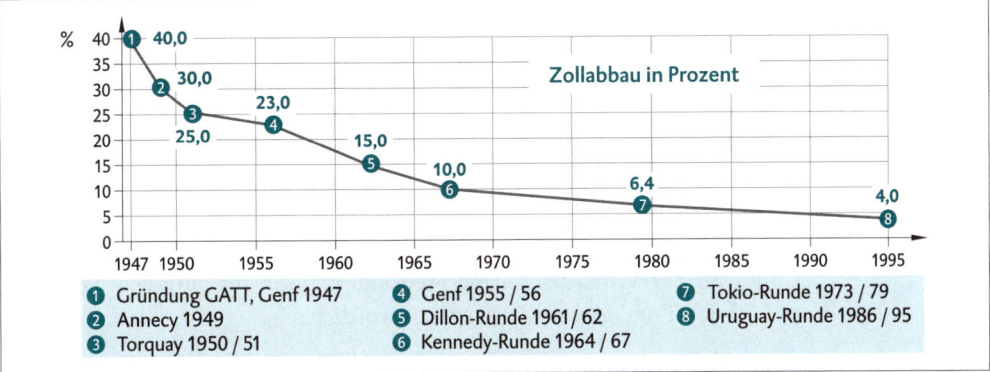

Der globale Zollabbau in den verschieden Runden der seit dem Ende des Zweiten Weltkriegs

diesem Beispiel andere Länder folgten. Die USA diskutierten sogar einen Austritt aus der WTO, da sie einerseits den **Beitritt der Volksrepublik China im Jahr 2001** für den Niedergang von Teilen der amerikanischen Industrie verantwortlich machten und andererseits unter Trump **bilateralen Handelsabkommen** den Vorzug vor multilateralen Verträgen gaben. Der Erfolg der in Genf beheimateten WTO hängt also letztlich davon ab, dass die großen Handelsmächte, insbesondere die Vereinigten Staaten und die Europäische Union, hinter ihr stehen und sich ihren Schiedssprüchen beugen.

info

Grundprinzipien der Welthandelsorganisation
- Meistbegünstigung: Verpflichtung der WTO-Mitglieder, alle Vorteile, die sie im Handel mit Waren und Dienstleistungen einem Handelspartner zugestehen, unverzüglich und bedingungslos auch jedem anderen WTO-Mitglied und seinen Staatsbürgern zu gewähren
- Inländerprinzip: Verbot, ausländische Waren oder deren Anbieter ungünstiger zu behandeln als einheimische Waren oder deren Anbieter
- Liberalisierung: Abbau von tarifären Handelsbarrieren (Zölle) und nicht-tarifären Handelsbeschränkungen (z. B. mengenmäßige Handelsbeschränkungen, Import- und Exportlizenzen, Subventionen, diskriminierende Sicherheits-, Umweltschutz- und Gesundheitsschutzvorschriften, überzogene Verwaltungsvorschriften)
- Reziprozität: Verpflichtung zur Ausgewogenheit wechselseitig eingeräumter Konzessionen (außer bei Entwicklungsländern, von denen die Industrieländer keine gleichwertigen Konzessionen verlangen sollen)

Obwohl **Entwicklungs- und Schwellenländer** in der WTO speziellen Schutz genießen und von einigen Verpflichtungen des Regelwerkes ausgenommen sind, wird immer wieder der Vorwurf erhoben, ärmere

Staaten würden in der WTO benachteiligt und könnten infolge mangelnder Ressourcen ihre Rechte, z. B. in teuren Streitschlichtungsverfahren, nicht hinreichend wahrnehmen. Allerdings ermöglicht die WTO wie keine andere Institution **Chancengleichheit in den internationalen Wirtschaftsbeziehungen**, insofern ist sie ein gutes Forum zur Vereinbarung eines Regelwerkes. Gerade Schwellen- und Entwicklungsländer wären ohne den rechtlichen Rahmen der WTO vergleichsweise wehrlos dem Druck der Industriestaaten ausgesetzt. Andere machen die von der WTO betriebene Freihandelspolitik für globale Ungleichgewichte und globale Krisen verantwortlich.

2 Ökonomische Dimension

2.1 Erklärungsansätze für die Globalisierung der Weltwirtschaft

Während die Lehre der französischen **Physiokraten** (18. Jh.) fordert, die Produktivität der Landwirtschaft zu steigern, um die maroden Staatsfinanzen zu sanieren, wollen **Merkantilisten** dieses Ziel erreichen, indem der Staat möglichst viel exportiert und möglichst wenig importiert, weshalb hohe Einfuhrzölle verhängt werden sollten.

Britisches Empire – Herrschaftsgebiet der britischen Krone, das sich nach dem Ersten Weltkrieg – dem Zeitpunkt seiner größten Ausbreitung – auf ein Viertel der Weltbevölkerung erstreckte

Seit der zweiten Hälfte des 18. Jahrhunderts nimmt das Interesse an Fragen der politischen Ökonomie sprunghaft zu. Die **klassische Nationalökonomie** als Vorläuferin der modernen Volkswirtschaftslehre entsteht in Abgrenzung zur Lehre der Physiokraten und Merkantilisten und erhebt den Anspruch, die Wirkung staatlicher Wirtschaftspolitik theoretisch zu erfassen. Dabei waren es insbesondere Gelehrte aus Großbritannien, die das Fundament der Nationalökonomie schufen, was nicht zuletzt damit zusammenhing, dass das britische Empire eine neuartige Form und Intensität des globalen Wirtschaftsaustauschs ins Leben rief. Der schottische Moralphilosoph und Ökonom **Adam Smith** (1723–1790) gehört mit seinem 1776 erschienenen Werk *Der Wohlstand der Nationen* zu den Begründern des wirtschaftlichen Liberalismus. Diese Theorieschule sagt, dass Individuen, als Träger ökonomischen Handelns, durch eigennütziges Handeln und auf der Basis der Konkurrenz dem Gemeinwohl dienen, ohne dies zu beabsichtigen **(Prinzip der unsichtbaren Hand)**. Smith hat mit der **Theorie der absoluten Kostenvorteile** auch eine frühe Begründung der internationalen Arbeitsteilung formuliert. Die Theorie geht von folgender Annahme aus: Zwei Länder produzieren jeweils zwei Arten von Gütern. Vergleicht man nun den Arbeitsaufwand, der zur Herstellung der Güter vonnöten ist, kann man zu dem Ergebnis gelangen, dass jedes Land bei einem der Güter einen absoluten Kostenvorteil aufweist. In diesem Fall legt Smiths Theorie nahe, dass sich jedes Land auf die Produktion jenes Gutes **spezialisiert**, bei dem es Kostenvorteile hat, und das andere Gut importiert. Die internationale Arbeitsteilung würde demnach sogar die Gesamtproduktion erhöhen.

Der englische Ökonom **David Ricardo** (1772–1823) hat Smiths Gedanken weiter präzisiert. Seine **Theorie der komparativen Kostenvorteile** fußt auf seiner Arbeitswertlehre. Diese besagt, dass nicht Angebot und Nachfrage den Preis einer Ware bestimmten, sondern die Frage, ob zur Herstellung eines Guts insgesamt relativ viel oder wenig Arbeit nötig sei. Wenn nun – wie im Beispiel Smiths – zwei Länder jeweils zwei Güter produzieren, wobei ein Land in beiden Fällen effizienter ist, also einen absoluten Kostenvorteil aufweist, so liefert die Berechnung der **Opportunitätskosten** dennoch Argumente für eine Spezialisierung: Ein Land hat nämlich einen komparativen Vorteil bei der Herstellung eines Gutes, wenn sein Ressourcenaufwand im Vergleich zu dem des anderen Landes bei diesem Gut günstiger als bei anderen Gütern ausfällt, d. h., wenn die Opportunitätskosten für die Produktion dieses Gutes niedriger sind als in dem anderen Land. Ricardo zufolge lohnt sich internationale Arbeitsteilung demnach auch für Volkswirtschaften, die keinen absoluten Kostenvorteil besitzen.

Opportunitätskosten – Sie dienen als Vergleichsgröße, wenn man auf die Nutzung z. B. eines anderen Guts verzichtet.

Ricardo erläuterte seine Theorie komparativer Kostenvorteile am Beispiel Englands und Portugals – zweier Länder, die sowohl Wein als auch Tuch produzieren. Die Herstellungskosten werden dabei in Arbeitsstunden gemessen.

	Arbeitsstunden für eine Einheit Wein	Arbeitsstunden für eine Einheit Tuch
England	120	100
Portugal	80	90

In Portugal benötigt man für Wein und Tuch weniger Arbeitsaufwand. So wird beispielsweise eine Einheit portugiesischen Weins in 80 Arbeitsstunden produziert, während man in England dafür 120 Arbeitsstunden investieren muss. Um zu verstehen, weshalb es sich für Portugal trotzdem lohnt, Handel mit England zu treiben, muss man die Kostenquote näher betrachten:

David Ricardo – britischer Ökonom und Vertreter der Theorie der komparativen Kostenvorteile

Portugal		England	
Wein	Tuch	Wein	Tuch
80/120	90/100	120/80	100/90
0,66	0,9	1,5	1,11

Portugal genießt demnach sowohl bei Wein als auch bei Tuch eine geringere Kostenquote. Allerdings ist der komparative Vorteil gegenüber England bei Wein größer. Die Differenz beträgt hier 0,84 im Vergleich zu 0,21 bei Tuch. Spezialisiert sich Portugal nun auf die Produktion von Wein, England auf die von Tuch, so können beide Länder vom Austausch der Güter profitieren. Dabei wird angenommen, dass Portugal für eine Einheit Wein eine Einheit englischen Tuchs erhält. Da England zu Hause 1,2 Einheiten von Tuch für eine Einheit Wein erübrigen muss, spart es im Handel mit Portugal 0,2 Einheiten. Portugal wiederum erhält 0,11 Einheiten Tuch mehr für eine Einheit Wein, als würde es nur national handeln (in Portugal betragen die Opportunitätskosten einer Einheit Wein nämlich 80/90 = 0,89 Einheiten Tuch).

Ricardos einflussreiche Theorie, welche die Befürworter des Freihandels im Großbritannien des 19. Jahrhunderts mit einem wissenschaftlichen Fundament ausstatteten, ist freilich nicht unwidersprochen geblieben:

- Die **Produktionsfaktoren** – insbesondere Kapital – sind inzwischen im **globalen** Maßstab und nicht lediglich innerhalb eines Landes mobil, sodass Produzenten einen Anreiz haben, die Herstellung von Gütern in Länder zu verlagern, die einen absoluten (und nicht nur einen relativen) Kostenvorteil bieten.

- Ricardos Modell lässt **Transportkosten** außer Acht, die oft **erheblich** sind und deshalb das Entstehen nicht handelbarer Güter bewirken.

Die schwedischen Ökonomen **Eli Heckscher** (1879–1952) und **Bertil Ohlin** (1899–1979) haben bei den Defiziten der Ricardo'schen Theorie angesetzt, indem sie den Faktor Kapital stärker berücksichtigten. Ihre **Faktorproportionentheorie** hebt darauf ab, dass Volkswirtschaften Unterschiede in der relativen Ausstattung mit den Produktionsfaktoren verzeichnen. Entscheidend sei daher stets die Frage, ob ein Produktionsfaktor verglichen mit den anderen in einem Land reichlich zur Verfügung steht oder eher knapp ist. Länder, die eine relativ üppige Ausstattung an Kapital besitzen, werden sich diesem Modell zufolge auf die Produktion kapitalintensiver Güter spezialisieren, während Volkswirtschaften mit hohen Kapital-, aber niedrigen Arbeitskosten der Herstellung arbeitsintensiver Güter den Vorzug geben würden.

Einen gravierenden Einwand gegen das Heckscher-Ohlin-Theorem erhob der russisch-amerikanische Wirtschaftswissenschaftler **Wassily Leontief** (1905–1999): In einer Studie von 1953 konnte Leontief empirisch nachweisen, dass die Vereinigten Staaten vor allem kapitalintensive Güter importierten und arbeitsintensive Produkte exportierten. Leontief erklärte das nach ihm benannte **Paradoxon** selbst mit der deutlich

Wassily Leontief – russisch-US-amerikanischer Ökonom und Nobelpreisträger für Wirtschaftswissenschaften; Entdecker des Leontief-Paradoxons

höheren Arbeitsproduktivität amerikanischer Unternehmen. Andere Untersuchungen förderten später die Erkenntnis zutage, dass US-Exporte von vergleichsweise **hochqualifizierten Arbeitskräften** hergestellt werden.

Der Harvard-Ökonom **Raymond Vernon** (1913–1999) verfeinerte die Faktorproportionentheorie von Heckscher und Olin weiter, indem er das mikroökonomische Konzept des **Produktlebenszyklus** zur Erklärung volkswirtschaftlicher Verflechtungen nutzte. Vernons Ansatz geht davon aus, dass verschiedene Länder je nach ihrer Faktorausstattung komparative Vorteile in verschiedenen Phasen des Zyklus besitzen.

Die Phasen des Zyklus sind:

- **Entwicklung** und **Einführung**
- **Wachstum**
- **Reife** und **Sättigung**
- **Schrumpfung**

Übertragen auf makroökonomische Zusammenhänge bedeutet dies Folgendes: Je weiter der Produktlebenszyklus **voranschreitet**, desto häufiger wird die Herstellung eines mit erheblichem Know-how-Aufwand im Erfinderland entwickelten Produkts infolge zunehmender Standardisierung ins **Ausland verlagert**. Demnach spezialisieren sich **Industrienationen** auf die **forschungs-** und **kostenintensive Entwicklung** eines Produkts und führen es zur Serienreife. Technologietransfer und der Einsatz kostengünstiger Arbeitskräfte ermöglichen es Schwellen- und Entwicklungsländern gewissermaßen, die Stafette zu übernehmen, um am Ende des Zyklus sogar in das Ursprungsland zu exportieren.

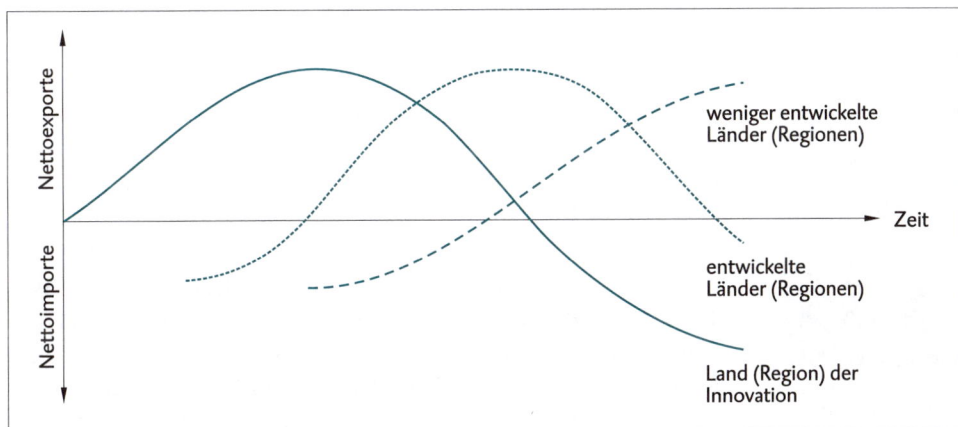

Grafische Darstellung der makroökonomischen Zusammenhänge des Produktlebenszyklus

Gerade der Handel zwischen fortgeschrittenen Industriestaaten wird indes von diesen Theorien der internationalen Arbeitsteilung nicht erklärt, denn der **intraindustrielle Handel**, der – mit zunehmender Tendenz – ungefähr die Hälfte des globalen Handels ausmacht, vollzieht sich sozusagen theoriewidrig zwischen denselben Produktionssektoren, z. B. Werkzeugmaschinen oder Automobile. Dem in Princeton lehrenden Nobelpreisträger **Paul Krugman** zufolge führt die Arbeitsteilung innerhalb eines Unternehmens oder einer Industrie zu fallenden Stückkosten und somit zu Größenvorteilen. Daher seien Spezialisierung und Handel auch ohne Technologie- oder Faktorausstattungsunterschiede lohnend, was den intraindustriellen Handel erklärt. Hinzu komme, dass Verbraucher eine **Präferenz** für Vielfalt hegen: Sofern alle Güter denselben Preis haben, möchten die Konsumenten ihre Ressourcen auf so viele Güter wie möglich verteilen, anstatt viel von einem oder wenigen Gütern zu besitzen. Die Gewinne aus intraindustriellem Handel fallen besonders hoch aus, wenn es erhebliche **Skaleneffekte** gibt und die Produkte stark differenziert sind. Konsumenten profitieren hierbei von einer größeren Produktvielfalt und niedrigeren Preisen.

Skaleneffekt (economies of scale) – Größenvorteil, der eintritt, wenn z. B. ein Unternehmen bei steigender Produktionsmenge die Produktionskosten pro hergestelltem Gut senken kann

2.2 Ursachen und Indikatoren der ökonomischen Globalisierung

Die ökonomische Globalisierung wurde und wird von verschiedenen Faktoren begünstigt und beschleunigt:

- Die **Deregulierung** und **Liberalisierung**, v. a. der Finanzmärkte, setzte in den 1980er-Jahren ein, insbesondere in den Vereinigten Staaten unter Präsident Ronald Reagan und in Großbritannien unter Premierministerin Margaret Thatcher. Sie beseitigte Wettbewerbsbeschränkungen und brachte den Investmentbanken den Durchbruch. Dieser „Big Bang" sollte es den Finanzmärkten ermöglichen, knappes Kapital effizienter einzusetzen und so das Wirtschaftswachstum anzukurbeln. Die stark gewachsene Mobilität des Kapitals entwertete wiederum die Regulierung des Finanzsektors in anderen Ländern.

- Der Fall der Berliner Mauer und das **Ende des Ost-West-Konflikts** 1989/90 hat die Marktwirtschaft nach Osteuropa ausgedehnt und so neue Produktionsstandorte und Absatzmärkte erschlossen. Sukzessive wurden die Staaten des ehemaligen Ostblocks in die Europäische Union und in den Europäischen Binnenmarkt integriert. Das Ende des ideologischen Systemgegensatzes ließ zudem den Kapitalismus konkurrenzlos erscheinen.

Der Fall der Berliner Mauer läutete das Ende des Ost-West-Konflikts ein

- Die steigende **Leistungsfähigkeit und Diversifizierung der Informations- und Kommunikationstechnologie** schafft virtuelle Unmittelbarkeit und erleichtert so die rasche Ausbreitung von Wissen und technischem Fortschritt über große Distanzen hinweg.

- Der ökonomische Aufstieg der sogenannten **Tigerstaaten** (Südkorea, Taiwan, Singapur, Hongkong) infolge ihrer Integration in den Welthandel seit den 1960er-Jahren kann als Vorläufer für den Erfolg neuer Wachstumszentren in Asien seit den 1990er-Jahren gelten. Die Entwicklungssprünge in der Volksrepublik China stechen dabei besonders ins Auge, da sie ihrerseits selbst zu einer maßgeblichen Triebkraft der Globalisierung wurden.

Die Tigerstaaten in Südostasien

Ökonomische Globalisierung lässt sich allgemein daran bemessen, ob der Offenheitsgrad der Volkswirtschaften steigt und über weite Distanzen hinweg die Integration von Märkten fortschreitet. Von besonderer Bedeutung sind in diesem Zusammenhang die **Aktivitäten multi- bzw. transnationaler Unternehmen** (MNU bzw. TNU). Diese sind gleichzeitig in einem oder mehreren anderen Ländern tätig, und die Unternehmensstrategie ist unter weltweiter Perspektive konzipiert. Obwohl MNU nur zwei Prozent der Arbeitnehmer weltweit beschäftigen, besitzen oder lenken sie die Hälfte der Lieferketten im globalen Handel und machen etwa 40 Prozent des Werts börsennotierter Unternehmen im Westen aus. Man unterscheidet hierbei zwischen einer **vertikalen Integration**, bei der es im Sinne einer Eingliederung von Produktionsbereichen entlang der Wertschöpfungskette zur Verlagerung von Produktionsstätten und zum Erwerb von Rohstoffquellen kommt, und einer **horizontalen Integration**, die darauf abzielt, in neue Märkte vorzustoßen. **Global Player** beeinflussen aufgrund ihrer Größe und Verflechtung nicht nur die weltwirtschaftliche, sondern auch politische und soziale Entwicklungen.

Multi- bzw. transnationale Unternehmen sind grenzüberschreitend und werden aufgrund ihrer enormen Wirtschaftskraft auch als Global Player bezeichnet.

Ausländische Direktinvestitionen (ADI) sind sowohl eine zentrale Triebfeder als auch ein Indikator für die ökonomische Globalisierung. Im Jahr 2016 betrug das Volumen globaler ADI 1,75 Billionen US-Dollar, im Jahr 2017 noch 1,52 Billionen, wovon etwa 30 Prozent nach Europa und jeweils ein Viertel in asiatische Entwicklungsländer bzw. nach Nordamerika flossen. Sie stellen neben Exporten einen wesentlichen Faktor in der internationalen ökonomischen Integration dar, sind jedoch mit Blick auf ihre Auswirkungen auf unterschiedliche Akteure nicht unumstritten.

ADI – langfristige Beteiligungen an einem in einer anderen Volkswirtschaft ansässigen Unternehmen (mit mindestens 10 Prozent der Stammaktien oder Stimmrechte) mit dem Ziel der Einflussnahme.

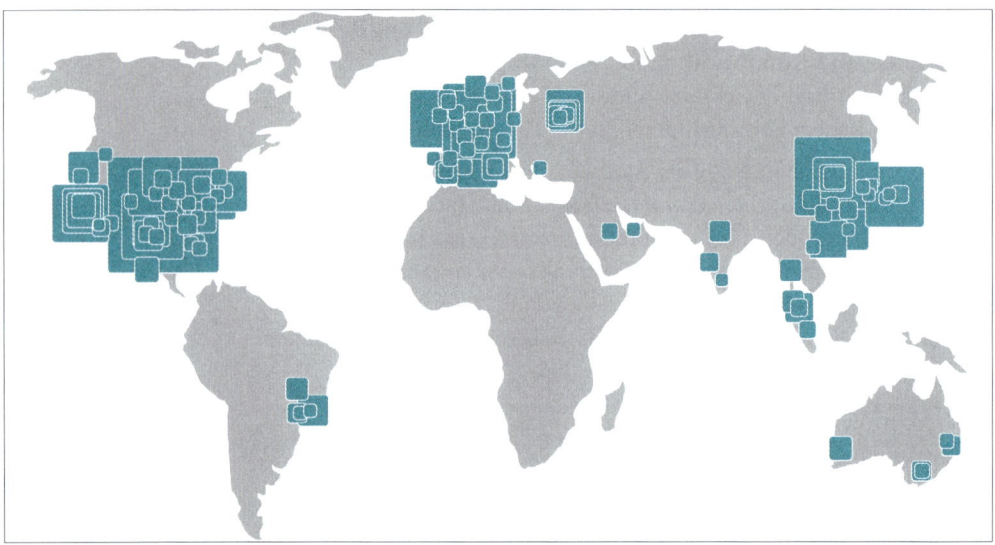

Die umsatzstärksten Unternehmen der Welt ; man sieht deutlich die Konzentration in den USA, Europa und Ostasien (China, Japan, Südkorea)

Brain Drain – Abwanderung hochqualifizierter, meist akademisch gebildeter Fachkräfte aus unterentwickelten Staaten

Aus der **Perspektive des investierenden Unternehmens** dienen ADI der Erschließung neuer Absatzmärkte und der Umgehung von Importbarrieren. Ferner können ADI getätigt werden, um näher an Rohstoffquellen zu rücken und im Sinne der Diversifizierung unterschiedliche Konjunkturzyklen zu nutzen. Sie reduzieren außerdem das Risiko von Wechselkursschwankungen und helfen Unternehmen dabei, von besseren Produktionsbedingungen, v. a. in Schwellen- und Entwicklungsländern, zu profitieren. **Zielländer von ADI** erfahren eine Aufwertung des Wirtschaftsstandorts durch das Engagement multinationaler Konzerne, das nicht selten mit dem Transfer von Know-how einhergeht. Im Übrigen entstehen neue Arbeitsplätze, die einen Brain Drain qualifizierter Fachkräfte in die Industriestaaten verhindern können. Auch die **Staaten, in denen Unternehmen ihren Sitz haben, die ADI ausführen**, können davon profitieren, wenn nämlich infolge der Streuung unternehmerischer Risiken und der Expansion der Geschäftstätigkeit heimische Arbeitsplätze sicherer werden.

Kritiker von ADI verweisen auf die mögliche Verwicklung der Unternehmen in politische Kontroversen bei Investitionen in Staaten, deren Menschenrechts- und Umweltpolitik nicht westlichen Standards entsprechen. Die wachsende Abhängigkeit von ausländischen Konzernen, deren Profitinteressen keinen Raum für nationale Interessen lassen, könnte Empfängerländern von ADI mehr schaden als nutzen. Besonders dann, wenn einheimische Unternehmen dem Konkurrenzdruck nicht standhalten können. Den Heimatländern von im Ausland investierenden Unternehmen schließlich droht der Verlust von Arbeitsplätzen und Steuereinnahmen, falls Direktinvestitionen mit der Verlagerung von Unternehmensteilen oder der Nutzung steuerlicher Vorteile im Ausland verbunden sind.

Zusammenfassend lassen sich folgende **Motive für die Globalisierung unternehmerischer Tätigkeit** benennen:

- Unternehmen nutzen Standortvorteile im Ausland, z. B. niedrigere Lohnkosten, geringere Umweltstandards, besser ausgebildetes Humankapital.

- Handelsschranken können umgangen werden, und Konzerne können vor Ort als heimisches Unternehmen auftreten.

- Die regionale Diversifizierung durch die Erschließung neuer Absatzmärkte oder Produktionsstandorte ermöglicht es Unternehmen, das Risiko zu streuen und unabhängiger von konjunkturellen Schwankungen zu werden.

2.3 Auswirkungen und Folgen der ökonomischen Globalisierung

Transport

Ein anschauliches Beispiel dafür, wie die Globalisierung den **Transport mit konventionellen Verkehrsmitteln** verändert, ist die seit 2011 existierende Bahnverbindung zwischen der chinesischen Millionenmetropole Chongqing und Duisburg. Zwar liegen die Frachtkosten auf dem gut 10 000 Kilometer langen Landweg um die Hälfte höher als beim Seetransport, doch gleichzeitig halbiert sich die Transportzeit auf etwa zwei Wochen. Allerdings wird der Handel zwischen China und Europa zu über 90 Prozent mittels Schiffen, die bis zu 20 000 Containern fassen, abgewickelt, während auf die Eisenbahn nur etwa ein Prozent des Transportvolumens entfällt. Hemmnisse, die einer Ausweitung des Zugverkehrs noch entgegenstehen, sind unterschiedliche Spurweiten, verschiedene Stromsysteme und aufwendige Zollregularien. Die an dem Projekt beteiligten Bahnunternehmen planen jedoch, auch mithilfe der Digitalisierung von Betriebsabläufen, die Transaktionskosten sowie die Fahrtzeit zu reduzieren.

Containerschiffe nehmen im globalen Handel immer noch eine tragende Rolle ein

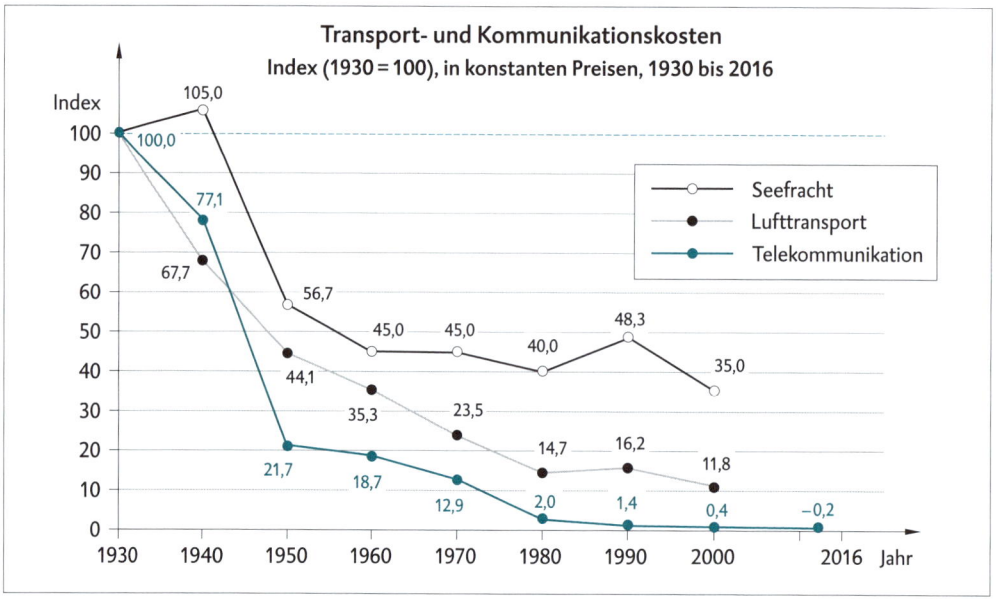

Die Kosten für Transport und Kommunikation haben im 20. Jahrhundert deutlich abgenommen und so die Globalisierung erst ermöglicht

Kommunikation

Durch das Internet wurde sowohl die **Kommunikation** zwischen Menschen als auch der Warenaustausch auf eine völlig neue Grundlage gestellt. Die Digitalisierung hat dabei zwischen 1996 und 2014 im internationalen Handel zu einer Kostensenkung von 15 Prozent geführt. Weitere Innovationen in den Bereichen der künstlichen Intelligenz, des 3D-Drucks (dezentrale Produktion), der Blockchain-Technologie (dezentrale Datenbanken für Transaktionen) sowie das Internet der Dinge, d. h. eine intensivierte Vernetzung selbstlernender Maschinen, versprechen eine weitere Reduzierung der Transport-, Logistik- und Transaktionskosten. Dies könnte zu einem weiteren Wachstum des globalen Handels führen, wovon insbesondere mittelständische Unternehmen und Schwellenländer profitieren könnten. Allerdings geht diese Entwicklung mit der Gefahr von Cyber-Attacken gegen Unternehmen und Staaten einher.

Aktuelle Trends – begrenzte Kostensenkung und Automatisierung

Dass die Globalisierung **keine Einbahnstraße** ist und auch Grenzen hat, lässt sich an einem Trend veranschaulichen, der seit einigen Jahren zu beobachten ist: Verließen seit den neunziger Jahren zahlreiche Unternehmen Deutschland, um von günstigeren Produktionskosten in Osteuropa oder in Asien zu profitieren **(Offshoring)**, so verlagern nun Betriebe teilweise ihre Produktion wieder zurück **(Reshoring)**, da zum einen Qualitätsprobleme und Verständigungsschwierigkeiten den Standortvorteil von Niedriglohnländern zunichtemachen. Zum anderen haben viele Schwellenländer ihr Potenzial, Produktionskosten zu reduzieren, ausgeschöpft. Hinzu kommt als weiterer zentraler Faktor ausgerechnet die Digitalisierung, welche in diesem Fall die Globalisierung an Dynamik verlieren lässt: Die zunehmende **Automatisierung** und der verstärkte Einsatz von Robotern – hier weist Deutschland die dritthöchste Einsatzdichte weltweit auf – verringern die Bedeutung von Personalausgaben, während gleichzeitig die Transportkosten erheblich gemindert werden können.

Offshoring – Verlagerung von Dienstleistungen oder Betriebsstätten ins Ausland, z. B. in sogenannte Billiglohnländer

Reshoring – Rückverlagerung von Dienstleistungen oder Betriebsstätten an den Ursprungsort

Automatisierung – selbstständige Funktionsweise von Maschinen ohne Kontrolle durch Menschen

Struktur des Welthandels

Der Überblick über die Welthandelsströme (vgl. Abb. nächste Seite) veranschaulicht eindrücklich die globale Wirtschaftsstruktur. Diese wird von einigen wenigen Staaten bzw. Staatengruppen, der sogenannten **Triade**, geprägt. Dabei handelt es sich um die Länder der Europäischen Union, Nordamerika und die Staaten Ost- und Südostasiens, allen voran China, Japan und Südkorea. Folgende Transaktionsmuster sind zu beobachten:

- Der **intraregionale Handel** macht zwei Drittel des gesamten Handelsvolumens Europas aus, was auf den Europäischen Binnenmarkt zurückzuführen ist.

- Global betrachtet entfällt etwa die Hälfte des Warenhandels auf den intraregionalen Austausch.

- Sowohl gegenüber Asien als auch gegenüber Europa weist der Wert des Warenhandels der Vereinigten Staaten einen negativen Saldo auf.

- Die Entwicklungs- und Schwellenländer der südlichen Hemisphäre (Lateinamerika, Afrika) spielen im globalen Warenhandel eine untergeordnete Rolle.

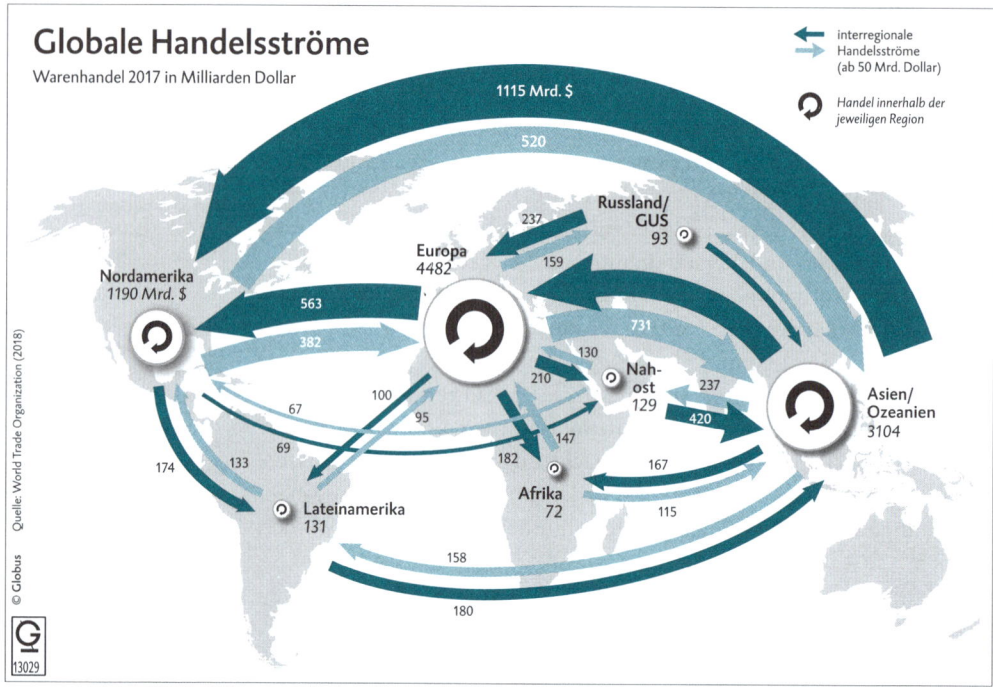

Globale Handelsströme
Warenhandel 2017 in Milliarden Dollar

interregionale
Handelsströme
(ab 50 Mrd. Dollar)

Handel innerhalb der
jeweiligen Region

1115 Mrd. $

520

Russland/
GUS
93

237

Europa
4482

159

Nordamerika
1190 Mrd. $

563

382

731

130

Nah-
ost
129

210

237

Asien/
Ozeanien
3104

420

100

67

95

147

69

182

167

174

133

Afrika
72

115

Lateinamerika
131

158

180

Quelle: World Trade Organization (2018)

© Globus

13029

Die globalen Handelsströme – gut zu erkennen die Triade zwischen Nordamerika, Europa und Asien

Aufstieg Chinas

Die Globalisierung hat die **Kräfteverhältnisse in der Weltwirtschaft** merklich verschoben. Der **Aufstieg der Volksrepublik China** zu einer global präsenten Wirtschaftsmacht begann Ende der 1970er-Jahre mit der Abkehr von maoistischen Konzepten. Der Aufstieg wurde forciert durch eine symbolträchtige Reise, die den starken Mann Chinas, Deng Xiaoping, 1992 in die Sonderwirtschaftszonen im Süden Chinas führte, um den reformorientierten Kräften innerhalb der Kommunistischen Partei den Rücken zu stärken. China will heute nicht länger „Werkbank der Welt" sein, sondern durch die Herstellung von High-Tech-Produkten an die Spitze der Industrienationen vorstoßen und dabei die **Spielregeln der Globalisierung** mitgestalten. Allein zwischen 2004 und 2017 hat sich der Anteil Chinas am weltweiten Warenexport auf zwölf Prozent verdoppelt, der Anteil der Vereinigten Staaten blieb im gleichen Zeitraum mit knapp neun Prozent nahezu konstant, der Deutschlands verringerte sich von knapp zehn auf gut acht Prozent.

Sonderwirtschaftszonen
– Gebiete innerhalb eines Staates, in denen eine andere Wirtschafts- und Steuergesetzgebung gilt, um z. B. ausländische Investoren anzulocken

Globale Strategien Chinas

Mit verschiedenen Initiativen versucht China seine Position in der Weltwirtschaft weiter auszubauen:

- Gründung der **Asian Infrastructure Investment Bank** (AIIB) im Jahr 2015: Der zur Förderung von Infrastrukturprojekten ins Leben gerufenen multilateralen Finanzinstitution gehören neben Deutschland auch andere westliche Staaten an, obwohl Kritiker die AIIB als **Konkurrenz zu den Bretton-Woods-Institutionen** betrachten. Außerdem macht die chinesische Führung keinen Hehl daraus, dass die AIIB auch dazu dienen soll, die chinesische Währung Yuan stärker im nach wie vor vom US-Dollar dominierten Weltmarkt zu verankern. China hält gut ein Viertel der Stimmrechte im Direktorium und im Gouverneursrat der Bank, Deutschland knapp fünf Prozent.

- **Neue Seidenstraße (Belt and Road Initiative):** Im Rahmen dieses Projekts will China über Russland und Zentralasien **Handelsrouten nach Europa und im Indischen Ozean** ausbauen. Dazu finanziert China die Infrastruktur, baut Straßen und Bahntrassen, erwirbt Häfen und investiert in Fabriken. Entlang des seit 2013 gespannten Netzes liegen 68 Länder, in denen zwei Drittel der Weltbevölkerung leben. Aus ökonomischer Sicht dienen die Investitionen dazu, die für die Bauvorhaben bestimmten Exporte anzukurbeln.

Seidenstraße – antikes Netz von Karawanenrouten, die den Mittelmeerraum über Zentralasien mit Ostasien verbanden. In westliche Richtung wurde hauptsächlich Seide transportiert, in östliche Wolle, Gold und Silber.

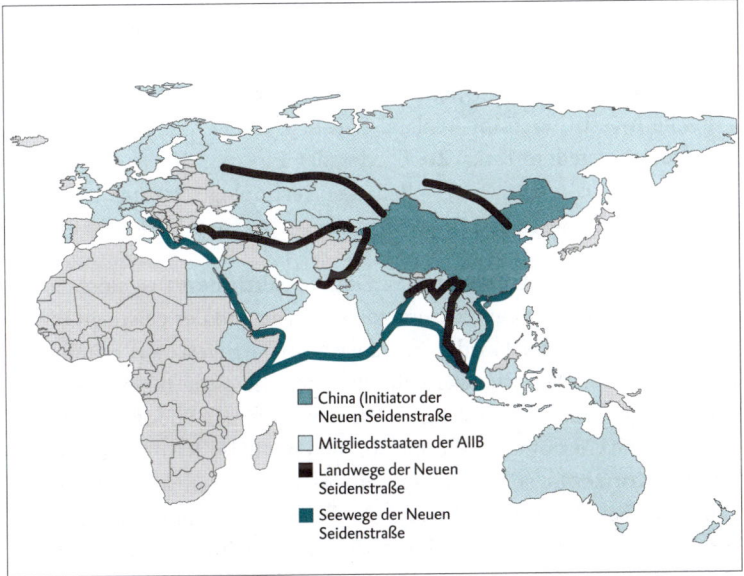

China (Initiator der Neuen Seidenstraße)

Mitgliedsstaaten der AIIB

Landwege der Neuen Seidenstraße

Seewege der Neuen Seidenstraße

Die neuen Handelsrouten im Rahmen der Belt and Road Initiative über den Land- und Seeweg führen vor allem von China nach Europa, aber auch nach Südostasien

Zudem profitieren die großen chinesischen Baufirmen von den Aufträgen. Ausländischen Firmen fällt es indes schwer, sich gegen die chinesischen Staatsbetriebe durchzusetzen. Langfristig sollen die intakten Verkehrswege, gepaart mit einer zunehmenden Zahl an **bilateralen Freihandelsabkommen**, auf die sich Peking mit den Ländern entlang der Seidenstraße verständigt, den Güteraustausch fördern, denn chinesische Elektronikprodukte, Fahrzeuge und Maschinen laufen inzwischen Billigprodukten und Kleidung den Rang ab. China selbst wiederum ist an der Sicherung der Rohstoffimporte für seine wachsende Industrie interessiert. Kritisiert werden die wachsende Abhängigkeit der Empfängerländer von chinesischen Gläubigern und das Bestreben Chinas, mit dem Projekt vor allem seinen geopolitischen Einfluss ausbauen zu wollen. Die Kreditvergabe und Investitionen Chinas in Afrika haben vor Ort, aber auch seitens der Weltgemeinschaft, Kritik hervorgerufen, da China die Maßgaben der Good Governance ignoriere und vornehmlich die eigenen Interessen verfolge.

- **Made in China 2025:** Die Staatsführung hat 2015 das Ziel ausgegeben, die chinesische Volkswirtschaft bis zum Jahr 2025 zu den Industrieländern aufschließen zu lassen, um 2049 – hundert Jahre nach Gründung der Volksrepublik – selbst die führende Industrienation zu sein. Dafür wurden zehn Schlüsselindustrien benannt, u. a. Fahrzeuge mit alternativen Antrieben, Maschinenbau sowie Luft- und Raumfahrt, wobei ein Hauptaugenmerk der künstlichen Intelligenz und der Förderung von National Champions gilt. Großzügig finanzierte **Staatsfonds** treiben die politisch-ökonomische Agenda voran. Strategische Investitionen im Ausland (wie z. B. der Erwerb des deutschen Roboterherstellers Kuka 2016 oder der Einstieg des Autokonzerns Geely bei Daimler 2018) sollen den Technologietransfer beschleunigen und chinesischen Konzernen neue Absatzmärkte erschließen.

Die chinesischen Initiativen haben **Gegenreaktionen** ausgelöst. So hat die Bundesregierung zum Schutz vor Spionage und des geistigen Eigentums Ende 2018 die Hürden für ausländische Investoren erhöht: Sie kann nun den Anteilserwerb durch einen Investor bereits ab einer Schwelle von zehn statt bislang 25 Prozent prüfen. In Südostasien zeichnet sich eine Gegenmachtbildung ab: Indien will im Rahmen des **Indo-Pazifik-Konzepts** stärker in seinen Nachbarstaaten investieren, um China das Feld nicht kampflos zu überlassen. Und gemeinsam mit den Vereinigten Staaten, Japan und Australien möchte Indien durch das **Quad-Konzept** die Sicherheitszusammenarbeit in der Region wiederbeleben.

Krise des Freihandels

Die Debatten um den Aufstieg Chinas bilden auch den Hintergrund der neu aufgeflammten **Kontroversen um den Freihandel**. Waren **Freihandelsabkommen** wie TTIP und CETA bereits Gegenstand zum Teil bereits Thema von Kampagnen seitens zivilgesellschaftlicher Akteure, so war US-Präsident Trumps Politik des *America first* eine offizielle Kampfansage an das multilaterale Konzept des Freihandels, wie es von den Bretton-Woods-Institutionen und unter tatkräftiger Mitwirkung zahlloser US-Administrationen vor Trump unterstützt worden ist. Präsident Trump hingegen hat mit dieser Agenda gebrochen und **protektionistische Maßnahmen** verhängt, um die amerikanische Volkswirtschaft vor – wie er es sah – unfairen Handelspraktiken zu schützen.

Donald Trump –
45. Präsident der USA

Die **Befürworter des Freihandels** gehen prinzipiell von der These aus, dass Freihandel die nationale Wohlfahrt maximiert. Demnach ist weltweiter Handel **kein Nullsummenspiel**, sondern alle Beteiligten profitierten davon. Für die Akteure des wirtschaftlichen Bereichs könne man das z. B. daran ablesen, dass international ausgerichtete Unternehmen üblicherweise erfolgreicher als andere sind, da sie aufgrund der globalen Arbeitsteilung **Spezialisierungsvorteile** und **Skaleneffekte** nutzen können. Volkswirtschaftlich schlagen sich offene Märkte in Einnahmen aus Exporten und in einer vielfältigen und günstigen Versorgung mit Waren und Dienstleistungen nieder. Außerdem beschränke sich der Nutzen protektionistischer Maßnahmen meist auf einen eng beschränkten Kreis bestimmter Industriezweige **(Rent-Seeking)**, während die Mehrheit der Marktteilnehmer finanziellen Schaden nehme. Dadurch hervorgerufene Preiserhöhungen im Inland verursachten meist eine **Umverteilung** zugunsten einzelner Nutznießer sowie eine **Kaufkraftverschiebung**, die im schlimmsten Fall Jobs in anderen Branchen koste, worunter die Gesamtwohlfahrt leide. In einem globalen Umfeld seien Unternehmen hingegen zu Effizienz, Differenzierung und Innovation gezwungen. Obendrein sei freier Handel als **Ausdruck einer offenen Gesellschaft** zu werten, zumal er internationale Absprachen fördere, während eine protektionistische Politik in der Regel **Vergeltungsmaßnahmen** der Handelspartner nach sich ziehe. Zudem gäbe ein bloß **punktueller Protektionismus**, der sich nur gegen ein Land richtet, anderen Exportnationen die Chance, in die Lücke zu treten, ohne dass die zu schützenden heimischen Industrien profitierten. Schließlich beweise der Erfolg des **europäischen Binnenmarktes** mit seinen vier Grundfreiheiten (Freiheit des Personen- und Warenverkehrs, Dienstleistungsfreiheit, freier Kapitalverkehr) empirisch die Richtigkeit der Argumente für den Freihandel.

Paul Krugman – US-Ökonom und Nobelpreisträger für Wirtschaftswissenschaften

infant industries – sich entwickelnde Industriezweige, die z. B. durch Schutzzölle vor ausländischer Konkurrenz bewahrt werden

Kritiker des Freihandels weisen indes darauf hin, dass ein aggregierter Wohlfahrtsgewinn infolge offener Märkte in einer globalisierten Wirtschaft stets mit individuellen Verlusten einhergehe. Deshalb sollten protektionistische Maßnahmen **Anpassungsprozesse** (z. B. sektoralen oder regionalen Strukturwandel) verlangsamen und sozial abfedern. **Paul Krugman**, Träger des Wirtschafts-Nobelpreises, behauptet zudem, dass Freihandel nur ökonomisch Starken nutze, insbesondere den Industrieländern und transnationalen Konzernen. Dabei hätten gerade die Industrienationen selbst ihre aufstrebenden Branchen **(infant industries)** so lange geschützt, bis sie global wettbewerbsfähig waren, weshalb die Freihandelsdoktrin nur eine **Ideologie** sei. Die Verwertungslogik global agierender Konzerne beschneide zudem die **Handlungsspielräume des Staates** immer weiter, der deshalb aufgrund von Freihandelsabkommen seine Bürgerinnen und Bürger nicht mehr hinreichend vor gesundheitsgefährdenden oder ökologisch fragwürdigen Produkten schützen könne. Die Trump-Administration verwies ferner auf unfaire Handelspraktiken, die protektionistische Antworten rechtfertigen. Besonders kritisch sah sie **Ungleichgewichte in der Handelsbilanz**, also das Defizit in der amerikanischen Handelsbilanz, das Trump Überschussländern wie China oder Deutschland ankreidete, die sich mithilfe unlauterer Praktiken wie Dumpingpreisen bei der Stahlproduktion oder künstlich geschwächter Währungen Vorteile zulasten verschiedener US-Branchen verschafften. Schließlich müssten sich die Industriestaaten, die stets an vorderster Stelle den Freihandel propagieren, den Vorwurf gefallen lassen, die Prinzipien des Freihandels selbst mitunter sehr selektiv anzuwenden. Dass die **heimische Landwirtschaft** zuungunsten der Entwicklungsländer geschützt wird und die Übernahme heimischer Unternehmen unter den Vorbehalt einer Sicherheitsprüfung gestellt wird, sind Beispiele dafür.

Die **aktuelle Krise des Freihandels** zeigt, dass die Bemühungen um eine liberale Welthandelsordnung nicht vor Rückschlägen gefeit sind. Allerdings liefe der globale Handel ohne ein gewisses Maß an Regularien auch Gefahr, mit für Unternehmen nachteiligen Unsicherheiten konfrontiert zu werden. Insgesamt haben die multilateralen Institutionen deshalb einige Möglichkeiten, den globalen Handel zu gestalten, sei es durch Regelwerke, Streitschlichtungsverfahren oder aber auch durch Maßnahmen der Sanktion bei Verstößen. Sie sind jedoch immer von der Kooperation aller Mitglieder abhängig. Sobald nicht alle an einem Strang ziehen, sinken die Möglichkeiten, Einfluss zu nehmen.

Möglichkeiten zur Gestaltung der Globalisierung

Die gegenwärtigen Debatten über die Folgen des Freihandels sind Teil einer umfassenderen Diskussion über die Gestaltung der Globalisierung. Um die **Auswirkungen der ökonomischen Globalisierung** besser steuern und die Macht von Global Players effizienter kontrollieren zu können, wurde beispielsweise im Jahr 1999 der **Global Compact** ins Leben gerufen. Diesem freiwilligen Pakt unter dem Schirm der Vereinten Nationen gehören etwa 12 000 Mitglieder weltweit an. Er besteht zwischen Unternehmen, Organisationen und den Vereinten Nationen und verpflichtet die teilnehmenden Unternehmen und Organisationen dazu, sich für Menschenrechte, gerechte Arbeitsbedingungen, Umweltschutz und den Kampf gegen Korruption einzusetzen. Dabei sollen die Unternehmen im Rahmen von Initiativen, Projekten, Richtlinien und Schulungen **zehn Prinzipien** umsetzen.

---

info

Die zehn Prinzipien des Global Compact

1. Unterstützung und Achtung der internationalen Menschenrechte
2. Keine Beteiligung an Menschenrechtsverletzungen
3. Garantie der Vereinigungsfreiheit und des Rechts auf Kollektivverhandlungen
4. Beseitigung von Zwangsarbeit
5. Abschaffung von Kinderarbeit
6. Beseitigung von Diskriminierung bei Anstellung und Erwerbstätigkeit
7. Achtung des Vorsorgeprinzips beim Umgang mit Umweltproblemen
8. Förderung des Umweltbewusstseins
9. Entwicklung und Verbreitung umweltfreundlicher Technologien
10. Engagement gegen Korruption, einschließlich Erpressung und Bestechung

---

2.4 Unterentwicklung und Entwicklungszusammenarbeit

In den 47 am wenigsten entwickelten Ländern (Least Developed Countries/LDC) der Erde leben aktuell 880 Millionen Menschen, von denen über drei Viertel arm sind. Diese Volkswirtschaften tragen lediglich ein Prozent zum Welthandel bei. Neben der **mangelhaften Einbindung in die globalisierte Wirtschaft** kennzeichnen folgende Merkmale ein Entwicklungsland:

Die 47 am wenigsten entwickelten Länder der Erde liegen hauptsächlich in Afrika

- **unzureichende Versorgung** großer Gruppen der Bevölkerung mit Nahrungsmitteln

- **niedriges Pro-Kopf-Einkommen** bei wachsender Bevölkerung

- keine oder nur eine **mangelhafte Gesundheitsversorgung**, eine hohe Kindersterblichkeitsrate und eine **geringe Lebenserwartung**

- eine extrem **ungleiche Einkommens- und Vermögensverteilung**

- Übergewicht des primären Sektors und **Kapitalmangel** im wenig diversifizierten sekundären Sektor

- eine **mangelhafte Infrastruktur**, v. a. im Bildungs- und Verkehrsbereich

- **hohe Arbeitslosigkeit** und ausgeprägter informeller Sektor

Seit den 1950er-Jahren wurden verschiedene **Strategien zur Bekämpfung von Unterentwicklung** verfolgt. Zunächst ging man davon aus, dass die unterentwickelten Regionen, oft ehemalige Kolonien, durch eine **nachholende Entwicklung** an das wirtschaftliche Niveau der Industriestaaten des Nordens herangeführt werden könnten. Entwicklungshilfe wurde in die Modernisierung der Landwirtschaft und in den Aufbau eines industriellen Sektors investiert. Das erwartete Wachstum sollte einen **Trickle-down-Effekt** initiieren, durch den die Errungenschaften der Modernisierung allmählich allen Bevölkerungsschichten zugutekämen. Da die Ergebnisse dieser Politik des Big Push weit hinter ihren Erwartungen zurückblieben, richtete sich in den 1970er-Jahren das Hauptaugenmerk auf die **Grundbedürfnisstrategie**. Diese zielte darauf ab, die Menschen in Entwicklungsländern zunächst hinreichend mit Ernährung, Kleidung und Wohnraum zu versorgen sowie funktionstüchtige Bildungseinrichtungen und Gesundheitsdienste zu gewährleisten, um Armut effektiv zu bekämpfen. Den agrarisch geprägten Gesellschaften sollten Mittel zur Steigerung produktiver Methoden in

Trickle-down-Effekt – Ausbreitung des Wohlstands, z. B. infolge von Investitionen, auf sozial schlechter gestellte Schichten

Big Push – Maßnahme in der Entwicklungspolitik, bei der durch einen massiven Finanzierungsschub ein Entwicklungssprung ausgelöst werden soll

der Landwirtschaft und im Handwerk statt teure Industrieanlagen zur Verfügung gestellt werden. Nachdem die achtziger Jahre als **verlorenes Jahrzehnt** ohne nennenswerte Fortschritte bei der Bekämpfung von Armut und Unterernährung galten, nahmen Staaten und internationale Organisationen nach dem Ende des Kalten Kriegs, der Entwicklungspolitik immer auch als strategisches Kalkül betrachtete, die Impulse der **Brundtland-Kommission** auf. Diese hatte sich 1987 für einen Begriff von Entwicklung starkgemacht, „die die Bedürfnisse der Gegenwart befriedigt, ohne zu riskieren, dass künftige Generationen ihre eigenen Bedürfnisse nicht befriedigen können". Das **Leitbild der nachhaltigen Entwicklung**, das auf der Konferenz von Rio de Janeiro 1992 präzisiert wurde, setzt auf einen Dreiklang von wirtschaftlicher Dynamik, sozialer Gerechtigkeit und ökologischer Tragfähigkeit.

Die Entwicklungszusammenarbeit Deutschlands und anderer Staaten baut zudem auf das Konzept der **Good Governance**, wie es 2000 in der **Millenniumserklärung der Vereinten Nationen** formuliert wurde. Demnach müssen Staaten verlässliche Rahmenbedingungen schaffen, um nachhaltige Entwicklung überhaupt realisieren zu können. Hierzu zählen die Achtung demokratischer und rechtsstaatlicher Prinzipien, eine leistungsfähige und transparente staatliche Verwaltung sowie ein kooperatives Verhalten in der internationalen Gemeinschaft.

Der Anteil der Menschen, die in **extremer Armut**, d. h. von weniger als 1,90 US-Dollar am Tag, leben, ist zwischen 1990 und 2015 von 36 auf zehn Prozent der Weltbevölkerung gesunken. Vor allem in Afrika südlich der Sahara bleibt die Armutsanfälligkeit mit Werten von über 40 Prozent jedoch hoch, während insbesondere die ökonomische Entwicklung Chinas den Anteil in Ostasien auf 2,3 Prozent fallen ließ. Gerade der Aufstieg Chinas scheint jenen recht zu geben, die eine dauerhafte Integration in den Weltmarkt als unabdingbare Voraussetzung für Entwicklung betrachten. Grundsätzliche **Kritik an der aktuellen Entwicklungszusammenarbeit** kommt von zwei Seiten. Zum einen wird die Aufrichtigkeit der Industriestaaten bezweifelt, da diese durch Waffenexporte an autoritäre Regime, die Belieferung afrikanischer Staaten mit subventionierten Lebensmitteln und die Duldung von Nahrungsmittelspekulationen ernsthafte Entwicklungsbemühungen zunichtemachten. Zum anderen kritisieren Wissenschaftler wie der kenianische Ökonom James Shikwati, dass westliche Entwicklungshilfe die Regierungen vor Ort aus der Verantwortung entlasse und Korruption Vorschub leiste, während rohstoffreiche Länder wie Nigeria und Angola die für eine nachhaltige Entwicklung erforderlichen Mittel selbst erwirtschaften könnten.

Brundtland-Kommission
– Weltkommission für Umwelt und Entwicklung, die 1987 unter der Leitung der ehemaligen norwegischen Ministerpräsidentin Gro Harlem Brundtland das Konzept der Generationengerechtigkeit in den ökologischen Diskurs einführte

3 Gesellschaftliche Dimension

3.1 Grenzüberschreitende Migration

> „Wir stehen an einem Scheideweg. Um auf weltweite Fluchtbewegungen erfolgreich reagieren zu können, brauchen wir einen neuen und weit umfassenderen Ansatz, der einzelne Länder und Gesellschaften nicht allein lässt."
>
> (Filippo Grandi, Hoher Flüchtlingskommissar der Vereinten Nationen, 2018)

Gut siebzig Millionen Menschen befanden sich im Jahr 2018 weltweit auf der **Flucht** vor Krieg, Gewalt, Hunger oder Naturkatastrophen. Zwei Drittel der Flüchtlinge stammten aus nur fünf Ländern: Syrien, Afghanistan, Südsudan, Myanmar und Somalia. Die Zahl der **Migranten** – die ihre Heimat freiwillig, z. B. auf der Suche nach besseren Lebensbedingungen, verlassen haben und ohne Gefahr für Leib und Leben zurückkehren könnten – wird auf etwa 240 Millionen Menschen weltweit geschätzt. Die meisten dieser Migranten bewegen sich in und zwischen den unterentwickelten Ländern des Globalen Südens. Aber auch die Süd-Nord-Migration hat in den letzten Jahren zugenommen. Etwa zehn Millionen Menschen sind **staatenlos** und haben daher keinen hinreichenden Zugang zu Bildung, Gesundheitsversorgung, Arbeit und sind in ihrer Bewegungsfreiheit wesentlich eingeschränkt.

Migrationsprozesse resultieren in der Regel aus einer **Kombination von Mikro- und Makrostrukturen**. Mikrostrukturen hängen mit der persönlichen Motivation, familiären Bindungen oder Überzeugungen der Migranten zusammen. Die Makrostrukturen hingegen beruhen auf institutionellen Faktoren mit größerer Wirkung, z. B. auf der Globalisierung des Weltmarktes. Mikro- und Makrostrukturen werden bisweilen durch Mesostrukturen, etwa durch familiäre Netzwerke oder Schlepperbanden, miteinander verknüpft.

Die jüngsten Flucht- und Migrationsbewegungen lassen folgende **Tendenzen** erkennen:

- Globalisierung der Migration: Wanderungsbewegungen in immer mehr Ländern

- Richtungswechsel der Migrationsbewegungen: Dominanz der Süd-Nord-Migration im Gegensatz zur Nord-Süd-Migration im Zuge von Kolonialismus und Imperialismus im 18./19. Jh.

- Feminisierung der Arbeitsmigration: steigende Zahl von Frauen, die ihre Heimatländer verlassen

Mikro-, Meso- und **Makrostrukturen** beschreiben z. B. in der Soziologie unterschiedliche Analyseebenen, die entweder Individuen oder Kleingruppen, (größere) Organisationen oder Gesellschaften bzw. Volkswirtschaften in den Blick nehmen.

- zunehmende Politisierung von Migration: wachsender Einfluss von Migration auf die Innen-, Außen- und Entwicklungspolitik der betroffenen Länder

Migration als Folge des Klimawandels und schwacher Resilienz

Der **Klimawandel** hat gerade in armen Entwicklungsländern zu einer Steigerung von Migration und Umsiedlung geführt. So mussten zwischen 2008 und 2013 etwa 165 Millionen Menschen infolge von Naturkatastrophen ihre Heimat verlassen. Für die Bewohner vieler Regionen gerade in Entwicklungsländern ist Migration oft der einzige Ausweg, **gravierende Umweltveränderungen** wie Dürren oder Überschwemmungen zu entkommen. Diese Migration ist zunächst eher ein vorübergehendes Phänomen, das im regionalen und nur selten im globalen Kontext stattfindet. Doch weiterreichende und dauerhafte Umweltveränderungen, z. B. der Anstieg des Meeresspiegels, beschleunigte Desertifikation oder die Häufung von Wetterextremen, welche die Lebensgrundlage der betroffenen Menschen zerstören, legen nahe, Auswanderung als eine Antwort auf den Klimawandel zu betrachten. Allerdings ist bei der Diskussion über den Zusammenhang zwischen dem Klimawandel und Fluchtbewegungen zu beachten, dass Umweltfaktoren oft nur schwer von anderen Triebkräften der Migration zu trennen sind.

Von großer Bedeutung ist hier der Begriff der **Resilienz**, der die Fähigkeit eines Systems beschreibt, trotz äußerer Störungen und interner Ausfälle seine Systemleistungen aufrechtzuerhalten. Die Resilienz ist demnach ein Maß für die **Stabilität des Systems**. Mit anderen Worten: Ist ein System genügend resilient, bleiben auch bei starken Störungen wesentliche Strukturen und Funktionen erhalten oder können sich den neuen Bedingungen anpassen. Gerade Entwicklungsländern mangelt es jedoch oft an der Resilienz, weshalb die Folgen des Klimawandels zu einer **Abwanderung in urbane Zentren** und zu stark steigenden Flüchtlingszahlen führen können. Wo ohnehin instabile Verhältnisse herrschen, steigt zudem das Risiko von Gewaltausbrüchen.

Desertifikation – von Menschen verursachte Ausbreitung von Wüsten, die mit der Schädigung von Landnutzungspotenzialen einhergeht

Der ausgetrocknete Aralsee in Zentralasien als Beispiel für Desertifikation

Die Genfer Flüchtlingskonvention

Die **Genfer Flüchtlingskonvention** von 1951 definiert zum einen, was der Begriff „Flüchtling" bedeutet, nämlich eine Person, die „aus der begründeten Furcht vor Verfolgung wegen ihrer Rasse, Religion, Nationalität, Zugehörigkeit zu einer bestimmten sozialen Gruppe oder wegen ihrer politischen Überzeugung sich außerhalb des Landes befindet, dessen Staatsangehörigkeit sie besitzt, und den Schutz dieses Landes nicht in Anspruch nehmen kann oder wegen dieser Befürchtungen nicht in Anspruch nehmen will; oder die sich als staatenlose infolge solcher Ereignisse außerhalb des Landes befindet, in welchem sie ihren gewöhnlichen Aufenthalt hatte, und nicht dorthin zurückkehren kann oder wegen der erwähnten Befürchtungen nicht dorthin zurückkehren will". Sie bestimmt zum anderen die Rechte von Flüchtlingen, zu denen Religions- und Bewegungsfreiheit sowie das Recht, zu arbeiten, das Recht auf Bildung und das Recht auf den Erhalt von Reisedokumenten gehören. Doch sie verweist auch auf die Pflichten von Flüchtlingen gegenüber ihrem Aufnahmeland. Ein Kernprinzip der Konvention ist das Verbot, einen Flüchtling in ein Land zurückzuweisen, in dem er Verfolgung fürchten muss.

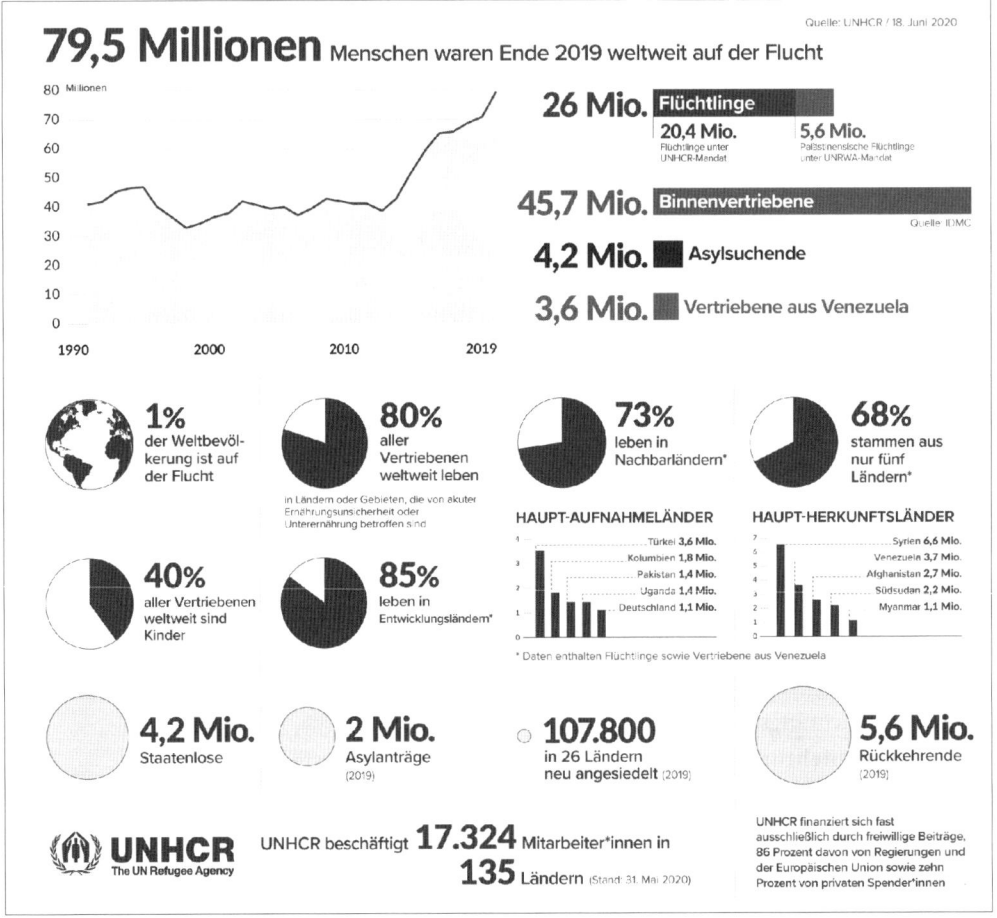

Zahlen und Fakten zur globalen Flüchtlingssituation im Jahr 2019

UN-Migrationspakt

Im Dezember 2018 nahmen 164 Länder den *Globalen Pakt für sichere, geordnete und geregelte Migration,* den **UN-Migrationspakt**, an, der zuvor u. a. in Deutschland kontrovers diskutiert worden war. Denn auch wenn im Vertragsdokument das souveräne Recht der Staaten unterstrichen wird, ihre Migrationspolitik eigenständig zu gestalten und der Pakt völkerrechtlich formal nicht bindend ist, so könnte er als sogenanntes **Soft Law** durchaus moralischen Druck auf die Unterzeichnerstaaten aufbauen. Somit könnte es auch von Gerichten als Argumentationsgrundlage herangezogen werden.

---

info

Soft Law

- Empfehlungen, Resolutionen und Deklarationen von Organen und Sonderorganisationen der Vereinten Nationen oder regionaler Einrichtungen
- unverbindliche Absichtserklärungen, welche prinzipiell vor internationalen (Schieds-)Gerichten keine einklagbaren Ansprüche begründen
- aber: Werden aus den im Soft Law enthaltenen Normen im Laufe der Zeit Völkergewohnheits- oder Völkervertragsrechte, können aus den politischen Bindungen rechtliche folgen.
- Soft Law ist somit evtl. Indikator für das Entstehen gewohnheitsrechtlicher oder vertraglicher Rechtsnormen

---

Das **Völkergewohnheitsrecht** beruht nicht auf Gesetzgebung, sondern es entsteht, wenn Staaten Normen als rechtsverbindlich ansehen, nachdem sie bereits dauerhaft angewendet wurden.

Hauptziel des Pakts ist es, die internationale Zusammenarbeit und gemeinsame Verantwortung in der Migrationspolitik zu stärken. So soll die **Einwanderung**, beispielsweise durch liberalere Visavergabe und die Schaffung von Informationsangeboten, **erleichtert** werden. Ferner will der Pakt die rechtliche Stellung von Migranten verbessern, etwa durch „sicheren Zugang zu **Grundleistungen**", also Bildung, Gesundheits- und Sozialleistungen des Ziellandes, juristische Unterstützung oder die erleichterte Anerkennung von Bildungsabschlüssen. Die Aufnahmeländer verpflichten sich zur **Achtung der Menschenrechte** von Migranten, und zu deren Integration in die Gesellschaft und den Arbeitsmarkt. Sie erklären, „alle Formen der Diskriminierung zu beseitigen". Medien sollen zu einer **migrantenfreundlichen Berichterstattung** angehalten werden. Die Unterzeichnerstaaten sollen den Kampf gegen Menschenschmuggel ebenso forcieren wie die Rettung von Migranten und eine verstärkte Hilfe für die Herkunftsländer, um **Fluchtursachen** wie Armut und Gefahren durch den Klimawandel zu **bekämpfen**. Außerdem soll die **Ausstellung** von **Pässen** und **Identitätsnachweisen** in Entwicklungsländern verbessert werden, was vor allem bei Abschiebungen helfen würde, wenn nämlich biometrische Daten vorliegen.

Logo des UN-Flüchtlings-
hilfswerks UNHCR

→ **Flüchtlingskrise nach
2015** vgl. S. 187

UN-Flüchtlingspakt

Unter Federführung des UN-Flüchtlingshilfswerks UNHCR wurde ebenfalls im Dezember 2018 der *Globale Pakt für Flüchtlinge,* kurz **UN-Flüchtlingspakt**, verabschiedet. Es handelt sich dabei um ein internationales Übereinkommen, das die Hilfe für Flüchtlinge in großen und lang andauernden Flüchtlingssituationen verbessern soll. Vier Ziele stehen im Zentrum des Pakts:

- **Entlastung** von Ländern, die wie Jordanien oder der Libanon besonders viele Flüchtlinge aufgenommen haben
- **Verbesserung** der **Hilfe** für Flüchtlinge, die wieder für sich selbst sorgen können sollen
- **Härtefallaufnahme** in sichere Staaten für besonders Hilfsbedürftige unter den Flüchtlingen
- Schaffung von Bedingungen, damit Flüchtlinge **freiwillig** und **sicher nach Hause zurückkehren** können

Der UN-Flüchtlingspakt zielt also nicht auf die Lage von Migranten, die ihr Land verlassen, um in einem anderen eine Arbeitsstelle anzunehmen. Er will vielmehr die Situation von **Geflüchteten**, etwa in Flüchtlingslagern, verbessern, durch besseren **Zugang** zu **Bildung**, zu **Jobs** und zum **Gesundheitssystem**. Dabei baut der Pakt auf bestehendem, internationalem Recht auf, das in dieser Form für Migranten nicht existiert.

3.2 Globalisierung und soziale Ungleichheit

Der globale Prozess ungleicher ökonomischer Entwicklung spiegelt sich in der **Konzentration von Wohlstand** und wirtschaftlicher Dynamik in bestimmten Zentren. Nach wie vor gibt es mehr oder weniger entwickelte Regionen, was sich nicht zuletzt an der Ansiedlungsdichte multinationaler Konzerne ablesen lässt. Da Märkte in spezifische soziale und politische Systeme eingebettet sind, haben wirtschaftliche Prozesse einen erheblichen Einfluss auf ihr Umfeld.

Globalisierungsindex

Der von der Bertelsmann-Stiftung im Jahr 2018 veröffentlichte **Globalisierungsindex** weist Deutschland als einen der Gewinner der internationalen Arbeitsteilung aus (vgl. Abb. unten). Anders sieht es diesen Berechnungen zufolge bei den **Schwellenländern** aus, denn sie haben **weniger** von der Globalisierung **profitiert**, als es die wissenschaftlichen

und öffentlichen Debatten um das überdurchschnittlich starke Export-
wachstum oder die Verlagerung von Produktionsstätten in aufstrebende
Volkswirtschaften wie Indien und China nahelegen. Zu berücksichtigen
ist hierbei das **niedrige Ausgangsniveau** der betreffenden Länder.
Allerdings sagen die z. B. für Japan oder Deutschland positiven absoluten
Zahlen nichts aus über die tatsächliche **Verteilung der Globalisie-
rungsgewinne** auf einzelne Schichten der Bevölkerung.

Rang	Land	Durchschnittlicher jähr-licher Einkommens-gewinn je Einwohner ab dem Jahr 1990 in Euro	Kumulierter Einkommens-gewinn je Einwohner ab dem Jahr 1990 in Euro
1	Schweiz	1 913	49 730
2	Japan	1 502	39 046
3	Finnland	1 410	36 664
4	Irland	1 261	32 794
5	Israel	1 157	30 080
6	Deutschland	1 151	29 922
7	Dänemark	1 150	29 904
8	Niederlande	1 080	28 072
9	Slowenien	953	24 768
10	Südkorea	908	23 598

Absolute Einkommensgewinne je Einwohner durch die zunehmende Globalisierung im
Zeitraum 1990 bis 2016

Elefantenkurve

Der ehemalige Weltbank-Ökonom Branko Milanovic hat mit der Veröffentlichung der sogenannten **Elefantenkurve** im Jahr 2012 für
Aufsehen gesorgt. Diese soll belegen, wie sich die Globalisierung auf die
Einkommen der Weltbevölkerung ausgewirkt hat, und gelangt zu dem
Ergebnis, dass die **Mittel- und Unterschicht der industrialisierten
Staaten** schlecht abgeschnitten haben. Sie gehörten zwar zu den reich-
sten 20 Prozent der Welt, doch ihr Einkommen sei zwischen 1998 und
2008 gefallen. Die y-Achse des Graphen zeigt den prozentualen Ein-
kommenszuwachs der jeweiligen Gruppe zwischen den Jahren 1988
und 2008. Diese Zahlen spiegeln den realen Zuwachs wider, also nach
Abzug der Inflation. Es lässt sich ablesen, dass die Einkommen im mittleren Einkommensbereich um ca. 50 bis über 70 Prozent gestiegen sind.

Branko Milanovic –
serbisch-US-amerikanische
Ökonom und Ungleich-
heitsforscher

Dabei handelt es sich um Menschen in den Schwellenländern, die aufgrund der Globalisierung und des Outsourcing Industriejobs erhielten, die aus den Industrieländern abwanderten. Im Übrigen stiegen die Einkommen der Topverdiener um mehr als 60 Prozent. Die Entwicklungen bei der globalen Mitte und den absoluten Top-Verdienern waren also recht ähnlich. Im mittleren Bereich der Industriestaaten hingegen stagnierten die Einkommen zwei Jahrzehnte lang bzw. wuchsen nur geringfügig. Milanovics Forschungsergebnisse haben die **Debatte über Gewinner und Verlierer der Globalisierung** angeheizt und wurden zur Erklärung des in vielen Industrienationen grassierenden **Populismus** zitiert. Allerdings wurden Milanovic methodische Ungenauigkeiten vorgeworfen. Unbestritten ist, dass sich in China eine Mittelschicht herausgebildet hat, die stark von der Einbindung des Landes in die Weltwirtschaft profitiert hat. Klärungsbedürftig bleibt jedoch die Frage, ob z. B. amerikanische Stahlarbeiter infolge der Globalisierung oder aufgrund des technologischen Wandels bzw. einer verfehlten nationalen Wirtschaftspolitik ihren Arbeitsplatz verloren haben.

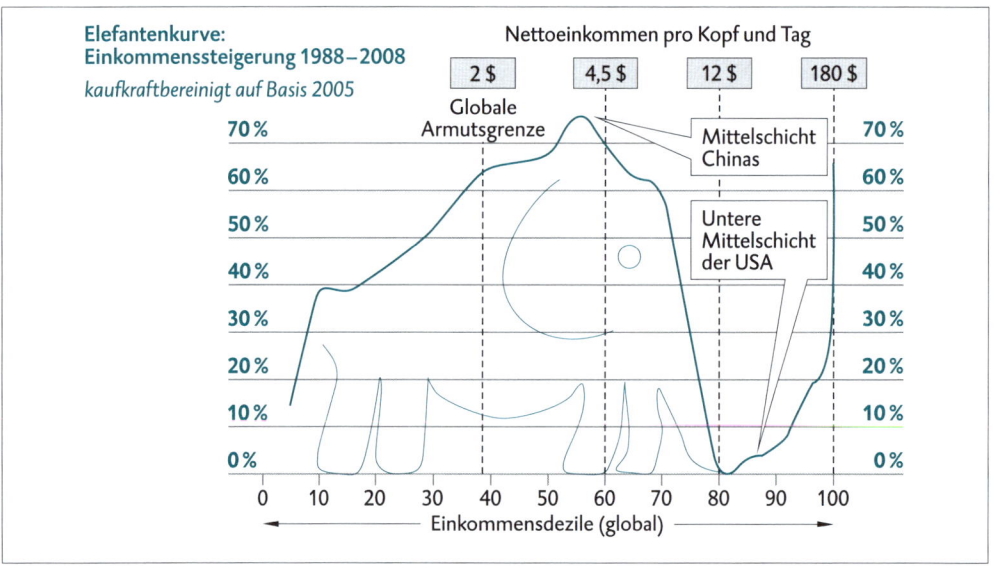

Die Elefantenkurve verbildlicht die globale Einkommensverteilung bzw. die Einkommenszuwächse

Aktuelle Erkenntnisse zu wachsender Ungleichheit

Auch die Ökonomen Joseph Stiglitz und Ha-Joon Chang bringen die Globalisierung mit **wachsender Ungleichheit** in Verbindung. So fordert der Südkoreaner Chang **zum Schutz** von Entwicklungsländern **höhere Handelsschranken**, die erst abgebaut werden dürften, sobald die Einkommen merklich stiegen. Der Nobelpreisträger und frühere Weltbank-Chefökonom Stiglitz kritisiert, dass von der Globalisierung v. a. westliche Finanzkonzerne profitierten, während das Gemeinwohl unter die Räder komme, wenn die Staaten die Globalisierung nicht demokratisch gestalteten. Außerdem führe übermäßige Ungleichheit zu **Wirtschafts- und Finanzkrisen** wie 2009, da sozial Benachteiligte ihren Konsum in hohem Maße mithilfe von Krediten decken, was makroökonomische Verwerfungen verursacht, wenn die Kreditzinsen steigen.

Joseph E. Stiglitz – US-amerikanischer Ökonom und Nobelpreisträger für Wirtschaftswissenschaften

Marina Mendes Tavares und Valentin Lang gelangen in einer jüngeren Analyse zu dem Schluss, dass sich die Globalisierung in entwickelten Ländern zusehends weniger spürbar positiv auf die Einkommen niederschlägt. Die Wirkung der Globalisierung hängt wesentlich davon ab, wie stark ein Land in die Weltwirtschaft integriert ist. **Positive Auswirkungen** der Globalisierung sind demnach v. a. nach **Beginn der Integration** bemerkbar. In den Industrieländern profitieren Bezieher niedriger Einkommen im Gegensatz zu Wohlhabenden kaum von der Globalisierung, weshalb die **Ungleichheit** zunimmt. Um diesem Trend entgegenzuwirken, sei es vonnöten, dass der Staat in **Bildung** investiert und durch **Transferzahlungen** eine gleichmäßigere Verteilung von Globalisierungsgewinnen ermöglicht.

Die empirischen Daten legen also gegenwärtig folgende Bewertung nahe: Der Prozess der Globalisierung hat zwar einerseits zu historischen Errungenschaften bei der **Armutsreduzierung** geführt, andererseits vollzog sich parallel dazu ein merklicher **Anstieg der weltweiten Einkommensungleichheit**.

3.3 Die ökologische Globalisierung

Simon Smith Kuznets – russisch-US-amerikanischer Ökonom und Nobelpreisträger für Wirtschaftswissenschaften; Entwickler der Umwelt-Kuznets-Kurve und der Kuznets-Zyklen

Herausragend komplexe Risiken entstehen, wenn der Klimawandel mit anderen Stressfaktoren wie steigendem Ressourcenverbrauch, Umweltzerstörung, ungleicher wirtschaftlicher Entwicklung, Bevölkerungswachstum und unkontrollierter Urbanisierung zusammentrifft. Besonders bedroht sind dabei schwache Staaten, deren Regierungen es an Legitimität fehlt. Die Globalisierung selbst hat dabei widersprüchliche Folgen für die Umwelt: Einerseits sind dank global integrierter, intermodaler Lieferketten und technologischer Innovationen **Effizienzgewinne** zu verzeichnen, die den Ressourcenverbrauch eindämmen. Im Übrigen gibt es Anzeichen dafür, dass wirtschaftliche und technologische Entwicklung langfristig die Abhängigkeit von fossilen Energieträgern reduziert – ein Zusammenhang, der in der kontrovers diskutierten **Umwelt-Kuznets-Kurve** zum Ausdruck kommt. Diese besagt, dass ab einer bestimmten Einkommensgrenze die Umweltbelastung abnimmt, nachdem Entwicklungsfortschritte anfänglich stets mit einer negativen Umweltbilanz verknüpft sind. Andererseits behaupten Vertreter der These des **race to the bottom**, dass im globalen Wettbewerb zunächst nur bestehe, wer sich durch niedrige Umwelt- und Sozialstandards als attraktiver Produktionsstandort anbiete. Außerdem sei eine exponentielle Zunahme des Verkehrs geradezu ein Hauptmerkmal der Globalisierung, zumal wachsender Wohlstand in Schwellenländern zu einer Intensivierung der Individualmobilität führe. All diese Aspekte spielen bei den Debatten über den Klimawandel – dem globalen Umweltphänomen par excellence – eine wichtige Rolle.

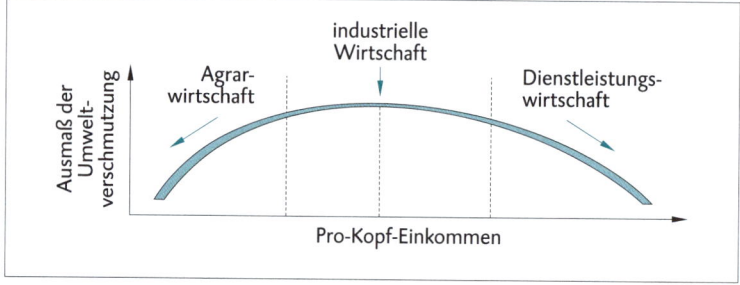

Die Umwelt-Kuznets-Kurve zeigt den Zusammenhang zwischen Umweltverschmutzung und Wohlstand

Mit der im 19. Jahrhundert einsetzenden industriellen Revolution, welche die Lebenswelt der von ihr betroffenen Menschen grundlegend verändert hat, ging der **menschlich verursachte (anthropogene) Treibhauseffekt** einher. Er ist u. a. auf den rapiden Anstieg der Emissionen von Kohlenstoffdioxid (CO_2) zurückzuführen, das sich in der Atmosphäre konzentriert. Als globales Phänomen bedarf der Klimawandel globaler Ansätze zur Verhinderung eines weiteren Temperaturanstiegs bzw. zur Eindämmung der mit dem Klimawandel verbundenen ökologischen, wirtschaftlichen und politischen Konsequenzen. Seit den 1970er-Jahren befassen sich unterschiedliche Gremien der Weltgemeinschaft mit diesen Herausforderungen.

Die Vielzahl der Staaten und Organisationen, die an Klimaverhandlungen beteiligt sind, und **gegensätzliche nationale Interessen** erschweren rasche und verbindliche Fortschritte. Zu den drängendsten Herausforderungen bei der Umsetzung einer globalen Klimapolitik zählen darüber hinaus folgende Faktoren:

- Industriestaaten stoßen den Großteil klimaschädlicher Emissionen aus, die Konsequenzen treffen Schwellen- und Entwicklungsländer jedoch am heftigsten.

- Fortschritte im Klima- bzw. allgemein im Umweltschutz hängen immer auch davon ab, dass die entwickelten Länder eine Vorreiterrolle einnehmen, um Schwellenländern sprunghafte Verbesserungen der Produktionstechnologie **(Leapfrogging)** zu ermöglichen.

- Die Trump-Administration kündigte an, dass die USA 2020 aus dem Pariser Klimaabkommen von 2015 austreten, da es die amerikanische Industrie benachteilige. Die USA verantworten nach China die zweithöchsten CO_2-Emissionen der Welt, weshalb dieser Schritt einen herben Rückschlag für den Klimaschutz bedeutet.

- Probleme der **Verteilungsgerechtigkeit** betreffen nicht nur die Beziehung zwischen Industrie- und Entwicklungsländern, sondern auch die Frage, wer auf nationaler Ebene für die Finanzierung einer Energiewende aufkommt.

- Wenn nicht alle Staaten an einem Strang ziehen, droht **Trittbrettfahrerverhalten:** Länder, die sich nicht an Maßnahmen zum Klimaschutz beteiligen, profitieren dennoch von den Bemühungen Dritter.

Neben Verordnungen, Gesetzen und völkerrechtlichen Verträgen können auch **marktwirtschaftliche Instrumente zum Umwelt- und Klimaschutz** eingesetzt werden. Ein Beispiel hierfür ist der **europäische Emissionshandel**, in den neben Anlagen der Energiewirtschaft

Leapfrogging – meint einen Prozess, bei dem es Volkswirtschaften dank neuer Technologien möglich ist, Entwicklungsphasen zu überspringen

und der energieintensiven Industrie ab einer bestimmten Größe auch der Luftverkehr einbezogen ist. Das durch die Gesamtmenge an Zertifikaten vorgegebene Emissionsminderungsziel soll durch wirtschaftliche Anreize, den Handel von Emissionsrechten, erreicht werden. Der Ausstoß von Treibhausgasen wird so zum Bestandteil der Kostenrechnung betroffener Unternehmen, was die **Internalisierung negativer externer Effekte** ermöglicht, für welche so die Verursacher geradestehen und nicht die Allgemeinheit.

Das in Paris verabschiedete **Pariser Abkommen** gilt als das wichtigste Abkommen zum internationalen Klimaschutz

---

info

Etappen internationaler Umweltpolitik

1972   Stockholmer Konferenz der Vereinten Nationen über die Umwelt des Menschen: Formulierung allgemeiner Umweltziele und Weckung eines globalen Umweltbewusstseins

1979   Genfer Weltklimakonferenz: Gründung des Weltklimaprogramms, das ein verbessertes Verständnis des Klimas und der Entwicklung von Maßnahmen gegen die Folgen von Klimaschwankungen fördern soll

1987   Montrealer Protokoll: Ausstieg aus den die Ozonschicht zerstörenden Fluorchlorkohlenwasserstoffen (FCKW)

1992   Konferenz der Vereinten Nationen in Rio de Janeiro über Umwelt und Entwicklung: Konzept der nachhaltigen Entwicklung als internationales Leitbild, Pflicht zur Armutsminderung, Umweltschutz als Komponente aller Politikfelder, Agenda 21 (neue Entwicklungs- und Umweltpartnerschaft zwischen Industrie- und Entwicklungsländern)

1997   Kyoto-Protokoll: erster völkerrechtlich verbindlicher Vertrag zur Eindämmung des Klimawandels (Senkung der Treibhausgasemissionen)

2002   Johannesburger Weltgipfel für nachhaltige Entwicklung: Aktionsplan für eine sozial und ökologisch verantwortliche Gestaltung des Globalisierungsprozesses

2006   Stern-Report: Bezifferung der Kosten des Klimawandels auf bis zu 20 Prozent des Bruttoinlandsprodukts

2015   Pariser Abkommen: Verpflichtung der teilnehmenden Staaten, die Erderwärmung im Vergleich zum vorindustriellen Zeitalter auf „deutlich unter" zwei Grad Celsius zu begrenzen

2018   Kattowitzer UN-Weltklimakonferenz: verstärkter Einsatz zur Erreichung des 1,5-Grad-Zieles, neue Transparenzregeln

3.4 Kulturelle Aspekte der Globalisierung

Kulturelle Globalisierung bedeutet auf den ersten Blick vor allem die **Verbreitung westlicher Werte**, zum Beispiel deren Aufnahme in Verfassungen und eine Übernahme der Praxis westlicher Institutionen, die Übernahme von Wohlfahrtsprogrammen und Ausbildungssystemen von Staaten mit Vorbildfunktion. Allerdings ist auch ein gegenläufiger Prozess der Öffnung gegenüber nichtwestlichen Kulturen und Praktiken vonseiten der westlichen sozialen Systeme zu beobachten. Das gesteigerte Interesse an asiatischen Religionen, etwa am Buddhismus, ist ein Beleg dafür, dass auch die kulturelle Globalisierung keine Einbahnstraße darstellt. Die kulturelle, ästhetische, aber auch die moralische Globalisierung befeuert dabei eine Konkurrenz von Deutungsangeboten, die auch zu politischen Konflikten führen kann.

Die vermeintliche weltweite Angleichung von Lebenskulturen durch universelle Modeformen und Konsumgüter stößt dabei häufig auf Kritik. Beispiele dafür sind weltweit ausgestrahlte Netflix-Serien, global vermarktete Kleidung für Jugendliche sowie die **McDonaldisierung** der Essensgewohnheiten, ein Paradebeispiel für eine global wirksame **Amerikanisierung**. Diese Angleichung wird nicht nur von Globalisierungsskeptikern als **kulturelle Nivellierung** bezeichnet, die insbesondere von der Unterhaltungskultur und Lifestyle-Symbolen ausgehe. Allerdings darf weder vorschnell vom Konsum auf das Bewusstsein der Konsumenten geschlossen noch die Fähigkeit von Kulturen übersehen werden, fremde Kulturprodukte an den eigenen Kontext anzupassen.

kulturelle Nivellierung – Einebnung kultureller Unterschiede durch Verbreitung global attraktiver Konsum- und Verhaltensmuster

Drei Dimensionen kultureller Wandlungsprozesse infolge der Globalisierung lassen sich also unterscheiden:

- kultureller Differentialismus: unausweichlicher Konflikt zwischen dem Westen und islamisch-konfuzianisch geprägten Gesellschaften (**clash of cultures**)

- kulturelle Konvergenz bzw. Homogenisierung: Vereinheitlichung nach westlichen Vorbildern und Geschäftsmodellen

- kulturelle Hybridisierung: Entstehung einer weltweiten Kultur ohne nationale Schranken

Der Begriff der **Glokalisierung** beschreibt einen Prozess, bei dem sich globale und lokale Entwicklungen wechselseitig miteinander verschränken. Im Bereich des Marketings lässt sich beispielsweise beobachten, wie ein Produkt in unterschiedlichen Gesellschaften je lokal spezifisch vermarktet wird. Eine eigentümliche Ausprägung dieses Prozesses sind zudem Retro-Trends, welche die Sehnsucht der Menschen nach Heimat und Lokalität, nach Überschaubarkeit, Zuordnung und Besonderheit bedienen (z. B. die Bevorzugung regionaler Lebensmittel, Kampagnen wie „Wir können alles außer Hochdeutsch", Rückkehr von Manufakturen).

4 Politische Dimension

4.1 Auflösung traditioneller politischer Räume

Moderne Nationalstaaten werden durch die grundlegenden Prinzipien der **Autonomie**, **Souveränität** und **Territorialität** gekennzeichnet. Genau diese werden durch die verschiedenen Ausprägungen der Globalisierung herausgefordert.

Asymmetrische Bedrohungen – Internationaler Terrorismus

Osama bin Laden – Gründer und ehemaliger Anführer der Terrorgruppe Al-Qaida, 2011 von US-Spezialeinheiten getötet

Seit den dschihadistischen Anschlägen von New York und Washington am 11. September 2001 ist der **transnationale Terrorismus** fest auf der sicherheitspolitischen Agenda verankert. Transnational agierende Terrorgruppen wollen die globale Ordnung radikal verändern. Dazu interagieren sie dauerhaft über Grenzen hinweg. Beim **internationalen Terrorismus** zielten grenzüberschreitende Aktionen meist nichtstaatlicher Akteure darauf ab, häufig vollkommen unbeteiligte Bürgerinnen und Bürger fremder Staaten zu treffen. Diese **asymmetrische Strategie** soll eine diffuse, schwer zu greifende Angst verbreiten und so die betroffenen Gesellschaften verunsichern. Transnational tätige Terroristen wissen die **globale Ausweitung medialer Multiplikatoren** im Sinne eines Kriegs der Bilder für ihre propagandistischen Zwecke zu nutzen. Dschihadistische Terroristen wie das Netzwerk Al-Qaida und der sogenannte Islamische Staat (IS) verfolgen drei zentrale Ziele: Sie wollen westliche Werte zurückzudrängen, gemäßigte islamische Regime schwächen – insbesondere wenn sie mit westlichen Staaten kooperieren – und an deren Stelle eine fundamentalistische Ordnung errichten.

Der transnationale Terrorismus veranschaulicht auf drastische Weise die Auflösung traditioneller politischer Räume, die **neuen Kriegen** den Weg ebnete. Diese sind gekennzeichnet durch:

- Entstaatlichung bzw. Privatisierung kriegerischer Gewalt (z. B. durch Söldnertruppen und mithilfe billiger und einfach zu bedienender Waffen)

- Asymmetrie kriegerischer Gewalt (z. B. Kampf hochgerüsteter staatlicher Akteure gegen *Warlords* ohne eindeutigen Frontverlauf in Afghanistan)

- Verselbstständigung des Krieges und Kontrollverlust der staatlichen Akteure

Diese Faktoren erschweren den Inhabern des staatlichen Gewaltmonopols eine angemessene und wirksame Reaktion auf terroristische Aktionen.

Gewaltmonopol und failing states

Der internationale Terrorismus floriert in einem Umfeld, in dem das staatliche Gewaltmonopol kollabiert und daher parallel zu Gewaltmärkten ein Machtvakuum entsteht, das von Terroristen gefüllt wird. Dieser Staatszerfall lässt sich bei sogenannten **failing bzw. fragile states** identifizieren. In solchen Ländern, zu denen beispielsweise Somalia, der Südsudan, der Jemen und Afghanistan zählen, ist der Staat nicht länger in der

Gewaltmarkt – der sozialwissenschaftlicher Begriff bezeichnet soziale Räume, in denen Gewalt als politisches Mittel eingesetzt wird, um marktwirtschaftliche Interessen zu befriedigen

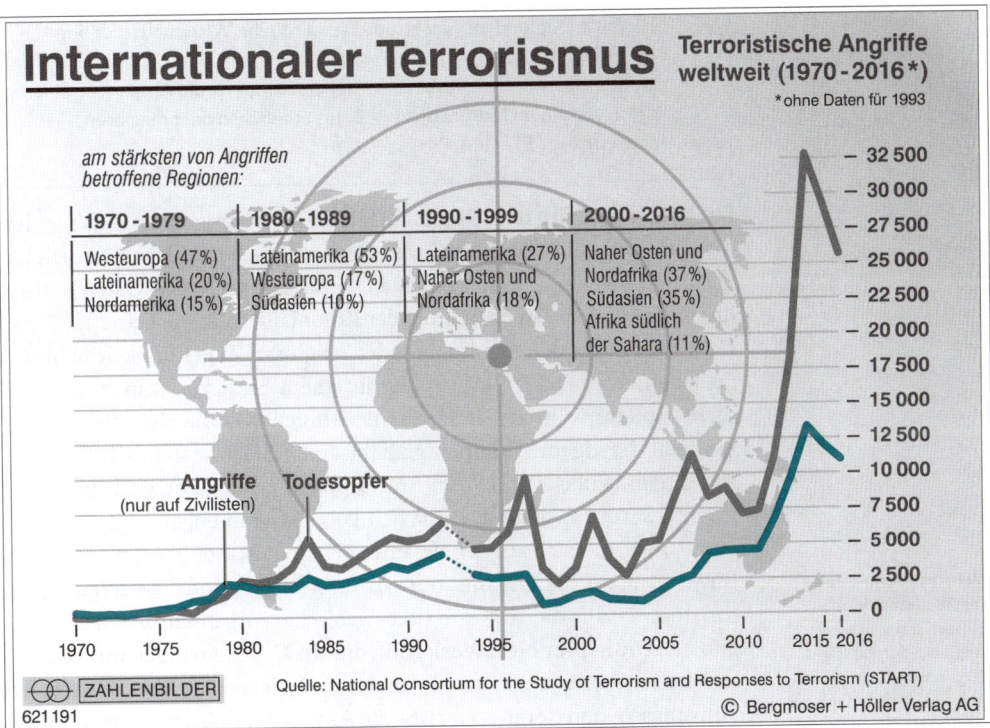

Der internationalen Terrorismus zwischen 1970 und 2016 – deutliche Steigerung sowohl der Angriffe als auch der Todesopfer

Lage, die Sicherheit seiner Bürger zu gewährleisten und sein eigenes Territorium zu kontrollieren. Ferner wird er nicht mehr seinen öffentlichen Aufgaben gerecht, zum Beispiel der Erhaltung einer rechtsstaatlichen Ordnung sowie der Garantie von Partizipationsmöglichkeiten für seine Bürgerinnen und Bürger. Stattdessen machen sich Korruption und Vetternwirtschaft breit, was die Legitimation staatlicher Instanzen weiter untergräbt und die Menschen Zuflucht bei Clans oder Warlords suchen lässt, die in den von ihnen dominierten Regionen relativen Schutz, Sicherheit und ein Auskommen, z. B. als Söldner, bieten.

---

info

Erscheinungsformen des Terrorismus

- fundamentalistische/religiös motivierte Gruppen/Einzeltäter: Kampf gegen eine säkulare Gesellschafts- und Staatsform und Errichtung eines Gottesstaates (Theokratie); Bsp.: Islamischer Staat (IS), Al-Qaida
- rassistische/rechtsextremistische Gruppen/Einzeltäter: Aktionen gegen Angehörige ethnischer Minderheiten und Kampf für eine ethnisch homogene Gesellschaft; Bsp.: NSU, Anders Breivik
- linksextremistische/sozialrevolutionäre Gruppen: Kampf gegen eine als reaktionär empfundene Staats- und kapitalistische Wirtschaftsordnung; Bsp.: FARC, ELN, RAF
- autonomistische/separatistische Gruppen: Kampf für die Abspaltung einer Region von einem Nationalstaat (z. B. aus ethnischen oder religiösen Motiven); Bsp.: ETA, IRA, PKK

Die **Ursachen für den Staatszerfall** sind vielfältig. Zum Teil werden die betroffenen Länder seit Jahrzehnten von innerstaatlichen Konflikten zerrüttet. Diese resultieren gerade in Afrika und im Nahen Osten u. a. aus der willkürlichen Grenzziehung der Kolonialherren, die keinerlei Rücksicht auf Fragen der ethnischen oder religiösen Zugehörigkeit nahmen. So leben einerseits Volksgruppen in einem Staat zusammen, die dies nicht wollen, während andererseits Ethnien wie die Kurden getrennt wurden, die eigentlich einen gemeinsamen Staat anstrebten. Da nicht selten eine Volksgruppe den Staatsapparat beherrscht und diesen zu ihren Gunsten ausbeutet, kann sich kein Zusammengehörigkeitsgefühl entwickeln, das sich auf den gesamten Nationalstaat erstreckt.

Weintraubenmodell – Gemäß diesem Modell besitzen terroristische Zellen bei durchlässiger Mitgliedschaft ein großes Maß an Handlungsautonomie und reagieren flexibel auf äußere Entwicklungen.

Blickt man auf die Organisationsstruktur international agierender Terroristen, so fällt die Ablösung hierarchischer Organisationsformen zugunsten **multipler Netzwerke** auf, die ein Nebeneinander von vertikalen und horizontalen Ebenen kennzeichnet: Neben klar identifizierbaren Führungsebenen treten terroristische Aktivitäten lokaler Zellen **(homegrown terrorism)** ohne zentrale Steuerung („Weintraubenmodell").

Eine Unterscheidung zwischen Mitgliedern und Anhängern fällt daher immer schwerer.

Besonders schwierig ist die Bekämpfung des Terrorismus, wenn dieser mit der Existenz von **Gewaltökonomien** einhergeht. Diese bestehen dort, wo Akteure durch die Ausübung von Gewalt die Auflösung staatlicher Strukturen, insbesondere des staatlichen Gewaltmonopols verstetigen, um ihre ökonomischen Interessen zu verfolgen. Einfache **Raubökonomien** basieren auf der Plünderung und anderen Formen der gewalttätigen Aneignung von Ressourcen. Hierzu kann auch, wie einst in Kolumbien, der Aufbau einer Art Entführungsindustrie gehören, um hohe Geldzahlungen zu erpressen. Eine andere Form der Gewaltökonomie in rohstoffreichen Ländern wie der Demokratischen Republik Kongo ist der Verkauf von Abbau- und Nutzungsrechten an meist ausländische Unternehmen. In rohstoffarmen Ländern wiederum kann die Erhebung von Steuern, Zöllen oder Bestechungsgeldern auf legale und illegale Produkte der lokalen Ökonomie beträchtliche Einnahmen für Warlords oder Drogenkartelle generieren. Da gerade für junge Männer in Krisenregionen der Anschluss an Kriegsherren oft die einzige Möglichkeit bietet, aus dem Teufelskreis von Armut, Elend und Verfolgung auszubrechen, verlängert die Existenz von Gewaltökonomien blutige Konflikte. Hinzu kommt, dass sich gerade in zerrütteten rohstoffreichen Ländern der Frieden nicht lohnt, zumal nach Jahren oder Jahrzehnten von Krieg und Gewalt jegliches Vertrauen in staatliche Institutionen fehlt. Lokale Kampfverbände können durch den illegalen Handel mit Ressourcen dank einer verstärkten weltweiten Vernetzung in einer Art „Schattenglobalisierung" (Peter Lock) agieren.

4.2 Nationalstaaten in der Globalisierung

Dem Nationalstaat westlicher Prägung wird spätestens seit Ende des Zweiten Weltkriegs die Aufgabe zugeschrieben, **ökonomische Stabilität** zu gewährleisten, indem er z. B. Maßnahmen gegen makroökonomische Verwerfungen wie Rezessionen, Arbeitslosigkeit und Inflation ergreift. In Debatten über die Globalisierung wird häufig der Eindruck erweckt, der Nationalstaat sei heute infolge der Entgrenzung wirtschaftlichen Handelns nicht länger in der Lage, diese **wirtschafts- und fiskalpolitischen Kernaufgaben** zu übernehmen. So bezweifelt der türkische Ökonom Dani Rodrik, dass Demokratie, nationale Souveränität und wirtschaftliche Globalisierung gleichzeitig verwirklicht werden können.

Dani Rodrik – türkischer Ökonom und Harvard-Professor sowie Vertreter des Trilemma der Globalisierung

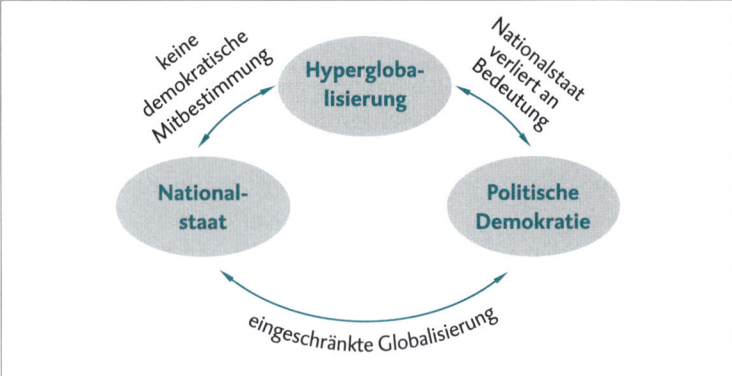

Grafische Darstellung des Trilemma der Globalisierung

Er geht vielmehr davon aus, dass man sich für zwei Ziele entscheiden muss. Will man also beispielsweise gleichzeitig Globalisierung und Demokratie, muss man sich von der nationalen Souveränität verabschieden. (Trilemma der Globalisierung). Diese Betrachtung wäre jedoch einseitig, denn in mancherlei Hinsicht erleichtert die ökonomische Globalisierung das wirtschaftspolitische Handeln der Nationalstaaten:

- Die **Deregulierung** der Finanzmärkte seit den 1980er-Jahren ermöglichte es Regierungen, sich in größerem Maßstab global Geld zu leihen und somit die Abhängigkeit von einzelnen Gläubigern zu reduzieren.

- **Ausländische Direktinvestitionen** fördern den Technologietransfer und den Strukturwandel, wovon Nationalstaaten profitieren können, sofern sie sich die Veränderungen aktiv zunutze machen, wie z. B. in Südkorea und den anderen sogenannten Tigerstaaten.

Kenichi Ohmae behauptete hingegen bereits Mitte der neunziger Jahre in seinem Buch *The End of the Nation State,* dass die **Selbstauflösung des Staates** infolge der Entwicklung regionaler Ökonomien bevorstehe. Der Politikwissenschaftler Michael Zürn bezweifelte, dass der Staat aufgrund der „De-Nationalisierung" von Wirtschaft und Gesellschaft seine traditionellen Aufgaben noch hinreichend wahrnehmen könne, vielmehr sei fortan das Regieren „jenseits des Nationalstaates" unerlässlich. Und Birgit Mahnkopf sah in den oft schmerzlichen Veränderungen in der Wirtschaftspolitik die **Instrumentalisierung des Staates durch globale Marktkräfte** am Werk, die sich in einer Selbstentmachtung der Politik niederschlage.

Der Begriff der **Global Governance** bezieht sich auf die Steuerung welt-wirtschaftlicher Angelegenheiten und Prozesse durch Kooperation, For-mulierung verbindlicher Rechtsnormen, Standards und Verhaltensan-reizen sowie durch Interventionen. Er kann daher als **Antwort auf die "De-Nationalisierung"** verschiedener Lebensbereiche verstanden wer-den. Dies kann auf multilateraler Ebene zwischen Nationalstaaten, aber auch durch **Nichtregierungsorganisationen** (NGOs) oder informelle Netzwerke geschehen. Das Konzept der Global Governance will also die kooperative Steuerung einer zusehends vernetzten Welt zum Gegen-stand theoretischer Analyse und praktischer Implementierung machen. Global Governance verknüpft die internationale mit der nationalen und der lokalen Politikebene und reicht dabei über die klassische Staatenwelt hinaus in die Weltgesellschaft und die Weltwirtschaft: Neben National-staaten sollen Nichtregierungsorganisationen, Bürgerbewegungen, transnationale Unternehmen und Akteure des globalen Kapitalmarkts Berücksichtigung finden. Im Vierteljahrhundert nach Ende des Kalten Krieges hat sich die Zahl der NGOs auf knapp 9 000 beinahe verdoppelt.

GREENPEACE

Logo der einflussreichen
NGO Greenpeace

---

info

Merkmale von Nichtregierungsorganisationen
- Vorgehensweise: freiwillige Kooperation und Überzeugungsarbeit
- Finanzierung: freiwillige Zuwendungen
- Wirkung: Stärkung des Sozialkapitals einer Gesellschaft durch zivilgesellschaftliche Kooperation

---

Es überrascht daher nicht, dass moderne Theorien der internationalen Beziehungen nicht mehr nur die außenpolitischen Beziehungen zwi-schen Staaten im Blick haben, sondern sich längst ebenso mit dem Ein-fluss nichtstaatlicher Akteure wie NGOs oder Unternehmen auf die internationale Politik befassen. Eine zentrale These ist dabei, dass nicht-staatliche Akteure in der Praxis Einfluss auf das Handeln von Staaten nehmen, indem sie beispielsweise durch ihr **Wissen**, ihre **Netzwerke** oder ihre **moralische Reputation** Politik aktiv mitgestalten. Dabei ist unstrittig, dass der Einfluss dieser NGOs in den letzten Jahren stark zugenommen hat und sie nicht mehr nur als Teilnehmer, sondern auf internationalem Parkett vielmehr auch vermehrt als aktive Gegenspieler zu Nationalstaaten und internationalen staatlichen Organisationen auf-treten. Staatliche Steuerungsdefizite angesichts globaler Problemfelder wie dem Klimawandel eröffnen Handlungsspielräume für neue Akteure. Die Arbeit von NGOs bleibt freilich nicht ohne Kritik. So wird ihnen ein **Legitimationsproblem** zugeschrieben, da sie Interessen vertreten, von denen nicht bekannt ist, welches Maß an Zustimmung seitens der Öffentlichkeit hinter ihnen steht. Hinzu kommt der Vorwurf, dass sie ein innerorganisatorisches **Transparenz- und Demokratiedefizit** aufwiesen. Ferner tragen sie für ihre Aktivitäten gegenüber der Allgemeinheit keine Verantwortung, sie sind also einer öffentlichen Kontrolle entzogen. Wenn zudem NGOs wie z. B. die Deutsche Umwelthilfe Teile ihres Budgets durch staatliche Zuwendungen finanzieren, ist dies ihrem besonderen Charakter als Nichtregierungsorganisation abträglich.

Somit bleiben souveräne Staaten bis auf Weiteres die Garanten dafür, dass Vereinbarungen, Kooperationsformen und Integrationsprozesse überhaupt stabil sein können und Erwartungsverlässlichkeit entsteht. Dies liegt daran, dass supranationale Körperschaften mit Rechtsetzungskompetenz fehlen und Kooperationsanstrengungen darauf angewiesen sind, von Nationalstaaten durchgesetzt zu werden.

Zwei Beispiele für Global Governance

Ein aktuelles Beispiel für die **ökonomische Dimension der Global Governance** ist der Versuch u. a. der EU-Staaten, gemeinsame Regeln für die Besteuerung transnationaler Unternehmen zu formulieren. Anlass ist der Kampf gegen **Base Erosion and Profit Shifting** (BEPS), also Gewinnkürzung und Gewinnverlagerung durch transnationale Konzerne, aber auch gegen den schädlichen Steuerwettbewerb der Staaten. Gerade kleine und mittelständische Unternehmen können derartige Möglichkeiten nicht nutzen, wodurch der Wettbewerb verzerrt wird. So entschied die EU-Kommission im Jahr 2016, dass Apple 13 Milliarden Euro Steuern an Irland zurückzahlen muss, da das EU-Mitglied dem US-Konzern jahrelang Steuervorteile gewährt hatte, die gegen EU-Wettbewerbsrecht verstoßen. Internationale Abkommen in diesem Bereich verfolgen verschiedene Ziele:

- Verhinderung eines ruinösen Steuerwettbewerbs und von Steuerflucht
- Steigerung der Akzeptanz offener Volkswirtschaften durch fairen Interessenausgleich zwischen verschiedenen Akteuren
- Gleichbehandlung transnationaler Konzerne und mittelständischer Unternehmen
- langfristige Sicherung staatlicher Einnahmen zur Erfüllung grundlegender Aufgaben (z. B. Investitionen in Infrastrukturprojekte)
- Vermeidung von Rechtsunsicherheit infolge von ad-hoc-Abkommen, die nur Einzelfälle betreffen

Ein Beispiel für den Versuch, das Konzept der **Global Governance auf dem Gebiet des Völkerstrafrechts** mit Leben zu erfüllen, ist der **Internationale Strafgerichtshof (IStGH)**. Das Römische Statut von 1998, das Gründungsdokument des IStGH, haben mittlerweile 123 Staaten, darunter Deutschland, in nationales Recht umgesetzt. Unter dem Eindruck des Jugoslawienkriegs (1992–1995) und des Genozids in Ruanda (1994) hatten sich die bereits nach dem Zweiten Weltkrieg unternommenen Anstrengungen intensiviert, **Verstöße gegen das humanitäre Völkerrecht** zu ahnden. Der IStGH kann tätig werden, wenn Staaten nicht willens oder fähig sind, schwere Vergehen in diesem Bereich zu verfolgen. Dabei geht es um vier Kategorien von Straftaten: Völkermord, Verbrechen gegen die Menschlichkeit, Kriegsverbrechen und das Verbrechen der Aggression. Weltweit sollen sich Herrscher nicht mehr in Sicherheit wiegen und auf ihre **Immunität** berufen dürfen, wenn sie Menschenrechte im eigenen oder in einem anderen Land mit Füßen treten. Eine Staatenbeschwerde, eine Initiative des Sicherheitsrats der Vereinten Nationen oder des Anklägers des IStGH (seit 2012 Fatou Bensouda aus Gambia) lassen den in Den Haag ansässigen Gerichtshof in Aktion treten.

Fatou Bensouda – gambische Juristin und seit 2012 Chefanklägerin des ISgGH in Den Haag/ Niederlande

Die **Wirksamkeit** des IStGH ist freilich aus zwei Gründen infrage zu stellen: Zum einen konnte sich Südafrika im Juni 2015 weigern, den sudanesischen Präsidenten in Gewahrsam zu nehmen, obwohl dieser mit Haftbefehl des IStGH gesucht wurde. Zum anderen muss die Effektivität des IStGH darunter leiden, dass sich Länder, die entweder wie die Vereinigten Staaten häufig an militärischen Interventionen beteiligt sind oder wie Israel und der Iran in Konfliktregionen liegen, erst gar nicht der Gerichtsbarkeit des IStGH unterwerfen, sondern ihre **nationale Souveränität** über den internationalen Schutz von Menschenrechten stellen.

Auch die Tatsache, dass sich die überwiegende Mehrzahl von **Verfahren gegen Länder des globalen Südens** richtet, muss auf den ersten Blick befremden. Andererseits handelt es sich beim Römischen Statut um den ehrgeizigen Versuch, schwerste Menschenrechtsverletzungen im globalen Maßstab zu untersuchen und zur Anklage zu bringen. Da Völkermord und Angriffskriege obendrein die internationale Sicherheit und den Frieden gefährden können, muss die Weltgemeinschaft die Verrechtlichung der internationalen Beziehungen vorantreiben. Dies kann mit Aussicht auf Erfolg nur über den Weg internationaler Abkommen geschehen.

Populismus als politische Folge der Globalisierung?

> „Ein ganzes Krisengebräu kocht hoch in Europa: Euro- und Wirtschaftskrise, grassierender Rechts-Populismus, Brexit-Debatte, Flüchtlingskrise."
>
> (Bundesaußenminister Frank-Walter Steinmeier, 2016)

Das vom damaligen Bundesaußenminister Frank-Walter Steinmeier skizzierte Krisenszenario lenkt den Blick auf **politische Konsequenzen der Globalisierung**, deren Gewinne und Kosten ungleich verteilt sind und daher zu einem Politikum geworden sind. Dies äußert sich beispielsweise seit Ende 2018 in den Protesten der sogenannten Gelbwesten gegen die Politik des französischen Staatspräsidenten Emmanuel Macron, dem seine Kritiker vorwerfen, die sozial Schwachen nicht hinreichend vor den negativen Folgen der Globalisierung zu schützen. In diesem Kontext kann deshalb auch das Phänomen des Populismus verortet werden.

→ **Populismus** vgl. S. 150

→ **Nationalistische und populistische Bewegungen** vgl. S. 189

Die Anhänger **rechtspopulistischer Bewegungen** rekrutieren sich im Wesentlichen aus zwei Gruppen der Bevölkerung: der kleinbürgerlichen Mittelschicht und den unteren sozialen Schichten, die sich nicht mehr hinreichend von den traditionellen Linksparteien vertreten fühlen. Rechtspopulistische Parteien werden dabei in der Regel von Männern dominiert. Betrachtet man rechtspopulistische Gruppierungen der jüngsten Zeit, so fällt ferner auf, dass sie meist zwei zentrale Dimensionen der Selbst- und Fremdwahrnehmung aufweisen: Wie Linkspopulisten sehen sich Rechtspopulisten in einer klaren Frontstellung nach der Devise „Wir gegen die da oben". Bei „denen da oben" kann es sich um die politische und ökonomische Elite des eigenen Landes (das „Establishment") oder um eine supranationale Institution wie die Europäische Union handeln. Hinzu kommt bei Rechtspopulisten jedoch ein horizontaler Aspekt: „Wir gegen die da draußen." Gemeint sind damit etwa Fremde, Kriminelle und Immigranten. Vor allem Letztere lösen eine Angst vor Überfremdung und kulturellen Wandlungsprozessen aus, die das gesellschaftliche Leben einer vermeintlich intakten Welt in den lange als ethnisch homogen erachteten westlichen Nationalstaaten unwiderruflich neu prägten.

Die belgische Politikwissenschaftlerin Chantal Mouffe fordert indes einen **linken Populismus**, der sich ein Stück weit an den Strategien und Methoden der Rechtspopulisten orientiert. Dabei existieren bereits linke politische Gruppierungen, die Charakteristika aufweisen, die dem

Chantal Mouffe – belgische Politikwissenschaftlerin und einflussreichste Theoretikerin des linken Populismus

Rechtspopulismus zuzuordnen sind. Dazu gehören beispielsweise neben der Skepsis gegenüber dem repräsentativen Regierungssystem westlicher Demokratien und den tonangebenden Eliten eine ausgeprägte
Kapitalismuskritik sowie das Schüren von **Globalisierungsängsten**.
Linkspopulistische Bewegungen wie die Occupy-Bewegung in den Vereinigten Staaten, die Parteien Podemos in Spanien oder Syriza in Griechenland spitzen also die in Teilen der Bevölkerung grassierenden Befürchtungen zu: die Angst vor Armut, Arbeitslosigkeit und dem Verlust
sozialer Absicherung. Es gilt aber auch zu beachten, dass sowohl Syriza
in ihrer Regierungszeit unter Tsipras als auch Podemos in einer Koalition
mit den spanischen Sozialdemokraten seit 2020 eher links-sozialdemo-
kratische Politik machten.

Rechts- wie Linkspopulismus kann somit als eine politisch gravierende
Folgeerscheinung von **Modernisierungskrisen** gedeutet werden.
Orientierungsverluste, Statusängste, Zukunftsunsicherheit und politische Entfremdungsgefühle bestimmter Bevölkerungsgruppen lassen
den Wunsch nach grundsätzlichen Alternativen zu den „herrschenden
Verhältnissen" laut werden. Rechtspopulistische Bewegungen kennzeichnet dabei eine als **Wohlfahrtschauvinismus** apostrophierte Hal-
tung, der zufolge der eigene Wohlstand vor der als illegitim erachteten
Inanspruchnahme durch Outgroups, wie z. B. Migranten, zu schützen
sei. Daher finden rechtspopulistische Bewegungen und Parteien tendenziell eher in wirtschaftsstarken Ländern Anklang, welche ein relativ
hohes sozialstaatliches Versorgungs- und Leistungsniveau besitzen.

Die Euro- und Schuldenkrise in Europa verschaffte in Südeuropa, vor
allem in Griechenland, Spanien und Italien, größeren Anti-Establish-
ment-Bewegungen von links Auftrieb. Deren antielitäre und egalitäre
Forderungen können ebenfalls als Reaktion auf sozioökonomische Entwicklungen gedeutet werden, die in einem engen Zusammenhang mit
der Globalisierung stehen.

Alexis Tsipras – Politiker
der Syriza und ehemaliger
griechischer Minister-
präsident

Pablo Iglesias – Poltiker
von Podemos und seit
2020 spanischer Vizeprä-
sident

Stichwortverzeichnis

Quellennachweis

/ CC-BY-SA 3.0, Bundesarchiv, Bild 146-2007-0037 / Bauer, Georg / CC-BY-SA 3.0, Bundesarchiv, Bild 146-1989-047-20 / CC-BY-SA 3.0, Bundesarchiv, B 145 Bild-F054633-0020 / Engelbert Reineke / CC-BY-SA, Bundesarchiv, Bild 146-1991-039-11 / CC-BY-SA 3.0, Johannes Liebmann/Wikipedia, CC BY-SA 3.0, Laurence Chaperon/Wikipedia, CC BY 2.0, Sandro Halank/Wikipedia, CC-BY-SA 3.0, Адміністрація Президента України/Wikipedia, CC BY 4.0; **75:** Duden Recht A-Z. Fachlexikon für Studium, Ausbildung und Beruf. 3. Aufl. Berlin: Bibliographisches Institut 2015. Lizenzausgabe Bonn: Bundeszentrale für politische Bildung; **85:** eigene Darstellung, Daten nach: Parteien CDU/SPD & Oskar Niedermeyer; **87:** eigene Darstellung, Daten nach: Wikipedia; **91:** eigene Darstellung, Daten nach: Wikipedia; **97:** Claudio de Sat / Alamy Stock Foto; **103:** DE ROCKER / Alamy Stock Foto; **104:** akg-images; **107:** UPI / Alamy Stock Foto; **110:** khamenei.ir/Wikipedia, CC BY 4.0; **113:** CIA World Factbook/Canuckguy/Wikipedia, CC BY-SA 4.0, Mikhail Palinchak/Wikipedia, CC BY 4.0; **122:** Paul Carstairs / Alamy Stock Foto; **125:** AF Fotografie / Alamy Stock Foto; **132:** © picture-alliance/ dpa-infografik; **133:** © bpk / Deutsches Historisches Museum / Indra Desnica; **134:** akg-images / picture-alliance / dpa; **136:** akg-images; **142:** Saeima/Flickr, CC BY-SA 2.0; **144:** MERVYN REES / Alamy Stock Foto; **148:** eigene Darstellung, Daten nach: European Commission; **149:** PjrStudio / Alamy Stock Foto; **153:** Stand: März 2020 / © Bundesrat; **160:** Hans-Dietrich Genscher: Erinnerungen, S.394, Siedler 1995, Yousuf Karsh. Library and Archives Canada, e010751643/Flickr/CC BY 2.0; **170:** Michael Brooks / Alamy Stock Foto; **171:** Charta der Grundrechte der Europäischen Union (2010/C 83/02); **173:** Unión Europea en Perú/Flickr, CC BY 2.0; **174:** Bundeszentrale für politische Bildung, www.bpb.de, Lizenz: cc by-nc-nd/3.0/de/; **175:** Unión Europea en Perú/Flickr, CC BY 2.0; **176:** Unión Europea en Perú/Flickr, CC BY 2.0; **177:** European Union 2020 – Source: EP/Flickr, CC-BY-4.0; **177:** picture-alliance/ dpa-infografik; **181:** Flußdiagramm "Ordentliches Gesetzgebungsverfahren" (Infochart: Peter Diehl, München), https://www..europarl.europa.eu/germany/de/europ%C3%A4isches-parlament/ordentliches-gesetzgebungsverfahren#shadowbox/1/; **185:** TASS News Agency/Wikipedia, CC BY 4.0; **186:** © Jürgen Janson; **187:** Die Begründung des Osloer Komitees, Nobelpreiskomitee Norwegen; **188:** World Economic Forum/Remy Steinegger/Flickr, CC BY-SA 2.0; **191:** Radek Procyk / Alamy Stock Foto; **192:** ES Royalty Free / Alamy Stock Foto; **195:** Dario Earl / Alamy Stock Foto; **196:** Emmanuel Macron: Für einen Neubeginn in Europa, 04.03.2019; **198:** Carsten Schymik: Europäische Anti-Föderalisten, Edition Kirchhof & Franke (2006), S. 12, José Ortega y Gasset (1929); **202:** Egon Bahr, deutscher Politiker (SPD) und Journalist am 3. Dezember 2013 vor Schülern in der Ebert-Gedenkstätte Heidelberg; **212:** Kofi Annan, UN-Generalsekretär 1997–2006; **217:** Robert Jungk, Publizist, Journalist und Zukunftsforscher; **220:** Patti McConville / Alamy Stock Foto, Winston Churchill; **223:** Bundeszentrale für politische Bildung, www.bpb.de, Lizenz: cc by-nc-nd/3.0/de/; **224:** Ragnar Müller: Friedenspolitik, http://www.dadalos-d.org/frieden/grundkurs_2/agenda.htm; **225:** Richter-Publizistik, Bonn (www.crp-infotec.de); **227:** Olaf Kosinsky/Wikipedia, CC BY-SA 3.0; **230:** Robert J. Fisch/Wikipedia, CC BY-SA 2.0 **232:**JCIV/Wikipedia, CC BY-SA 3.0; **234:** OSCE, 9EkieraM1/Wikipedia, CC BY-SA 3.0; **235:** Darstellung nach: Einsatzführungskommando der Bundeswehr; **236:** Pötzsch, Horst: Die Deutsche Demokratie. 5. überarbeitete und aktualisierte Auflage; **237:** Willy Brandt, © picture-alliance/ dpa-infografik; **239:** Ban-Ki Moon, UN-Generalsekretär von 2007 bis 2016; **240:** © Bundesregierung; **242:** Frank-Walter Steinmeier, Außenminister der BRD (2005 – 2009, 2013 – 2017), Bundespräsident seit 19. 3. 2017; **245:** Dominik Butzmann/re:publica/Wikipedia, CC BY-SA 2.0; **250:** Bill Clinton, 2000; 42. Präsident der Vereinigten Staaten; **255:** eigene Darstellung, Daten nach: WTO, BMWI; **258:** Keystone/Wikipedia; **260:** RIA Novosti archive, image #475738 / Yuriy Somov / CC-BY-SA 3.0; **261:** Furfur/Wikipedia, CC BY-SA 4.0; **262:** eigene Darstellung, Daten nach: Fortune 2020; **263:** Bernhard Fuchs/Wikipedia, CC BY 2.0; **264:** Busse, Matthias: HWWA Discussion Paper Nr. 116; BDI: Außenwirtschafts-Report 04/2002, Lizenz: cc by-nc-nd/3.0/de/; **266:** © picture-alliance/ dpa-infografik; **267:** Lommes/Wikipedia, CC BY-SA 4.0; **269:** Shealah Craighead/Wikipedia; **270:** Prolineserver/Wikipedia, CC BY-SA 3.0; **274:** Filippo Grandi, Hoher Flüchtlingskommissar der Vereinten Nationen, 2018, https://www.unhcr.org/dach/de/23912-weltfluechtlingsbericht-deutlich-weniger-asylsuchende-deutschland-dramatsche-entwicklung-weltweit.html; **278:** © UNHCR; **279:** © UNHCR/ 18. Juni 2020; 280: Niccolò Caranti/Wikipedia, CC BY-SA 4.0; **280:** © Branko Milanovic; **281:** Jérémy Barande/Wikipedia, CC BY-SA 2.0; **282:** Planungsamt der Bundeswehr, 2012, eigene Darstellung nach: Oliver Richters/Wikipedia, CC-BY-SA 4.0 ; **284:** Benh LIEU SONG/Wikipedia, CC BY-SA 3.0; **286:** Hamid Mir/Wikipedia, CC BY-SA 3.0; **287:** © Bergmoser + Höller Verlag AG; **289:** Andrzej Barabasz/Wikipedia, CC BY-SA 3.0; **291:** © Greenpeace; **293:** Hildenbrand/MSC/Wikipedia, CC BY 3.0 DE, Bundesaußenminister Frank-Walter Steinmeier, 2016; **294:** Stephan Röhl/Wikipedia, CC BY-SA 2.0; **295:** Kuhlmann/MSC/Wikipedia, CC BY 3.0 DE, Ahora Madrid/Wikipedia, CC BY-SA 2.0

Der Verlag hat sich bemüht, die Urheber der in diesem Werk abgedruckten Abbildungen ausfindig zu machen. Wo dies nicht gelungen ist, bitten wir diese, sich gegebenenfalls an den Verlag zu wenden.